国际商会第 786E 号出版物

DOCDEX 裁决汇编 2013—2016

国际商会专家关于跟单信用证、托收、偿付及见索即付保函的裁决

[英] 盖瑞·考利尔　[英] 戴维·梅耐尔　编

中国国际商会/国际商会中国国家委员会　组织翻译

对外经济贸易大学出版社
中国·北京

INTERNATIONAL CHAMBER OF COMMERCE
The world business organization
中国国际商会
China Chamber of International Commerce
CHINA INTERNATIONAL CHAMBER OF COMMERCE

图书在版编目（CIP）数据

DOCDEX 裁决汇编：国际商会专家关于跟单信用证、托收、偿付及见索即付保函的裁决. 2013—2016：汉文、英文 /（英）盖瑞 • 考利尔，（英）戴维 • 梅耐尔编；中国国际商会 / 国际商会中国国家委员会组织翻译. —北京：对外经济贸易大学出版社，2019.11

ISBN 978-7-5663-2126-8

Ⅰ. ①D… Ⅱ. ①盖…②戴…③中… Ⅲ. ①信用证–国际结算–汉、英 Ⅳ. ①F830.73

中国版本图书馆 CIP 数据核字（2019）第 280645 号

版权登记号：01–2019–4964

DOCDEX 裁决汇编 2013—2016

国际商会专家关于跟单信用证、
托收、偿付及见索即付保函的裁决

［英］盖瑞 • 考利尔 ［英］戴维 • 梅耐尔 编
中国国际商会/国际商会中国国家委员会 **组织翻译**
责任编辑： 王延新

译审： 马 申
译者： 徐 珺 陈 强 王志刚 杨 琳
洪 韦 吴 巍 张毅琳 陈昊嘉

出版发行：对外经济贸易大学出版社
社 址：北京市朝阳区惠新东街 10 号
网 址：www.uibep.com
资源网址：www.uibepresources.com
邮政编码：100029
邮购电话：010 – 64492338
发行部电话：010 – 64492342
E-mail：uibep@126.com

成品尺寸：210mm×297mm
印 张：26.5
字 数：819 千字
ISBN 978-7-5663-2126-8
印 刷：北京华创印务有限公司
版 次：2020 年 1 月北京第 1 版
印 次：2020 年 1 月第 1 次印刷
定 价：88.00 元

DOCDEX 裁决汇编 2013—2016
国际商会专家关于跟单信用证、托收、偿付及见索即付保函的裁决

ICC Services
Publications department
33-43 avenue du President Wilson
75116 Paris
France

国际商会第 786E 号出版物
ISBN：978-92-842-0420-5

序　言

跟单金融产品争议专家解决机制（DOCDEX 机制）由国际商会（ICC）于 1997 年创立，旨在高效解决国际信用证业务纠纷。目前，DOCDEX 机制可以处理的纠纷已经扩大至贸易金融领域的各项业务，包括银行间偿付、托收、担保、福费廷、银行付款责任等。

在 DOCDEX 机制下，基于争议当事人提交的证明材料，国际商会指定三名在贸易金融领域拥有丰富经验和专业知识的专家，组成专家组进行裁决。之后，由银行委员会任命的技术顾问审核裁决，以确保裁决符合国际商会贸易金融相关规则惯例。

本书是国际商会出版的第四部 DOCDEX 裁决汇编，收录了 2013 年至 2016 年间国际商会专家组做出的所有 DOCDEX 裁决。这些裁决就特定案例中的事实都做了详细分析，可以为信用证、托收及保函等实务人员提供重要参考。

本书的翻译得到了国际商会中国国家委员会银行委员会的大力支持，包括中国银行马申、徐珺、吴巍，中信银行陈强，中国建设银行王志刚，中国进出口银行杨琳，广发银行洪韦，交通银行陈昊嘉和浦发银行张毅琳。在此，我谨代表中国国际商会（CCOIC）和国际商会中国国家委员会（ICC China），向各位专家的辛勤付出和专业贡献表示感谢。同样，也感谢对外经济贸易大学出版社的专业团队对本书出版所给予的大力支持。

希望本书能帮助各位读者通过案例学习，更全面深入地掌握国际贸易金融规则和惯例，对实践工作提供有效指导。

中国国际商会
国际商会中国国家委员会　秘书长
2019 年 12 月 19 日

前　言

最近一辑 DOCDEX（ICC 第 872 号出版物）于 2015 年 5 月 1 日生效。

本书汇集了第 321-351 号 DOCDEX 最终裁决。

鉴于时间期限因素，本书涵盖了不同版本的国际商会规则：UCP500/600、URC522、URR725、URDG458/758 及 ISBP 681/745。

本汇编中一个重要的进展就是包括了所有裁决的摘要。这一方法考虑到囊括每项结论的关键信息和摘要。

也可用两个重要索引：

> 每项 DOCDEX 裁决都有对相关 ICC 规则的交叉索引，分为 UCP、URR、URC、URDG 的条款和子条款以及 ISBP 段落。

> 裁决摘要及全文的关键词交叉索引。

大部分的裁决是关于 UCP 的应用（16 个），其中一个适用于 UCP500。对引发大部分质询的 UCP 条款分析显示，围绕不符点单据的问题占大多数，紧接着就是审单标准。显而易见，就是在这一领域对关键程序缺乏了解可能会造成问题。

裁决中的一个是关于 URR725 的，六个是关于 URC522 的，两个是关于 URDG458 的，五个是关于 URDG758 的。

戴维·梅耐尔

国际商会银行委员会高级技术顾问

2016 年 10 月

目　　录

DOCDEX 第 321 号裁决

URR725 第 8（a）条和第 4 条

开证行接受所提交的全部单据后，是否有义务承付信用证下的支款？如果偿付行未曾出具偿付承诺，它在得到开证行指示停止支付信用证项下款项并听候通知时，是否有义务付款？

当事人

发起人：S 银行（指定银行）
答辩人：C 银行（开证行）
G 银行（偿付行）
E 公司（申请人）
C 公司（受益人）

背景

答辩人 1 没有提交答复，答辩人 2、3 和 4 对发起人的请求给予回复。发起人和答辩人之间的纠纷与以下信用证相关：

信用证号	开立日期	金额（美元）
1. 2008.WO.0001234	15/08/2008	8 411 946.40
2. 2008.WO.0000567	14/11/2008	2 817 926.83
3. 2008.WO.0008910	14/11/2008	14 877 759.24

> 上述信用证均受 UCP600 和 URR725 约束且兑用方式为延期付款。从 2009 年 6 月 17 日至 2009 年 12 月 14 日，受益人向发起人（信用证的指定银行）提交了有不符点的单据。发起人拒绝对不符单据预付款项，受益人要求发起人将单据以托收方式送交开证行。发起人按受益人指示办理。

> 开证行接受了提交的单据并通知发起人各项付款到期日。发起人声称开证行随后放单给申请人，后者随即提货。

> 偿付行通知发起人：开证行已告知它，已授权发起人向偿付行对开证行已接受的支款进行索偿。然而，偿付行在上述报文中明确表明，未要求它对偿付授权加保，它对这种通知不承担任何责任。偿付行对发起人在 2011 年 6 月 15 日前提交的索偿进行了偿付。

> 当发起人询问偿付行停止偿付的原因时，偿付行告知是由于开证行要求其停止所有该证项下付款并听候通知。因此，偿付行无权对未付的索偿进行付款。

> 2011 年 6 月 15 日后提交的索偿均未得到偿付。截至 2012 年 7 月 2 日，未付索偿金额为 12 283 447.96 美元，2012 年 12 月到期的交易金额合计 3 846 901.89 美元。

问题

发起人的诉求

在开证行接受信用证下提交的单据后，开证行和偿付行对发起人支付违约承担共同连带责任，并且偿付行受开证行指示中止付款的行为构成违约。

答辩人的答复

偿付行辩称对发起人进行偿付的授权被开证行撤回，偿付行对发起人无付款义务。

裁决

开证行是否有义务进行该信用证项下的支付？

开证行有义务对信用证下的相关支取进行承付，因为其不仅接受了不符单据，而且书面通知发起人对应的付款日期。因此，开证行无权以不相符为由拒付交单。

偿付行是否有义务进行该信用证项下的支付？

偿付行没有义务进行该证下付款，因为开证行可以随时撤回偿付授权［URR725 第 8（a）条］，况且偿付行从未出具过对索偿会有承付责任的任何偿付承诺（URR725 第 4 条）。

URR725 第 8（a）条（偿付授权书的修改或者撤销）规定：

开证行可以在任何时候出具偿付修改书或者撤销偿付授权书，修改或者撤销自开证行向偿付行发出通知时即开始生效。

URR725 第 4 条（对索偿要求的偿付）规定：

除非偿付承诺中的条款另有规定，偿付行没有义务对索偿要求进行偿付。

结论

1. 开证行由于接受了所有交单，确实有义务对信用证项下支款进行承付。
2. 偿付行没有义务付款，因为其未出具过偿付承诺。

这是 DOCDEX 专家小组的一致裁决。

摘要

尽管单据存在不符点，开证行接受三份信用证项下单据并要按信用证条款在某个未来的到期日付款。偿付行告知指定银行，未要求它对此项偿付授权加保。由于开证行不仅的确接受了不符单据，并且还通知指定银行相应的付款日期，因此裁定开证行有义务承付该信用证下相关支款。因为偿付行未出具偿付承诺，故而它没有付款义务。

DOCDEX 第 322 号裁决

UCP600 第 18 条和第 24 条；第 14（d）和（f）条；ISBP681 第 20 段

UCP600 项下的备用信用证，要求提交一份未付商业发票及一份或多份副本国际公路运单（CMR），银行是否应按照 UCP600 第 18 条或第 24 条审核这种单据？CMR 未表明承运人名称或该名称不完整、或缺少国名，是否构成不符？发起人（信用证受益人）或交单行的沉默是否构成对答辩人所提不符点的同意或接受？

当事人

发起人：B 公司

答辩人：I 银行

背景及交易

2011 年 5 月 26 日，答辩人开立一份以发起人为受益人的不可撤销备用信用证，金额为 3 074 930 欧元（以下简称“信用证”）。信用证受 UCP600 约束，由答辩人通过 SWIFT 发至发起人的银行。

1. 信用证涉及 P 国 G 市机场 DCV 系统交货，凭下列单据可支用：

a. 发起人书面声明，确认申请人没有履行其在 DCV 系统合同中的义务并且发起人有权得到 3 074 930 欧元的付款；

b. 未付商业发票的副本；以及

c. 以 G 市 L 机场为收货人的国际公路运单（CMR）复印件，注明最终目的地为 G 市。

2. 发起人声称已交付并安装 DCV 系统，并于 2012 年 3 月 26 日出具金额为 3 074 930 欧元的发票，但申请人未付款。然后发起人在信用证下索要款项，即于 2012 年 4 月 24 日通过其银行以 SWIFT 报文提起索赔，且同日又由其银行快递发函，随附以下单据：

a. 一式两份即期汇票；

b. 发起人书面声明申请人没有履行其在 DCV 系统合同中的合约义务，并且发起人有权得到 3 074 930 欧元的付款；

c. 未付商业发票副本；以及

d. 14 份 CMR 复印件。

3. 没有争议的是，答辩人于 2012 年 4 月 25 日收到发起人银行信函和附件。2012 年 5 月 4 日，答辩人发送拒付通知，注明以下理由：

a. 承运人 P 的 CMR—第 23 栏缺少承运人名称；

b. 承运人 S 的 CMR—第 23 栏显示的承运人名称与第 16 栏相比不完整；以及

c. 承运人 T、K、P、S 和 M 的 CMR—第 16 栏承运人名称缺少国家。

4. 对于答辩人的拒付通知与 UCP600 第 16 条规定不符，发起人未提出异议。答辩人指出，由于 2012 年 5 月 1 日和 5 月 3 日是假日，审单并通知不符点的最后一日为 2012 年 5 月 4 日，因此答辩人的拒付通知于 2012 年 5 月 4 日发送，符合 UCP600 的规定。

需确定的问题

摆在被指定专家们面前的问题是：作为信用证开证行的答辩人，在 2012 年 5 月 4 日发出拒付通知讲明理由，对 2012 年 4 月 25 日交单进行拒付，这是否合理？

发起人的诉求

发起人声称答辩人作为开证行，拒付没有法律依据。针对答辩人拒付通知中所述三个理由，发起人对不符点逐一提出反驳：

a. 承运人 P 的 CMR—第 23 栏缺少承运人名称：根据 UCP600，承运人的名称在运输单据中无须显示两遍，并指出 CMR 第 16 栏已列明承运人的名称：承运人 P；

b. 承运人 S 的 CMR—第 23 栏显示的承运人名称与第 16 栏相比不完整：根据 UCP600，承运人的名称在运输单据中无须显示两遍；以及

c. 承运人 T、K、P、S 和 M 的 CMR—第 16 栏承运人名称缺少国家：UCP600 未要求运输单据显示承运人的国家名称。

答辩人的答复

1. 答辩人声称，根据 UCP600 和《关于审核跟单信用证下单据的国际标准银行实务》(2007 年修订版)，交单不符。针对答辩人拒付通知中提及的三个理由，答辩人特别指出：

a. 承运人 P 的 CMR—第 23 栏缺少承运人名称：根据 UCP600 第 24 条和 ISBP681 第 161 段，第 23 栏完全缺少承运人名称（只显示字迹模糊的签名）构成不符，因为第 23 栏未显示承运人的名称意味着无法确定单据的出具人身份。

b. 承运人 S 的 CMR—与第 16 栏相比，第 23 栏显示的承运人名称不完整：第 23 栏显示的不完整的承运人名称（承运人 S）不符合公认的使用实体名称的惯例和规则。答辩人声称实体应使用其官方名称。答辩人进一步指出，即使第 16 栏不是必填项，在第 16 栏有描述时，第 16 栏使用的官方名称必须与 CMR 第 23 栏一致。答辩人再次声称根据 UCP600 第 24 条和 ISBP681 第 161 段构成不符；以及

c. 承运人 T、K、P、S 和 MCMR—第 16 栏承运人名称缺少国家：公认的 CMR 出具的惯例和规则以及第 16 栏的填写规定均要求填入承运人的名称、地址和所在国家。答辩人称，考虑到此单据用于国际贸易，尤其需要显示相关国家。同样，答辩人声称根据 UCP600 第 24 条和 ISBP681 第 161 段构成不符。

2. 答辩人声称发起人的银行在其 2012 年 4 月 24 日寄单面函上未标明所提交单据与信用证相符。同时，答辩人声称发起人的银行对答辩人提出的不符点未明示保留。最后，答辩人声称发起人的银行于 2012 年 6 月 4 日应答辩人要求支付了 75 欧元的不符单据费用，证明发起人的银行对单据不符与答辩人观点相同。

各方当事人提交的单据文件

发起人提交：

> 日期为 2012 年 8 月 24 日的答辩人请求；

> 附件 1：答辩人于 2011 年 5 月 26 日通过 SWIFT 开立的备用信用证副本；

> 附件 2：申请人签发的验收证明副本，日期是 2012 年 3 月 23 日；

> 附件 3：发起人于 2012 年 3 月 26 日出具的发票副本；
> 附件 4：发起人于 2012 年 4 月 24 日通过 SWIFT 发送的信用证下索赔书副本；
> 附件 5：发起人银行于 2012 年 4 月 24 日出具的信用证下索赔函副本；
> 附件 6：2012 年 4 月 19 日出具的一式两份即期汇票副本；
> 附件 7：发起人于 2012 年 4 月 18 日出具的书面声明副本；
> 附件 8：14 份 CMR 复印件的副本；
> 附件 9：答辩人于 2012 年 5 月 4 日通过 SWIFT 发送的拒付通知的副本；
> 附件 10：Z 市地区法院于 2012 年 6 月 26 日出具的有关申请人的公司自愿安排通知副本；
> 附件 11：发起人律师于 2012 年 7 月 10 日出具的索赔书副本；
> 附件 12：答辩人于 2012 年 7 月 18 日出具的拒绝赔付的函件副本。

答辩人提交：

> 出具日期为 2012 年 9 月 17 日的答辩人答复；
> 附件 1：答辩人主张概要；
> 附件 2：发起人的银行 2012 年 4 月 24 日的面函副本；
> 附件 3：MT734 副本（2012 年 5 月 4 日答辩人的拒付通知）；
> 附件 4：答辩人于 2012 年 5 月 30 日出具的向发起人银行退单的面函副本；
> 附件 5：MT799 副本（答辩人于 2012 年 5 月 30 日通知发起人银行退单）；
> 附件 6：从发起人银行收到答辩人的不符点费用的头寸报文副本。

分析

1. 指定的专家组注意到，发起人既没有质疑答辩人 2012 年 5 月 4 日拒付通知的格式，也没有质疑该通知的发出是否在 UCP600 规定的时限内。

2. 在分析答辩人所提的三个不符点之前，专家组从一开始就注意到，UCP600 项下开立的备用信用证要求提交一份未付商业发票和一份或多份副本国际公路运单（CMR），并未要求银行对这类单据按 UCP600 第 18 条或第 24 条进行审核。仅按信用证条款要求的程度审核规定单据即可。

3. 专家组注意到，UCP600 第 14（d）条“审核单据的标准”特别规定：“*单据中的数据，在与*信用证、*单据本身*以及国际标准银行实务*参照解读时，无须与该单据本身中的数据*、其他要求的单据或信用证中*的数据等同一致，但不得矛盾。*”（增加斜体强调）

4. UCP600 第 14（f）条进一步规定：

如果信用证要求提交运输单据、保险单据或者商业发票之外的单据，却未规定出单人或其数据内容，则只要提交的单据内容看似满足所要求单据的功能，且其他方面符合第 14（d）条，银行将接受该单据。

5. 专家组注意到信用证仅要求提交 CMR 的复印副本。因此，根据 ISBP681 第 20 段的规定，这些复印副本不能被视为运输单据。ISBP681 第 20 段规定如下：“运输单据的副本并不是 UCP600 第 19 条至第 25 条及第 14（c）条所指的运输单据。UCP600 关于运输单据的条款仅适用于有正本运输单据提交时。如果信用证允许提交副本而不是正本运输单据，则信用证必须明确规定应当显示的细节。”

综上，专家组对提出的三项不符点分析如下：

第 1 个不符点

答辩人所提的第 1 个不符点：承运人 P 的 CMR—第 23 栏缺少承运人名称。

在信用证没有明确要求的情况下，银行无须按照 UCP600 第 24 条对 CMR 进行审核。

即使出现这样的审核要求：

> **我们理解，**CMR 第 16 栏和第 23 栏中预先印就的单词“运输人（transporteur）”就是指承运人。我们认为公路运单第 16 栏是用来表明“运输人（transporteur）”身份，也就是本案例中的承运人 P，公路运单第 23 栏用来作为“运输人（transporteur）”的签字栏位。

> 我们认为，质询中的 CMR 相符，因为第 16 栏已表明承运人身份，并且在第 23 栏有承运人的签字。由于第 23 栏的签字栏是供“运输人（transporteur）”签署，除非另有说明，第 23 栏中的任何签字都可视为是承运人的。

因此，我们的结论是答辩人所提此项不符点不成立。

第 2 个不符点

答辩人所提的第 2 个不符点：承运人 S 的 CMR—与第 16 栏相比，第 23 栏中的承运人名称不完整。

在信用证没有明确要求的情况下，银行无需按照 UCP600 第 24 条对 CMR 进行审核。

即使出现这样的审核要求：

> 对于答辩人所称（如第 16 栏所述，CMR 第 23 栏中的承运人名称不完整），我们同意第 23 栏只显示了第 16 栏中的部分信息。然而，信用证并没有规定必须显示承运人全称。如上所述，信用证只要求提交 CMR 的复印副本，并且信用证没有明确规定承运人的身份在所提交的 CMR 复印副本上全部写明。无论如何，CMR 第 23 栏从预先印就的格式表面上看来，仅作为“运输人（transporteur）”或承运人的签字处，并未要求填写承运人的名称。

> 我们认为，尽管第 23 栏填写的内容与第 16 栏并非等同一致，这些措辞之间也不矛盾，因为它们看起来并不是完全不同［适用 UCP600 第 14（a）条关于基于单据本身审核的原则以及上述引用的第 14（d）和（f）条］，要牢记无论是信用证还是 UCP600 均未要求它们必须等同一致。

因此，我们的结论是答辩人所提此项不符点不成立。

第 3 个不符点

答辩人所提的第 3 个不符点：承运人 T、K、P、S 和 M 的 CMR—第 16 栏承运人名称缺少国家。

在信用证没有明确要求的情况下，银行无需按照 UCP600 第 24 条对 CMR 进行审核。

即使出现这种审核要求，我们也不接受答辩人所称第 16 栏缺少承运人所在国家的信息构成不符点。尽管第 16 栏预先印就的措辞的确建议填写国家，但信用证本身并没有写明此份单据必须明示承运人的国家。

因此，我们的结论是答辩人所提此项不符点不成立。

专家组同时就答辩人的以下两个主张发表意见：有关未收到发起人银行（作为交单行）对拒付通知的异议以及支付答辩人不符点费用。专家组认为，发起人（信用证受益人）或交单行的沉默不构成同意或接受答辩人所称不符点。交单行支付答辩人不符点费用的行为也不表示交单行同意答辩人的观点。无论如何，必须注意到答辩人在信用证下不可撤销的承诺是给予受益人（也就是本案中的发起人）的，交单行所持立场（如有）与答辩人在信用证项下对发起人承担的义务无关。

结论

专家组认为答辩人所称三项不符点均不恰当。交单符合信用证要求。因此，答辩人应当对发起人进行承付。

专家组裁决意见一致。

摘要

开证行基于以下三个不符点对备用信用证下单据进行拒付：CMR 缺少承运人名称；另有 CMR 中承运人名称不完整；以及还有 5 份 CMR 上承运人名称缺少国名。能确定的是，规定单据的审核仅在信用证条款要求的程度内。由于仅提交 CMR 的复印副本，不适用 UCP 运输条款。因此，结论是不符点均不成立。交单符合信用证的规定，开证行就应当履行承诺。

DOCDEX 第 323 号裁决

UCP600 第 14 条；第 16（c）和（d）条；第 12（c）条

在第 14 条规定的期限内，答辩人 1 是否未能向发起人表明单据的不符点？且是否也未出具第 16（c）条所规定的拒付通知？在第 14 条规定的期限内，答辩人 2 是否未能向发起人表明单据的不符点？是否也未出具第 16（c）条所规定的拒付通知？

当事人

发起人：S 银行，由 K 律师行代理
答辩人 1：C 银行
答辩人 2：H 银行

背景及交易

2011 年 10 月 25 日，答辩人 1 通过 SWIFT MT700 格式开立一笔金额为 2 358 922.00 美元的信用证，并通过答辩人 2 通知给位于 I 国 M 市的受益人。信用证规定由 I 国任何银行凭付款期为提单日后 90 天、金额为发票金额 100%的汇票进行议付。信用证受 UCP600 约束，2011 年 12 月 11 日在 I 国失效。信用证要求提交以下单据：

1. 3 份正本和 3 份副本手签商业发票，注明信用证号码和合同号码 ABC/123；

2. 全套（包括 3 份正本和 3 份不可流通副本）海运提单，空白抬头且空白背书，注明“运费预付”，通知申请人和 C 银行 S 分行；

3. 全套（包括 1 份正本和 2 份副本）保险单/证明，金额为发票金额的 110%，显示可在 C 国赔付，赔付币种同汇票，空白背书，险别为中国保险条款海运一切险（CIC）和战争险；

4. 3 份正本和 3 份副本重量单/装箱单，由受益人出具，注明数量、每包的毛重和净重以及包装情况；

5. 3 份正本和 3 份副本数量/重量证明，由受益人出具，注明实际检测的装运货物数量/重量以及包装情况；

6. 3 份正本和 3 份副本质量证明，由受益人出具；

7. 由受益人证实的传真/电传副本，装运后 7 天内发给开证行，通知装运的船名、日期、数量、重量和货值；

8. 1 份正本和 2 份副本产地证明，由商会出具；

9. 合格机构出具的检疫证明；

10. 3 份正本和 1 份副本非木质包装声明，由受益人出具；

11. 承运人证明，证明已安排 14 天目的港免费卸货时间；

12. C 国检验检疫机构出具的、用于进口棉花的海外供应商登记证明。

信用证第 45 场（货物描述）规定：“生长期：2011—2012 印度产原棉，质量：S-6，纤维长度：1～5/32 英寸，麦克隆值：3.6～4.9NCL，强力：最少 29GPT，等级：中级，含杂率：少于 3%，含水率：少于 9%。

数量：1000 公吨（2 204 600.00 磅）
单价：1.07 美元/磅
价格术语：CIF C 国 Q 市
原产地：I 国

根据发起人在其请求中的说法，答辩人 2 的营销团队在信用证开立前曾联系受益人，告知他们愿意凭答辩人 1 的承兑提供信用证项下的美元融资。受益人和答辩人 2 的代表与发起人接洽，要求将信用证项下的单据通过答辩人 2 提交。这些情况从答辩人 2 的 2011 年 9 月 15 日电子邮件得到证实。发起人告知答辩人 2，只有答辩人 1 同意此项安排才能照办。

在信用证开立和通知后，答辩人 2 和受益人向发起人提交了一份看似由答辩人 1 的经理签发，日期为 2011 年 11 月 14 日的信函，要求上述信用证项下的单据通过答辩人 2 提交。

> 2011 年 11 月 16 日，受益人提交了信用证下第一套单据，金额为 1 161 491.72 美元，付款到期日为 2012 年 2 月 13 日。发起人于当日叙做贴现并将单据以托收方式寄往答辩人 2。答辩人 2 于 2011 年 11 月 19 日确认收单，并于 2011 年 11 月 21 日以快递寄往答辩人 1。

> 2011 年 11 月 21 日，受益人提交了信用证下第二套单据，金额为 1 154 487.09 美元，付款到期日同为 2012 年 2 月 13 日。发起人也于当日叙做贴现并将单据以托收方式寄往答辩人 2。答辩人 2 于 2011 年 11 月 26 日确认收单，并于 2011 年 11 月 28 日以快递寄往答辩人 1。

> 2012 年 1 月 2 日，发起人从答辩人 2 处收到答辩人 1 因单据存在不符点而退回的两套单据，随附一份答辩人 1 于 2011 年 12 月 26 日发送的 SWIFT 报文，内容如下："兹通知上述两套单据于 2011 年 12 月 1 日和 8 日被拒付。我们已退回该两套单据。请直接联系受益人以尽快解决与申请人的纠纷，感谢合作。对由此引起的不便抱歉。我们将扣除电报费 23.76 美元。"发起人按此通知受益人。受益人以信件通知发起人，日期 2012 年 1 月 3 日，此项拒付是由于进口许可证配额问题，申请人已保证将在到期日付款。

> 2012 年 1 月 7 日，发起人向答辩人 1 发送 SWIFT 报文，声称单据曾按照信用证条款提交，要求答辩人 1 承付单据并确认于到期日进行付款。

> 2012 年 4 月 24 日，由于一直没有收到答辩人 1 的回复，而且到期日未收到付款，发起人又向答辩人 1 发送 SWIFT 报文。

> 2012 年 4 月 25 日，答辩人 1 对发起人 4 月 24 日报文给予回复，称未收到所述单据并要求提供快递详情。发起人于当日进行回复，声明其已对所提交的单据进行议付和贴现，且单据与信用证条款相符。

> 2012 年 4 月 26 日，答辩人 1 确认从答辩人 2 处收到两套单据，该两套单据都因存在不符点被答辩人 1 拒付，并分别于 2011 年 12 月 1 日和 8 日退回答辩人 2。答辩人 1 同时声称由于信用证已过效期，其责任已解除。按照发起人在其请求中的描述，这是答辩人 1 第一次通知发起人两套单据因不符点被拒付并被退回答辩人 2。

> 发起人随即将此事提交金融机构集团（FIG），后者专门处理与国外银行的关系。要求 FIG 指示答辩人 1 履行信用证下的责任。

> 2012 年 6 月 15 日，答辩人 1 在给 FIG 的电子邮件中说明，单据不符点已在 2011 年 12 月 1 日和 8 日的拒付通知中分别列明并通过 SWIFT 报文发送。答辩人 1 确认拒付通知已于上述两个日期发送给答辩人 2。

> 2012 年 6 月 20 日，答辩人 1 询问发起人与答辩人 2 之间的交易情况。FIG 告知答辩人 1，基于后者 2011 年 11 月 14 日的信函，单据才通过答辩人 2 进行提交。答辩人 1 在回复中告知那封看似由其经理签发的信件是伪造的，签字人并非该银行的雇员，要求发起人向答辩人 2 查询该两份拒付通知。

> 向答辩人 2 提问后，答辩人 2 称，2011 年 12 月 5 日曾将答辩人 1 的拒付通知以传真发送给发起人。

问题

发起人声称答辩人 2 已分别于 2011 年 11 月 16 日和 26 日从其处收到两套单据。答辩人 2 确认已分别于 2011 年 11 月 21 日和 28 日以快递方式交单据寄送答辩人 1。答辩人 1 分别于 2011 年 11 月 24 日和 12 月 1 日确认收单。

尽管答辩人 2 声称已分别于 2011 年 12 月 5 日和 8 日将答辩人 1 的拒付通知通过传真发送给发起人，但发起人声称其从未收到这些信息。

问题

1. 在第 14 条规定的期限内，答辩人 1 未能向发起人说明单据的不符点，同时也未按第 16（c）条规定出具拒付通知，答辩人 1 有什么责任？

2. 在第 14 条规定的期限内，答辩人 2 未能向发起人说明单据的不符点，同时也未按第 16（c）条规定出具拒付通知，答辩人 2 有什么责任？

各方当事人提交的单据文件

发起人提交：

> 发起人给 K 律师行的授权书；

> 答辩人 2 给受益人的函件的复印件副本——信用证通知，日期为 2011 年 10 月 25 日和 28 日；

> 答辩人 2 给发起人和受益人的电子邮件的复印件副本，日期为 2011 年 9 月 15 日；

> 看似由答辩人 1 给发起人的信件复印件副本，日期为 2011 年 11 月 14 日；

> 发起人给答辩人 2 的信件（无附件）复印件副本，日期为 2011 年 11 月 16 日和 21 日；

> 答辩人 2 给发起人的两封信件复印件副本，日期均为 2011 年 12 月 30 日；

> 受益人给发起人的信件复印件副本，日期为 2012 年 1 月 3 日；

> 发起人给答辩人 1 的 SWIFT 报文复印件副本，日期为 2012 年 1 月 7 日；

> 发起人给答辩人 1 的 SWIFT 报文复印件副本，日期为 2012 年 4 月 24 日；

> 答辩人 1 给发起人的 SWIFT 报文复印件副本，日期为 2012 年 4 月 25 日；

> SWIFT 报文复印件副本，自发起人发给答辩人 1，日期为 2012 年 4 月 25 日；以及，自答辩人 1 发致发起人，日期为 2012 年 4 月 26 日；

> FIG 给发起人的信件及通讯复印件副本；

> 电子邮件复印件副本，是答辩人 2 发给发起人的，以及发起人发给答辩人 2 的，日期均为 2012 年 8 月 7 日；

> 答辩人 2 提交发起人的单据复印件以及日期为 2012 年 8 月 8 日的面函复印件副本。

答辩人 1 和答辩人 2 提交：

两答辩人均未提交单据。然而，答辩人 1 提交了答复并正式请求 DOCDEX 裁决。

分析

问题 1

在第 14 条规定的期限内，答辩人 1 未能向发起人说明单据的不符点，同时也未按第 16（c）条规定出具拒付通知，答辩人 1 有什么责任？

信用证由答辩人 1 开立、经由答辩人 2 通知，规定由 I 国任何银行议付。信用证开立前，受益人已与发起人安排 I 国货币打包贷款，用于向 Q 市的出口。答辩人 2 已同意，只要信用证项下交单得到答辩人 1 承兑，就提供美元融资。答辩人 2 要求信用证项下单据以托收方式通过他们向答辩人 1 寄交。

信用证开立后，交单前应发起人要求，一封看似由答辩人 1 出具的信件交到发起人，要求单据通过答辩人 2 提交。该信件不是对信用证的修改。

信用证失效前，发起人于 2011 年 11 月 16 日和 21 日分别收到受益人在信用证项下的两套交单。答辩人 2 分别于 2011 年 11 月 19 日和 26 日确认收到托收方式的交单。答辩人 1 分别于 2011 年 11 月 24 日和 12 月 1 日收到单据。

答辩人 1 于 2011 年 12 月 1 日和 8 日以两套单据存在不符点为由，通过 SWIFT 报文发送两笔拒付通知。这些报文均发给答辩人 2，因为单据从答辩人 2 处收到。在两份 SWIFT 报文中，第 77J 栏位（不符点）内列出不符点，并在第 77B 栏位（单据处理）标明“/退单/”。

UCP600 第 14（b）条规定：

按指定行事的指定银行、保兑行（如有的话）及开证行各有从交单次日起至多 5 个银行工作日用以确定交单是否相符。这一期限不因在交单日当天或之后信用证截止日或最迟交单日届至而受到缩减或影响。

UCP600 第 16 条规定：

a. 当按照指定行事的指定银行、保兑行（如有的话）或者开证行确定交单不符时，可以拒绝承付或议付。

b. 当开证行确定交单不符时，可以自行决定联系申请人放弃不符点。然而这并不能延长第 14（b）条所指的期限。

c. 当按照指定行事的指定银行、保兑行（如有的话）或开证行决定拒绝承付或议付时，必须给予交单人一份单独的拒付通知。

该通知必须声明：

i. 银行拒绝承付或议付；及

ii. 银行拒绝承付或者议付所依据的每一个不符点；及

iii. a）银行留存单据听候交单人的进一步指示；或者

b）开证行留存单据直到其从申请人处接到放弃不符点的通知并同意接受该放弃，或者其同意接受对不符点的放弃之前从交单人处收到其进一步指示；或者

c）银行将退回单据；或者

d）银行将按之前从交单人处获得的指示处理。

d. 第 16（c）条要求的通知必须用电讯方式，如不可能，则以其他快捷方式，在不迟于自交单之翌日起第 5 个银行工作日结束前发出。

e. 按照指定行事的指定银行、保兑行（如有的话）或开证行在按照第 16（c）条 iii 项 a）或 b）发出了通知后，可以在任何时候将单据退还交单人。

f. 如果开证行或保兑行未能按照本条行事，则无权宣称交单不符。

g. 当开证行拒绝承付或保兑行拒绝承付或者议付，并且按照本条发出了拒付通知后，有权要求返还已偿付的款项及利息。

由于答辩人 1 于 2011 年 11 月 24 日收到第一套单据并于 2011 年 12 月 1 日通过 SWIFT 发送拒付通知，且于 2011 年 12 月 1 日收到第二套单据并于 2011 年 12 月 8 日通过 SWIFT 发送拒付通知，两个拒付通知均不迟于自交单之翌日起第 5 个银行工作日结束前发出。交单日为 2011 年 11 月 24 日和 2011 年 12 月 1 日。根据 UCP600 第 2 条，“交单”是指向开证行或指定银行提交信用证项下单据的行为，或指按此方式提交的单据。

答辩人 1 的拒付通知也符合 UCP600 第 16（c）条，它对单据拒付，列出不符点并提供单据处置指示。

由于两套单据都是从答辩人 2 处收到，答辩人 1［按照 UCP600 第 16（c）条］将拒付通知发送给答辩人 2 是正当的。

问题 2

在第 14 条规定的期限内，答辩人 2 未能向发起人说明单据的不符点，同时也未按第 16（c）条规定出具拒付通知，答辩人 2 有什么责任？

即便信用证规定可由 I 国任何银行议付，发起人却在证外，按其协议向答辩人 2 托收交单。那封看似由答辩人 1 出具的要求单据通过答辩人 2 提交的信件，不构成对信用证的修改。鉴于答辩人 2 从发起人处以托收方式收到单据，不清楚该项托收是否受到任何规则或 URC522 的约束。

从发起人处收到单据后，自发起人寄送的每套单据收妥日期起两天之内，答辩人 2 就将两套单据快递发送给答辩人 1。鉴于单据以托收方式提交给答辩人 2，答辩人 2 并未作为指定银行行事，或承付或议付。答辩人 2 只是作为中介行，按发起人指示向答辩人 1 托收交单。

UCP600 第 12（c）条规定：

非保兑行的指定银行收到或审核并转递单据的行为并不使其承担承付或议付的责任，也不构成其承付或议付的行为。

在收到答辩人 1 的拒付通知后，答辩人 2 声称已将通知内容传真给发起人。然而，发起人却称，从未从答辩人 2 处收到传真。传真是 UCP600 第 16（d）条接受的电讯或快捷通信方式，无需证实真伪，因为它不是指示，只是发送方希望向接收方传递的信息。

答辩人 2 随后收到退回的单据，并退给发起人。

由于要求答辩人 2 托收寄单，在将单据转交答辩人 1 前，它没有义务审核单据。它仅作为中间行，并仅负责将收到的信息转给发起人和/或答辩人 1。

裁决

综上，答辩人 1 审单并在收到单据翌日起 5 个银行工作日内向交单人（答辩人 2）发送两份 SWIFT 拒付报文，UCP600 项下其行事妥当。

答辩人 2 将发起人提交的单据转交给答辩人 1，并将从答辩人 1 处收到的单据退给发起人。其间，据说答辩人 2 也以传真向发起人分别发送拒付报文内容。由于曾指示答辩人 2 托收交单，其未被要求审核单据是否相符，对单据被答辩人 1 拒付及随后退回不承担责任。

本裁决为一致意见。

摘要

单据由受益人银行交通知行，随后再交开证行。质询是关于开证行和通知行是否表明不符点并在 UCP 规定允许的时限内发送拒付通知。结论：开证行审核单据并在收到单据翌日起 5 个银行工作日内向交单人（通知行）发送两份 SWIFT 拒付报文，在 UCP 项下其行事妥当。通知行分别以传真向受益人的银行通知拒付报文内容。由于曾指示通知行托收寄单，其未被要求审核单据是否相符，对单据被开证行拒付及退回该行就不承担责任。

DOCDEX 第 324 号裁决

该裁决被撤回。

DOCDEX 第 325 号裁决

UCP600 第 18 条；第 18（a）（ii）条和第 38（g）条

按照 UCP600 第 18 条，商业发票是否必须有“致：申请人（to applicant）”的内容？

当事人

发起人：G 公司
答辩人：I 银行

背景及交易

2011 年 7 月 6 日，答辩人开立一份以发起人为受益人的信用证，金额为 114 240 美元，兑用方式为公开议付。信用证要求提交以下单据：

> 两份经签署的商业发票；
> 全套清洁已装船提单，抬头为凭答辩人指示，注明“运费预付”并“通知申请人”；
> 两份装箱单。

答辩人收到单据后，因以下不符点进行拒付：发票未按照 UCP600 第 18（a）（ii）条提及“致申请人”，发票必须出具成以申请人为抬头。

问题

此项不符点是否成立？

发起人的诉求

发起人希望确定答辩人的拒付是否符合 UCP600 的规定。

答辩人的答复

答辩人对此没有提交答复。

发起人提交的单据文件

> 通知行信函通知书副本，日期 2011 年 7 月 6 日，随附开证行的 MT700 开出信用证的副本，日期也是 2011 年 7 月 6 日；
> 原始商业发票的副本；
> 装箱单副本；
> 提单副本；
> 日期为 2011 年 8 月 17 日的 SWIFT MT734 副本。

分析

发票是否符合信用证和 UCP600 的要求？

信用证要求提交“两份经签署的商业发票”，未提及其他条件或要求。

UCP600 第 18 条与商业发票有关，第 18（a）（ii）条规定：

商业发票必须出具成以申请人为抬头［第 38（g）条规定的情形除外］。

因为信用证不可转让，本案与第 38（g）条无关。

提交单据名称为“商业发票”，它显示 “装运人/出口人”为发起人的名称；“收货人”为开证行的名称；“通知方”为申请人的名称，即货到目的港时承运人必须通知的一方。通知方不是发票的债务人。它通常是申请人，但也可能不是，在很多情况下通知方是开证行或代表买方行事的运输行。

因此，商业发票没有正确地出具成以申请人为抬头。

结论

答辩人的拒付成立。专家组对本案的意见一致。

摘要

开证行拒付信用证下交单，不符点为：发票未提及“致：申请人”。所提交的单据名称为“商业发票”，它显示 “装运人/出口人”为发起人的名称；“收货人”为开证行的名称；“通知方”为申请人的名称，即货到目的港时承运人必须通知的一方。据称通知方不是发票的债务人。尽管它通常是申请人，但并非总是如此，在很多情况下，通知方是开证行或代表买方行事的运输行。

因此，结论是：商业发票没有正确地出具成以申请人为抬头，开证行的拒付成立。

DOCDEX 第 326 号裁决

URC522 第 2（d）（i）条，第 4（a）（i）条，第 19（b）和 1（c）条

托收款项一直未付且答辩人从未退回单据，其行为是否符合 URC522 的规定？答辩人是否有义务支付未付款项？货物违法是否与本案相关？

当事人

发起人：K 公司
答辩人：A 银行

背景及交易

发起人是 10 笔一系列托收业务的委托人，这些托收均遵循 URC522，金额合计 349 391.10 美元，由托收行在 2009 年 7 月至 2010 年 2 月期间寄交给答辩人。

所有托收均为 URC522 第 2（d）（i）条所定义的“跟单托收”。

答辩人作为提示行，逐笔向付款人提示托收项下单据。除一笔金额为 4 125.00 美元的部分付款外，所有托收均未付款。尽管发起人多次请求，答辩人从未退回正本单据。至于未退回的理由，答辩人的理由是“货物违法”。

发起人主张答辩人没有按 URC522 的规定行事，因此应当支付未付金额合计 345 266.10 美元，该金额不包括利息及损害赔偿的金额 90 703.89 美元。

问题

问题 1：答辩人的行为是否符合 URC522 的规定？
问题 2：如果问题 1 的答案是“否”，答辩人是否有义务支付未付款项？
问题 3：货物违法是否与本案相关？

各方当事人提交的单据文件

发起人提交：

> 发起人请求；
> 发起人的附件清单；
> 发起人总表 A（本金）；
> 发起人总表 B（利息）；
> 托收行面函 ABC123；
> 答辩人的 MT999，日期为 2009 年 8 月 10 日；
> 托收行的 MT499，日期为 2012 年 5 月 2 日；

> 托收行面函 EFG456；
> 托收行面函 HIJ893；
> 答辩人的 MT412，日期为 2009 年 9 月 30 日；
> 托收行的 KLM893；
> 答辩人的 MT410，日期为 2009 年 9 月 29 日；
> 托收行面函 NOP893；
> 托收行面函 QRS893；
> 托收行面函 TUV893；
> 答辩人的 MT410，日期为 2009 年 10 月 29 日；
> 托收行面函 WXY800；
> 托收行面函 CBA800；
> 托收行面函 FED800；
> 答辩人的 MT410，日期为 2010 年 1 月 2 日；
> 托收行的 MT499，日期为 2010 年 6 月 3 日；
> 托收行的 MT499，日期为 2010 年 6 月 3 日；
> 托收行的 MT499，日期为 2010 年 6 月 4 日；
> 答辩人的 MT499，日期为 2012 年 5 月 4 日；
> 托收行的 MT499，日期为 2012 年 6 月 25 日
> 答辩人的 MT499，日期为 2012 年 6 月 27 日；
> 托收行的 MT499，日期为 2012 年 6 月 29 日；
> 托收行的 MT499，日期为 2012 年 7 月 13 日；
> 答辩人的 MT499，日期为 2012 年 7 月 18 日；
> 托收行的 MT499，日期为 2012 年 8 月 13 日；
> 答辩人的 MT499，日期为 2012 年 8 月 23 日；
> 托收行的 MT499，日期为 2012 年 8 月 23 日；
> 托收行的 MT499，日期为 2012 年 8 月 30 日；
> 答辩人的 MT499，日期为 2012 年 9 月 10 日；
> 托收行的 MT499，日期为 2012 年 10 月 11 日；
> 托收行的 MT499，日期为 2012 年 11 月 26 日；
> 托收行的 MT499，日期为 2012 年 11 月 26 日；
> 答辩人的 MT499，日期为 2012 年 12 月 6 日；
> 托收行的 MT499，日期为 2012 年 12 月 13 日；
> 托收行的 MT499，日期为 2012 年 12 月 20 日；
> 托收行的 MT499，日期为 2012 年 12 月 20 日；
> 托收行的 MT499，日期为 2013 年 1 月 14 日；
> 答辩人的 MT499，日期为 2013 年 2 月 11 日；以及
> 托收行的 MT499，日期为 2013 年 3 月 4 日。

答辩人提交：

答辩人于 2013 年 4 月 2 日出具的要求 DOCDEX 裁决的回复电子副本。

分析

问题 1

发送给答辩人的每笔托收均按照相同格式并包含以下相同指示：“凭承兑汇票并由贵行同时加具付款担保（保付）交单。”

答辩人在 SWIFT 往来报文中说明：“单据凭付款人对汇票承兑释放，未加担保。也就是说，我们将已承兑汇票存档，但我们没有任何加保留档。”这也在答辩人要求 DOCDEX 裁决的传真件中第 2 点得到证实：“因为放单给进口方承兑，【答辩人】没有向发起人保证付款。”

URC522 相关条款规定：

第 4（a）（i）条：银行只准允根据该托收指示中的命令和本规则行事；

第 19（b）条：在跟单托收中，只有在托收指示有特别授权的情况下，才能接受部分付款；

第 1（c）条：如果银行选择了不办理它所收到的托收，它必须毫不延误地（……）向它收到该项指示的当事人发出通知。

URC522 第 4（a）（i）条要求严格遵守托收指示。答辩人向付款人放单，就被视为对托收指示已全盘接受，包括同时加以担保。如果答辩人不愿按此办理，它本应对该托收指示加以拒绝，正如第 1（c）条所强调的那样。

对规则的背离还延展到部分付款，对此该项托收指示并未给予授权，正如第 19（b）条所强调的那样。

综上，答辩人违反了 URC522 规定的义务。

问题 2

答辩人违反了 URC522 规定的义务，应当对由此引发的后果承担责任。

问题 3

到目前为止 URC522 所涉，与违法并无干系。问题在于，答辩人若不准备对该付款担保，是否有权放单。因此，付款人能否将货物清关与托收操作无关，因为那是在放单后才能办理的。

结论

专家组裁决意见一致：发起人有权得到金额为 345 266.10 美元的未付款项。

摘要

提示行收到 10 笔托收，除 1 笔部分付款外，其他均未付。提示行以“货物违法”为由从未退单，尽管它已凭付款人对远期汇票的承兑放单，对此它表明未曾有付款担保。判定提示行违反了 URC522 项下的义务，应当对由此引发的后果承担责任。就目前为止 URC522 所涉，违法与此无关。问题在于答辩人若不准备对付款担保，是否有权放单。因此，付款人能否将货物清关与托收操作无关，因为那是在放单后才能办理的。

DOCDEX 第 327 号裁决

UCP600 第 14（a）、14（b）、16（c）、16（f）、第 16 和第 14 条；UCP600 第 4（a）条；URDG758 第 15（c）、15（b）、15（a）和第 5（b）条

开证行的行为是否符合 UCP600 第 16 条的规定？开证行是否按信用证条款行事？两份与信用证相关联的反担保函项下索赔是否正当？

当事人

发起人 1：O 公司（受益人）
发起人 2：H 银行（通知行）
答辩人：T 银行（开证行）

说明

答辩人没有提交答复。

专家组三次要求按照 DOCDEX 规则第 4 条和第 7.3 条提交“补充资料”。

尽管发起人 2 代表发起人 1 提交请求，专家组认为，仅由发起人 2 提供的第 1 次补充资料提交同时涉及两个发起人，从而对 DOCDEX 裁决是完整请求。

问题

1. 答辩人开立的编号为 123 的信用证。答辩人未按 UCP600 第 16 条的要求拒付两套单据。因此，答辩人本应支付这些交单发票金额的 80%，但未支付。

2. 答辩人开立的编号为 123 和编号为 456 的信用证。尽管发起人 1 坚称其已履行所有合同义务，但答辩人未支付这些信用证下全部交单的 20%余款。

3. 发起人 2 应发起人 1 指示申请，由非答辩人的一家银行出具的金额为 211 766.89 美元和 79 972.00 美元的履约保函。受益人在两笔保函项下发起索赔。履约保函的开立银行赔付后就在反担保函下发起索赔。尽管发起人 1 声称，因合同义务已履行完毕，该索赔不当，但发起人 2 在反担保函下进行了赔付。

背景及交易

问题 1：编号为 123 的信用证

发起人 1 收到答辩人开立的以其为受益人的信用证，编号 123，受 UCP600 约束，并由发起人 2 通知。该信用证下两次交单的 80%发票金额至今未付。第一次交单，总金额为 384 096.00 美元，包含两张发票，金额分别为 252 096.00 美元和 132 000.00 美元，于 2012 年 8 月 29 日寄给答辩人；第二次交单，金额为

367 626.60 美元，于 2012 年 8 月 30 日寄给答辩人。两次交单均注明“按信用证规定，受适用的 UCP 规则约束（国际商会所制定）”，并要求支付款项。两次交单均在信用证效期内提交。然而，根据答辩人内部审单记录，单据并没有在信用证要求的装运后 16 天内提交。

答辩人显然于 2012 年 9 月 9 日对单据进行处理，将其送交申请人。然而，发票金额的 80%一直未向发起人 2 支付。2012 年 10 月 9 日，答辩人在答复发起人 2 两份付款催收中表明：“我们已将贵行上述报文转给申请人，俟其批准我们即复。”

问题 2：编号为 123 的信用证

信用证关于支付剩余 20%发票金额的条款如下：

你方在信用证效期内收到申请人书面指示且全权由申请人决定，20%款项可予付款。如信用证效期内你方未收到我行的指示，申请人的付款指示将由【答辩人的名称】报送。

信用证进一步规定：

对于此信用证项下作为留置金额的尾款，我们承诺，在信用证效期内收到申请人的指示后可予付款，该指示由申请人全权决定。如信用证效期内该指示未收到，对此我行免责。

以上措辞后又修改为：

20%金额通过信用证在实际交付原材料 CIF（国家和港口）并由申请人验收时，并且从银行处收到正本运输单据后付款。申请人将出具证明，确认收到并验收装运的货物 CIF（国家和港口）。

问题 2：编号为 456 的信用证

信用证包含以下关于支付剩余 20%发票金额的条款：

每次装运货物价值的 20%作为留置金，凭信用证效期内收到申请人书面指示后才可支付，届时我行将付款。如信用证效期内我行未收到申请人指示，我行在信用证项下对受益人的义务将予解除。

该条款后修改为：

20%金额通过信用证在实际交付原材料 CIF（国家和港口）由申请人验收时，且从银行处收到正本运输单据后才可付款。证明是业主确认收到并验收装运的货物 CIF（国家和港口）。

问题 2：编号为 123 和 456 的信用证

两份信用证下，受益人（发起人 1）看来没有从信用证申请人处收到任何单据。而且看上去答辩人也没有从申请人处收到任何请求的单据文件或付款授权。相反，答辩人通知发起人 2“暂停”付款，尽管发起人 2 从未获得授权进行这种付款。

问题 3：履约保函

根据发起人 1 的指示，发起人 2 请求一家非答辩人的银行开立两份保函（履约保函），受益人为上述两份以发起人 1 为受益人的信用证的申请人。

金额为 211 766.89 美元的保函：发起人 2 按发起人 1 的指示请求一家非答辩人的银行“以贵行的标准文本”开立保函（履约保函），作为适用规则的援引“其他/I 国法律”。发起人 2 的反担保函看上去是适用 I 国法律。

金额为 79 972.00 美元的保函：发起人 2 按发起人 1 的指示请求一家非答辩人的银行“以贵行的标准文本”开立保函（履约保函），因此，适用于那家银行的国家法律（I 国法律）。发起人 2 的反担保函是适用国际商会见索即付保函统一规则（URDG 758）。

两份保函（履约保函）及其反担保函项下均遭索赔，随后由担保人和发起人 2 分别进行赔付，尽管发起人 1 试图说服发起人 2，因合同义务已履行完毕，保函（履约保函）的受益人无权索赔。

发起人提交的单据文件

问题 1

> 答辩人开立的信用证 123 及三次修改的副本；

> 答辩人开立的信用证 456 及两次修改的副本；

> 发起人 2 缮制的寄单面函副本，日期为 2012 年 8 月 29 日、金额为 384 096.00 美元；

> 发起人 2 缮制的寄单面函副本，日期为 2012 年 8 月 30 日、金额为 367 626.60 美元；

> 答辩人致电发起人 2 的 SWIFT 报文副本，日期为 2012 年 10 月 9 日；

> 答辩人缮制的信函翻译件副本，日期为 2012 年 9 月 9 日，关于处理从发起人 1 处收到的单据，即向信用证申请人发送单据。

问题 2

> 答辩人于 2013 年 2 月 5 日（在信用证 123 项下）和 2013 年 1 月 30 日（在信用证 456 项下）发送的两份报文的副本，通知发起人 2：应申请人请求，发起人 2 被要求“在收到我们报告的他们有进一步指示之前，暂停支付装运单据金额 20%的款项”。

可以推知答辩人对所有交单向发起人 2 发送报文情况相同。

问题 3

> 发起人 2 发给电子指示的副本，指示其开立金额为 211 766.89 美元的履约保函；

> 发起人 2 发给一家非答辩人银行 MT760 报文的副本，指示其开立金额为 79 972.00 美元的履约保函。

提交的相关单据文件

全部单据文件中包括两份有问题的信用证下所有交单的副本；发起人 1 和信用证申请人之间合同的副本；与履约保函索赔及相关付款有关的往来函电副本。全部单据文件约 500 页。

分析

问题 1

按照 UCP600 第 14（a）条：

按指定行事的指定银行、保兑行（如果有的话）及开证行须审核交单，并仅基于单据本身确定其是否在表面上构成相符交单。

按照 UCP600 第 14（b）条，每家银行：“各有从交单次日起至多五个银行工作日用以确定交单是否相符。”

按照 UCP600 第 16（c）条，如果银行：“决定拒绝承付或议付时，必须给予交单人一份单独的拒付通知。”该通知必须以该条款要求的形式出具，首先必须声明拒绝承付或议付，必须注明凭以拒付的每一项不符点，以及有关所收到的单据必须注明银行正在如何处理。

根据答辩人于 2012 年 11 月 9 日（即其收到单据及至少两次查询付款情况的催收报文一个多月后）向发起人 2 发送的第一份报文，答辩人回复：“我们已将贵行上述报文转交给申请人，俟其准许我方即复。”

而且，根据答辩人 2012 年 9 月 9 日的信函，答辩人对从发起人 2 处收到的单据处理方式是将其转交给信用证申请人。

因此，必须承认答辩人未按照 UCP600 第 14 条和第 16 条的要求行事。答辩人从未发送过拒付通知，所以，按照 UCP600 第 16（f）条，答辩人无权宣称单据构成不符交单。因此，答辩人有义务承付发票金额 80%并付息。

国际商会官方意见 R694（TA602rev）与 UCP500 下的咨询有关，但在 UCP600 下仍有效。该意见表明：开证行没有发送拒绝单据的通知，因此，开证行无权宣称单据不符，其必须对其款项进行支付。它又加以说明：

开证行未付全款或在放单前未得到接受减额的授权，它将单据释放给申请人的行为显然违反了保留单据（听候交单人处理）的基本原则。

答辩人未付（或未得到发起人 2 的任何授权）放单，这也违反了 UCP600 第 16 条的规定。答辩人没有遵守 UCP600 第 16 条的要求，因此就有义务支付发票金额 80%的款项及利息。专家组同时指出应当对质询迟付的期间支付利息。

问题 2

信用证关于支付 20%发票金额尾款的条款，并未规定凭受益人提交的一份或多份具体的单据付款，也没有规定如未提交单据情况下在某个特定日期付款。

不幸的是，这些信用证的措辞在许多国家并不罕见。这会造成受益人无法触发付款，因为付款由信用证申请人控制，由其视合同履行情况授权开证行进行付款。

因此，专家组不得不强调，信用证的当事方应当仔细评估信用证所有措辞的后果。此外，答辩人发给发起人 2 的报文令人费解。答辩人通知发起人 2 “暂停付款”，而后者没有义务也未得到授权进行付款。

如果发起人 1 的意见为 20%发票金额余款的支付是在基础合同方面欠账，那它本应考虑采取其他行动。该问题超出国际商会 UCP600 或 DOCDEX 的范围。

在这方面，UCP600 第 4（a）条指出：“就其性质而言，信用证与可能作为其开立基础的销售合同或其他合同是相互独立的交易，即使信用证中含有对此类合同的任何援引，银行也与该合同无关，且不受其约束。”

问题 3

金额为 211 766.89 美元的第一份保函（履约保函）：

该保函和对应的反担保函不受任何国际商会规则的约束，因此，国际商会 DOCDEX 规则不适用于此交易，无法提供裁决。如果发起人 1 认为索赔不符或不当，可以在管辖法律下将该争议提交合适审判地点进行审理。

金额为 79 972.00 美元的第二份保函（履约保函）：

该保函（履约保函）曾要求在 I 国“按贵行标准格式”开立，由此该保函当然适用 I 国法律。发起人 2 开立的反担保函适用国际商会 URDG758。保函和反担保函适用不同法律或规则的情况会导致许多问题。

在此方面，URDG758 第 15（c）条要求反担保函应当包含明确的措辞“第 15（a）、（b）条中的支持声明不予适用”，否则第 15（b）条的规定就总会适用，即：

反担保函项下的索赔在任何情况下均应辅之以一份反担保函向其开立的一方的声明，声明在其开立的保函或反担保函下收到了相符索赔。

从提交的单据来看，反担保函并未明确如上所述排除对支持声明的要求。发起人 2 收到的索赔包含一个将 URDG758 第 15（b）与（a）条部分相结合的模糊表述，发起人 2 对该项索赔进行赔付。

如果发起人 1 认为在基础合同方面索赔不当，可能的法律诉讼就只能在管辖法律下通过合适的审判地进行。

URDG758 第 5（b）条支持上述观点：

反担保函就其性质而言，独立于其所相关的保函、基础关系、申请及其他任何反担保函，反担保人完全不受这些关系的影响或约束。反担保函中为了指明所对应的基础关系而予以引述，并不改变反担保函的独立性。反担保人在反担保函项下的付款义务，不受任何关系项下产生的请求或抗辩的影响，但反担保人与担保人或该反担保函向其开立的其他反担保人之间的关系除外。

结论

问题 1

答辩人没有按照 UCP600 第 16 条的要求行事并处理单据，因此有责任承付两次交单金额的 80%以及相应利息。

问题 2

答辩人没有按照信用证条款行事。发起人在信用证外采取任何行动，就要在管辖法律下通过合适的审判地进行。

问题 3

金额为 211 766.89 美元的第一份保函（履约保函）：

由于保函及反担保函均未适用任何国际商会规则，无法提供 DOCDEX 裁决。该问题要在管辖法律下的裁决由合适的审判地实施。

金额为 79 972.00 美元的第二份保函（履约保函）：

反担保函项下的索赔已得到赔付，此项赔付是终局性的。如果发起人 1 认为在基础合同方面索赔不当，可能进行的法律诉讼本应在管辖法律下通过合适的审判地进行。

上述结论是一致意见。

摘要

在收到单据及至少两份询问付款情况的催收报文一个多月后，开证行通知交单行单据已转交申请人并等待其准许。开证行未发送拒付通知，因此断定，开证行无权宣称单据不符。开证行应当承付。后续交单凭申请人书面指示支付并由申请人自行决定，我们裁定该问题超出了 DOCDEX 范围。两份相关保函项下索赔被认定为不当索赔。由于第一份保函未适用国际商会规则，我们无法给出裁决，而第二份保函则需以法律行为解决。

DOCDEX 第 328 号裁决

UCP500 第 14（e）条

在有法院命令的情况下，开证行扣留单据不退回议付行是否正当？开证行是否有义务向议付行付款？

当事人

发起人：S 银行（议付行）
答辩人 1：A 银行（开证行）
答辩人 2：C 公司（申请人）
答辩人 3：N 公司（受益人）

背景及交易

2007 年 9 月 6 日，应答辩人 2 申请，答辩人 1 开立了以答辩人 3 为受益人的不可撤销跟单信用证。该信用证可由任意银行议付，适用于国际商会第 500 号出版物《跟单信用证统一惯例》（1993 年修订版）。

货物描述为“原产印度的铁矿粉”，信用证要求铁含量基准为 61%，最低 60%。另外，信用证还有一附加条件：若铁含量低于 60%，则答辩人 2 应有拒收货物的选择权。

2007 年 12 月 31 日，发起人将信用证项下单据转交答辩人 1，声明已议付单据并请求支付 1 049 296.25 美元。

2008 年 1 月 14 日，答辩人 1 向发起人发出 SWIFT 报文，称自发起人收到的单据有若干不符点，因而不能接受。答辩人 1 引述的一条不符点为“发票显示的铁含量低于 60%”，并进而声称正留存单据听候发起人处置。

2008 年 1 月 22 日，发起人向答辩人 1 发出 SWIFT 报文，请求将单据退回发起人，以便货物可另行出售。发起人还请求答辩人 1 确认，要么退回单据，要么付款。

2008 年 1 月 23 日，一法院签发法院令如下：

> 批准答辩人 2 对法院命令的申请；

> 下令冻结答辩人 2 所在国家一港口卸货的铁矿粉；

> 命令答辩人 3 向法院或答辩人 2 提供一份 800 000 美元的担保。答辩人 3 也可与答辩人 2 协商确定具体担保形式与金额；

> 答辩人 2 应自收到法院命令的 15 日内提起诉讼或仲裁。如在该期限内诉讼或仲裁未实施，则法院解除对铁矿粉的冻结。

2008 年 1 月 24 日，答辩人 1 向发起人发出 SWIFT 报文，称因答辩人 2 起诉答辩人 3 后，法院已冻结单据，故无法将单据退回发起人。答辩人 1 进而表明，正留存单据等待法院进一步指示。

2008 年 2 月 4 日，发起人向答辩人 1 发出 SWIFT 报文，称其仅依据 UCP 处理单据，答辩人 2 与答辩人 3 之间的任何争议，都必须在信用证条款之外另行解决。而且，发起人再次请求答辩人 1，要么退回单据，要么付款。

发起人后就此数次向答辩人 1 发送 SWIFT 报文交涉，但既未获得付款，也未得到回应。

问题

1. 发起人是否有权要求答辩人 1 退回单据？
2. 鉴于 2008 年 1 月 23 日的法院命令，答辩人 1 扣留单据、未按发起人请求予以退回是否正当？
3. 答辩人 1 是否有义务向发起人支付信用证项下支用的金额？

分析

1. 答辩人 1 在 2008 年 1 月 14 日的 SWIFT 报文中通知发起人，单据有不符点，答辩人 1 留存单据听候发起人处置。针对答辩人 1 的拒付通知，发起人通过 SWIFT 请求答辩人 1，或者退回单据，或者付款。

UCP500 第 14（e）条规定：

如开证行及/或保兑行（如有的话），未能按照本条规定办理，及/或未能代为留存单据听候处理，或将单据退交单人，开证行和/或保兑行（如有的话）则无权宣称单据不符合信用证条款。

既然发起人已请求退回单据，除非答辩人 1 付款；而答辩人 1 并未付款，发起人就有权要求退回单据。

2. 答辩人 1 非法院命令的当事方，也根本未在法院命令中提及。而且，该项法令并未对单据作出任何限制，也并未像答辩人 1 通知发起人的那样，命令答辩人 1 冻结单据。拒付交单之时起，答辩人 1 无任何理由不将单据退回发起人。因此，答辩人 1 的行为无正当理由。

3. 根据 UCP500 第 14（e）条规定，不将单据退回发起人，答辩人 1 即无权宣称单据与信用证条款不符。因此，答辩人 1 有义务支付相关款项以及相应的迟付利息与费用。

结论

鉴于法院令并未强制答辩人 1 扣留单据，答辩人 1 有义务依照 UCP 向发起人退回单据；未做到，答辩人 1 就必须承付此款项。

本裁决是一致的意见。

概要

开证行基于若干不符点拒付了信用证下提交的单据，议付行随后请求退单。一日之后，一法院出具了法院命令。为此，开证行通知议付行其不能退回单据。本案结论是，鉴于议付行已请求退回单据，除非开证行付款，议付行有权要求退回单据。开证行并非法院令的当事方，且法院令未要求对单据施加任何限制，因此，开证行无任何理由不将单据退回开证行[①]。不退单将使开证行失去主张不符点的权利，开证行有义务承付。

① 英文原文误为开证行，应为议付行。中文译文此处更正。

DOCDEX 第 329 号裁决

ISBP681 第 25 段；UCP600 第 14（d）条

缺少信用证号码与日期是否构成拒付单据的充分正当理由？打字错误能否视作不符点？

当事人

发起人 1：R 公司（受益人）
发起人 2：B 银行（议付行）
答辩人：S 银行（开证行）

背景及交易

两份信用证的 SWIFT 报文第 47A 栏位中有如下两条规定：

1. 所有单据必须注明我行信用证号码与日期。
2. 任何轻微打字错误，只要不影响质量、数量、价格、价值和截止日期与装运日期，即可接受。

第一份信用证于 2013 年 3 月 7 日开立，适用最新版 UCP，受益人为发起人 1。

> 截止日与地点：2013 年 5 月 21 日，发起人 2 的国家。

> 可由任一银行议付。

> 汇票：即期（后修改为见票后 150 天）。

> 单据概述：单据分 7 套单独提交，每套单据包括：发票 3 份正本+2 份副本，全套正本提单+3 份副本，装箱单 3 份正本+2 份副本，两份不同的受益人证明。

> 保兑要求：“*无*”。

在按时提交所述 7 套单据后，答辩人于 2013 年 5 月 27 日以 SWIFT MT734 报文拒付，称：“*发票未注明信用证号码与日期。依 UCP600 第 16C-III B 之规定留存单据。*”

发起人 2 反驳称：

> 缺少信用证日期与号码乃打字错误，而交单中的其他 6 份发票和 128 张其他单据（包括副本）上都正确地显示了信用证号码与日期。

> 缺少信用证号码与日期这种情况适用信用证中的特别条件，即“打字错误，只要不影响质量、数量（……），即可以接受”。

> ISBP 第 25 段规定的实务是，拼写错误或打字错误并不构成不符点，并且

> 银行委员会第 R289 号与第 R635 号意见申明，在万一单据搞混的情况下单据上的信用证号码仅仅用来帮助追查得到它，即便错误引用信用证号码也不构成拒付单据的理由。

2013 年 5 月 29 日，答辩人回复称，此问题与打字错误无关，这确实构成不符点，因为违反信用证 MT700 第 47A 域（其他条件）中明确且特定的要求，无论此类数据信息如何使用。

2013 年 5 月 29 日同日，答辩人将单据退回发起人 2。

第二份信用证于 2013 年 3 月 15 日开立，适用最新版 UCP，受益人为发起人 1。

> 截止日期与地点：2013 年 5 月 21 日，发起人 2 的国家。

> 可由任一银行议付。

> 汇票：即期（后修改为见票后 150 天）。

> 单据汇总：单据分 10 套单独提交，每套单据包括：发票 3 份正本+2 份副本，全套正本提单+3 份副本，装箱单 3 份正本+2 份副本，两份不同的受益人证明。

> 保兑要求：“*无*”。

在按时提交所述 10 套单据后，答辩人于 2013 年 5 月 24 日以 SWIFT MT734 报文拒付，称：“*发票显示的船名异于提单（Shan Dong Da 而不是 Shan Dong Hai Da）。依 UCP600 第 16C-III B 之规定留存单据。*”

发起人 2 反驳称：

> 与发票同套的其他单据，包括提单与装船通知，皆注明了正确的船名。

> 所有其他 9 套单据（包括副本在内共 115 张单据）都注明了正确的船名。

> 所缺少的“Hai”乃打字错误，故适用 ISBP 第 25A 段。况且，信用证中的特定规定，也已明确“打字错误，只要不影响质量、数量（……）”即可以接受。

> 银行委员会第 R698 号意见申明“打字错误，在与所提交的其他单据相互参照解读时，并不构成不符点”。

2013 年 5 月 29 日，答辩人回复称，不能将缺少“Hai”视作打字错误，因为这一“错误”会导致另一船名，或许属于另一条船。

2013 年 5 月 29 日同日，答辩人将单据退回给发起人 2。

问题

1. 发票缺少信用证号码与日期——而同一交单中所有其他单据上该内容都正确——依据 UCP600 与国际标准银行实务是否构成不符点？

2. 在上述情境下，仅发票漏打了船名中的“Hai”字——而同一交单中所有其他单据该内容都正确——依据 UCP600 与国际标准银行实务是否构成不符点？

分析

两个信用证情况一样，都是信用证要求的某些数据未在单据上显示。第一份信用证是未显示信用证号码与日期，第二份信用证是船名的一部分。ISBP681 第 25 段仅适用于“拼写错误”或“打字错误”而不适用于缺失数据。ISBP681 第 25 段中的举例已清楚表明何为“拼写错误”或“打字错误”。这一观点在 ISBP745 中也并无不同。

问题 1

ICC 第 R289 号意见申明：

关于铁路运单缺失信用证号码的问题，ICC 此前的意见是，该要求仅仅在万一单据搞混时有助于追查到。鉴于开证行已收到单据，缺失参考号码似乎无关紧要，不构成拒付理由，因为该号码本身对该单据的目的，既无增益，也无贬损。

该意见进一步申明：“*关于信用证号码，ICC 多次申明并不赞同此类作法，尤其是涉及运输单据时，现再次重申这一观点。*”

ICC 第 R578 号意见申明：

应该指出，添加信用证号码的要求一般是在开证行的鼓动下进行的，目的是有一两张单据搞混时，便于核对。ICC 此前已有的意见是，即使信用证要求注明信用证号码，以单据上缺失信用证号码为由拒付也是站不住脚的。

ICC 第 R635 号意见持同一立场：

ICC 第 289 号意见已指出，要求单据上添加信用证号码，仅仅在万一单据搞混时有助于追查单据。鉴于开证行已收到单据，且已将所提交的提单正确无误地归于相应信用证号码下，这个号码看来就无关紧要了，因而不构成拒付的有效理由。

最近，这一观点又在 ICC 第 TA774 号意见中再次重申，该意见再次强调了第 R578 号意见的结论。

国际商会银行委员会在这些意见中已申明，对于其他方面都相符的交单，单据上缺失信用证号码不构成拒付理由。正如这些意见所言，信用证号码原本用于方便答辩人将单据与相应的信用证对应起来。

唯一例外是，因国家或海关规定有要求，单据需要显示信用证号码，而本案情况似乎并非如此。

基于所援引意见，错误引用或者缺失信用证号码与日期不是构成不符点的理由，即使信用证有此要求。

只要答辩人能够将所提交的单据与相应信用证对应起来就足够。

问题 2

提交了 10 套单据，包括 10 份提单、10 份发票和 10 份装船通知，所有其他单据都显示了正确船名“MV Shan Dong Hai Da”，只有 1 份发票除外，缺失了“Hai”。

交单，总体说来，都指的是装运于提单所显示的同一条船上的货物。

UCP 第 14（d）条规定：“单据中的数据，在与信用证、单据本身以及国际标准银行实务参照解读时，无须与该单据本身中的数据、其他要求的单据或信用证中的数据等同一致，但不得矛盾。”

一份发票上缺失一个“Hai”，不视为信息存在矛盾。所有单据作为一个整体，充分表明其符合信用证要求。

结论

问题 1 与问题 2 所述不符点无效，答辩人必须承付。

本裁决是一致的意见。

摘要

开证行拒付了两份信用证项下提交的单据，其一是因为发票未注明信用证号码与日期，其二是因为发票显示了与提单不同的船名。对于第一个问题，如上所述，信用证号码原本用于方便开证行将单据与相应的信用证对应起来。唯一例外是，如果国家或海关有规定，要求显示此类信息。而本案结论是，不符点无效。对于第二个问题，除一份发票显示的船名缺失一字外，所有其他要求单据都显示了正确的船名。这不视为单据存在矛盾，开证行必须承付。

DOCDEX 第 330 号裁决

UCP600 第 4 条、第 5 条和第 14（a）与（d）条；UCP600 第 18（b）与（c）条和 ISBP745 第 C12（b）段；ISBP745 第 A6 段，UCP600 第 14（f）与（d）条；UCP600 第 19 条与第 14（d）条

只要根本未妨碍受益人成功履约，则不符点是否就无效？无论情况如何，不符点是否都会有效？

当事人

发起人：N 公司（受益人）
答辩人：B 银行（开证行）

背景及交易

2011 年 12 月 15 日，答辩人开立不可撤销备用信用证，信用证受益人为发起人。

该备用信用证以 SWIFT MT700 开立，第 40E 栏注明 “UCP 最新版”，适用 UCP600。

信用证最大金额 200 000.00 美元，兑用方式为由答辩人付款。该备用信用证经通知行通知给受益人。

由于未收到答辩人答辩，故本案背景仅基于发起人提供的争议概要与单据文件。

2011 年 12 月 15 日，信用证开立，最大金额 200 000.00 美元，货物为供应鲜活与冷冻龙虾。（指定专家说明：备用信用证中货物描述为“*Bogavante Vivo – Partida Arancelaria 030000 – CIF Madrid*”）

2012 年 2 月中旬，开证申请人通知发起人，对于已收货物，不能支付未付发票款项。原因是，西班牙税务部门已扣押其应收账款。基于该信息，发起人停止再发货。

2013 年 4 月 5 日，发起人在备用信用证下向答辩人提出索赔，索赔涵盖 2011 年 12 月 22 日至 2012 年 2 月 2 日间已发的 11 批货物，索赔额 193 809.37 美元，为鲜活龙虾的总值。

（指定专家说明：根据发票，龙虾价值为 193 808.36 美元。另外，索赔函特别声明：“请按信用证要求通知开证行并收回 200 000 美元全额。”发票汇总单详列了所提交发票，总金额为 224 770.08 美元，其中龙虾 193 809.37 美元，扇贝 30 960.71 美元。声明文件抬头为通知行而不是答辩人。）

2013 年 4 月 13 日，答辩人拒付，引述以下三项不符点：

1. 发票上货物描述不符合信用证第 45A 栏要求。
2. 发票显示的航空运单号为 7283-2863，而不是 72831662。
3. 航空运单显示的启运机场与信用证第 44E 栏要求相矛盾。

问题

1. 总前提是，只要不符点根本未妨碍备用信用证受益人成功履约，则单据上的不符点就不成立。
2. 答辩人引述的不符点无效。

各方当事人提交的单据文件

发起人提交：

> 申请 DOCDEX 裁决的正式申请；
> 致指派专家的面函；
> 争议概要及发起人诉求；
> 备用信用证副本；
> 发票副本；
> 发起人与答辩人之间的通信往来；
> 有关多式/联合运输单据；
> 发起人出具的抬头为通知行的索赔声明副本（及发票清单）。

答辩人提交：

答辩人未提交任何单据文件。

分析

问题 1

UCP600 有如下规定：

第 4 条　信用证与合同

a. 就其性质而言，信用证与可能作为其开立基础的销售合同或其他合同是相互独立的交易，即使信用证中含有对此类合同的任何援引，银行也与该合同无关，且不受其约束。因此，银行关于承付、议付或履行信用证项下其他义务的承诺，不受申请人基于其与开证行或与受益人之间的关系而产生的任何请求或抗辩的影响。

受益人在任何情况下不得利用银行之间或申请人与开证行之间的合同关系。

b. 开证行应劝阻申请人试图将基础合同、形式发票等文件作为信用证组成部分的做法。

第 5 条　单据与货物、服务或履约行为

银行处理的是单据，而不是单据可能涉及的货物、服务或履约行为。

第 14（a）条

按指定行事的指定银行、保兑（如果有的话）及开证行须审核交单，并仅基于单据本身确定是否在表面上构成相符交单。

第 14（d）条

单据中的数据，在与信用证、单据本身以及国际标准银行实务参照解读时，无须与该单据本身中的数据、其他要求的单据或信用证中的数据等同一致，但不得矛盾。

发起人辩称，开立备用信用证，是为了保证向开证申请人成功交货就收款。备用信用证所要求的单据，目的是在由发起人到开证申请人转让货物控制权和所有权的过程中，满足政府和商务上的要求。一旦货物控制权/所有权通过相关监管控制由发起人转移到开证申请人，交易中的单据要求，应该不再与备用信用证项下支付义务的有效性相关。

基于以上观点（节录），发起人请求专家判明，发起人已成功履行义务，将货物所有权与占有权转移给了开证申请人这一事实，是否意味着答辩人不能再基于运输单据与备用信用证之间的不符点而拒付。

该备用信用证依 UCP600 开立，其核心原则是，开证行的义务有赖于所提交的单据，审核所交单据只基于单据本身，即单据是否表面上构成相符交单。而且，银行处理的是单据，不是单据可能涉及的货物、服务或履约行为。

货物是否已交付或类似情况，对开证行拒付交单的决定没有任何影响。如果单据不构成 UCP600 条款所述的相符交单，则开证行可以拒绝承付。

问题 2

不符点 1：发票。发票上货物描述不符合信用证第 45A 栏要求。

该备用信用证对发票的要求是“相关未付发票副本”。第 45A 栏的货物描述如下：“*Bogavante Vivo – Partida Arancelaria 030000 – CIF Madrid*。”实际提交的发票包含“龙虾”和“扇贝”两项。“龙虾”和“扇贝”分项情况如下：

发票号码	日期	龙虾金额（美元）	扇贝金额（美元）	发票总额（美元）
22121ECE1	22/12/11	$30 672.43		$30 672.43
22121ECE2	22/12/11	$7 535.62	$8 976.99	$16 512.61
08111ECE1	03/01/12	$27 071.06	$7 977.25	$35 048.31
11012ECE1	11/01/12	$19 360.00		$19 360.00
12012ece1	12/01/12	$11 822.92	$2 643.94	$14 466.86
18012ECE1	18/01/12	$20 328.00		$20 328.00
19012ECE1	19/01/12	$11 832.25	$2 835.52	$14 667.77
25012ECE1	25/01/12	$21 780.00		$21 780.00
26012ECE1	26/01/12	$12 197.42	$2 853.02	$15 050.44
25012ECE1	01/02/12	$20 592.00		$20 592.00
020222ECE1	02/02/12	$10 616.66	$5 638.41	$16 255.07
总计		**$193 808.36**	**$30 925.13**	**$224 733.49**

对于提交的发票，所述不符点为“发票。发票上货物描述不符合信用证第 45A 栏要求”。

“*Bogavante Vivo – Partida Arancelaria 030000*”的意思是“*鲜活龙虾 – 海关税则号 030000*”。出具的备用信用证中既有部分西班牙语，也有部分英语。应该注意的是，发票显示的货物描述要素中只有“龙虾”，部分发票中尚有“扇贝”。

发起人援引了以下意见或裁决：

> 关于单据语言的 DOCDEX 第 304 号裁决。指定专家认为该裁决与本案无关，因本案备用信用证对语言无任何要求。

> 关于货物性质的 DOCDEX 第 231 号裁决。指定专家认为该裁决与本案无关，因本案就货物性质不存在任何问题。

> 关于货物性质的国际商会第 R456 号意见。指定专家认为该裁决与本案无关，因本案就货物性质不存在任何问题。

根据 UCP600 第 18（c）条，商业发票中的货物、服务或履约行为描述必须与信用证显示的一致。

另外，ISBP745 第 C12（b）段规定，发票不得注明信用证未要求的货物、服务或履约行为。

就本案而言，虽然信用证以西班牙语陈述，但货物描述的语言是用英语来表述，只要符合 UCP600 第 18（c）条，就是可接受的。但实际情况并非如此，原因如下：

其一，跟单信用证要求“*Bogavante Vivo – Partida Arancelaria 030000 – CIF Madrid*”，而发票仅显示“lobster”（龙虾）。

其二，发票还提到了“scallop”（扇贝），而信用证并无此要求。

其三，信用证中所反映的金额，与发票和索赔相比，存在以下矛盾：
> 信用证金额：200 000.00 美元；
> 索赔金额：200 000.00 美元；
> 发票总计：224 733.49 美元；
> 发票上的“龙虾”金额：193 808.36 美元。

虽然根据 UCP600 第 18（b）条，开证行可以接受金额超出信用证允许金额的商业发票，但本案索赔金额与已发运龙虾的价值之间存在矛盾。索赔的 200 000.00 美元，有“龙虾”之外，显然还包含了一定“扇贝”的金额。

基于上述原因，该拒付理由有效。

不符点 2：发票。第 11012ECE1 号发票显示的航空运单号为 7283-2863 而不是 72831662。

备用信用证对发票的要求是“航空运单副本”。

运输单据副本并非 UCP600 第 19-25 条所指的运输单据，要援引 ISBP745 第 A6 段。因此，审核所提交的运输单据副本应基于 UCP600 第 14（f）与 14（d）条。

每份发票都注明了相应空运单号码，此发票显示的空运单号码是 7283-2863，而该空运单上显示的号码为 075JFK72832863。

虽然两者并非等同一致，但也并不矛盾。基于上述原因，该拒付理由无效。

不符点 3：航空运单。航空运单显示的启运机场与信用证第 44E 栏要求相矛盾。

备用信用证第 44 栏提到的运输路线如下：
44A：美国马萨诸塞州波士顿
44E：马萨诸塞州波士顿
44F：马德里
44B：空运

空运单提到的“启运机场”包括下列机场：

华盛顿–杜勒斯国际机场

J.F.K

纽约肯尼迪国际机场

发起人辩称，审核运输单据应适用于 UCP600 第 19 条（涵盖至少两种运输方式的运输单据）。

如其辩述，因为备用信用证要求空运单副本，UCP600 的运输条款并不适用，因而第 19 条不适用。因为备用信用证和空运单副本都注明了“启运机场”，故应依 UCP600 第 14（d）条进行审核，且相互不矛盾。

但就提交的单据而言，看起来相互矛盾。货物并非由马萨诸塞州波士顿发运，而是由华盛顿和肯尼迪国际机场发运。

基于上述原因，该拒付理由有效。

结论

> 货物是否已交付之类，对开证行拒付交单的决定没有任何相关性。如果单据不构成 UCP600 条款所述的相符交单，则开证行可以拒绝承付。

本裁决是一致的意见。

> 不符点 1：发票。发票上货物描述不符合信用证第 45A 栏要求。

指派专家认为该拒付理由有效。

这是依多数意见的裁定。

> 不符点 2：发票。发票显示的空运单为 7283-2863 而不是 72831662。指派专家不认为该拒付理由有效。

本裁决是一致的意见。

> 不符点 3：空运单显示的启运机场与信用证第 44E 栏要求相矛盾。指派专家认为该拒付理由有效。

本裁决是一致的意见。

综上，开证行拒付交单是正确的。

摘要

开证行基于三个不符点拒付了备用信用证项下索赔：货物描述有异；单据显示错误的空运单号码；空运单显示错误的启运机场。作为一项单独的问题，受益人辩称，只要不符点未妨碍其在信用证项下成功履约，则该不符点即无效。关于这一点，裁决意见是，受益人交货对开证行拒付交单的决定无关，如果单据不符，开证行即可拒绝承付。发起人认为所述不符点不应视为拒付的有效理由，但裁决的结论是，开证行拒付交单是正确的。

DOCDEX 第 331 号裁决

UCP600 第 14（d）条

产地证显示的 FOB 价格金额与发票显示的 CIF 价格金额相同，是否相互矛盾？

当事人

发起人：W 公司（受益人）
答辩人：D 银行（开证行）

说明

仅发起人提交了与裁决有关的文件。本裁决为在答辩人缺席情况下作出。

背景及交易

2013 年 6 月 10 日，答辩人开立适用 UCP600 的信用证并通知给了发起人。

> 截止日期与地点：2013 年 12 月 5 日，答辩人的国家。
> 货物：电厂设备。
> 信用证规定贸易术语：CIF……
> 单据：除其他单据外：（46A 栏）尚要求“产地证，一份正本及三份副本”。
> 可由任意银行议付。
> 即期汇票。
> 最迟装运日：2013 年 11 月 20 日。
> 交单期：14 天。
> 保兑指示：无。

信用证有效期内，信用证截止日期延展至 2013 年 12 月 16 日，最迟装运日期延展至 2013 年 11 月 30 日。

2013 年 11 月 20 日，发起人发货并将单据经通知行提交答辩人。

2013 年 11 月 29 日，答辩人收到单据。

2013 年 12 月 5 日，答辩人经通知行向发起人拒付单据如下：

产地证第 9 栏显示 FOB 价为 US$xxx，而发票显示 CIF 价为同一金额，即 US$xxx，构成相互矛盾。我们不能接受上述不符点，拒绝承付汇票，并留存单据，直至从申请人处接到放弃不符点的通知并同意接受该放弃，或者同意接受对不符点的放弃之前从交单人处收到进一步指示。

2014 年 1 月 13 日，几经报文往来进行争议交涉后，答辩人通知发起人，已退回单据，且信用证义务已完全解除。

问题

发起人请求专家中心就CIF价与FOB价相同是否构成UCP600和ISBP745所述矛盾作出裁决，答辩人提出的不符点是否无效，并且如果无效，则发起人本应获得信用证项下付款。

分析

答辩人提出的不符点是*“产地证第9栏显示FOB价为US$×××，与发票显示CIF价为同一金额，即US$×××，构成相互矛盾”*。

答辩人所提*“矛盾”*并非基于同类数据（贸易术语“CIF……”对“FOB……”）的比对，而是假定与贸易术语“CIF……”相关联的金额，和产地证第9栏中与“FOB”这个词（该词未必就是贸易术语FOB）相关联的金额，两者不应相同。

银行应根据UCP600第14（d）条对数据进行比较。而将“贸易术语”与一个“词”进行比对则是不恰当的。不能默认产地证第9栏中的词“FOB”就是一个“贸易术语”，根本原因在于，其后面并未紧接某一港口名称，而要表明是一贸易术语及其相关价款时，就应如此。产地证第9栏的具体标称为*“毛重或其他数量与价值（FOB）”*，相关栏位填列了如下数据*“3957724KGS G.W. US$893 8290.98”*。在这种情境下，括号中的FOB——未提及港口——是一种商业上的表述，只是注明产地证签发人陈述的货价，在本案中只是与产地证第7栏的“CIF……”相同而已。既然信用证中无规定，这些数值的异同就无关紧要。

产地证第9栏所申报金额并非表明交易是以“CIF……”之外的其他贸易术语进行的。产地证第7栏已适当地注明了“CIF……”，而该栏标称为*“包装件数与类型，产品描述（包括适当之处的数量与进口方的HS号码）”*。

信用证要求的贸易术语（“CIF……”）已在产地证上正确陈述并在货物描述里适当提及。就第9栏注明的金额进行调查并非银行的责任，银行无需审核为什么该栏位显示这样的金额。

应当注意到，发起人所作陈述的有效性也得到了产地证本身的确认，第12栏声明：*“根据所实施的监管，兹证明出口方申报无误。”*

总结

> 产地证上的贸易术语“CIF……”与信用证相符。

> 产地证第9栏中的“FOB”一词并不表明该交易采用了“CIF……”之外的贸易术语。

> 产地证第9栏显示的数据并非信用证和UCP600所要求。

> 答辩人所提不符点无效，因为其比对的是不同类型数据，即比对贸易术语“CIF……”价与“毛重或其他数量与价值（FOB）”中值（并非“FOB”紧接装运港名称）。既然信用证无规定，这些数值的异同无关紧要。

结论

答辩人所提不符点无效。答辩人必须承付信用证。

本裁决是一致的意见。

摘要

因产地证显示的 FOB 价与发票显示的 CIF 价相同，开证行认为构成相互矛盾而拒付了所提交单据。裁决认定，产地证上的贸易术语 CIF 与信用证相符，而且，产地证某一栏位中的 FOB 一词并非表明交易条件非 CIF，该栏数据也并非信用证或 UCP 所要求。因此，开证行所提不符点无效，因为它源自比对不同类型数据。既然信用证无规定，这两个数值的异同无关紧要，开证行应承付信用证。

DOCDEX 第 332 号裁决

UCP600 第 10（a）条

受益人是否可以撤回其对跟单信用证注销的准许？跟单信用证注销并销档后，通知行还能否向开证行索款？

当事人

发起人：F 公司（申请人）
答辩人：B 银行（开证行）

说明

由于未收到答辩人答辩，故本案背景概要只基于发起人提供的争议概要与单据文件。

背景及交易

发起人是 3 份跟单信用证的开证申请人。

2011 年 7 月 6 日，答辩人以 SWIFT MT700 报文经通知行开出了信用证，涉及货物为设备与零部件供应，第 40E 栏含有"UCP 最新版"字样，适用 UCP600。

2011 年 7 月 12 日，受益人致函通知行，请求注销该 3 份跟单信用证。函中有如下内容："*因我们的交易无效，我们在此确定请求无限期地注销发起人经答辩人开立的上述信用证（副本附后）。*"（据提供的仲裁单据，不清楚通知行何时收到该函。）

2011 年 7 月 13 日和 14 日，答辩人出具 3 份跟单信用证下的"*到单通知*"。这些文件表明，3 份跟单信用证项下的单据已被议付，到期日为 2011 年 10 月 10 日。

2011 年 7 月 20 日，答辩人承兑了通知行提交的单据。（请参照 2012 年 4 月 5 日答辩人给发起人的函。）

2011 年 8 月 25 日，发起人请求答辩人注销该 3 份信用证。请求中包括如下内容："*我们希望注销所开立的下列 3 份信用证并立即对受益人的付款。*"

2011 年 8 月 26 日，发起人致函通知行，附上注销函，内容如下：

……现附受益人同意函原件，请阅。我方银行即答辩人告知我，他们已告通知行注销他们代发起人开立的下列 3 份信用证事宜。感谢贵行关注及迅速处理我方请求。

2011 年 9 月 2 日，答辩人告知通知行，发起人请求注销跟单信用证。其 SWIFT 报文表明："*请见上述编号。开证申请人已请求注销上述所有单据项下到期日为 2011 年 10 月 10 日的付款。请取得受益人同意并以加押 SWIFT 报文回复我行。*"

2011 年 9 月 26 日，通知行向答辩人发出 SWIFT 报文称："*关于上述信用证，受益人同意注销上述 3 份信用证。因此，我行已作注销并将该信用证销档处理。请按此通知开证申请人。*"

2011 年 9 月 27 日，答辩人电话联系发起人，确认跟单信用证已注销。此后，发起人的职员，也以相互之间的内部邮件证实了这一点，邮件称：“*开证行几分钟前打电话向我确认 3 份信用证已注销。感谢大家协助。*”

2011 年 11 月 16 日，答辩人发送给发起人一份传真，附有一份通知行给答辩人的 SWIFT 报文，报文称：

请参见我行 2011 年 9 月 26 日关于注销上述信用证的 MT799。现告知，受益人请求撤销对上述 3 份信用证的注销。请与开证申请人联系，并毫不迟延地将款项汇付我行……。

2011 年 11 月 29 日，发起人致函答辩人称：“*请参见我方 2011 年 8 月 25 日函，该函指示要注销所述信用证。请注意，我方此前的注销指令仍然有效。*”

2011 年 11 月 29 日，答辩人向通知行发 SWIFT 报文称：

敬请注意，开证申请人已拒绝对上述不可撤销信用证的注销予以撤销的请求。请参阅 UCP600 第 10（a）条。我行在收到贵行 2011 年 9 月 26 日关于受益人已同意注销信用证的 MT799 报文后，已相应全部销档并通知了开证申请人。

2011 年 12 月 8 日，通知行就 3 次支用向答辩人发 SWIFT 报文称：

上述票据已由贵行承兑，到期日为 2011 年 10 月 10 日，因此，贵行有义务在到期日付款，而时至今日，我行仍未收到贵行付款。请依我行指示立即付款，我行保留主张迟付利息的权利。

2012 年 3 月 19 日，答辩人向通知行付款。

2012 年 4 月 5 日，答辩人向发起人发函称：“*收到通知行付款要求后，我行已代表贵司于 2012 年 3 月 19 日支付信用证下款项。*”

答辩人进而请求发起人支付款项总额另加自 2012 年 3 月 20 起直至付款日的利息。

2012 年 4 月 12 日，发起人致函答辩人，辩称 3 份信用证均已终止，即跟单信用证各方都已同意予以注销。他们进而辩称，任何一方都不能再要求在这些跟单信用证下履行付款，答辩人向通知行所作支付未得到发起人委托和授权。

各方当事人提交的单据文件

发起人提交：

> 请求 DOCDEX 裁决的正式申请；

> 致专家组的面函；

> 争议概要与发起人诉求；

> 跟单信用证副本；

> 受益人致通知行要求注销跟单信用证的函（日期为 2011 年 7 月 12 日）；

> 答辩人关于 123 号跟单信用证的到单通知（日期为 2011 年 7 月 14 日）；

> 答辩人关于 456 号跟单信用证的到单通知（日期为 2011 年 7 月 14 日）；

> 答辩人关于 789 号跟单信用证的到单通知（日期为 2011 年 7 月 13 日）；

> 发起人注销信用证的申请（日期为 2011 年 8 月 25 日）；

> 发起人致通知行的函（日期为 2011 年 8 月 26 日）；

> 答辩人致通知行请求注销 3 份跟单信用证的 SWIFT 报文（日期为 2011 年 9 月 2 日）；

> 通知行致答辩人，同意注销跟单信用证的 SWIFT 报文（日期为 2011 年 9 月 26 日）；

> 发起人职员之间的电子邮件，日期在 2011 年 9 月 8 日至 2011 年 9 月 27 日之间；

> 答辩人致发起人的传真（日期为 2011 年 11 月 16 日），并附通知行 2011 年 11 月 15 日给答辩人的 SWIFT 报文；

> 发起人致答辩人、通知其注销仍然有效的函（日期为 2011 年 11 月 29 日）；

> 答辩人致通知行的 SWIFT 报文，通知其发起人已拒绝对 3 份跟单信用证的注销予以撤销的请求（报文日期 2011 年 11 月 29 日）；

> 通知行致答辩人，要求付款的 SWIFT 报文（日期为 2011 年 12 月 8 日）；

> 处理发起人与受益人之间商务合同与采购订单的某公司就撤销商务合同事宜致发起人的函（日期为 2012 年 1 月 5 日）；

> 答辩人致发起人请求其付款的函（日期为 2012 年 4 月 5 日）；

> 发起人致答辩人、质疑其向通知行进行付款的函（日期为 2012 年 4 月 12 日）；

> 国际商会第 R522/TA166 号官方意见副本。

答辩人提交：

答辩人未提交任何文件。

问题

1. 受益人能否撤回其对信用证注销的准许？
2. 对跟单信用证注销并销档后，通知行还能否向答辩人索款？
3. 答辩人是否有权要求发起人就信用证下付款予以偿付？

分析

专家组认为，发起人陈述的本案经过有逻辑漏洞，这是证明文件无法解释的。而且，提及的汇票未包含在单据文件当中。另外，通知行的寄送面函以及答辩人通知后者单据表面上构成相符交单的回复，也都缺失。因此，本裁决的分析与结论仅仅基于发起人所呈现的事实。

UCP600 第 10（a）条规定：“*除第三十八条另有规定外，未经开证行、保兑行（如有的话）及受益人同意，信用证既不得修改，也不得撤销。*”

通知行（交单人）于 2011 年 9 月 26 日接受 3 份跟单信用证之注销。答辩人致通知行[①]请求注销的 SWIFT 报文有以下内容：“*开证申请人已请求注销上述单据下到期日为 2011 年 10 月 10 日的付款。*”

由此可见，请求注销的标的显然是付款（到期日 10 月 10 日）。通知行接受注销请求的回复有以下内容：“*关于上述信用证，受益人同意注销上述 3 份信用证。因此，我行已作注销并将该信用证销档处理。请按此通知开证申请人。*”

之后，通知行紧接着承认，注销的是跟单信用证项下的支付。如果该款项仍属应付，银行不会将跟单信用证进行销档处理。

而且，答辩人在其 2011 年 11 月 29 日的 SWIFT 报文中声明：“*我行在收到贵行 2011 年 9 月 26 日关于受益人已同意注销信用证的 MT799 报文后，已注销我方全部留档并按此通知了开证申请人。*”

这表明，通知行已得到答辩人的注销通知。

发起人援引了国际商会第 R522/TA166 号官方意见，其中有如下内容：“*通知行通知开证行，其已得到受益人对注销一事的准许，则构成受益人正式‘不可撤销的’承诺。*”

这就证明，受益人事实上确欲注销该 3 份信用证。（注意，虽然该国际商会意见是针对 UCP500 作出的，但对 UCP600 同样有效。）

站在通知行的角度来说，任何对该项跟单信用证注销的接受，都应该谨慎衡量与受益人达成的合意及向受益人承担的义务。在信用证下尚有应付款项就注销信用证，并非常见做法。有鉴于此，且因为该请求最

① 英文原文 SWIFT 报文收发双方位置颠倒，中文译文根据电文实际内容予以纠正。

早由受益人提出（2011 年 7 月 12 日），故结论必然是，同意注销该 3 份信用证，是深思熟虑的结果。

通知行于 2011 年 9 月 26 日声明 “*受益人同意注销*”。而且，受益人注销该 3 份信用证一事，也可由受益人后来又请求对该注销予以撤销这一行为所推断出。

从答辩人来说，其 2011 年 11 月 29 日的 SWIFT 报文清楚表明，对信用证注销予以撤销的请求，日期为 2011 年 11 月 16 日，即通知行同意注销请求之后 51 天。

根据所述案情，无疑该 3 项付款义务事实上已注销，因注销一事已得到发起人、答辩人、通知行和受益人同意。

结论

> 一旦同意注销 3 份信用证下支付款项，并转达到答辩人（在此 3 份信用证项下承担义务），则这些支付款项即已有效注销，受益人就不能再予以撤回其对此项注销的准许。

> 一旦信用证下 3 项支付款项已被有效注销（即注销请求已由包括通知行在内各方当事人所接受），则答辩人在该 3 份信用证下即不再有义务付款，且通知行不能再索要该 3 份信用证项下的款项。

> 一旦信用证下 3 项付款义务被有效注销（即注销请求已得到包括答辩人在内各方当事人所接受），则发起人在该 3 份信用证下即不再有义务付款，而答辩人即不能再向发起人要求偿付。决定付款，答辩人已如此行事系其自身主动行为，风险自担。

综上所述，3 份跟单信用证下的 3 项付款义务已注销，任何一方都没有到期付款义务。

本裁决是一致的意见。

摘要

3 份信用证的受益人向通知行发函，请求注销信用证。

随后，开证行表明，通知行在 3 份信用证下提交的单据已被议付且承兑。此后，在到期日之前，开证申请人请求开证行注销信用证和相关支付款项，该请求被传递给通知行并取得受益人同意。随后，受益人撤回其对注销的准许。一旦对 3 证下支付款项注销的准许已传达至开证行，那么该项支付即得到有效的注销，受益人不能再撤回其对该注销的准许。裁决结论是，信用证下 3 项支付款已注销，任何一方均无到期付款的义务。

DOCDEX 第 333 号裁决

URC522 第 2（a）（ii）、1（c）、5（a）、16（a），26（c）（iii）与 1（a）条，第 26 条与第 6 条

代收行/提示行是否有权，以其已报警为由，既不付款也不退回原单据？

当事人

发起人：P 公司（委托人）
答辩人：D 银行（提示行）

说明

仅发起人提交了与裁决有关的文件。本裁决为在答辩人缺席情况下作出。

背景及交易

2014 年 1 月 22 日，托收行依 URC522 向答辩人寄出单据办理跟单托收。答辩人于 2014 年 1 月 23 日收到单据。

> 单据中包括一份即期汇票。

> 托收指示中有如下指示：依 URC522 第 2（a）（ii）条，"*请凭付款向付款人交付单据*"。

> 托收指示中尚含其他指示内容：

- 付款指示；
- 托收费用支付；
- 利息支付；
- "*如遇不承兑或不付款，不作拒绝证书*"。

由于未收到托收情况的任何信息，托收行于 2014 年 2 月 3 日通过 SWIFT 向答辩人发送查询电，答辩人未回复。

2014 年 2 月 4、5、6 日，托收行连日再通过 SWIFT 向答辩人发送催收电，且根据发起人指示，每份电文中都请求退单。

2014 年 2 月 7 日，答辩人回复托收行如下："*请将寄送我（……）分行的单据副本通过电邮发送予我方为荷。*"

2014 年 2 月 7 日，发起人得到通知后，遂指示托收行按要求通过电邮和传真向答辩人发送了相应单据副本。当天，托收行发送了单据。

2014 年 2 月 14 日，答辩人请求发送提单背面副本，但无证据表明发送过该副本。同日，托收行再次请求退回原始单据。

2014 年 2 月 14 日，答辩人通知："*（……）我方无法付款，因我方已报警。*"

2014 年 2 月 18 日至 3 月 7 日，托收行又发了 4 份催问电，电文引用 URC 第 1（c）、5（a）、16（a）条和第 26 条，以强调答辩人的责任。

2014 年 3 月 6 日，答辩人回复："*（……）很遗憾我方此刻无法付款，因我方已报警。*"

虽然随后双方又有电文往来，但答辩人既不付款，也不退回单据。

问题

发起人请求仲裁中心就如下事宜作出裁决："*代收行/答辩人是否可以仅以已报警为由既不付款也不退单。*"

分析

该托收业务适用国际商会托收规则"URC522"，这在随附单据的托收面函中已声明。托收行给答辩人的托收指示要求付款交单。

在未就提示时间给出指示的情况下，适用 URC522 第 6 条："*如果是见单即付的单据，则提示行必须毫不延迟地提示，以获得付款。*"

提示单据后，则适用 URC 第 26 条："*代收行将根据下列规定通知托收结果（……）*"。

而 URC522 第 26（c）（iii）条规定：

提示行应努力确定被拒绝付款及/或拒绝承兑的原因，并毫不延迟地将有关结果通知向其发出托收指示的银行。提示行必须向对期发出托收指示的银行毫不延迟地发出被拒绝付款及/或拒绝承兑的通知。

经 4 次电文催查，其中 3 次请求退单之后，答辩人才回复。

在托收业务中，单据所有人是卖方（即托收的委托人），托收行是代其行事。因此，未获付款的单据处于答辩人保管之下，托收行有权请求退回单据，由此答辩人则有义务满足这一请求。

答辩人的行为违反了上述 URC522 的规定，就要承担义务支付托收款项及相应利息和费用。

关于该托收业务的所有后续事件（即请求发送单据副本，后续催查电文及有关报警的信息）不影响该托收业务对 URC522 的适用，此类行为（及其背景）超出了 DOCDEX 程序的范围，DOCDEX 程序仅处理国际商会规则而不是所适用的法律。

关于该事项，URC522 第 1（a）条的明确规定很重要：

《托收统一规则》（1995 修订版）（国际商会第 522 号出版物），适用于本规则第 2 条所定义的所有托收，只要在"托收指示"（本规则第 4 条所提及）的文本中援引本规则。本规则的适用对所有当事各方均具有约束力，则除非另有明确同意，或者与一个国家、州或地方的强制性法律/法规相矛盾。

在合同履行中，如合同约定与此类法律监管规定相抵触，则法律监管规定优先。在这种情况下，随后任何行动、行为和/或事件应按适用法律在相关司法管辖下处理。

结论

答辩人行为有悖于 URC522 规定，因此，有义务支付托收款项及适当的利息与费用。

只有关于遵从 URC522 的问题，才属于 DOCDEX 裁决的范围。

本裁决是一致的意见。

摘要

托收行给提示行的托收指示已声明，以付款交单方式处理单据。经数次催查并请求退回单据后，提示行最终告知，他们已报警，无法付款。托收单据既未得到付款，也未退回。本案裁定，提示行的行为有悖于URC规定，因此，有义务支付托收价款及适当的利息与费用。任何法律监管规定问题应按适用法律在相应司法管辖下处理，而此类问题超出了DOCDEX的范围。

DOCDEX 第 334 号裁决

URDG758 第 5、6 条，第 15（a）、19（a）、20（a）、24（d）和 24（f）条

受益人索赔是否严格符合保函条款并满足 URDG 要求？开立行是否及时拒付了索赔？

当事人

发起人：D 公司（受益人）
答辩人：J 银行（保函开立行）

背景及交易

答辩人 2011 年 5 月 3 日开立付款保函（适用 URDG758），保函受益人为发起人。该保函曾展期 3 次，在 2011 年 10 月 28 日展期至 2012 年 5 月 31 日，2012 年 5 月 31 日展期至 2012 年 7 月 16 日，最后一次为 2012 年 6 月 18 日展期至 2012 年 8 月 15 日。

2012 年 8 月 9 日，发起人索赔全款。答辩人未拒付此次索赔，该索赔根据保函要求作出，且包含保函文本中所注明的声明。由于答辩人收到其客户（保函申请人）的正式书面通知，称发起人违反了交货合同（"合同"）规定，为此，答辩人于 2012 年 9 月 12 日要求对发起人完成合同义务的履行，进一步提供证明与解释。

发起人的诉求

2012 年 8 月 9 日发起人请求，由其银行（按答辩人在该保函中所指定）出具 SWIFT 报文，及时向答辩人提交保函全额的索赔。索赔书中载有书面确认，即与合同条款相符定购的材料已提供给保函的申请人，但在到期日却未收到被担保人（保函发起人）付款。保函（开立及修改后）标明款项的支付为：

1. "无论上述合同之有效性与法律效力，且放弃主债务下所有异议与抗辩权利……"
2. "……接到你方（即受益人）书面付款请求及你方（即受益人）确认（英文出具）表明：
   > 你方（即受益人）已向被担保人提供与合同条款相符的定购材料且
   > 你方（即受益人）于到期日尚未收到被担保人付款，金额为保函项下的索赔款。"

保函允许以 SWIFT 提交索赔，条件是发报行同时确认，所要求的单据原件对受益人有法律约束力，且已寄交答辩人。

答辩人的答复

答辩人于 2012 年 9 月 10 日收到所要求的单据后，并未按 URDG 规定拒绝发起人的付款索赔。答辩人（于 2012 年 9 月 12 日）请求提供发起人完全履行合同义务的解释，称单据中未包括所要求的出自发起人的证明和单据化证据，材料已按保函规定向申请人交货。答辩人进而称：

> 申请人通知他们，发起人未履行合同规定义务，尤其是在交货日期方面，且
> 为维护其客户之利益，答辩人无付款之合理依据，因为发起人据称未完全履行合同规定义务。

问题

发起人就其在保函项下获取付款的权利寻求 DOCDEX 裁决。

各方当事人提交的单据文件

发起人提交（副本）：

> 事实说明，从发起人角度所作情况概述；

> 保函；

> 3 次保函修改；

> 2012 年 8 月 9 日的 SWIFT 索赔；

> 索赔函；

> 答辩人 2012 年 9 月 12 日请求进一步提供证明的函。

答辩人提交：

> 2014 年 4 月 4 日的答辩原件；

> 基础合同副本；

> 2012 年 11 月 22 日函的副本；

> 2012 年 7 月 30 日函（原件）。

分析

URDG758 第 5 条对保函的定义为：

保函就其性质而言，独立于基础关系和申请，担保人完全不受这些关系的影响或约束。保函中为了指明所对应的基础关系而予以引述，并不改变保函的独立性。担保人在保函项下的付款义务，不受任何关系项下产生的请求或抗辩的影响，但担保人与受益人之间的关系除外。

URDG758 第 6 条明确规定，担保人处理的是单据，而不是单据可能涉及的货物、服务或履约行为。

URDG758 第 15（a）条规定：

保函项下的索赔，应由保函所指明的其他单据所支持，并且在任何情况下均应辅之以一份受益人声明，表明申请人在哪些方面违反了基础关系项下的义务。

答辩人要求就发起人履行合同义务情况提供进一步证明和解释，超出了该条款要求。

根据 URDG 第 19（a）条，担保人应仅基于交单本身确定其是否表面上构成相符交单。

而且，根据 URDG 758 第 20（a）条，担保人应从交单翌日起 5 个营业日内审查索赔，除非保函另有规定。

该保函并未规定任何审单或付款时间，因此，要求答辩人就索赔作出决定的时间，应不迟于 2012 年 8 月 16 日（或者，如果 2012 年 8 月 15 日为全国假日，则应不迟于 2012 年 8 月 17 日）。而答辩人直到 2012 年 9 月 12 日才回复。

URDG758 第 24（d）条规定，如果担保人拒绝赔付，应就此向索赔交单人发出一次性的拒付通知，说明：

> 担保人拒绝赔付，以及

> 担保人拒绝赔付的每个不符点。

URDG 第 24（f）条有一权利丧失条款，规定如果担保人未能按照 24（d）条行事，则其无权宣称索赔书及任何相关单据不构成相符索赔。

在收到保函项下索赔后，答辩人未按 URDG758 第 20（a）条规定行事，直到自交单翌日起 5 个工作日结束后，也未拒付索赔单据。

结论

根据提交本案的文件，专家组根据国际商会 DOCDEX 规则一致裁决如下：

> 发起人提交的索赔与保函规定严格相符，满足 URDG758 第 15（a）条要求。

> 答辩人未按 URDG758 第 20 条和 24 条规定及时拒付索赔，因而受 URDG758 第 24（f）条之权利丧失规定的约束。

> 答辩人无权出于基础合同提出异议，不能在保函规定要求之外另行要求提供完全履行合同义务的证明。任何此类问题都须在保函之外予以处理。

> 发起人因此有权获得保函项下付款，答辩人在此情况下依照 URDG758，有义务向发起人支付索赔款项。

摘要

适用于 URDG 的付款保函受益人向开立行提出付款索赔。裁定是，受益人提赔与保函条款严格相符且满足 URDG 要求。开立行未及时拒付索赔，因而受制于 URDG 之权利丧失条款。开立行无权以基础合同为由提出拒绝，也不能在保函规定要求之外另行要求提供完全履行合同义务的证据。任何此类问题必须在保函之外处理。裁决结果是，受益人有权获得保函项下付款。在此情况下，依照 URDG758，开立行有义务向受益人支付索赔款项。

DOCDEX 第 335 号裁决

UCP600 第 14（a）、14（b）、16（c）（i）、16（c）（iii）与 16（f）条

按 UCP600 第 16（f）条规定，开证行是否无权宣称单据构成交单不符？

当事人

发起人：B 公司（受益人）

答辩人：B 银行（开证行）

说明

发起人应要求向答辩人提供一份指定银行所发面函的翻译件。

该资料已收到。

发起人还被要求提供答辩人收到单据的日期，但发起人无法提供该信息。

背景及交易

2007 年 12 月 12 日，答辩人开立以发起人为受益人的跟单信用证，适用 UCP 最新版。

> 截止日期：2008 年 3 月 12 日（后修改为 2008 年 11 月 30 日）。

> 截止地点：受益人国家。

> 兑用方式：由指定银行付款。

> 对付款/承兑/议付行指示："E 条款：本信用证以付款方式兑用。在确定单据完全符合信用证条款后，按第 47A 栏第 1 点要求向受益人付款，请通过 MT742 索偿，将按即期起息汇付你行头寸（收到你行索偿后两个工作日）。"

指定银行不同意按指定行事。收到单据后，指定银行将单据转寄答辩人，并向发起人说明，将在收到答辩人款项后再向其付款。收到交单后，答辩人提出不符点并拒绝承付。

发起人称，答辩人未按 UCP600 第 16（c）条行事，因而按 UCP600 第 16（f）条无权再宣称单据构成不符。

2008 年 11 月 7 日，指定银行确认收到信用证要求的单据并转寄答辩人。

2008 年 11 月 13 日，答辩人通过 SWIFT 以 MT734 拒付单据，并列明单据中的不符点。在 MT734 第 77B 栏"单据处理"中注明了"通知"字样。

2008 年 11 月 16 日，答辩人再通过 SWIFT 以 MT799 通知指定银行，因单据已被拒付，只有在得到开证申请人同意后才能付款。迄今，答辩人尚未付款。

该争议的核心为 2008 年 11 月 13 日和 16 日发送的 SWIFT 报文，尤其是这些报文是否符合 UCP600 第 16（c）条规定。发起人声称，答辩人未按 UCP600 第 14（b）条和第 16（c）条行事，原因如下：

1. 未按 UCP600 第 14（b）条行事

发起人称，答辩人未按 UCP600 第 14（b）条行事，原因：信用证特别规定由指定银行付款兑用，而指

定银行却不同意承付。

发起人称，因不同意按指定行事，则指定行系以付款行行事，而不是指定银行或保兑行。

作为付款行，指定银行系答辩人的代理人，因此，其行为即代表答辩人。

故而，向指定银行交单即应视为向开证行交单，从而，审查单据的起算时间即应为向指定银行交单之日。

发起人称，UCP600 第 14（b）条并未规定，指定银行、保兑行和开证行都有自交单翌日起最长 5 个银行工作日。

发起人进而称，最长 5 个银行工作日期限的适用仅有一次，且贯穿银行全链条的始终。因此，发起人认为，5 个银行工作日这一期间结束于 2008 年 11 月 12 日，即在开证行国家，于 2008 年 11 月 7 日翌日起 5 个银行工作日（在开证行国家，周六、周日都是银行工作日）。

2. 未按 UCP600 第 16（c）（i）与 16（c）（iii）条行事

发起人称，第一个 MT734 格式的 SWIFT 报文不符合 UCP600 第 16（c）（i）的规定，因其并未毫不含糊地声明其为拒绝承付，这一拒绝还得从报文标题上推导出来，即标题为“拒付通知”。

发起人还称，该报文并未含有关于单据处理的声明，不符合 UCP600 第 16（c）（iii）的规定。

发起人称，2008 年 11 月 16 日的报文也清楚地印证了这一点。

问题

根据 UCP600 第 16（f）条，答辩人是否无权宣称单据构成不符交单？

分析

1. 未按 UCP600 第 14（b）条行事

本案中，指定银行不同意按指定行事，因此，其在交易中的角色限于接收单据并转寄给答辩人要求付款。根据跟单信用证实务和 UCP600，该行为并不会使指定银行成为答辩人的代理人。

还应该注意的是，开证行在信用证下的承诺是承付相符交单。开证行确定交单相符与否的唯一途径，就是审核单据，这在 UCP600 第 14（a）条有规定：

按指定行事的指定银行、保兑行（如果有的话）及开证行须审核交单，并仅基于单据本身确定其是否在表面上构成相符交单。

根据 UCP600，开证行必须审核单据以确定其是否符合信用证条款，无论是否还有按其指定行事的指定银行、保兑行或该链条中的任何其他银行审核或不审核单据。

UCP600 第 14（b）条规定：

按指定行事的指定银行、保兑行（如有的话）及开证行各有从交单次日起的至多 5 个银行工作日用以确定交单是否相符。这一期限不因在交单日当天或之后信用证截止日或最迟交单日届至而受到缩减或影响。

本案中，指定行于 2008 年 11 月 7 日转寄了单据，并于 2008 年 11 月 13 日收到 SWIFT MT734 格式的拒付通知。发起人未提供答辩人收到单据的日期。因此，所提供的信息不足以确定答辩人行为是否在 UCP600 第 14（b）条规定的期间内。然而，即便假定一种不太可能发生的场景，即答辩人次日（2008 年 11 月 8 日）即收到单据，而拒付通知实际上于 2008 年 11 月 13 日发出，这也仍然是符合 UCP600 第 14（b）条规定的。另外，应该注意的是，UCP600 第 14（b）条明确允许每个银行自收到交单次日起有至多 5 个银行工作日的审单时间，以确定是否是相符交单。

这 5 个银行工作日，不应视为分配给交易中所涉及的所有银行的总时间段，因为那样根本无法操作。

专家组认为，答辩人行事符合 UCP600 第 14（b）条规定。

2. 未按 UCP600 第 16（c）（i）与 16（c）（iii）条行事

UCP600 第 16（c）条规定：

当按照指定行事的指定银行、保兑行（如有的话）或开证行决定拒绝承付或议付时，必须给予交单人一份单独的拒付通知。

该通知必须声明：

i. 银行拒绝承付或议付；及

ii. 银行拒绝承付或议付所依据的每一个不符点；及

iii.

a. 银行留存单据听候交单人的进一步指示；或者

b. 开证行留存单据直到其从发起人处接到放弃不符点的通知并同意接受该放弃，或者其同意接受对不符点的放弃之前从交单人处收到其进一步指示；或者

c. 银行将退回单据；或者

d. 银行将按之前从交单人处获得的指示处理。

2008 年 11 月 13 日，答辩人通过 SWIFT MT734 报文发出了拒付通知，列出了不符点。SWIFT 报文是参与跟单信用证业务的银行之间的国际公认通信形式，不同报文类型（MT）系针对特定目的而专门制定的。MT734 报文格式即专为传达对跟单信用证下交单的拒付而设。该 MT734 报文符合 UCP600 第 16（c）（i）条规定。

答辩人发送的 MT734 报文栏目“*77B：单据处理*”中注明了“*通知*”字样。根据 SWIFT 标准，这意味着发报方已将不符点通知开证申请人，并留存单据直至收到其放弃不符点的通知。因此，该拒付通知符合 UCP600 第 16（c）（iii）（b）规定。答辩人 2008 年 11 月 16 日发送的 SWIFT 报文，只是对该立场的进一步澄清而已。

专家组认为答辩人发送的 MT734 符合 UCP600 第 16（c）条规定。

结论

答辩人行事符合 UCP 第 14（b）、16（c）（i）和 16（c）（iii）条规定，因此，它不受 UCP600 第 16（f）条规定的权利丧失条款的制约。

本裁决是一致的意见。

摘要

开证行基于数条不符点拒付了信用证下提交的单据。受益人称开证行未能按第 14（b）和 16（c）条行事，因而无权拒付单据。需要注意的是，无论指定银行是否审核单据，开证行都必须审核单据以决定其是否符合信用证要求。故结论是，开证行行事符合第 14（b）条规定。而且，开证行发出拒付通知，指出了不符点，这符合第 16（c）条规定。总而言之，开证行行事符合 UCP 要求，因而不受 UCP 中权利丧失条款的制约。

DOCDEX 第 336 号裁决

URDG758 第 2 条，第 14（a）和 25（b）（i）条

受 URDG758 约束的见索即付保函项下发生索赔，开立行基于索赔未能在保函规定的交单期内提交而拒绝赔付是否正确？

当事人

发起人：W 公司（申请人）

答辩人 1：C 银行（保函开立行）

答辩人 2：M 公司（受益人）

背景及交易

发起人为保函的申请人，保函由答辩人 1 开出，答辩人 2 为受益人。保函通过 SWIFT 开出，受 URDG758 约束。保函通过另一家银行通知给答辩人 2。

由于答辩人 1 和答辩人 2 没有反馈，因此关于业务背景的概述全部基于发起人提供的文件。

2013 年 1 月 21 日答辩人 1 开出了以答辩人 2 为受益人的保函，基础交易为供应“电厂（全新）包括但不限于多个锅炉”。

保函项下索赔条款要求：

为识别真伪，你方书面索赔必须经由你方本地银行正式签署和提交，且你方在书面索赔上的签字（一个或多个）必须由交单行校验与验证，并须通过加押 SWIFT 电文确认这一事项，发送我行。

通知行角色为向答辩人 2 通知该保函，并核查和证实索赔的签字。保函不在通知行柜台失效。保函规定：“本保函将于 2013 年 11 月 20 日失效。本保函项下任何索赔和要求的单据必须在失效后 14 个工作日内由我行于上述地址收到。”

2013 年 12 月 5 日，通知行通知答辩人 1，该行已核实一份答辩人 2 在保函项下提出的索赔，并已将正本索赔文件通过 DHL 快递发给答辩人 1。

2013 年 12 月 12 日，答辩人 1 向通知行发送一份 SWIFT 电文，称已于 2013 年 12 月 11 日收到索赔文件：“根据我方保函，索赔文件的递交超出了交单期。因此请知晓，我方拒绝索赔。”

本案关键事项为所提交的索赔是否在保函要求的交单期之内。本案保函受 URDG758 约束。

URDG758 第 14（a）条规定：

交单应向担保人提交：

i. 在开立地点，或保函约定的其他地点，并且

ii. 在失效当日或之前。

URDG758 第 2 条定义“失效”为“失效日或失效事件或，如果两者并存，则两者之早者”。

在本保函上下文中，没有 URDG758 所定义的“失效事件”，因此只有“失效日期”适用，按照 URDG758 第 2 条规定为：“保函中规定的可以在当天或者之前作出交单的日期。”

URDG758 第 25（b）（i）条规定，“不论保函是否退回担保人，保函将在……失效日终止”。

各方当事人提交的单据文件

发起人提交：

> 请求 DOCDEX 裁决的正式申请；
> 附件清单；
> 答辩人 1 履约保函副本；
> 答辩人 2 保函项下索赔副本；
> 通知行发出的索赔通知副本；
> DHL 快递收据副本；
> 答辩人 1 拒付通知副本；
> 通知行发送报文副本；
> 答辩人 1 发送报文副本。

答辩人 1 提交：

答辩人 1 没有提交任何单据文件。

答辩人 2 提交：

答辩人 2 没有提交任何单据文件。

问题

1. 答辩人 2 对保函项下索赔是在其失效日之后。

2. 答辩人 1 在保函项下的担保责任已被完全解除。

分析

保函规定：“本保函在 2013 年 11 月 20 日到期。”

通常这就意味着保函项下的索赔交单必须在 2013 年 11 月 20 日之前提交给答辩人 1。但是保函关于索赔交单却还有如下条款：“任何索赔或保函项下要求的单据必须在失效日后 14 个工作日内由我行于上述地址收到。”

因此，保函在规定失效日方面是模棱两可的。这种含糊不清是担保人的责任。这一条款导致了保函实际失效日为 2013 年 11 月 20 日之后的 14 个工作日。

URDG758 没有对“提交给（担保人）”和“（担保人）收到”两项术语的含义作出区分。如果索赔不迟于 2013 年 11 月 20 日之后的 14 个工作日已成功递交给担保人，受益人（“答辩人 2”）可能在 2013 年 11 月 20 日以后“提交”索赔的事实就无关紧要了。如果索赔被递交到担保人，那就是在 URDG758 项下（就本案保函来说）仅“提交”索赔。

在此背景下，根据 URDG758 第二条的定义，“失效日是保函中规定的交单当日或之前”，我们认为失效日是 2013 年 11 月 20 日接下来的 14 个工作日，而非 2013 年 11 月 20 日。

在 2013 年 11 月 20 日（星期三）和 2013 年 12 月 11 日（索赔收到的日期，又是一个星期三）之间没有与之相关的假期。

由于两个日期之间没有假期，那么 2013 年 11 月 20 日（星期三）后的 14 个工作日是到 2013 年 12 月 10 日。因此根据 URDG 关于“失效日”的定义，所有索赔要提交的保函失效日在 2013 年 12 月 10 日。

索赔晚交可能是担保人指示中缺失寄单的邮政编码，导致快递索赔无法按时寄达，这对要求索赔及时送达没有影响。确保索赔及时到达应由受益人作出安排，是受益人的责任。

结论

关于失效条款，本保函的文本表达不清，造成了“交单期”推翻了所规定的失效日。在该保函下，“索赔期间”是 2013 年 11 月 20 日加上 14 个工作日。此期间内没有与之相关的假期，因此保函开立人收到保函下的索赔太晚。相应的，我们认为：

> 答辩人 2 在保函失效后提出索赔。

> 答辩人 1 在保函下的责任已完全解除。

本裁决是一致的意见。

摘要

保函开立行基于索赔文件超过交单期而拒绝在见索即付保函项下赔付。判定是保函关于失效的条款表达不清。这造成出现规定的“交单期”推翻所称的失效日这一后果，进而定义实际失效日含混不清。总之，保函开立行收到保函下索赔太晚，其在该保函项下的责任已完全解除。另一单项问题是索赔晚交，这可能是快递公司因缺失邮政编码无法及时送达索赔造成的，那并无影响，因为安排好寄送事宜而使索赔及时到达是受益人的责任。

DOCDEX 第 337 号裁决

ISBP745 C8 段和 UCP600 第 1 条

信用证项下修改规定所有单据必须在首次交单时全部相符，开证行因此而拒付更正的汇票和保险证明，这是否正确？

当事人

发起人：R 银行（保兑指定行）

答辩人：P 银行（开证行）

说明

只有发起人提交了本裁决相关文件。

作出本裁决未经答辩人参与。

背景及交易

跟单信用证受最新《国际跟单信用证统一规则》，即 UCP600 约束，由答辩人以 SWIFT MT700 在 2014 年 2 月 11 日开出，通知了发起人。

> 金额：1 609 289.50 美元。

> 失效日期和地点：2014 年 8 月 28 日，在发起人所在国失效。

> 货物：ANGLE SS400（随后根据第 2 次修改改为，“Alloy Hot Rolled Prime Steel Angle SS 400B” 合金热轧优质角钢 SS 400B）。

> 信用证规定贸易术语为：总金额 CIF（Incoterms 2010）雅加达丹戎不碌港，1 693 989 美元。

> 部分装运：允许。

> 单据：体现在“其他单据要求”中（46A 场）：

- 手签商业发票 3 份。
- 装箱单 3 份。
- 全套保险证明，做成或背书成凭［……（答辩人）］指示，投保金额为 CIF 价值的 110%。保险必须包括：协会战争险，协会货物险（全险），罢工险，暴动和民变险，索赔（如有）可在印度尼西亚赔付，币种同汇票。
- 受益人证明，证实正本工厂测试证书及原产地证书 E 格式在信用证之外通过快递提交。

> 在受益人国家的任一银行议付。

> 汇票到期日为提单日后 150 天。

> 最迟装期：2014 年 3 月 31 日。

> 交单期：21 天。

> 在其他附加条件中（47A 场），信用证规定（条件 16）：

> 总金额 CIF（Incoterms 2010）雅加达丹戎不碌港，1 693 989 美元。

- 5%（84 699.50 美元）在本信用证外已由 T/T 支付；
- 本信用证只覆盖 95%（1 609 289.50 美元），凭 46A 栏位下提交的相符单据支付。

> 保兑指示：不加保（修改为“通知行可加保兑”；信用证随后由发起人加保）。

> 对付款/承兑/议付行的指示（78 栏）包括如下指示（第 2 条）：“*在与信用证条款相符的首次交单时接受全部单据，我行将根据贵行的指示在扣除 58.00 美元或等额偿付费后于到期日汇付款项*”（受第一次修改制约，见以下内容）。

答辩人向发起人发送了第一次修改，日期为 2014 年 2 月 13 日，此外，允许金额和数量有 10%增加或 0%的减少，并且授权通知行加具保兑，且在信用证加保情况下，规定相应的偿付条件：讲明偿付行名称，且偿付受 URR 最新版本约束。

第一次修改还在 78 栏位（对付款/承兑/议付行的指示）规定了新的第 2 项条件：“*如果在符合信用证条款的首次交单时接受全部单据，贵行可以在到期日从我行账户（与偿付行）自行索偿，并同时通知我行。*”

发起人对信用证加保，以 SWIFT MT799 通知答辩人，日期为 2014 年 3 月 3 日。

答辩人在 2014 年 3 月 18 日出具第 2 次修改，内容仅涉及货物描述。

金额为 1 122 948.50 美元的交单

受益人在证下提交了金额为 1 122 948.50 美元的单据，随后由发起人随附日期为 2014 年 3 月 27 日的交单面函寄给答辩人，目的是取得开证行的“承兑和到期付款”。

答辩人在次日（2014 年 3 月 28 日）发出 MT799 拒付通知拒绝了交单，提出如下不符点：

1. 汇票显示付款期限到期日不清楚。
2. 发票显示交货条件 CIF（INCOTERM 2010）丹戎不碌港 1 693 989 美元，而非 1 122 948.50 美元。
3. 保险证明未清楚表明在印度尼西亚的理赔代理。

发起人随日期为 2014 年 4 月 3 日的交单面函寄出更正汇票（2/2）和保险证明（3+3 副本）。该面函亦称：“所提交的发票内容完全按照信用证 47A 栏（16）点要求显示。因此第 2 个不符点不成立。”

发起人还通过 2014 年 4 月 3 日 SWIFT MT799 通知答辩人，更正单据已寄出以及对于第 2 个不符点的否认。

2014 年 4 月 8 日答辩人向发起人回复 MT799 称：

请知晓我行信用证 78 栏第 2 点和日期为 140213 的第 1 次修改写明“首次交单”，意思是单据必须在首次交单即相符。“因此尽管更正的单据已寄我行，单据仍是不符”，并称“但我行已联系申请人并等候其接受。”

发起人以 2014 年 4 月 10 日的 MT799 反驳了不相符交单的主张。在电文中发起人辩称再次交单根据 UCP600 第 2 条构成相符交单，并且受益人有权在信用证规定的期间内修正单据。确认申请人无延迟地在有效期和交单期内再次提交了更正后的单据，符合国际银行业实务。

在接下来的沟通中，答辩人坚持其观点：

我行信用证要求“首次交单”意思是单据必须在首次交单时相符（……）所以在本案中，所交单据不符合信用证条款。这也符合 UCP600 第 1 条，除非信用证明确修改或排除，UCP 惯例条文对信用证所有当事人均具有约束力。我行所指上述不符点成立（……）

答辩人将拒付单据退给发起人。

发起人重申其交单相符。对信用证的“*首次交单*”条款，发起人称：

“首次交单”语句是在信用证 78 栏出现“对付款/承兑/议付行的指示”。该语句是贵行对我行指示的一部分，作为议付行“从（……）自行索偿”。信用证其他地方未提到单据必须首次交单即相符。假如它是信用证的条款，贵行本应该非常清楚地加以强调表明或将其包含在 47A 栏“附加条件”中。

发起人将单据随 2014 年 5 月 12 日的交单面函再次向答辩人寄出，请其接受。

经过多次 SWIFT 电讯往来，答辩人和发起人确认申请人和受益人达成一致，两套单据（见下述第二次装运的交单概要）共减额 212 554 美元。

最终，双方同意金额为 1 122 948.50 美元的单据以 981 262.39 美元的金额在 2014 年 8 月 14 日付款。答辩人授权发起人进行相应索偿。

金额为 561 671.04 美元的交单

受益人提交金额为 561 671.04 美元的第二次装运单据。发起人将单据随 2014 年 4 月 15 日的交单面函寄给答辩人。

答辩人拒绝此次交单，在 2014 年 4 月 21 日以 MT799 发出拒付通知，提出如下不符点：

> 发票显示总金额交货条件 CIF（INCOTERM 2010）丹戎不碌港 1 693 989 美元，而发票总金额为 561 671.04 美元，语义模糊；

> 装箱单和受益人证明列明总金额 CIF（INCOTERM 2010）丹戎不碌港，1 693 989 美元，而所装运货物为分批装运，不正确；

> 保险证明未按照信用证条款背书。

发起人于 2014 年 4 月 22 日以 MT799 就所称不符点解释了自己的立场：

> 发票系根据信用证（……）提交发票清楚显示 561 671.04 美元为本次交货金额。总金额（……）1 693 989 美元与信用证 46A 栏（……）相关；

> 装箱单和受益人证明显示总金额（……）1 693 989 美元与信用证 46A 栏相关，满足其功能，并与信用证和其他单据相关；

> 保险证明按照信用证要求做成凭……银行（答辩人）指示。

我们提示贵行 SWIFT（……）所列不符点站不住脚（……）

在随后的沟通中，发起人和答辩人重申其对立的立场。

在多次 SWIFT 沟通后，答辩人和发起人确认申请人和受益人达成一致，两套单据（也见前文）共减额 212 554 美元。

最终，双方同意金额为 561 671.04 美元的单据按照 490 803.15 美元的金额在 2014 年 8 月 28 日付款。答辩人授权发起人进行相应索偿。

问题

答辩人对第一套和第二套单据所称的不符点是否成立？

分析

金额为 1 122 948.50 美元的首次交单

答辩人对 2014 年 3 月 27 日首次交单金额为 1 122 948.50 美元的第一套单据提出 3 个不符点。第 1 个不符点（关于汇票付款期限）和第 3 个不符点，发起人未提异议。但关于下述第 2 个不符点，发起人坚持认为不成立。

第 2 个不符点：发票显示交货条件 CIF（INCOTERM 2010）丹戎不碌港 1 693 989 美元，而非金额 1 122 948.50 美元

提交的商业发票显示货物描述与信用证第 2 次修改严格相符。在货物描述中包括语句“*总金额 CIF（INCOTERM 2010）雅加达丹戎不碌港 1 693 989 美元*”，即，与开出的信用证对应的 45A 栏（货物及/或服务描述）的准确措辞相同。

发票也显示了关于货物的具体细节，即件数、规格、长度、捆数、重量、分项的美元单价和金额，以及作为已装运货物并出具发票的详述，总捆数、总重量及总金额 1 122 948.50 美元。还以大写列明了已装运货物的总金额。

应该注意到信用证包含第 16 项条款（在 47A 栏附加条件中）：

总金额 CIF（INCOTERM 2010）雅加达丹戎不碌港 1 693 989 美元

> 5%（84 699.50 美元）在信用证外以 T/T 单独支付；

> 本信用证只覆盖 95%（1 609 289.50 美元），凭 46A 栏下相符交单付款。

专家们认为此信用证条款具有“非单据”性质。但是，“非单据”性质解释了数字 1 693 989 美元（与信用证金额 1 609 289.50 美元相对）背后的原因。

国际商会出版物 ISBP 745 在 C8 段中指出：

当信用证将贸易术语作为货物描述的一部分，发票应该显示该贸易术语，当显示了贸易术语的出处时，发票也应该显示相同的出处。例如，信用证贸易术语显示为“CIF Singapore Incoterms 2010”，则发票不应显示为“CIF Singapore”或“CIF Singapore Incoterms”。

信用证没有要求在本次交单已发运货物的发票金额旁边显示交货条件，即“CIF（INCOTERM 2010）丹戎不碌”。如果交货条件已经按信用证要求在商业发票的其他地方列明，要求交货条件重复出现也不是国际银行业标准实务。

摘要

> 商业发票显示货物描述中的总金额和交货条件完全依照信用证的规定。受益人显然在努力做到严格符合信用证的措辞。

> 对于发票，没有要求显示交货条件要与某项部分装运的发票金额在一起。

> 必须将信用证规定的交货条件永远置于发票金额之后，这既不是 UCP600 的规定，也不是国际银行业标准实务的要求。

> 由于信用证的要求已经满足，发票中没有互相矛盾的数据，答辩人所提不符点不成立。

再次提交金额为 1 122 948.50 美元的单据

在单据（汇票和保险证明）再次提交后，答辩人提出了新的不符点，即：

请知晓我行信用证 78 栏第 2 点和日期为 140213 的第 1 次修改写明“首次交单”，意思是单据必须在首次交单即相符。因此尽管更正的单据已寄我行，单据仍是不符。

“*所有首次提交即相符并被接受的单据，我行将付款*”（*或：按照第 1 次修改*“*你行可以自行索偿*”）这一表述在 MT700 的 78 栏第 2 项指示中列出，该栏位名为“对付款/承兑/议付行的指示”。

专家们的看法是该条款措辞太差而且语义模糊，即它的确切含义非常不清晰。

该条款背后的意图是要剥夺受益人按其意愿的次数交单（在信用证有效期当日或之前以及交单期之内，如有）以达到相符交单的这项基本和公认的权利吗？（即，修改不符点，提交更正的单据以构成相符交单的权利）换言之，上述条款的隐含意图是将开证行向受益人或其他交单行付款的义务局限于首次交单即相符的“单次交单”吗？

或者其意图是从根本上限定开证行对指定行的偿付义务，指定行不仅是根据 UCP600 和国际标准银行实务已承付或议付相符交单，而且该指定行只能在所谓的“首次交单”相符时才可按指定行事？

国际商会银行委员会意见 R715/TA677 意见（下称“意见”），除了其他以外，还提及了一个信用证中与此非常类似条款的影响（第 3 条）：“如单据在第一次提交时与信用证条款严格相符，贵行将被授权自行索偿……”意见分析道：

并不是由开证行来决定受益人或其他交单人可以或不可以做什么来达到相符交单。在正常情况下，交单人要求退回不符单据并尽可能地进行更正，是交单人的权利。以更正的单据替换不符单据也是他们的权利。交单人拥有对单据的所有权直到其被承付或议付。

意见关于上述条款影响的结论称：“这一咨询中列出的其他条款代表了实务中不好的操作，开证行应该在信用证中限制使用类似条款和条件。”

UCP600 第 1 条允许在某些信用证中修改或排除 UCP600 的条款。第 1 条清楚表明：“信用证条款（UCP600）适用于所有信用证当事人除非明确修改或被信用证排除。”

不管这一信用证条款的真实意图是什么，专家们认为这一条款很异乎寻常，它表现为对 UCP600 原则和国际标准银行实务的背离、对受益人和/或指定银行有害，它原本必须非常清楚明确地陈述在信用证中，才可能对受益人和/或指定银行有效。

但是，开证行选择了在 78 栏中以模糊不清的方式加入这一条件，在国际标准银行实务中是不寻常的。鉴于此，专家们认为信用证 78 栏这样不清晰的表达，如上所述，不构成第 1 条所规定的“对 UCP600 规则明确的修改”。

摘要

> 该条款（信用证 78 栏第 2 条指示，随后通过第 1 次修改做了变更）非常模糊。它的确切含义存在争议。

> 专家们的意见是，在任何情况下，它都不构成对 UCP600 任一条款明确的修改。

> 答辩人提出的不符点不成立。

> 专家们确信在任何情况下，开证行都有义务按照 UCP600 第 7 款（c），对已经承付或议付了相符交单并将单据提交给开证行的指定银行进行偿付。

金额为 561 671.04 美元的交单

答辩人对金额为 561 671.04 美元的第二套单据提出 3 个不符点。答辩人所称不符点为：

> 发票显示总金额交货条件 CIF（INCOTERM 2010）丹戎不碌港 1 693 989 美元，而发票总金额为 561 671.04 美元，语义模糊；

> 装箱单和受益人证明显示总金额 CIF（INTOTERM 2010）丹戎不碌港 1 693 989 美元，而已装运货物为部分装运，是不正确；

> 保险证明未按信用证条款背书。

不符点 1

提交的商业发票显示货物描述与第 2 次修改后的信用证严格相符。在货物描述中，包括如下词句“*总金额 CIF（INTOTERM 2010）雅加达丹戎不碌港，1 693 989 美元*”，即完全按照已开立信用证相应 45A 栏（货物和/或服务描述）中的措辞。

发票也显示了关于货物的具体细节，即件数、规格、长度、捆数、重量、分项的美元单价和金额，以及作为已装运货物并出具发票的详述，总捆数、总重量及总金额 561 671.04 美元。已装运货物还以大写列明了总金额。

信用证也列明了第 16 项条款（在 47A 栏附加条件中）：

总金额 CIF（INCOTERM2010）雅加达丹戎不碌港 1 693 989 美元

> 5%（84 699.50 美元）在信用证外以 T/T 支付；

> 本信用证只覆盖 95%（1 609 289.50 美元），凭 46A 栏项下相符交单付款。

国际商会出版物 ISBP 745 在 C8 段中指出：

当信用证将贸易术语作为货物描述的一部分，发票应该显示该贸易术语；当显示了贸易术语的出处时，发票也应该显示相同的出处。例如，信用证贸易术语显示为“CIF Singapore Incoterms 2010”，则发票不应显示为“CIF Singapore”或“CIF Singapore Incoterms”。

摘要

> 商业发票显示货物描述中的总金额和交货条件完全依照信用证的规定。受益人显然在努力做到严格符合信用证措辞。

> 将交货条件列于信用证规定的全部（合同）货物 CIF 金额之后不构成任何语义模糊，或与信用证中任何其他数据或其他单据矛盾。

> 没有要求发票显示交货条件要直接与某次部分装运的发票金额相关联。

> 必须将信用证规定的交货条件永远置于发票金额之后，这既不是 UCP600 的规定，也不是国际银行业标准实务的要求。

> 由于信用证的要求已经满足，发票中没有互相矛盾的数据，答辩人提起的不符点不成立。

不符点 2

装箱单和受益人证明显示货物描述与第 2 次修改的信用证严格相符。在货物描述中，包括如下词句“*总金额 CIF（INTOTERM 2010）雅加达丹戎不碌港，1 693 989 美元*”，即完全按照已开立信用证相应 45A 栏（货物和/或服务描述）中的措辞。

装箱单也显示了关于货物的具体包装细节，即分项数量、规格、长度、件数、捆数、净重和毛重，以及作为本次交单项下装运货物详述的总件数、总捆数、总净重和总毛重。装箱单上体现的细节和总数都完全与商业发票上的数据相符。

在装箱单或受益人证明中，在信用证规定的总（合同）金额旁边写明交货条件并非“不正确”，这并没有造成与信用证中任何其他数据或任何其他单据的矛盾。

摘要

没有要求装箱单和受益人证明显示信用证中提到的交货条件。但两项单据显示出与信用证完全一致的措辞，并未造成与信用证中其他数据或其他单据的矛盾，是完全可接受的。

答辩人所提不符点不成立。

不符点 3

信用证要求：“*全套保险证明，做成或背书成凭［……（答辩人–开证行）］指示，标出（……）*”。提交的保险单据做成凭答辩人指示，正如信用证所要求的那样。单据也是由受益人空白背书。保险单据未以任何其他方式提及受益人，背书没有必要，且在保险单下对转让（让渡）权利无影响（因为单据已经做成了凭答辩人指示出具）。

从专家们的观点来看，受益人空白背书与信用证条款不冲突，与保险单据本身的任何其他条款也不矛盾。

概要

受益人空白背书无效并且不构成矛盾，因为单据已经做成凭答辩人（按照信用证要求）指示了。

结论

答辩人提出的所有不符点不成立。

本裁决是一致的意见。

摘要

开证行因为一系列不符点拒绝了信用证项下提交的两套单据。第 1 次支款：汇票付款期限到期日不清晰；发票上 CIF 金额不正确；保险证明未清晰表明印度尼西亚理赔代理。第 2 次支款：发票上 CIF 金额不正确；装箱单和受益人证明显示错误的 CIF 金额；保险证明背书不正确。第 1 次支款提交的更正汇票和保险证明遭开证行拒绝，理由是证下的修改已规定，所有单据必须在首次提交时即相符。结论是两次交单所提不符点均不成立，并且开证行有责任偿付指定银行。

DOCDEX 第 338 号裁决

URDG758 第 15（b）条和第 22 条；URDG758 第 20（b）条；URDG758 第 24（d）、24（h）条和第 5（b）条；URDG 第 34 条和 35 条

对发起人提交一份受益人索赔副本有要求吗？答辩人所称不符点是否有效？其后答辩人还能对受益人索赔书副本再提不符点吗？反担保人能不向发起人支付或偿付，等待收到在发起人的当地保函项下交单吗？当地保函由发起人应答辩人请求和授权开出，受 URDG758 约束，其适用的法律是什么？

当事人

发起人：R 银行（担保人）

答辩人：I 银行（反担保人）

说明

只有发起人提交了与裁决相关的单据。

本裁决的作出未经答辩人参与。

背景及交易

2011 年 4 月 1 日，答辩人开出一份反担保函（SWIFT MT760），受 URDG758 约束，为预付款保函；发起人接受指示向当地受益人开出了保函，也适用于 URDG758。

> 金额：16 400 000 美元。

> SWIFT 报文包括反担保文本和由发起人照此开出的保函文本。

> 反担保责任由答辩人承担，具体如下：

因贵方按上述请求开出保函，我们（答辩人），在此给予贵方不可撤销的且无条件的反担保……，保证无保留地，无论我方委托人或第三方有何争议，向贵方支付任何不超过总额 1 640 万美元（大写壹仟陆佰肆拾万美元整），在我方收到贵方载明我方反担保函号……以书面形式或加押 SWIFT 电报方式的首次索赔时即支付，该索赔贵方必须声明贵方在有效期内已收到了受益人与贵方的上述预付款保函相符的索赔，并且一份受益人索赔副本已经邮寄给我方。

2012 年 1 月 31 日，原保函失效日和反担保函失效日分别延期至 2012 年 9 月 20 日和 10 月 5 日。

2012 年 9 月 20 日，发起人向答辩人发送一份 SWIFT 加押电报，在反担保函下索赔 9 262 843.77 美元并告知一份受益人索赔书副本已经寄给答辩人。

2012 年 9 月 26 日，答辩人在交单日后第 5 个工作日结束前，向发起人以 SWIFT MT799 发送了一份拒付通知，列明了一个不符点：*“受益人索赔副本未提交。”*

2012 年 9 月 26 日，发起人以 SWIFT MT799 电文反驳答辩人提出的不符点，并请求按索赔金额付款。

2012 年 9 月 27 日，答辩人通知发起人其已收到受益人索赔副本并将在其后 5 个工作日内审单。

2012 年 10 月 3 日，发起人再次向答辩人要求其在反担保项下付款，并指出从收到受益人索赔书副本之日起计算 5 个工作日并不正确。正确的起算日应为收到索赔报文的次日。

2012 年 10 月 10 日，（由于全国假期，这是 9 月 27 日之后的第 5 个工作日）答辩人通过 SWIFT MT799 通知发起人，在提交给发起人的受益人索赔书副本中发现不符点，具体如下：

……我们发现受益人交单与上述预付款保函条款不相符，贵方索赔声明在以下方面违反此保函：

1. 受益人索赔书副本中所述的预付款保函参号……与凭反担保函开立的前述预付款保函号不同（专家组注：构成保函号的 14 个数字中有一个看来是错的）。

2. 受益人索赔书中所载的基础合同日期 2012 年 2 月 3 日与前述预付款保函所载日期不同，应为 2011 年 2 月 3 日。

3. 受益人未在索赔书中陈述委托人在哪方面违反预付款保函涵盖的义务，从而使之有权按照前述预付款保函索要偿还预付款项。

除上述不符点外，委托人在哪方面违约并不在预付款保函担保范围内，受益人因此无权对预付款索要还款，因此，受益人滥用了索赔权。

因上述不符点及受益人滥用索赔权，贵方有责任不对上述预付款保函项下进行付款，我方已拒付贵方索赔。

问题

1. 根据答辩人出具的反担保函措辞，在对答辩人开出的反担保函项下进行索赔时，对发起人向答辩人提交其在当地保函项下收到的受益人索赔书副本是否有要求？

2. 答辩人 2012 年 9 月 26 日所称不符点“*受益人索赔书副本未提交*”，是否是有效的不符点？

3. 答辩人在其 2012 年 9 月 26 日的 SWIFT 电文中称提出一项单独的不符点，其后答辩人还能对受益人索赔书副本再提不符点吗？

4. 反担保人，答辩人在收到发起人的当地保函项下交单前能制止向发起人偿付款项吗？

5. 应答辩人请求和授权，发起人开出的当地保函受 URDG758 约束，其适用法律是什么呢？

分析

问题 1

根据反担保函的说法，在发起人遵守下列两条件之一的情况下，答辩人所承担的责任即有效：

a. 我方收到贵方援引我方反担保函编号的首次书面索赔……

或者

b. 贵方通过加押的 SWIFT 电文说明，贵方已收到受益人在保函有效期内提交、并与贵方上述预付款保函条款相符的索赔书，并且一份受益人索赔书副本已经邮寄给我方（下称“索赔书”）。

发起人选择了 b)，这与 URDG758 第 15（b）条相符，具体如下：

反担保函项下的索赔在任何情况下均应辅以一份被出具反担保函一方的声明，表明在其开立的保函或反担保函项下收到了相符索赔。该声明可以在索赔书中作出，也可以在一份单独签署的伴随或认定该索赔书的单据中作出。

没有规定受益人索赔书副本要随同发起人以 SWIFT 加押电文发出的索赔声明一并提交。只是要求索赔声明中表明一份受益人索赔书副本已寄给答辩人。该索赔声明与这项规定相符。

应注意 URDG758 第 22 条涵盖了发起人向答辩人寄送受益人相符交单副本的责任，该条指出：

担保人应将相符索赔书及其他任何有关单据的副本毫不延迟地传递给指示方，或者在适用的情况下，传递给反担保人以转交给指示方。但是，反担保人，或在适用情况下的指示方，都不应在此传递过程中制止付款或偿付。

还应注意 URDG758 在以下方面缄口不言：a）反担保人对后续收到的保函项下索赔副本审单的时间框架，以及 b）如果反担保人确信担保人已对不符索赔进行承付，要采取的行动。

由于发起人在反担保函有效期内发送索赔声明书符合反担保函的规定，答辩人不应在收到受益人索赔书副本之前制止付款。URDG758 第 22 条对此有明确规定。

问题 2

没有规定受益人索赔书的副本作为在 SWIFT 索赔时的相符交单条件，只要求有其传递的声明，并且发起人的索赔声明书中对此也有明示。

因此，不符点 *“受益人索赔书副本未提交”* 不成立。根据 URDG758 第 20（b）条，答辩人有责任承付其反担保函。

问题 3

URDG758 第 24（d）条规定：*“当担保人拒绝赔付时，应就此向索赔提交人发出一次性（重点强调）的拒付通知。”*

此外，URDG758 第 24（h）条规定：“就本条（d）款、（f）款和（g）款而言，担保人包括反担保人。”

据此，随后再有不符点报文是不允许的。反担保函项下的索赔仍相符。

在本案中，答辩人发出了一次性拒付通知，但是其中的保函项下受益人索赔书副本并不是反担保函对 SWIFT 索赔的要求，因而拒付通知不正确。

其后 2012 年 10 月 10 日，答辩人向发起人发送的拒付通知涉及受益人索赔书副本中的不正确之处没有构成第二次拒付通知。通知提到了发起人本不应承付索赔的原因。

URDG758 第 5（b）条规定：

反担保函就其性质而言，独立于其所相关的保函、基础关系、申请及其他任何反担保函，反担保人完全不受这些关系的影响或约束。

基于保函和反担保函的独立性，各项付款都是在各自的担保下分别进行，并且仅取决于相关各项交单相符性而定。答辩人必须对一项相符交单进行承付。

答辩人，在收到受益人索赔书副本时，有权进行审核。但是，任何涉及受益人索赔书副本的错误和由此产生的任何行为和责任，都超出 URDG758 的管辖范围，因而也超出了国际商会 DOCDEX 程序的管辖范围。这些问题属于管辖法律的权限和合法的司法管辖权的问题。

应该注意的是，受益人在保函项下向发起人提交的索赔书副本在此 DOCDEX 案中并未提交。

问题 4

URDG758 第 22 条（在上述问题 1 中做了引述）阻止反担保人或指示方在传递相符索赔和任何相关单据的过程中制止付款或偿付。

答辩人本应立即承付反担保函项下的索赔，而不是等待收到受益人索赔副本。

问题 5

如果保函或反担保函中未做相反的约定，或约定受本地法律管辖，URDG758 第 34 和第 35 条规定了保函或反担保函应该受开立保函或反担保函的分支机构或营业场所所在地的法律及司法管辖的约束。

因此，由发起人出具的保函将受发起人所在国法律管辖，除非法律另有规定。

结论

根据反担保函文本，发起人提交了相符索赔，答辩人有责任承付。

发起人和答辩人之间涉及保函项下所提交不相符的受益人索赔书的任何争议，不应成为拒付反担保函项下相符交单的理由，这一争议超出了 URDG 和国际商会 DOCDEX 程序的管辖范围。

本裁决是一致的意见。

摘要

反担保人基于受益人索赔书副本未提交而拒绝反担保函项下的索赔。反担保人随后通知受益人索赔书副本已收到。一审单，反担保人就因为存在 3 个不符点通知拒绝索赔：不正确的保函号、不正确的基础合同日期以及未表明申请人违反的义务。裁决是根据反担保函文本，担保人已经进行相符交单，反担保人有责任付款。双方任何关于保函项下受益人索赔不相符的争议不应成为反担保函项下不承付相符交单的理由，此争议超出了 DOCDEX 程序的管辖范围。

DOCDEX 第 339 号裁决

URC522 第 4 条、第 1 条和第 2 条

鉴于已向付款人放单且付款人已用提单取得货物的事实，提示行是否有责任支付托收款？

当事人

发起人：S 公司（委托方）
答辩人：P 银行（提示行）

说明

只有发起人提交与此次裁决有关的单据文件。
本裁决的作出未有答辩人参与。

背景及交易

2013 年 11 月，发起人和答辩人涉入一宗钢材销售合同。
部分合同金额以“*凭单付款（Cash Against Documents）*”形式才可支付。余额凭形式发票预付。
2014 年 1 月 21 日，发起人将托收单据交给托收行，指示其将此托收通过答辩人递交给其客户。
托收行在 2014 年 1 月 23 日向答辩人寄送跟单托收单据，该托收受 URC522 约束。
> 托收指示中规定：“*凭付款放单*”。
> 托收指示中的其他指示如下：

- 付款指示；
- 托收费用支付；
- 利息支付。

2014 年 2 月 21 日，买方（托收付款人）通知发起人其已收到单据，货品也已收到。
直到此时，托收仍未付款。发起人和托收行都向答辩人发送了付款查询。回答是，他们将调查此事。

各方当事人提交的单据文件

发起人提交：
> 发起人和买方的销售合同；
> 补充协议 – 付款条件概要；
> 商业发票；
> 提单；
> 发起人对托收行的指示；

> 托收行给答辩人的代收指示；
> DHL 运单副本显示此托收单据已由托收行寄送给答辩人；
> 托收行给发起人的信函，确认收到托收单据；
> 发起人给答辩人的信函，解释情况并催付；
> 发起人、答辩人和代收行之间就托收未付款事宜的沟通。

答辩人提交：

答辩人未提交单据。

问题

发起人要求裁决中心就答辩人是否有责任进行托收付款作出裁决，因为单据已被释放给付款人，付款人已经使用托收单据中的提单取得了货物。

分析

随附单据的面函显示，本托收业务受国际商会《托收统一规则》“URC522”约束，且根据 URC522 第 4 条出具。

URC522 第 1 条规定：

a. 国际商会第 522 号出版物《托收统一规则》1995 年修订本适用于第 2 条所定义的，如第 4 条所述托收指示中列明适用本项规则的所有托收。除非另有明确的约定，或与某一国家、某一政府，或与当地法律和尚在生效的条例有所抵触，本规则对所有的关系人均具有约束力。

b. 银行没有义务必须办理某一托收或任何托收指示或以后的相关指示。

c. 如果银行无论出于何种理由选择不办理其所收到的托收或任何相关的托收指示，必须毫不延误地采用电讯，或者如果电讯不可能时，采用其他快捷的方式通知发出该项指示的当事方。

这一条款给代收行提供了拒绝处理托收业务的选择，只要其毫不延误地通知托收行即可。

托收，如果是即期付款，则要求代收行凭付款交单（《托收统一规则》第 2 条）。

没有收到付款即放单给付款人，答辩人的行为已经超出了托收行给予的授权和指示。

在一笔托收操作中，单据的所有人是卖方（即托收的委托人）和代表卖方行事的托收行。因此，未付单据应由提示行照管，托收行有权要求退单，从而提示行有责任满足这一要求。

提示行的行为与 URC522 上述规定相悖，负有支付托收价款的责任，加上适当的利息和费用（如有）。

结论

答辩人行事与 URC522 的规定相悖，因此，如上所述负有支付托收价款的责任。

本裁决是一致的意见。

摘要

在适用于 URC 的跟单托收业务项下，提示行没有取得付款即放单给付款人。托收为即期付款，要求提示行凭付款交单。提示行没有收到付款就放单给付款人，已越出托收行给予的授权和指示。结论是提示行行事与 URC 规定相悖，因此负有支付托收款项的责任。

DOCDEX 第 340 号裁决

本裁决被撤销。

DOCDEX 第 341 号裁决

UCP600 第 14（b）条，第 14（d）条，第 14（f）和第 16（c）条，ISBP745 第 A39 段

由于答辩人没有提出有效的不符点，而且没有按照 UCP600 第 14（b）条和第 16（c）条的要求一次性提出拒付通知，答辩人是否无权宣称单据不构成相符交单？检验证明相符吗？

当事人

发起人：J 公司（受益人）

答辩人：O 银行（开证行）

背景及交易

2014 年 6 月 26 日，发起人以其注册名称，收到答辩人开出的以其为受益人的跟单信用证，为一笔阻流门和金属框架供货订单作支付保证，跟单信用证适用 UCP600。

信用证要求提供“基于欧盟标准的合格证书，由有权机构签发”。

2014 年 8 月 22 日，发起人通过通知行在信用证下向答辩人做了交单。通知行交给答辩人的交单面函显示“合格证书”1 份正本、2 份副本寄给了答辩人。

发起人提交的相关单据由必维国际检验集团出具，名称为“检验证书”。在“结论”一栏，检验证书包括如下表述：“本证书为合格证书。”证书内没有提到信用证要求的“欧盟标准”。

2014 年 9 月 1 日，答辩人向通知行发出拒付通知，称“提交了检验证书而非合格证书”。

2014 年 10 月 3 日，通知行援引 ISBP A39 段对不符点提出质疑，如下：

单据可以表明信用证要求的名称，或标明相似名称，或没有名称。单据内容必须看似满足所要求单据的功能。发起人主张单据中声明，“本证书为合格证书”，因此认为合格证书已提交。

2014 年 10 月 6 日，答辩人对该质疑报文进行了回复，声明所提交单据看似未能满足单据功能，因为检验证书没有显示欧盟标准。

发起人随即指出答辩人对其质疑报文的解释表明了合格证书已提交，但不符合信用证条款，这是一个新不符点，因此按照 UCP600 第 14（b）条，由于新不符点在交单日后超过 5 个工作日提出，答辩人无权宣称单据不相符。

发起人还指出答辩人违反了 UCP600 第 16（c）条，因为其未能提供一次性不符点通知，发起人认为答辩人的澄清报文列出了一个新的不符点。

答辩人不同意发起人的主张，即对质疑报文的澄清是提出新的不符点。答辩人称其不符点通知已经清楚表明提交了检验证书而不是合格证书，意味着要求提交的合格证书应满足 ISBP A39 段和 UCP600 第 14（d）和（f）条。

1. 与 UCP600 第 14（b）和 16（c）条不符

答辩人 2014 年 9 月 1 日发出的最初拒付通知称提交了检验证书而非合格证书。但是在反驳不符点时，答辩人表示检验证书没有显示欧盟标准。

发起人认为答辩人对其反驳报文的回复承认合格证书已提交，却不符合信用证的条款。答辩人提出了一个新的不符点。

发起人认为答辩人没有按照 UCP600 第 14（b）条行事，因为 2014 年 10 月 6 日的澄清构成了一个新的不符点，是在答辩人收到单据后 45 天才提出的。

发起人认为答辩人没有按照 UCP600 第 16（c）条行事，因为未能提供一次性的拒付通知，并主张了两个不同的不符点，即提交了检验证书而非合格证书和检验证书没有显示欧盟标准。

2. 与 UCP600 第 14（d）和（f）条以及 ISBP A39 段不符

跟单信用证要求提交 *"基于欧盟标准的合格证书，由有权机构签发"*。发起人提交的单据由必维国际检验集团出具，名称为 *"检验证书"*。在 *"结论"* 一栏，检验证书包括如下表述：*"本证书为合格证书"*。证书内没有提到信用证要求的欧盟标准。

答辩人称所提交单据没有显示信用证要求的数据，因此不满足其功能。所以，单据不符合 UCP600 第 14（d）和（f）条以及 ISBP A39 段。

发起人称没有有权机构能够为此信用证项下所涵货物出具基于欧盟标准的合格证书。发起人也称单据本身显示其为合格证书。因此，单据相符。

问题

1. 由于没有按照 UCP600 第 14（b）条和 16（c）条提出有效的不符点和一次性拒付通知，答辩人是否无权宣称未构成相符交单吗？

2. 检验证书符合第 14（d）和（f）条以及 ISBP A39 段的规定吗？

分析

1. 未能按照 UCP600 第 14（b）和 16（c）条行事：

UCP600 第 14（b）条规定：

按照指定行事的被指定银行、保兑行（如有）以及开证行，自其收到提示单据的翌日起算，应各自拥有最多不超过 5 个银行工作日的时间以决定交单是否相符。

该期限不因单据在交单日当天或之后适逢信用证有效期或最迟交单期而被缩减或受到其他影响。

UCP600 第 16（c）条规定：“*当按照指定行事的被指定银行、保兑行（如有）或开证行决定拒绝兑付或议付时，必须给予交单人一份单独的拒付通知。*”

跟单信用证要求提交“*基于欧盟标准的合格证书，由经授权的机构签发*”。发起人提交给答辩人的交单面函显示“*合格证书*”1 份正本、2 份副本已寄给答辩人。

答辩人起初以提交了检验证书而非合格证书为理由拒绝本次交单。当此不符点以检验证书本身也声明是合格证书而受到质疑时，答辩人澄清说检验证书没有显示欧盟标准。答辩人在收到单据后 45 天发出了澄清电文。

当开证行断定交单不符时，它必须一次性清楚明确地提供拒付通知，声明基于什么不符点拒付单据。在此案中，答辩人起初发出的拒付通知指出的是未提交合格证书，而不是缺少欧盟标准。

因此，专家组认为答辩人没有在最初的拒付通知中给出拒付单据的正确理由，随后的澄清指的是另一个不符点。因此，答辩人未能按照 UCP600 第 14（b）和 16（c）条的条款行事。

2. 与 UCP600 第 14（d）和（f）条以及 ISBP A39 段不符

UCP600 第 14（d）条规定：

单据中的数据，在与信用证、单据本身以及国际标准银行实务参照解读时，无须与该单据本身中的数据、其他要求或信用证中的数据等同一致，但不得矛盾。

UCP600 第 14（f）条规定：

如果信用证要求提示运输单据、保险单据和商业发票以外的单据，但未规定该单据由何人出具或单据的内容，只要所提交单据的内容看似满足其功能需要且其他方面与第 14（d）条相符，银行将接受该单据。

ISBP A39 段规定：“*单据可以表明信用证要求的名称，或相似名称，或没有名称。单据内容必须看似满足所要求单据的功能。*”

即使发起人将所提交单据命名为“*检验证书*”，在“*结论*”部分，它包含了如下陈述“*本证书为合格证书*”。

单据还证实：

经外观检查和检查中获取的信息，我们证实货物的数量和包装在检验地和检验当日符合相关形式发票所体现的货物规格……

因此，单据必须作为合格证书来审单，它满足合格证书的功能。

信用证要求单据由有权的机构出具：单据由必维国际检验集团出具，按照 UCP600 第 3 条，该公司可以被认为是有权的机构。

但是单据没有提到信用证要求的欧盟标准。因此，专家组认为该单据没有满足信用证的要求。

结论

答辩人没有按照 UCP600 第 14（b）和 16（c）条，在其首次拒付通知中提供有效的拒付理由，因此，无法根据 UCP600 第 16（f）条宣称单据不符。

本裁决是一致的意见。

摘要

开证行拒付了信用证下提交的单据，基于提交了检验证书而不是信用证要求的合格证书。此不符点受到受益人的质疑，开证行进而发出澄清电文称提交的单据未满足单据功能，原因是未按信用证要求显示欧盟标准。我们认为，即使单据名为检验证书，单据中包含了关于其为合格证书的声明，虽然如此，却由于没有提到信用证要求的欧盟标准，所以仍被认为是不符单据。可是，由于开证行在首次拒付通知中没有提供有效的拒付理由，我们的结论是，开证行无权宣称单据不符。

DOCDEX 裁决第 342 号

URDG758 第 14（a）和 28（a）条，第 28 条

受益人声明称缺失邮政编码导致邮寄延迟，这是执着于担保人有义务付款的有效理由吗？

当事人

发起人：M 公司（受益人）
答辩人 1：W 公司（申请人）
答辩人 2：C 银行（担保人）

说明

发起人和答辩人 1 提交了与裁决有关的单据文件。
答辩人 2 没有任何文件回复。
本案曾由答辩人 1 发起并提交，通过 DOCDEX 得到答复（决议第 336 号，日期为 2014 年 9 月 23 日）。

背景及交易

发起人是见索即付保函的受益人，保函由答辩人 2 开出，显示答辩人 1 为申请人。该见索即付保函适用 URDG758，于 2013 年 1 月 21 日开立。

保函失效日为 2013 年 11 月 20 日。另外，保函包括如下条件：“本保函项下任何索赔和要求的单据必须在失效后 14 个工作日内由我行于上述地址收到。”2013 年 11 月 20 日之后 14 个工作日为 2013 年 12 月 10 日。（2013 年 11 月 20 日至 2013 年 12 月 10 日之间没有相关的公共假期，即在此期间能被排除的只有星期六和星期日。）

发起人和答辩人 1 签订了两份合同：一份用于工程、采购和建设，另一份用于设备供应。对后一份合同来说，答辩人 1 须提供涵盖 30%的合同金额的银行保函。

2013 年 1 月 21 日，答辩人 2 开出一份保函，通过通知行通知。保函结尾注明了担保人名称、保函号、开立日期、担保人电话和传真号码、担保人网址以及一个具名联系人。

2013 年 12 月 4 日，即 2013 年 11 月 20 日后第 10 个工作日，发起人在保函项下提起索赔。

索赔由通知行发出，按照保函要求，通知行核实了索赔通知上的签名。同日，通知行将索赔通知通过 SWIFT 发给答辩人 2。

2013 年 12 月 5 日，通知行将索赔书和支持文件用 DHL 快递向答辩人 2 发出。

2013 年 12 月 11 日（即超过了 2013 年 11 月 20 日之后 14 个工作日），索赔书和支持文件递交到答辩人 2。

2013 年 12 月 13 日，答辩人 2 通过通知行向发起人发出了拒付通知。理由为根据保函，单据在保函规定的交单期之后收到。

2014 年 1 月 3 日，通知行回复答辩人 2 称索赔“*远早于保函索赔的失效日*”作出。通知行进一步提示说，保函中答辩人 2 的地址没有包括邮政编码，快递公司无法“*以最快捷的方式投递索赔*”，也就是说，索赔递交延迟是由于答辩人 2 所提供的地址不全造成的。答辩人 2 在回复中重复了 12 月 13 日拒付通知的内容。

6 月 23 日，答辩人 1 针对发起人向 DOCDEX 发出了寻求裁决的申请（DOCDEX 决议第 336 号，日期为 2014 年 9 月 23 日）。

直至今日索赔未果。

问题

1. 是否有效作出索赔。
2. 答辩人 2 是否对索赔和其支持文件的传递延迟负有责任。
3. URDG758 第 28 条对答辩人 2 是否适用。
4. 答辩人 2 是否有责任向发起人支付索赔金额。

各方当事人提交的单据文件

发起人提交：

> 寻求 DOCDEX 裁决的正式申请；
> 保函；
> 索赔和支持文件；
> 答辩人 2 所做的拒付通知，日期为 2013 年 12 月 13 日；
> DHL 快递凭条 – 包括 DHL 跟踪清单；
> 通知行给答辩人 2 的回复，日期为 2014 年 1 月 3 日；
> 答辩人 2 给通知行的回复。

答辩人 A 提交：

> 对发起人请求的回复；
> DOCDEX 决议第 336 号副本；
> 保函；
> 索赔和支持文件；
> DHL 快递凭条。

分析

本见索即付保函开出受国际商会见索即付保函统一规则“URDG758”约束。

与第336号DOCDEX裁决的关系：第336号DOCDEX裁决与本案涉及同一笔业务。第336号DOCDEX裁决的发起人是本DOCDEX裁决的答辩人1。在第336号DOCDEX裁决中，答辩人（本DOCDEX裁决的发起人）出于某些原因没有及时给予反馈。因此，再申请一次DOCDEX裁决的目的，是让发起人的意见被采纳进来，重新考虑第336号DOCDEX裁决的结论。

保函规定：

本保函（包含一个补充条款）在2013年11月20日失效，任何保函项下的索赔和要求的文件必须在保函失效后14个工作日由我行于上述地址收到。

由于在此期间没有相关全国性的假期，本条款将保函的实际失效日置于2013年11月20日之后的14个工作日，即2013年12月10日。

保函显示了担保人地址，以及如下陈述：“*任何保函项下的索赔（……）必须（……）由我行于上述地址收到。*”保函结尾处提到了联系电话、传真和联系人。

DHL快递凭条显示邮件完全按照保函中的地址被派送了。但是保函也提到了邮政编码“241000×××”。这个邮政编码是错的。正确的编码是“214000×××”。

DHL跟踪清单显示如下信息：

> 2013年12月5日：“*已取件*”

> 2013年12月9日：“*需要地址信息；联系DHL*”

> 2013年12月10日：“*发运暂停*”

> 2013年12月11日：“*已派送－签收人×××*”

URDG 758第14（a）条规定：

向担保人交单应：

i. 在保函开立地点或保函中指明的其他地点，并且

ii. 在保函失效当日或之前。

URDG 758第28（a）条规定：

当单据按照保函的要求传递或发送时，或当保函未做指示，担保人自行选择传送服务时，担保人对单据传送过程中发生的延误/中途遗失/残缺或其他错误产生的后果，不予负责。

很清楚，索赔没有按照URDG 758第14（a）条的要求及时到达担保人处。正如根据URDG 758第28（a）条，担保人对单据传递延迟不予负责。

发起人辩称延迟的原因是担保人的邮编没有在保函中提及。如上所述，DHL快递凭条事实上提到了一个邮政编码，但是这个邮政编码是错的。DHL的处理程序总是需要一个邮政编码（或者，如不存在，需要一个清楚的联系细节）。保函显示的地址中没有提及邮政编码不是迟交的原因（因为DHL的快递凭条上提到了一个邮政编码），但错误的邮政编码可能确实造成了延误。

此外，保函提到了联系电话、传真号码和保函联系人。在邮政编码缺失的情况下，这一信息本应该加入DHL快递凭条中去。

保函项下所做的索赔应该只在违约时发生，正常情况下，索赔应在有效期内直接向担保人发出（通常位于与受益人不同的国家）。受益人因此应该保证索赔及时提交。即使地址上的微小错误（如本案）都可能导致索赔的递交延误。

出于上述原因，专家组得出结论：根据 URDG 758 第 14（a）条，索赔迟交；根据 URDG 758 第 28 条，担保人不能为单据传递延迟负责。

结论

> 向担保人作出索赔是在 2013 年 12 月 11 日。保函实际失效日为 2013 年 12 月 10 日。所以索赔未能及时作出。

> 从上面所述情形来看，认为邮寄延误是由邮政编码缺失造成的，这一说法是明显错误的。因为 DHL 的快递凭条实际上提到了一个（错误的）邮政编码。很可能延误是由这个错误造成的。无论如何，由于索赔通知是在寄送给担保人时出现错误，发起人不能将邮寄延误归咎于担保人。

> URDG758 第 28 条适用于此案，担保人（答辩人 2）对单据传递的延误没有责任。

> 由于索赔未及时作出，担保人（答辩人 2）不承担向发起人支付索赔金额，即人民币 55 229 700.00 元的责任。

本裁决为一致性决定。

摘要

保函开立行拒绝见索即付保函项下的索赔，原因是单据在保函规定的交单期后收到。裁决是在保函失效后才索赔，属于未及时作出。受益人的声明称，邮寄延误是因为缺失邮政编码，这一说法不予采信，因为是受益人的失误，不应由担保人负责。对于单据传递过程中的延误，担保人不能担责，正如 URDG758 第 28 条所规定。结论为：索赔未以及时的形式办理，担保人不承担付款责任。

DOCDEX 第 343 号裁决

URDG 458 第 20（b）条，第 10 条和第 20 条；第 10（a）条，第 10（b）条和第 2（b）条

答辩人是否未对有效索赔进行承付？考虑到法院命令，答辩人迟付是否有正当理由？答辩人是否给予保函申请人超出合理期限的时间以便其获得法院命令？答辩人有义务付款吗？

当事人

发起人：S 银行（第二反担保人）
答辩人：I 银行（第一反担保人）

说明

仅发起人提交了与裁决有关的文件。
本裁决在答辩人缺席情况下作出。

背景及交易

2011 年 12 月 9 日，答辩人开立一份以发起人为受益人的反担保函（通过 SWIFT MT760 格式发送），适用 URDG 458（40C 栏位），指示发起人争取到一家担保银行向受益人开立一个预付款保函。预付款保函金额为 36 517 244 美元，失效日为 2012 年 11 月 30 日，以答辩人为受益人的反担保函的失效日为 2012 年 12 月 22 日。SWIFT 电文在引号内有担保银行所出保函的措辞。保函的援引措辞未表明任何适用规则，但包括以下语句：“*本保函之法律管辖与解释依英格兰法。*”

反担保函由答辩人承担的责任如下：
“鉴于贵方出具上述保函，我方（……答辩人……）特此开立以贵方为受益人的不可撤销反担保函，并承诺：在我方收到贵方通过加押 SWIFT 电文（或加押电传）发送的索赔后，该索赔引用我方反担保函的编号和开立日期、且表明贵方已收到符合预付款保函条款的书面索赔，即向贵方支付不超过总金额 36 517 244 美元的款项。”

2011 年 12 月 12 日，发起人开立一份以担保银行为受益人的反担保函（SWIFT MT760 格式），适用 URDG（但 40C 栏未表明出版物编号），指示担保银行根据反担保函中嵌入的相关文本内容，向受益人出具一份自己的预付款保函。给担保银行的指示规定，预付款保函的最高总金额为 36 517 244 美元，失效日为 2012 年 11 月 30 日。发起人开立的反担保函的失效日为 2012 年 12 月 12 日。在反担保函电文的结尾处，发起人表明“*本保函（指反担保函）遵循国际商会第 458 号出版物《见索即付保函统一规则》*”，这讲清发起人意欲适用 URDG 这一版本。但保函本身未注明任何适用规则。

发起人在其开立的反担保函项下承担的义务，与其之前从答辩人处收到的反担保函的义务一致。

2011 年 12 月 13 日，担保银行向当地受益人出具了预付款保函，金额同样为 36 517 244 美元，明示有效期为 2012 年 11 月 30 日，该保函项下提出索赔的最后截止日期为 2012 年 12 月 4 日。在担保银行出具的预付款保函中，没有提及适用规则，也未显示发起人收到内容中所出现的声明“*本保函之法律适用与解释依英格兰法*”。

担保银行承担的担保责任如下：

“我方（……银行……）在此不可撤销、无条件地保证和承诺，在收到贵方符合协议要求的书面请求时，不受其他条件的约束，在本保函及其不时修改的总额内，我方将向贵方，即上述指名的业主，支付任何单笔或数笔款项。我方作为担保人，在收到贵方的书面索赔时将立即付款，无需对此规定总额的这种索赔提供证据（包括任何证明该项索赔符合此协议的证据）、条件、理由或原因，即使土建承包商或任何其他第三方提出争议、索赔要求或异议……”

随后，预付款保函作了几次修改（金额和失效日），最终细节如下：

	预付款保函	**发起人 2012 年 12 月 12 日开立的反担保函**
金额	20 611 788.60 美元	20 611 788.60 美元
失效日	2014 年 11 月 30 日	2014 年 12 月 12 日

2014 年 11 月 3 日，受益人在预付款保函项下以书面形式向担保银行提交了金额为 11 688 378.24 美元的索赔要求。同一天，担保银行向发起人提出同等金额的索赔，发起人进而又向答辩人索赔。

2014 年 11 月 3 日至 11 月 7 日期间：

> 发起人向答辩人发出数次催收，要求立即付款；

> 应答辩人的要求，发起人向答辩人发送了一份开给受益人的预付款保函副本，并声明这对答辩人出具的反担保函项下其提出索赔的有效性无任何影响；

> 担保银行和发起人告知答辩人，反担保函的余额为 8 923 410.36 美元。

2014 年 11 月 10 日：

> 答辩人告知发起人，他们仍在审核索赔以决定是否承付，并援引 URDG 458 第 21 条，索要受益人在保函项下的索赔；

> 因而发起人又要求担保银行提供一份受益人索赔的副本；

> 担保银行向发起人作出答复、发起人又向答辩人作出答复称，提供受益人的索赔副本并不是付款的先决条件。

2014 年 11 月 12 日：

> 答辩人再次索要受益人的索赔副本；

> 发起人将受益人的索赔副本发往答辩人；

> 发起人在其对担保银行的反担保函项下支付了 11 688 378.24 美元；

> 担保银行向受益人账户贷记同等金额；

> 发起人通知答辩人其已付款，并再次要求答辩人承付其在反担保函项下的索赔。

2014 年 11 月 13 日：

> 发起人第二次通知答辩人其已付款，并再一次要求答辩人承付其在反担保函项下的索赔；

> 答辩人告知发起人，称其已获悉高等法院维持现状的命令（法院命令未随附，发起人声称限制令通知只是针对保函申请人银行，并非针对答辩人）。

2014 年 11 月 17 日：

> 发起人收到一份日期为 2014 年 11 月 12 日的法院听证通知书，要求发起人于 2015 年 9 月 16 日在高等法院出庭，以及一份举证通知书；

> 发起人从答辩人处收到一份通知电文（SWIFT 电文发送日期为 11 月 14 日，在工作时间过后发送，因此电文于下一个工作日 2014 年 11 月 17 日收到），称答辩人收到高等法院颁布的止付令，禁止其在反担保函项下进行付款。（此通知未包含止付令副本，因而专家组推断，止付令于 2014 年 11 月 17 日左右送达答辩人。）

2014 年 11 月 18 日：

> 发起人收到高等法院司法裁定协助执行的通知书（通知书日期为 2014 年 11 月 18 日），指示发起人暂缓向担保银行支付款项；

> 发起人收到日期为 2014 年 11 月 14 日的高等法院民事裁定限制令，指导所有当事方（保函申请人、答辩人和发起人）停止对保函/反担保函进行款项支付。

2014 年 12 月 9 日：

> 高等法院通过了一项命令，声明担保人于 2014 年 11 月 12 日对保函承付并向受益人支付款项的行为无任何过错。

问题

1. 答辩人是否未按 URDG 458 在合理的时间内，对发起人于 2014 年 11 月 3 日在开立日期为 2011 年 12 月 9 日的反担保函项下提出的金额为 11 688 378.24 美元的有效索赔进行承付？

2. 鉴于高等法院出具日期为 2014 年 12 月 9 日的法院命令，显然该命令对答辩人和发起人并不适用，因为他们都不是提请该高等法院诉讼的当事方，且考虑到高等法院的命令已规定只有诉讼当事人才能维持现状这一事实，在这种情况下，答辩人对发起人迟付是否有正当理由？

3. 答辩人是否容许不合理过长的时间，导致保函申请人能在发起人和担保银行于 2014 年 11 月 12 日承付担保之后，于 2014 年 11 月 14 日获得法院的限制令？这一延迟是否违反 URDG 458 第 10 条的规定，即担保人必须在一段合理的时间内审核保函项下的付款要求，特别是鉴于受益人已于 2014 年 11 月 3 日提出索赔这一事实？

4. 答辩人是否有义务向发起人支付上述反担保函项下的索赔款项，以及任何相应的迟付利息及费用？

分析

问题 1

1. 适用规则：答辩人开立的以发起人为受益人的反担保函，在 SWIFT MT760 电文的 40C 栏表明了适用 URDG 458，并在同一电文末尾重述。

2. 索赔：答辩人开立的以发起人为受益人的反担保函，规定了如下的索赔条件：

我方（……答辩人……）特此开立以贵方为受益人的不可撤销反担保函，并承诺：在我方收到贵方通过加押 SWIFT 电文（或加押电传）发送的索赔后，该索赔引用我方反担保函的编号和开立日期、且表明贵方已收到符合预付款保函条款的书面索赔，即向贵方支付不超过总金额 36 517 244 美元的款项。

此条件，视为有效付款要求，符合 URDG 458 第 20（b）条的规定，即“*反担保函项下的任何索偿要求都应当随附表明保函项下的担保人已收到符合保函条款和本条规定的付款要求的书面声明*”。发起人以日期为 2014 年 11 月 3 日的 SWIFT MT799 电文提出索赔，载有答辩人的反担保函开立日期和编号，声明发起人收到的“*日期为 2014 年 11 月 3 日的书面索赔，要求按其条款立即支付 11 688 378.24 美元*”。这一索赔是有效的。

3. 反担保函项下的付款：由于发起人在反担保函的有效期内发出了相符的索偿声明，其行为符合反担保函的条款要求，所以答辩人在其反担保函项下的付款义务，于 2014 年 11 月 3 日如期启动。URDG 458 第 10 条规定：

a. 担保人应有一段合理的时间审核保函项下的付款要求，以决定是否接受或者拒绝该要求。

b. 如果担保人决定拒绝付款要求，则其必须立即通过电讯，如不可能，则以其他迅捷方式通知受益人。

URDG 458 并未给出“合理时间”的定义。然而，在合理时间这一问题上，国际商会银行委员会意见 R504（*《国际商会银行业委员会意见汇编 1995—2001》*）指出：

URDG 458 项下，根据第 20 条的规定，保函包含一个付款要求及可能需要一份声明。鉴于此，审核付款要求的合理时间将是在收到付款要求的 3 个银行工作日内。这一立场所反映的观点，与关于备用信用证的《国际备用证惯例》（ISP98）已经明确规定的相吻合。备用信用证通常在要求的单据数量及内容上与保函要求相似。然而，这可能会受到当地法院关于合理时间的裁决约束。

此外，现行版本的 URDG 758 第 20 条规定：“*担保人应该在交单次日起的五个营业日内审核索偿要求并确定其是否构成相符索偿要求。*”专家组所持的观点是，从 2014 年 11 月 3 日至 2014 年 11 月 17 日（这一日发起人被告知，答辩人收到高等法院的止付令、禁止其在反担保函项下进行付款）期间，共有 10 个银行工作日，超出了 URDG 458 第 10（a）条中提及的合理时间。

问题 2

DOCDEX 规则第 1 条（第 853 E 号出版物）仅涉及国际商会规则，因而这个问题超出了 DOCDEX 的裁决范围。法院命令的解释和效力由发布法院命令的地方法律所规定。因此，专家组对这个问题不发表任何意见。即便如此，如上文分析 1 所述，专家组重申：答辩人向发起人通知高等法院命令的时间是 2014 年 11 月 13 日，距 2014 年 11 月 3 日共有 8 个银行工作日，已经超出了 URDG 458 第 10 条所规定的“*合理时间*”。

问题 3

合理时间的问题，在问题 1 的最后一点（第 3 点）中已阐述。专家组想强调的是，答辩人应审核的唯一文件，以确定其是否有义务承付反担保函项下提出的索赔，就是发起人的索赔，而不是任何诸如受益人的付款要求或信函往来的其他文件。

基于上述分析，答辩人未能按照 URDG 458 第 10（a）和（b）条的规定行事，因其既不履行付款，也未在合理时间内发出任何拒付通知。因此，答辩人有义务承付发起人的索赔。若索赔不相符，答辩人要么在合理时间内拒绝该项索赔，要么进行付款，没有第三种选择。

专家组无法裁定答辩人是否拖延付款，为的是发起人能够从法院获得限制令。然而，由于发起人于 2014 年 11 月 18 日才收到高等法院的协助执行司法裁定通知书，与 2014 年 11 月 12 日它承付担保银行索赔相隔了 6 天，相应的法院命令与发起人向答辩人索赔的权利无关。

众所周知，如 URDG 458 第 2（b）条所述，表明遵循 URDG 458 的银行保函独立于基础合同。因此，与基础合同有关的任何争议都与开立行的付款义务无关。一旦发起人在其开立的反担保函项下承付了相符索赔，并在答辩人出具的反担保函项下提出了相符索赔，尽管随后可能会出现止付令，禁止受益人在担保银行出具的预付款保函项下获得付款，发起人也完全有权从答辩人处获得偿付。

问题 4

见下述结论

结论

发起人于 2014 年 11 月 3 日正式提交了相符的索赔，答辩人既未根据 URDG 458 第 10（a）和（b）条的规定在合理时间内发出拒绝通知，又未进行付款。

根据专家组的一致意见，基于 URDG 758 第 20 条所代表的最佳银行惯例，2014 年 11 月 3 日以后的合理时间绝对不晚于 2014 年 11 月 10 日（即 2014 年 11 月 3 日以后的 5 个工作日）。根据 URDG 458，答辩人有义务支付发起人在答辩人开立的反担保函项下提出的索赔款项以及任何相应利息与费用。

当事方所承担义务的任何可能中止或减损，都应由依适用法律和管辖权所做裁决而定。

本裁决为专家组一致意见。

摘要

第二反担保人向第一反担保人提交了相符的索赔，第一反担保人既未在 URDG 规定的合理时间内发出拒绝通知，又未进行付款。基于此，裁定是，第一反担保人有义务对第二反担保人索要的支款加上任何相应的利息及费用进行支付。另一个问题，即因法院命令而迟付是否合理的问题，超出了 DOCDEX 裁决的范围。当事方所承担义务的任何可能中止或减损，都应由依适用法律和管辖权所做裁决而定。

DOCDEX 第 344 号裁决

URDG 458 第 20（b）、10 和 20 条；第 10（a）、10（b）和 2（b）条

答辩人是否未承付有效的索赔？考虑到法院命令，答辩人推迟付款是否正当？答辩人是否容许不合理的时间期限才让申请人获得法院止付令？答辩人有义务付款吗？

当事人

发起人：S 银行（第二反担保人）
答辩人：P 银行（第一反担保人）

说明

与 DOCDEX 第 343 号裁决相同。
仅发起人提交了与裁决有关的文件。
本裁决在答辩人缺席情况下作出。

背景及交易

2013 年 4 月 28 日，答辩人开立了三份以发起人为受益人反担保函（SWIFT MT760 格式），具体如下：适用 URDG 458，涵盖三份履约保函（下称“保函”），指示发起人让保函由担保人向当地受益人出具。反担保函详情如下：

> 金额为 24 344 829 美元的反担保函；
> 金额为 11 290 763 美元的反担保函；
> 金额为 47 037 248 美元的反担保函。

答辩人开立的三份反担保函的失效日均为 2015 年 2 月 4 日。反担保函项下相应出具的三份履约保函的有效期均为 2014 年 12 月 31 日。SWIFT 电文在引号内有担保人所出保函的措辞。保函的援引措辞未表明任何适用规则，但包括以下语句：“本保函之法律管辖与解释依英格兰法。”

三份反担保函由答辩人承担的责任如下：

“鉴于贵方出具上述保函，我方（……答辩人……）特此开立以贵方为受益人的不可撤销反担保函，并承诺：在我方收到贵方通过加押 SWIFT 电文（或加押电传）发送的索赔电文后，该索赔引用我方反担保函编号和开立日期、且表明贵方已收到你方保函项下依其条款的书面索赔，即向贵方支付不超过总金额美元（相关金额）（大写……）的款项。”

发起人依据从答辩人处收到的反担保函条款内容，开立了三份以担保人为受益人的反担保函（通过 SWIFT MT760 格式发送），40C 栏表明适用 URDG，但未标明版本号，指示担保人根据反担保函中嵌入的

相关文本措辞向受益人出具自己的保函。给担保人的指示规定，三份履约保函的最高总金额应与相应的反担保函的金额一致，即 24 344 829 美元、11 290 763 美元和 47 037 248 美元。这些保函的有效期为 2014 年 12 月 31 日，每份保函项下提出索赔的最后截止日期为 2015 年 1 月 3 日。发起人开立的所有反担保函的失效日均为 2015 年 1 月 19 日。

发起人开立的反担保函声明 “*本保函（指反担保函）遵循国际商会第 458 号出版物《见索即付保函统一规则》*”，表明了发起人意欲使反保函适用 URDG 458。反担保函未注明任何适用规则，但声明 “*本保函受英格兰法律管辖和解释*”。由发起人承担的反担保责任，与其之前从答辩人处收到的三份反担保函一致。

2013 年 4 月 30 日，担保人向受益人出具了三份履约保函，金额与发起人收到的三份反担保函的金额相同，即 24 344 829 美元、11 290 763 美元和 47 037 248 美元，标明：每份保函的失效日均为 2014 年 12 月 31 日，每份保函提出索赔的最后截止日期均为 2015 年 1 月 3 日。发起人收到的三份保函副本中均明确了一项条款，即 “*本保函依英格兰法律管辖与解释*”。

担保人承担的担保责任如下：

“我方（……银行……）在此不可撤销地、无条件地保证和承诺，在收到贵方符合协议要求的书面请求时，不受其他条件的约束，在本保函条款及其不时修改约定的总额内，我方将向贵方，即上述指名的业主或当前有权得益的其他人，支付单笔或多笔款项。我方作为担保人，在收到贵方的书面索赔时将立即付款，无需对此规定总额的索赔提供证据（包括任何证明该项是否符合此协议的证据）、条件、理由或原因，即使土建承包商或任何其他第三方提出争议、索赔或异议……”

2014 年 11 月 3 日：

> 受益人向担保人提交了三份书面索赔，要求支付 82 672 840 美元，即三份履约保函的总金额；

> 同一天，担保人向发起人提出同等金额的索赔，发起人进而又向答辩人索赔。

2014 年 11 月 4 日至 11 月 5 日期间：

> 发起人和答辩人之间的高层召开了一次会议；

> 发起人向答辩人发出一次催收提示；

> 答辩人要求发起人以邮件方式提供受益人向担保人提交有关此三项索赔的书面索赔；

> 发起人回复答辩人 “根据反担保函的条款，无需提供受益人书面索赔的证据”，并确认 “受益人已在担保人柜台提交了书面的索赔”。

2014 年 11 月 6 日至 11 月 11 日期间：

> 发起人和答辩人之间的高层召开了一次会议，会议纪要记录 “答辩人表示他们需要 5 至 7 天的合理时间来处理受益人的要求”；

> 担保人向发起人发出 1 次催收；

> 发起人向答辩人发出 7 次催收。

2014 年 11 月 12 日：

> 发起人向担保人支付了总金额为 82 672 840 美元的付款，在三份保函项下，各自的索赔金额分别为 24 344 829 美元、11 290 763 美元以及 47 037 248 美元；

> 担保人向受益人账户贷入了同等金额的款项；

> 发起人通知答辩人其已付款，且将计收年利率 1.3%的迟付利息；

> 发起人以邮件方式向答辩人发送了受益人每份索赔的一套副本，并以每份保函单独的 SWIFT 电文对此行为加以证实。

2014 年 11 月 13 日：
> 发起人又向答辩人发出两次催收，要求立即支付其在反担保函项下的索赔款项。

2014 年 11 月 14 日：
> 答辩人告知发起人，称其已收到高等法院维持现状的命令（法院命令未随附）。

2014 年 11 月 17 日：
> 发起人收到保函申请人于 2014 年 11 月 6 日发起的诉状、日期为 2014 年 11 月 12 日的法院听证通知书，要求发起人于 2015 年 9 月 16 日在高等法院出庭，以及一份举证通知书。

2014 年 11 月 18 日：
> 发起人收到日期为 2014 年 11 月 14 日的高等法院民事裁定书，限制令指导所有当事方（保函申请人、答辩人和担保人）停止对保函/反担保函进行款项支付。
> 答辩人告知发起人其已收到高等法院颁布的止付令，禁止其在反担保函项下进行付款。（通知未随附止付令副本。专家组推断，止付令于 2014 年 11 月 18 日左右下达给答辩人。）

2014 年 12 月 9 日：
> 高等法院通过了一项命令，声明担保银行 *“于 2014 年 12 月 12 日对保函承付并向受益人支付款项的行为无任何过错”*。

问题

1. 答辩人是否未按照 URDG 458，在合理的时间内，对发起人于 2014 年 11 月 3 日在反担保函项下的下述金额有效索赔进行承付？
> 金额为 24 344 829 美元的反担保函；
> 金额为 11 290 763 美元的反担保函；
> 金额为 47 037 248 美元的反担保函。

2. 鉴于高等法院出具日期为 2014 年 12 月 9 日的法院命令，显然该命令对答辩人和发起人并不适用，因为他们都不是提请高等法院诉讼的当事方，且考虑到高等法院的命令已规定只有诉讼当事人才能维持现状的这一事实，在这种情况下，答辩人对发起人迟付是否有正当理由？

3. 答辩人是否容许不合理的超长时间，导致保函申请人能在发起人和履约保函的担保人于 2014 年 11 月 12 日承付担保之后，于 2014 年 11 月 14 日获得法院的限制令？这一延迟是否违反 URDG 458 第 10 条的规定，即担保人必须在一段合理的时间内审核保函项下的索赔，特别是鉴于受益人已于 2014 年 11 月 3 日提出索赔的这一事实？

4. 答辩人是否有义务向发起人支付上述反担保函项下的索偿款项，以及任何相应的迟付利息及费用？

分析

问题 1

1. 适用规则：答辩人开立的以发起人为受益人的反担保函，在 SWIFT MT760 电文的 40C 栏表明了适用 URDG 458，并在电文末尾重述。

2. 索赔：答辩人开立的以发起人为受益人的反担保函，规定了如下的索赔条件：

"我方特此开立以贵方为受益人的不可撤销反担保函，并承诺：在我方收到贵方通过加押 SWIFT 电文（或加押电传）发送的索赔后，该索赔引用我方反担保函编号和开立日期、且表明贵方已收到符合你方保函条款的书面索赔，即向贵方支付不超过总金额美元（相关金额）（大写……）的款项。"

此条件，视为有效付款要求，符合 URDG 458 第 20（b）条的规定，即"*反担保函项下的任何索偿要求都应当随附表明保函项下的担保人已收到符合保函条款和本条规定的付款要求的书面声明*"。

发起人以日期为 2014 年 11 月 3 日的 SWIFT MT799 电文提出的索赔，载有答辩人反担保函的开立日期和编号，声明发起人收到的"*日期为 2014 年 11 月 3 日的书面索赔，要求按其条款立即支付 82 672 840.00 美元*"。这项索赔是有效的。

3. 反担保函项下的付款：由于发起人在反担保函的有效期内发出了相符的索赔声明，其行为符合反担保函的条款要求，因此答辩人在反担保函项下的付款义务，于 2014 年 11 月 3 日起如期启动。URDG 458 第 10 条规定：

a. 担保人应有一段合理的时间审核保函项下的付款要求，以决定是否接受或者拒绝该要求。

b. 如果担保人决定拒绝付款要求，则其必须立即通过电讯，如不可能，则以其他迅捷方式通知受益人。

URDG 458 并未给出"合理时间"的定义。然而，在合理时间这一问题上，国际商会银行委员会意见 R504（*《国际商会银行业委员会意见汇编 1995—2001》*）指出：

URDG 458 项下根据第 20 条的规定，保函包含一个付款要求及可能需要一份声明。鉴于此，审核付款要求的合理时间将是在收到付款要求的 3 个银行工作日内。这一立场所反映的观点，与关于备用信用证的《国际备用证惯例》（ISP98）已经明确规定的相吻合。备用信用证通常在要求的单据数量及内容上与保函要求相似。然而，这可能会受到当地法院关于合理时间的裁决约束。

此外，现行版本的 URDG 758 第 20 条规定："*担保人应从在交单翌日起的 5 个营业日内审核该索赔并确定该索赔是否相符。*"专家组所持的观点是，从 2014 年 11 月 3 日至 2014 年 11 月 18 日（这一日答辩人告知发起人，高等法院于 2014 年 11 月 14 日颁布了临时止付令，需暂停付款听候法院的进一步指示）期间，共有 11 个银行工作日，超出了 URDG 458 第 10（a）条中提及的"合理时间"。

问题 2

DOCDEX 规则第 1 条（第 853 E 号出版物）仅涉及国际商会规则，因而这个问题超出了 DOCDEX 的裁决范围。法院命令的解释和效力由发布法院命令的地方法律所定。因此，专家组对这个问题不发表任何意见。

即便如此，如上文分析 1 所述，专家组重申：答辩人向发起人通知高等法院命令的时间是 2014 年 11 月 14 日，距 2014 年 11 月 3 日共有 9 个银行工作日，已经超出了 URDG 458 第 10（a）条所规定的"合理时间"。

问题 3

合理时间的问题，在问题 1 的第 3 点中已说明。

专家组想强调的是，答辩人应审核的唯一文件，以确定其是否有义务承付反担保函项下提出的索赔，就是发起人的索赔要求，而不是任何诸如受益人的要求或信函往来的其他文件。

基于上述分析，答辩人未能按照 URDG 458 第 10（a）和（b）条的规定行事，因其既不履行付款，也未在合理时间内发出任何拒付通知。因此，答辩人有义务承付发起人的索赔。答辩人在该索赔不符的前提下，可在合理时间内拒绝该索赔，或者进行付款，没有第三种选择。

专家组无法裁定答辩人是否延迟付款，为的是发起人能够从法院获得限制令。然而，由于发起人于 2014 年 11 月 18 日才收到高等法院的协助执行司法裁定通知书，与 2014 年 11 月 12 日它承付担保人的索赔相隔了 6 天。相应的法院命令对发起人向答辩人索赔的权利无关。

众所周知，如 URDG 458 第 2（b）条所述，表明遵循 URDG 458 的银行保函独立于基础合同。因此，与基础合同有关的任何争议都与开证行的付款义务无关。一旦发起人在其开立的反担保函项下承付了相符的索赔，并在答辩人出具的反担保函项下提出了相符的索赔，尽管随后可能会出现止付令，禁止印度的受益人在担保人开立的保函项下获得付款，发起人也完全有权从答辩人处获得偿付。

问题 4

见下述结论。

结论

发起人于 2014 年 11 月 3 日正式提交了相符的索偿要求，答辩人既未根据 URDG458 第 10（a）和（b）条的规定在合理时间内发出拒绝通知，又未进行付款。

根据专家组的一致意见，基于 URDG 758 第 20 条所体现的最佳银行惯例，2014 年 11 月 3 日以后的合理时间绝对不晚于 2014 年 11 月 10 日（即 2014 年 11 月 3 日以后的 5 个工作日）。根据 URDG458，答辩人有义务支付发起人在答辩人开立的反担保函项下提出的索偿款项以及任何相应的利息及费用。

当事方在 URDG458 项下所承担义务的任何中止或减损，都应由依适用法律和管辖权所做裁决而定。

本裁决为专家组一致意见。

摘要

与 DOCDEX 第 343 号裁决一致：第二反担保人向第一反担保人提交了相符的索赔，第一反担保人既未在 URDG 规定的合理时间内发出拒绝通知，又未进行付款。基于此，裁定是，第一反担保人有义务对第二反担保人索要的支款金额加上任何相应的利息及费用进行支付。另一个问题，即因法院命令而迟付是否正当合理的问题，超出了 DOCDEX 裁决的范围。当事方所承担义务的任何中止或减损，都应由依适用法律和管辖权所做裁决而定。

DOCDEX 第 345 号裁决

URC522 第 1（a）、1（b）、1（c）条和第 4（a）（i）条；URC522 第 4（a）（iii）条；URC522 第 1（c）条和第 9 条

托收行给代收行的托收指示写明付款交单。代收行尚未获得付款却放单给付款人。代收行是否违反 URC 的规定和托收指示？

当事人

发起人：H 公司（委托人）
答辩人：J 银行（代收行）

说明

仅发起人提交了与裁决有关的文件。
本裁决在答辩人缺席情况下作出。

背景及交易

托收行按照发起人的指示，于 2014 年 2 月 26 日向答辩人的一家分行发送了一套适用于 URC522 的出口托收单据。托收指示为“*付款交单*”，期限为“*即期*”。托收指示还要求从付款人处收取利息，并明确“*若拒付，则不得放弃收取利息及费用*”。

代收行此时未承认收到托收单据。发起人从其货代处获悉（日期为 2014 年 3 月 8 日的邮件证据提交给了专家组），货物已经交付给付款人，提单已收到，收货人（付款人）已经办理了货物清关手续。承运人的货物追踪记录及追踪报告（副本提交给了专家组）显示，承运人已于 2014 年 3 月 14 日交付了提单项下的特定货柜。

从发起人处获悉已放货物，托收行遂多次联系代收行（通过 SWIFT 电文），要求立即按其托收面函的指示付款。在各个 SWIFT 电文（即日期为 2014 年 4 月 28 日、2014 年 5 月 12 日及 2014 年 5 月 14 日）中，托收行告知代收行，货物已于 2014 年 3 月 14 日凭提交正本提单办理了清关手续，而且只有用代理行（即代收行）释放的正本提单，付款人才可能提到货物。因而，既然放单是要收到托收全款，托收行要求按其面函指示立即付款。

在一份日期为 2014 年 5 月 15 日的 SWIFT 电文中，托收行告知代收行有关托收单据已交他们的邮寄细节（DHL 快递单号、地址、收件人、交付日期：2014 年 2 月 27 日），并要求告知托收单据现状和付款情况。应代收行的要求提供了这一详情：日期为 2014 年 5 月 15 日的 SWIFT 电文表明，该电文是对日期为 2014 年 5 月 14 日通过上述 SWIFT 地址从代收行处收到的 SWIFT MT799 电文的回复（日期为 2014 年 5 月 14 日

的 SWIFT MT799 电文未提交给专家组）。

在此之后两份 SWIFT 电文（日期为 2014 年 5 月 16 日及 2014 年 5 月 28 日）中，托收行重申其立场，拒绝支付 500 美元的费用，那是代收行在日期为 2014 年 5 月 14 日的电文（见上）中索要的，并要求立即付款，不得有任何扣减。

托收行在进一步的催收 SWIFT 电文（日期为 2014 年 6 月 17 日）中表示，他们得知代收行的客户服务部门曾发送邮件（日期为 2014 年 6 月 9 日，电子邮件的副本未提交给专家组），该邮件称“*正本托收单据错发至代收行的分行，该分行又将单据转交给付款人*”。在这份电文中，托收行也反驳了代收行的主张，即托收单据未被邮寄到他们的×××地址，因而他们对单据不承担任何责任。

代收行在其 2014 年 6 月 23 日电文中告知托收行，付款人和出票人正在就托收金额商议，然而，委托人在 2014 年 6 月 24 日给托收行的信函中否定了此说法，托收行转告代收行（2014 年 6 月 24 日发送的 SWIFT 电文），并强调款项（与利息和费用一起）只能通过该银行来支付。

代收行在 2014 年 6 月 27 日发送的 SWIFT 电文中确认收到了托收单据。他们还表示：

根据我们过去小广播群发的报文，所有单据都应邮寄到×××地址，而不是邮寄到任何一家分行。贵行未遵循下列指示，而是将单据寄往分行，出现这种情况我们无法避免。既然我们的指示未得到遵循，由此引发了商业纠纷，500 美元的罚款将由贵行承担。

托收行在 2014 年 6 月 30 日发送的 SWIFT 电文中声称，代收行违反了 URC522 第 1（c）条，如果代收行决定不办理托收，他们本应毫不延误地通知托收行。然而，并未收到来自代收行的此类通知。此外，代收行显然向付款人放单违反托收指示。因此，托收行重申要求立即付款。

托收行在 2014 年 7 月 11 日及 2014 年 7 月 29 日的 SWIFT 电文中，再一次重申了付款要求。然而，代收行仅于 2014 年 10 月 16 日回复称“付款人和出票人正就托收金额事商议”。

发起人向代收行的四个不同地址寄送了（面函日期为 2015 年 1 月 19 日）代表其观点和法律立场的案件概述。

问题

1. 由于托收指示为“付款交单”，代收行必须遵守这些明确的指示，只有得到付款才能向付款人放单。

2. 付款人提货是基于其曾取得提单的事实，不言而喻，表明代收行已向付款人放单。因此，代收行按照财产转移（移让）法有责任支付托收款项。

3. 代收行称付款人和出票人正在协商托收款项的说法遭驳斥。委托人与付款人之间的任何讨论、解决方案、安排或协商并不影响代收行在托收项下的付款责任。这是因为在 URC522 的规定下，代收行仅有义务遵从托收行的指示，而不是其他任何人，包括付款人。

4. 因托收单据邮寄到了一家分行地址，而不是以前小广播报文中提及的“×××”地址，代收行以此断言对此单据不承担义务，他们这种推卸责任的企图是站不住脚的，违反了已由代收行接受的 URC522 项下托收委托。

5. 无论如何，若代收行的分支机构不负责处理托收，则其应将单据转交给位于“×××”的承办单位，或将单据退回给托收行，而不是放单给付款人。分支机构选择放单给付款人的做法，显然严重违反了代收行接受的 URC522 项下托收委托。因此，出票人因代收行的重大过失或故意失当行为而遭受的所有损失，代收行需承担全部责任。

提交的单据文件

> 向国际商会国际专家中心提出的 DOCDEX 裁决申请；
> 出票人向发起人发送的关于代收行地址的电子邮件副本；
> 托收行向代收行（答辩人）发送的托收面函副本；
> 货代向发起人发送的关于向付款人放货的电子邮件副本；
> 相关的提单副本；
> 承运人的货物跟踪追查报告副本；
> 发起人发到托收行告知货物交付给付款人的信函副本；
> 托收行发送给代收行的 SWIFT 电文副本（电文日期为 2014 年 4 月 28 日、2014 年 5 月 12 日、2014 年 5 月 14 日、2014 年 5 月 15 日、2014 年 5 月 16 日、2014 年 5 月 28 日、2014 年 6 月 17 日、2014 年 6 月 24 日、2014 年 6 月 30 日、2014 年 7 月 11 日、2014 年 7 月 28 日、2014 年 7 月 29 日）；
> 代收行发送给托收行的 SWIFT 电文副本（电文日期为 2014 年 6 月 23 日、2014 年 6 月 27 日、2014 年 10 月 16 日）；
> 发起人寄送给托收行通知付款人未协商托收货款事宜的信函副本；
> 日期为 2015 年 1 月 19 日寄往代收行四个地址的信函副本；
> DOCDEX 第 283 号裁决副本。

分析

跟单托收明确表明遵循国际商会 URC522 规则。URC522 第 1（a）条规定：“*托收对所有当事人具有约束力，除非另有明示约定或与一国、一州或地方法律条例中不得违反的规定相抵触。*”

URC522 第 1（b）条规定：“*银行收到托收或任何托收指示或随后的有关指示，并无必须办理的义务。*”

然而，URC522 第 1（c）条规定：

无论出于何种原因，银行如果决定不办理它收到的托收或任何有关指示，就必须无延误地以电讯方式或，如不可能，则以其他快捷的方式通知向其发出托收或指示的一方。

很显然，代收行从未（没有一家代收行的单位参与到与托收行业务处理交涉中）拒绝处理其从托收行收到的托收指示，更不用说“毫不延迟”了。因而这意味着，代收行完全同意按照 URC522 及托收指示承担职能，并有义务在整体上严格遵守 URC 规则和托收指示。

有关放单的托收指示为“*付款交单*”。URC522 第 4（a）（i）条规定：“*银行只能根据该托收指示中的指示和本规则行事。*”

如单据文件证据所示，代收行未获得托收款项及相应利息就放单给付款人，直接违反了托收指示和URC522。

代收行放单给付款人（托收款项及利息未付），其中包括所有正本提单，这种做法使得付款人无需支付货款便可使用货物。代收行，由于这种行为，在适用法律（财产转移法）项下将承担责任。但是，其适用性、范围以及程度属于适用法律事项的范畴，因此超越了本裁决的范围。

URC522 第 4（a）（iii）条规定：“*除非托收指示中另作授权，否则银行将不理会除发出托收的当事人/银行之外的任何当事人/银行的任何指示。*”

因此，委托人与付款人之间货价的任何讨论、协议、部分或全款支付等都超出了托收本身的范围，因此完全无关。代收行必须严格按照其从托收行收到的托收指示行事才符合适用的 URC522 规则，代收行不得按其他任何人的指示行事，包括付款人的指示（除非托收行有明确授权）。

对上述规则的诠释非常严格。例如，我们可参见之前的关于 URC522 项下寄送的托收单据未予退回的DOCDEX 第 283 号裁决。代收行辩称已经通过汇款方式预付了托收款项，声称这是付款人与委托人之间由来已久的习惯。该案中，专家组裁定：

即使这些款项已被支付，它们是在托收交易之外支付的，对代收行在相关托收项下的责任/义务没有影响。除非代收行已向托收行提出并获得明确授权，否则前者无权在未收到托收款项的情况下放单给付款人。URC 不仅是对委托人有利的工具，还是保护其他当事人（即银行）的重要工具，尤其是在办理了融资的时候。

本案专家组完全同意这些意见。

没有任何证据提交给专家组证实所谓群发小广播电文（通知托收单据须提交到代收行具体部门）此前曾发往托收行且收妥。然而，即便有此证据，专家组认为这也并不能构成明显违反 URC522 有效的正当理由。

实务中，托收行通常会按客户（委托人）的指示，将托收单据寄往分行。许多银行通过其分行（为付款人开立相应账户、提供相关授信便利等）受理（跟单）托收业务。当然，其他银行也许会采用一个不同的、更集中化的方式，例如设立专门的操作处理中心。然而，要求世界各地别的银行都完全明了此类安排、一直记录每一份相关的小广播报文并搜集和全力跟踪其他银行这种内部安排的所有变化，这实际上是不可能的。托收单据仍会寄到代收行的分行或另一个部门，这种情况几乎是不可避免的。

每家银行都对其分支机构及其他部门的行为负责，具体依情况而定。如果一分行或一部门收到托收单据、且根据相关内部规定他们无权办理托收，他们有责任采取相应行动（向相关专门处理中心寻求建议，将单据转交给相关处理中心，或按照 URC522 第 1（c）条拒绝处理托收，该条款内容是：“*它必须无延误地以电讯或在不可能采用电讯方式的情况下，以其他快捷的方式通知其发出托收或指示的一方。*”此后就可以将托收单据退回托收行）。

代收行（相应的分行）显然没有按照 URC522 第 9 条的要求善意行事，也未合理谨慎地行事。

本案代收行（由其分行）向付款人放单却未付的做法，违反了 URC522 规则及托收指示。即使未向付款人放单，单凭他们未将单据退回给托收行的这一事实，他们就有义务支付托收款项及利息。（本专家组完全赞同 DOCDEX 第 283 号裁决中专家组的结论。）

DOCDEX 第 306 号的裁决意见以及国际商会银行委员会意见 R497 案例的结论，也都支持本裁决专家组给出的结论。

结论

答辩人以其行为认同托收指示和适用的 URC522 规则。答辩人在未支付托收款项及相应利息的情况就放单（且/或不退回单据）的行为，违反了 URC522 和托收指示。因此，答辩人负有支付托收款项及相应利息（根据托收面函计算）的义务。其他任何损失、费用补偿（DOCDEX 费用、法律费用等）都不在本裁决范围内。

本裁决为专家组一致意见。

摘要

托收行给代收行的托收指示表明凭付款交单。没得到付款就放单给付款人。由代收行的行为断定，它认同托收指示和适用的 URC522 规则。代收行放单且未退单、却未支付托收款项及相应利息，已经违背 URC 的规定和托收指示。现裁定，代收行有义务支付托收款项以及托收面函所计的相应利息。其他损失与赔偿，如 DOCDEX 费用及法律费用，不在 DOCDEX 的裁决范围内。

DOCDEX 第 346 号裁决

UCP600 第 6 条和第 1 条

开证行对备用信用证项下的交单拒付，依据的两个不符点为：信用证已失效及未提交规定的支持性单据。信用证的措辞是否使之成为有效的拒付？

当事人

发起人：P 公司（受益人银行）
答辩人：R 银行（开证行）

背景及交易

发起人是答辩人开立的一份备用信用证（SBLC）的受益人。备用信用证通过 SWIFT MT 760 电文开立，适用 UCP600。

根据 UCP600 第 6 条规定：信用证必须规定可由哪家银行兑用，兑用方式是即期付款、延期付款、承兑还是议付，必须规定一个交单的截止日。本案例中的 SBLC 包含以下声明：*“本备用信用证于 2012 年 7 月 30 日生效，并于 2013 年 10 月 10 在开证银行柜台失效。”*

SBLC 还包括如下声明：

我们在备用信用证项下的责任将于备用信用证生效之日起开始有效，并在下述日期前仍然具有完全效力：

i. 授信协议的到期日，或

ii. 确认最高金额已减额至零的当日。

发起人称，*“授信协议的到期日”*（SBLC 未作规定）为 2013 年 9 月 10 日。值得注意的是，发起人在索赔要求中提到了该授信协议的到期日。

开证行保证，通过 SWIFT 加押电发送的索款要求：

只要按规定向我们提交，就会在首次索赔起 5 个银行工作日内得到偿付，不要求对合同或协议有违约和/或疏忽事件存在的证据，但我们要求贵方附上上述单据，尽管如此，我们不会将此视为贵方支取此份 SBLC 对我们的义务。

开证行拒绝了索款要求，理由是：

> 未提交所要求的支持单据；

> SBLC 已失效。

问题

开证行因 SBLC 已失效而对受益人的索赔拒付是否正确？

提交的单据文件

> 发起人于 2015 年 3 月 25 日提交的 DOCDEX 裁决申请；
> 答辩人依据 DOCDEX 规则第 3 条提交的答复，日期为 2015 年 5 月 20 日的；
> 答辩人开立的备用信用证副本；
> 答辩人与发起人之间往来的各项“索赔与答复”SWIFT 电文。

分析

答辩人开立的以发起人为受益人的 SBLC，作为发起人向债务人贷款的保证，包含两个条件：

> 债务人未能履行其对受益人银行的义务；且
> 债务人履行了其在合同项下的义务。

SBLC 要求提交各种单据，这就说明上述的条件 2 是满足的。然而，有些令人困惑的是，虽然要求提供这些单据，但 SBLC 表明：*“但我们要求贵方附上上述单据，尽管如此，我们不会将此视为贵方支取此份 SBLC 对我们的义务。”*

这一条款明确表明，即使没有提交这些单据，索赔也不会被拒付。

关于第二个宣称的不符点，虽然 SBLC 项下的索赔直到 2013 年 12 月 3 日才提出，但发起人辩称，SBLC 已有明确更改（参见 UCP 第 1 条和 ISBP 的预先考虑事项），因此推翻了 SBLC 的失效日。发起人还主张，答辩人对 SBLC 的所有模棱两可的措辞均承担责任。如前所述，SBLC 的相关条款是：

我们在备用信用证项下的责任将于备用信用证生效之日起开始有效，并在下述日期前仍然具有完全效力：

i. 授信协议的到期日，或

ii. 确认最高金额已减额至零的当日。

然而，专家组认为，失效事件的措辞并不足以说明该失效日被推翻（这样变更 UCP 第 1 条），从而允许在规定的失效日之后提出有效的索赔。

发起人知晓授信协议的到期日为 2013 年 9 月 10 日（这并不是答辩人所能知晓或确定的）。

SBLC 明确规定失效日为 2013 年 10 月 10 日。由于 SBLC 是对发起人贷款的保证，当收到 SBLC 时若有任何疑问，本应该加以澄清。

结论

SBLC 中关于失效日条款以及索赔单据规定的措辞表述很差。在 SBLC 规定的失效日之后提交索赔无效。因此，开证行收到 SBLC 项下的索赔太晚了。我们确信，关于另有单据提交的条款意味着缺少这些单据并不构成不符。因此，我们裁定：

> 答辩人提出的不符点“未提交所要求的支持性单据”是无效的；
> 发起人在 SBLC 下提出索赔系在其失效日后，因此，SBLC 已失效的不符点成立。

本裁决是一致的意见。

摘要

开证行基于两个不符点拒付备用信用证项下的交单：信用证失效以及未提交所要求的支持性单据。专家组裁定，信用证中关于失效日条款以及证下索赔要求单据的措辞表述很差。尽管如此，给予的意见是，“在信用证规定的失效日之后提交索赔”这一不符点成立。信用证中有一条款很清楚，即使未提交支持性单据，也不会遭拒付。专家组的结论是，关于支持性单据的不符点不成立，但是，由于索赔在信用证失效后才提出，关于失效的不符点成立。

DOCDEX 第 347 号裁决

UCP600 第 14（b）条和第 16（d）条；UCP600 第 14（a）条；UCP600 第 16（c）条和第 16（c）（iii）条

答辩人发给交单行、交单行发给仲裁发起人的拒付通知，是否符合 UCP600 的规定？装箱单上未显示“钢材等级”字样，开证行是否有理由拒付交单？开证行是否按照 UCP600 的规定向发起人发送了单独的拒付通知？

当事人

发起人：C 公司（受益人）
答辩人：B 银行（开证行）

背景及交易

发起人声称，答辩人对通过通知行交单的拒付有误。

信用证要求提交的详细装箱单除了显示其他内容之外，还需显示钢材等级。“钢材等级”字样未显示在装箱单上。

发起人主张，答辩人对信用证项下的交单拒付不当。

发起人还主张，拒付通知与 UCP600 的规定不符。

问题

1. 答辩人于 2013 年 6 月 7 日向交单行发出的拒付通知，是否符合 UCP600 第 14（b）条和第 16（d）条的规定？

2. 交单行于 2013 年 6 月 10 日向发起人发送的拒付通知，是否符合 UCP600 第 14（b）条和第 16（d）条的规定？

3. 尽管装箱单按照信用证的要求实际显示钢材等级（而非“钢材等级”字样），答辩人拒付交单是否正当？

4. 答辩人是否按照 UCP600 第 16（c）条的规定向发起人发出了单独的拒付通知？尤其是，答辩人的行为是否符合 UCP600 第 16（c）（iii）的要求？

各方当事人提交的单据文件

发起人提交：

> 发起人提交的 DOCDEX 裁决申请，日期为 2015 年 6 月 12 日；
> 信用证副本随附交单行的寄单面函；

> 信用证修改副本；
> MT 734 电文副本；
> 交单行向发起人发送的关于拒付通知的传真信息副本；
> 交单行向答辩人发送的争论不符点的 SWIFT 电文副本；
> 发起人致交单行的交单函件副本。

答辩人提交：
> 答辩人开立的信用证副本随附交单行的寄单面函；
> 三套装箱单副本；
> 国际商会官方意见 R211；
> 国际商会 DOCDEX 第 323 号裁决；
> SWIFT 手册的 MT 734 报文部分；
> 国际商会官方意见 TA779rev；
> 国际商会官方意见 R660/TA636rev；
> 国际商会官方意见 R320；
> 发起人对答辩人的高等法院判决，日期为 2014 年 8 月 28 日；
> 英格兰与威尔士高等法院判决——Bulgrains & Co Limited 对新韩银行，日期为 2013 年 7 月 24 日；
> 交单行的交单面函副本。

分析

问题 1

UCP600 第 14（b）条规定：“*按指定行事的指定银行，保兑行（如有的话）及开证行各有从交单次日起的至多 5 个银行工作日用以确定交单是否相符。*”

UCP600 第 16（d）条规定：“*第十六条 c 款要求的通知必须以电讯方式，如不可能，则以其他快捷方式，在不迟于自交单之翌日起第 5 个银行工作日结束前发出。*”

交单行向答辩人交单，其寄单面函的日期为 2013 年 5 月 29 日（星期三）。答辩人于 2013 年 6 月 3 日（星期一）收到单据。拒付通知 SWIFT MT 734 于 2013 年 6 月 7 日（星期五）发往交单行，满足 UCP600 第 16（d）条的要求，即拒付通知须以电讯方式发出，且须在第 14（b）条规定的时限内发出。

问题 2

单据由交单行寄往答辩人。从重检单据文件来看，交单行在信用证项下是否按指定行事不确定。交单行于 2013 年 6 月 10 日将答辩人发出的拒付通知转递给发起人。UCP600 对于这些信息转给发起人没有约束。

问题 3

第 14（a）条规定，银行仅基于单据本身确定其是否在表面上构成相符交单。信用证要求提交以下单据：“*详细装箱单一份正本和一份副本，显示钢材等级、净重毛重及包装：钢厂标准出口包装 3。*”

审单人员在审核单据时，必须确保其符合本案信用证、UCP600 的要求，且与其他规定单据中类似的数据不矛盾。详细装箱单除了需显示其他内容之外，还需显示“钢材等级”。

这项要求并无歧义，审单人员在审核单据时，必须确保仅基于单据本身来确定其是否符合信用证的要求。提交的装箱单在货物描述中显示了“KSD3504 SD400”，但并未有“钢材等级”字样。不能指望审单人员知晓有“KSD3504 SD400”就表明钢材等级，因而开证行拒付交单是正当合理的。

问题 4

答辩人于 2013 年 6 月 7 日通过 SWIFT MT734 电文向交单行对于每项支款分别发出了拒付通知。UCP600 第 16（c）条规定：“*当按指定行事的指定银行、保兑行（如有的话）或开证行决定拒绝承付或议付时，必须给予交单行一份单独的拒付通知。*”每份拒付通知都提及了“装箱单未显示钢材等级”的不符点。UCP600 第 16（c）条还详细说明了拒付通知中应包括的内容。

第 16（c）（iii）条详细说明了拒付单据的银行必须采取的行动。银行必须声明其（i）留存单据听候交单人的进一步指示，或者（ii）留存单据直到其从开证申请人处接到放弃不符点的通知，或者从交单人处收到其进一步指示，（iii）退回单据或者（iv）将按之前从交单人处获得的指示处理。

在 SWIFT MT734 电文中，必填栏 77B 表示开证行采取的行动。本案例中，选项 “NOTIFY”表示采用了 UCP600 第 16（c）（iii）条。

UCP600 第 16（c）（iii）条的要求已经满足。

结论

问题 1

拒付通知的发出符合 UCP600 第 14（b）条和第 16（d）条的要求。这一裁决得到一致通过。

问题 2

交单行将答辩人的拒付通知转递给发起人，这不受 UCP 约束。这一裁决得到一致通过。

问题 3

答辩人拒付交单是正当合理的。这一裁决是多数人的决定。

问题 4

第 16（c）（iii）条的要求已经满足。这一裁决得到一致通过。

总体上来说，这是多数人的决定。

摘要

因装箱单上未显示“钢材等级”字样，开证行拒付了信用证项下的交单。受益人称不符点不合理，且拒付通知由开证行向交单行发出、再由交单行给受益人的时间不符合 UCP 的规定。装箱单除了需显示其他内容之外，还需显示“钢材等级”。专家组裁决是，这些字样的缺漏就是不符点。开证行向交单行发出的拒付通知满足 UCP 的规定。不清楚交单行是否在信用证项下按照指定行事：其拒付通知发受益人，不受 UCP 的约束。

DOCDEX 第 348 号裁决

URC522 第 1（c）条、第 4 条和第 26（c）条

代收行是否有责任按照 URC522 的规定，遵照多种托收指示行事？

当事人

发起人：L 公司（委托人）
答辩人 1：P 公司（付款人）
答辩人 2：B 银行（代收行）

背景及交易

发起人对答辩人 1 索款：发起人向答辩人 1 销售家禽，多次货柜运输，结算方式为跟单托收，遵循国际商会《托收统一规则》（URC522）。凭答辩人 1 承兑且由答辩人 2 担保的远期汇票放单，但 40 份汇票到期未付。

发起人对答辩人 2 索款：跟单托收遵循 URC522，答辩人未能遵照托收指示行事。

托收行向答辩人 2 发出的所有托收指示包括：

> 所收到托收的银行详情；
> 指示方详情；
> 付款人详情；
> 交单银行的详情；
> 托收的金额及币种；
> 必须获得支付的条款以及单据交付的条件：
- “随附下列跟单托收需承兑并由贵行背书，且到期收款”
- “凭承兑及背书给予的单据清单”
- “如果拒绝承兑或拒绝付款，请通过 SWIFT 告知托收行”

> 待收取的费用说明：
- “我方的费用金额：0.00”
- “贵方的费用由付款人支付，如拒付、勿放单”

> 付款方法的说明：
- “请通过 SWIFT ×××或其他适合贵方的方式付款”

> 随附的单据清单：
- 汇票
- 发票

- 提单
- 健康证
- 产地证

据称，答辩人 2 不尊重上述放单条件，他既未得到答辩人 1 对汇票的任何承兑，且其自身又未背书，就将 40 份的争议托收单据交付给了答辩人 1。同时，答辩人 2 也未遵守上述放单条件，未将答辩人 1 拒付、拒承兑事告知托收行。答辩人 2 未向托收行发送任何收妥通知。

答辩人 2 提交的文件披露了三家公司（发起人、答辩人 1 及答辩人 2）之间的交易关系，如下所示：

2010 年以前，发起人曾向一家 XXX 的公司出售家禽，该公司名称是 YYY。当时，负责发起人 XXX 市场的 ZZZ 先生决定开发与答辩人 1 的业务，向答辩人 1 提供冷藏仓储区。ZZZ 先生作为贸易商，以增加答辩人 1 债务欠款的方式给予其新客户供应商授信，不涉及 DOCDEX 规则。据答辩人 2 称，发起人一直充当授信提供者。2013 年，发起人与答辩人 1 就待付发票问题举行谈判，未告知答辩人 2。

答辩人 2 从未对所收的金融票据进行过背书。据称，由于答辩人 1 有经授权透支额度限额为 5 000 万法郎用于肉类交易，所以不得向发起人进行票据背书。这一限额从未增加过，并且发起人显然完全知晓这一授权透支额度。另外据称，发起人知晓答辩人 2 是一家开发银行。

问题

根据 2012 年 4 月 14 日签署的付款确认书的约定，答辩人 1 是否须向发起人付款，不含每笔未支付分期款项自到期日起算、按合同利率计算的利息？

分析

全面重检提交的单据文件、当事方之间的往来函件以及答辩人 2 的陈述表明，现有的争议在于答辩人 1（显然未付）与答辩人 2 的行为（被指控对此项争议的交易处理不当）符合国际商会第 522 号出版物《托收统一规则》与否，除此之外问题可能还多得多。

指定的专家认为，对答辩人 1 与答辩人 2 指控，有关明显故意超装货物，很棘手。他们认为，这些指控（不受 ICC 规则约束的确认债务协议文件）超出了 DOCDEX 裁决的范围。

另外，令专家组感到困扰的是，40 票交易中的 27 份货权单据（提单）直接由买方即答辩人 1 收货。因为在许多国家，船一到港，提单上的收货人就可以立即占有货物，也就是说，寄给答辩人 2 的跟单托收单据，可能并不是买方提货的必要条件。

跟单托收的处理，已明确声明受 URC522 约束，故属于 DOCDEX 裁决的范围。

大家发现答辩人 2：
> 未能遵照托收指令中明确指示，取得答辩人 1 对汇票的承兑且对到期付款给予担保（保付），并且
> 未通知托收行他们不能对汇票保付、也未在放单前要求另行指示，并且
> 未遵守 URC522 第 1（c）条：

无论出于何种原因，银行如果决定不办理它收到的托收或任何有关指示，就必须无延误地以电讯方式或，如不可能，则以其他快捷的方式通知向其发出托收或指示的一方。

> 未遵守：

- URC522 第 4（a）（i）条：

所有送往托收的单据必须附有一项托收指示，注明该项托收将遵循《托收统一规则》第 522 号出版物，并列出完整和明确的指示。银行只准根据该托收指示中的命令和本规则行事。

- URC522 第 26（c）（ii）条：“代收行必须毫无延误地将付款通知交发给向其发出托收指示的银行。”

- URC522 第 26（c）（iii）条：

提示行应尽力查明拒绝付款或拒绝承兑的原因，并相应地通知向其发出托收指示的银行，不得延误。提示行应毫无延误地将拒绝付款及/或拒绝承兑的通知发送给向其发出托收指示的银行。

结论

有关一交易项下（自称适用 URC522）的单据处理，与此前 DOCDEX 裁决一致，大家的看法是答辩人 2 对未遵守指示和适用规则的后果承担责任。鉴于上述信息，专家组无法确定这些后果的金额。

这是专家组的一致决定。

摘要

托收行给代收行的 40 份托收指示明示，凭付款人对汇票的承兑且由代收行背书才放单。原单据未经承兑或背书就交付给付款人。专家组的裁决是，代收行需对未遵守指示和适用规则的后果负责。关于明显故意超装货物的指控和相关的“债务确认”协议文件则超出了 DOCDEX 裁决的范围。

DOCDEX 第 349 号裁决

UCP600 第 14（d）条；UCP600 第 16 条，第 16（c）条和第 16（f）条

开证行拒付了备用信用证项下的交单，依据的理由是赔偿保证书（LOI）的第二段遗漏了“增减 10%”的字样。这一拒付是否有效？该拒付通知是否有效？

当事人

发起人：P 公司（受益人）
答辩人：B 银行（开证行）

背景及交易

发起人声称，答辩人必须承付备用信用证（“备用证”）项下交单（2015 年 9 月 14 日），金额为 16 144 372.19 美元加利息。

答辩人对此作出的回应是提交与法院处理过的同类案件有关的文件，主要涉及欺诈问题，并劝阻将该案作为 DOCDEX 案件处理，因为它已于 2015 年 11 月份由法院审查并裁决。

问题 1

2015 年 7 月 9 日，通知行向发起人通知了答辩人开立的备用信用证（以及第一次修改），包含以下信息：

> 根据日期为 2015 年 6 月 26 日的合同规定，700 000（+ / – 10%）美制桶的原油（总数量的 70%已装船），金额为 45 000 000.00 美元。

> 失效日：2015 年 11 月 30 日（在答辩人的柜台）。

> 所要求的单据：

- 未付的商业发票副本；
- 由发起人授权代表签署的声明；
- 提单副本或赔偿保证书副本（文本内容显示在备用证中）。

2015 年 9 月 11 日，通知行（代表发起人）向答辩人提交备用证所要求的单据：

> 交单金额为 44 978 417.50 美元，这一金额在日期为 2015 年 9 月 4 日的发票上有显示。

> 发票涵盖的货物数量为 695 304.40 桶的 70%（未提及单价）。

> 提交的赔偿保证书的日期为 2015 年 9 月 4 日。

> 发票显示：提单数量（100%）：993 292.00 美制桶（净重）提单总数量的 70%：695 304.40 美制桶（净重）。

2015 年 9 月 16 日，答辩人发送 SWIFT MT734 电文拒付了交单，称不符点为：“赔偿保证书的第二段遗漏了增减 10%。”

2015 年 9 月 18 日，通知行（代表发起人）反驳拒付电，理由是：“赔偿保证书的第 2 段所显示的数量与发票数量是一致的、相符的。”

2015 年 9 月 18 日，答辩人主张：“信用证明确了赔偿保证书的引用内容，因此根据规定，赔偿保证书必须准确引用这些内容。”

备用证中赔偿保证书前两段的文本内容如下：

根据 2015 年 6 月 26 日贵我双方签订的合同，贵方从我方购买 1 000 000 美制桶的原油（“原油”）+ /– 10%，装于 M/T×××号油轮，依装船量的 70%约定（“协议”）计。

上述商业发票副本提及了实际的装运数量及发票金额。

问题 2

2015 年 9 月 18 日，通知行（代表发起人）反驳了拒付，并告知答辩人正在提交更正的赔偿保证书。

2015 年 9 月 22 日，通知行向答辩人提交了包括更正的赔偿保证书等单据（更正的赔偿保证书的日期为 2015 年 9 月 4 日）。

9 月 29 日，答辩人通过 MT799 电文拒付了更正的交单，MT799 电文措辞如下：

将此视为 SWIFT MT734 电文

不符点

1. 赔偿保证书的数量应为 700 000 桶而不是 695 304.40 桶。
2. 由于在 2015 年 9 月 8 日的发票项下已支款 37 670 201.78 美元且信用证有付款减额的条款规定，本次支款金额超出了信用证金额。

因与本次支款相关的发票项下已支款 37 670 201.78 美元，请贵方撤销信用证项下的索赔。

9 月 30 日，通知行（代表发起人）反驳了拒付，依据的理由是拒付电的发出未遵循 UCP600 第 16 条的要求，因此答辩人无权宣称交单不符：

贵行的 MT799 电文（……）将被忽略并被拒绝。通过 MT799 电文发送的拒付通知是不恰当的，因而是无效的。当向银行发送的 SWIFT 电文不是 MT734 电文，而是其他形式的电文（如 MT799）时，电文需要一个明确、单独的拒付声明。虽然 MT799 电文表明“视为 SWIFT MT734”，但这是无关紧要的，因为除了贵行未能表明拒绝承付之外，贵行的电文也并未按照 UCP600 第 16（c）条的规定表明单据的处理情况。因此，贵行未能遵照 UCP600 第 16 条的规定行事，贵行无权宣称交单不符。因而贵行有义务立即承付金额为（……）的索赔款项。

2015 年 9 月 30 日，答辩人发出另一个拒付通知。与 2015 年 9 月 29 日发送的电文相比，第 2 点改成了：

由于在 2015 年 9 月 8 日的发票项下已支款 37 670 201.78 美元且信用证有预付款的条款规定，本次支款金额超出了信用证金额。请贵方撤销信用证项下的索赔，因与本次支款相关的发票项下已支款 37 670 201.78 美元。我们按照国际商会第 600 号出版物《跟单信用证统一惯例》的规定向贵行表明这些不符点。我们正退回单据。请立即接洽受益人，因为申请人已与受益人取得联系，他们可能已经达成协议将撤销上述信用证项下的索赔。

2015 年 10 月 2 日，通知行（代表发起人）驳回了拒付，认为 UCP600 项下拒付通知必须是“单独的通知”，即在同一交单中不能发出两次拒付通知。

2015 年 10 月 2 日：答辩人确认已退回单据。

备用证包含以下条款：“本备用信用证项下，答辩人向发起人支付的任何一笔款项都将导致可支用金额的相应减少。”

打字日期为 10 月 22 日的 MT103 电文副本连同拒付电文一并提交给了专家组。这证实答辩人向发起人汇出了 37 670 201.78 美元的款项。然而，MT103 电文并未提及与备用证、发票或商业合同相关联的任何付款信息。

问题 3

2015 年 10 月 13 日，发起人在备用证项下进行了新的支款并向通知行提交了以下单据，通知行在同一天将单据寄送答辩人：

> 日期为 2015 年 10 月 13 日的未付发票副本，金额为 16 144 372.19 美元，即货值的 70%，数量 695 304.40 桶、单价为 54.178 美元。发票显示金额 37 670 201.78 美元，以及扣减 21 525 829.59 美元（减去 2015 年 9 月 8 日进行的部分付款）。

> 3 份赔偿保证书—日期均为 2015 年 10 月 13 日，索赔金额为 16 144 372.19 美元，赔偿保证书各显示了油桶数量的 3 项不同数字：

- 700 000 美制桶 +/– 10%
- 695 304.40 美制桶 +/– 10%
- 695 304.40 美制桶

通知行（代表发起人）的寄单面函随附一封发起人的信函，信函包含以下声明：“既然我们仍无法理解贵方认为在赔偿保证书上要显示的数量是什么，为了避免任何进一步的争议，贵方须将三份赔偿保证书中的一份视为相符交单。”

2015 年 10 月 19 日，答辩人向通知行发送了一份 SWIFT 电文（MT799），确认收到单据，并且告知备用证的申请人已向法院提起了针对答辩人的诉讼，寻求对答辩人在备用证项下支付任何交单款项的禁止令。

2015 年 10 月 20 日，答辩人通过 SWIFT MT734 电文拒付了交单，电文如下：

我方拒绝承付此项金额为 16 144 372.19 美元的交单。信用证仅担保支付已装运的原油桶数总量的 70+，并且只有这 70%。信用证有扣减/定金的规定。因 2015 年 9 月 8 日已经电汇支付了日期为 2015 年 7 月 17 日的发票项下的 37 670 201.78 美元，信用证最初的 45 000 000 美元已经减少了 37 670 201.78 美元。因而此次交单金额超支。此外，因受益人已经取得了上述发票项下金额为 37 670 201.78 美元的全额付款，故已无理由对此信用证项下支款，且此次支款对银行和/或申请人构成实质性欺诈。我们正退回单据。请忽略电文的 77B 栏（77B 为“持单”）。

2015 年 10 月 22 日：通知行（代表发起人）依据三个基本论点反驳了拒付：

> 拒付电文未列出不符点；

> 拒付电文中关于超支的说法不正确；

> 他们强烈反对欺诈指控。

问题

1. 答辩人提出的不符点是否有效？（根据 UCP600 的规定）
2. 拒付电是否有效？（根据 UCP600 第 16 条的规定）

提交的单据文件

2015 年 12 月 4 日：发起人的索偿；

2015 年 7 月 9 日：备用证通知及一次修改；

2015 年 9 月 11 日：发起人金额为 44 978 417.50 美元的交单面函以及提交的正本单据影印件：

> 商业发票（日期为 2015 年 9 月 4 日）

> 日期为 2015 年 9 月 4 日的赔偿保证书（简称“LOI”）

> 日期为 2015 年 9 月 10 日的声明书

2015 年 9 月 22 日：通知行致答辩人面函附有更正 LOI　有关争议往来 SWIFT 电文；

2015 年 9 月 16 日：答辩人致通知行 MT734 电文拒付；

2015 年 9 月 18 日：通知行（代表发起人）向答辩人发送的反驳不符点的 MT799 电文；

2015 年 9 月 18 日：答辩人向通知行发送的 MT707（第二次修改）电文；

2015 年 9 月 18 日：答辩人向发起人发送的 MT799 电文，坚持拒付；

2015 年 9 月 22 日：通知行（代表发起人）发送的 MT799 电文，表明坚持不接受拒付并告知寄送更正的赔偿保证书事宜；

2015 年 9 月 23 日：答辩人向通知行发送的 MT799 电文，要求接受第二次修改；

2015 年 9 月 24 日：答辩人向通知行发送的 MT734 电文；

2015 年 9 月 28 日：答辩人向通知行发送的 MT799 电文，要求接受第二次修改；

2015 年 9 月 28 日：通知行（代表发起人）发送的 MT799 电文，拒绝撤销备用证；

2015 年 9 月 29 日：答辩人向通知行发送的 MT799 电文，要求接受第二次修改；

2015 年 9 月 29 日：答辩人向通知行发送的 MT799 电文，拒绝更正 LOI 的交单；

2015 年 9 月 30 日：通知行（代表发起人）发送的 MT799 电文，拒绝备用信用证撤证或减额；

2015 年 9 月 30 日：通知行（代表发起人）发送的 MT799 电文，反驳第二次拒付；

2015 年 9 月 30 日：答辩人向通知行发送的 MT799 电，重申不符点、增加第二点；

2015 年 9 月 30 日：答辩人向通知行发送的 MT799 电文，部分重述后续的 MT799 电文；

2015 年 10 月 2 日：通知行（代表发起人）发送的 MT799 电文，反驳日期为 2015 年 9 月 30 日的 MT799 电文；

2015 年 10 月 2 日：答辩人向通知行发送的 MT799 电文，声明已退单；

2015 年 10 月 6 日：通知行（代表发起人）发送的 MT799 电文，反驳日期为 2015 年 10 月 2 日的 MT799 电文。

提交的更正的单据文件

2015 年 10 月 13 日：发起人寄交金额为 16 144 372.19 美元的更正单据面函以及提交的正本单据影印件：

> 日期为 2015 年 10 月 13 日的商业发票

> 三份赔偿保证书

> 日期为 2015 年 10 月 13 日的声明书

与新的交单争议有关的 SWIFT 电文往来：

2015 年 10 月 19 日：答辩人向通知行发送的，确认收到（更正）单据并且告知正在进行此案诉讼。

2015 年 10 月 20 日：答辩人向通知行发送的 MT734 电文，拒付（新的）交单（金额超支）（受益人已经获得了上述发票项下金额为 37 670 201.78 美元的全额付款），并且宣称交单构成实质性欺诈。

2015 年 10 月 20 日：通知行（代表发起人）发送的 MT799 电文反驳拒付。

分析

问题 1

该问题是关于赔偿保证书中遗漏“+/– 10%”的字样是否构成拒付的有效理由。UCP600 第 14（d）条规定：

单据中的数据，在与信用证、单据本身以及国际标准银行实务参照解读时，无须与该单据本身中的数据、其他要求的单据或信用证中的数据等同一致，但不得矛盾。

与备用证的要求一致，赔偿保证书的模板文本允许数量有增减 10%的浮动。然而，它的措辞仅是为了符合协议和备用证的内容。当进行实际交单时，通常的做法是在单据中说明实际发运了什么，并且任何情况下，赔偿保证书中“增减 10%”的字样没有实质意义。

备用证（适用 UCP600）中任何引述的内容必须在单据中原样引用，这并不对。UCP600 第 14（d）条并无规定单据之间需要镜像一致，仅要求备用证中的数据与赔偿保证书中的数据不相矛盾即可。就此具体案例而言，在上下文中解读时，这并未构成数据上的相互矛盾，即这并未对装运数量有改变或质疑。

根据 UCP600 的规定，该不符点无效。

问题 2

该问题是有关拒付报文的发出是否符合 UCP600 第 16 条的规定。第 16（c）条规定：

当按照指定行事的指定银行、保兑行（如有的话）或开证行决定拒绝承付或议付时，必须给予交单人一份单独的拒付通知。

该通知必须声明：

i. 银行拒绝承付或议付；及

ii. 银行拒绝承付或者议付所依据的每一个不符点；及

iii. a）银行留存单据听候交单人的进一步指示；或者

b）开证行留存单据直到其从申请人处接到放弃不符点的通知并同意接受该放弃，或者其同意接受对不符点的放弃之前从交单人处收到其进一步指示；或者

c）银行将退回单据；或者

d）银行将按之前从交单人处获得的指示处理。

此外，UCP600 第 16（f）条规定：

如果开证行或保兑行未能按照本条行事，则无权宣称交单不符。

上述列明以下对拒付报文要求：

> 它必须给予交单人一份单独的通知，

> 通知必须声明银行拒绝承付或议付，及

> 它必须讲明每一个不符点，及

> 它必须包含对单据的处理指示。

本案例中，拒付通知采用 SWIFT MT799 电文，而不是采用正常的、专为拒付电设计的 MT734 电文格式。MT799 电文确实提到将此电文视为“734”。

UCP600 第 16 条在某种程度上相当严格，要求银行在拒付单据时需格外谨慎并相应承担责任。根据 UCP600 第 16（f）条的规定，若银行未能遵照这些要求行事，则无权宣称交单不符。

就本案例而言：

单独的拒付通知：同一交单（第二次交单提交了更正的单据）项下发送了两份拒付通知。因此从技术上来说，第二份拒付报文视为无效。

拒绝承付或议付：MT799 确实提到“视为 734”，这表明该电文是拒付电且银行正在拒绝承付或议付。

表明每一个不符点：MT799 确实表明了每一个不符点。

包含对单据的处理指示：第一份拒付电未表明对单据的处理指示。第二份拒付电有，但该拒付电视为无效，因为同一交单项下只能发送一次拒付电。

第一份拒付电未表明对单据的处理指示。基于此事实，该拒付电的发出不符合 UCP600 第 16 条的规定，答辩人无权宣称交单不符。

问题 3

发起人对此问题没有提出疑问。基于此，以及考虑到欺诈指控和已提及的诉讼，专家组认为这超出了 DOCDEX 裁决的范围，并将其交由法院作出裁决。

专家组另有评论：

如上所述，本案例不同寻常，专家组不能依据包括 UCP600 在内的国际商会规则就对案件进行缩减，原因如下：

> 同一笔交易项下发生了三次不同的交单，第一次交单和第三次交单的金额不同，分别为 44 978 417.50 美元和 16 143 372.19 美元，但对应的是同一数量，695 304.40 美制桶。改正引述的不符点再重新交单当然是可以接受的。然而常见的做法是，新交单的金额相同，当然除了拒付是关于金额的情况之外。但上述问题 1 并非如此。

> 在第三次交单中（上述问题 3），提交的 3 份赔偿保证书关于数量（桶）有 3 个不同的数字，让开证行挑出一份他们认为相符的。这并不符合国际标准银行实务中针对每种规定单据就提交一份单据的做法。要求开证行在一种单据的不同版本之间作出选择，这种做法极不寻常。这就要求开证行自行作出决定并将独立承担风险，然而显而易见的是，整个事情就是从一开始就有 2 个金额（分别是 2015 年 9 月 11 日交单中的 44 978 417.50 美元及 2015 年 10 月 13 日交单中的 16 144 372.19 美元）。此外，对于上述通知行交单中（第一次和第三次交单）显示的金额及桶数，发起人都进行了重新计算。

> 本案例中，有 5 份不同的赔偿保证书提交。其中两份（上述问题 1 和问题 2 中提及的）日期相同，即均为 2015 年 9 月 4 日。通知行（代表发起人）最初于 2015 年 9 月 11 日提交了金额为 44 978 417.50 美元的交单、数量为 695 304.40 桶，随后，通知行又于 2015 年 10 月 13 日进行了再次交单（第三次交单），所涉更正的发票金额为 16 144 372.19 美元、695 304.40 桶、而实际上桶数有三个不同数字，尽管这三数之一在通知行（代表发起人）第一次和第二次交单中（交单日期分别为 2015 年 9 月 11 日及 2015 年 9 月 22 日，金额均为 44 978 417.50 美元）已经引用过，通知行再交单本应当关联同一份发票，该发票本应反映发起人交单索款时的确切情况。

结论

> 答辩人提出的不符点是否有效（根据 UCP600）：赔偿保证书中援引的声明遗漏了“增减 10%”的字样并不构成交单不符。也就是说，根据 UCP600 的规定，此不符点无效。

> 拒付电是否有效（根据 UCP600 第 16 条的规定）：拒付电缺少单据处理指示，因而拒付电视为未能遵照 UCP600 第 16 条的规定发出，答辩人无权宣称交单不符。

综上所述，备用证项下最初交单是相符的，因此答辩人在备用证项下从一开始就有责任承付。然而，UCP600 并不能超越当地法律，UCP600 项下任何义务可能受到根据当地法律的司法行为的阻止。银行在面临有效的法院止付令时，必须照办。

摘要

开证行拒付了备用信用证项下的交单，依据的理由是赔偿保证书的第二段漏写“增减 10%”。受益人声称不符点和拒付通知均无效。裁定是，写明实际已发运什么才是交单常规做法，并且在任何情况下，赔偿保证书中的“增减 10%”没有实质意义。总之，不符点无效。同一交单项下发出了两份拒付通知，因此第二份拒付通知视为无效。第一份拒付通知未写明单据处理指示，因此其并未按照 UCP 的规定发出。开证行无权声称交单不符。欺诈及其相关诉讼的单列问题，则超出了 DOCDEX 裁决的范围。

DOCDEX 第 350 号裁决

URC522 第 4（b）（vi）、12（a）、1（a）、1（b）、1（c）、2（a）、26（c）（iii）条和第 6 条

答辩人是否违背了 URC522 的规定而无权声称未收到单据？由于未退回单据，答辩人是否有责任付款？

当事人

发起人 1：A 银行（托收行）

发起人 2：O 公司（委托人）

答辩人：I 银行（提示行）

背景及交易

2013 年 9 月、10 月、11 月期间：发起人 1 从发起人 2 处收到 50 套出口托收交单。每套交单随附包括 3/3 正本提单在内的多种单据。

2013 年 9 月 30 日至 12 月 3 日期间：发起人 1 代表其客户向答辩人寄送托收单据。每套单据所附的寄单面函包含如下指示：

> 凭即期付款交付单据；及

> 本托收适用于《托收统一规则》（1995 年修订本）（国际商会第 522 号出版物）。

根据 URC522 第 4（b）（vi）条，单据清单列出了所附每种单据的份数。尤其是，在每个实例中清单上都详细注明“提单 3 正 3 副”。

自 2013 年 10 月起：发起人 1 不断向答辩人发送 SWIFT MT420 电文，查询所有未付跟单托收状态。答辩人对此未回复。

2013 年 12 月 13 日：发起人 1 向答辩人发送 SWIFT 电文，要求确认答辩人仍持有与未付跟单托收有关的单据，却未收到回复。

2014 年 1 月 14 日：发起人 1 向答辩人发送 SWIFT 电文，告知其已得知所有未付托收已放货给买方。发起人 1 要求立即对全部未结的托收进行付款。

2014 年 1 月 20 日：答辩人通过 SWIFT 电文告知发起人 1 其仍然持有正本单据。

2014 年 1 月 25 日：发起人 1 于当日收到答辩人的一封电子邮件（邮件内容显示发送日期是 2014 年 1 月 23 日），答辩人在电邮中第一次宣称，每一套跟单托收项下其只收到 2/3 正本提单。这与发起人 1 的托收指示相矛盾，托收指示注明寄送了 3/3 全套正本提单。

在以最强烈的措辞否认了这些宣称内容的同时，发起人主张无论如何这些都无关紧要。根据 URC522 第 12（a）条，如答辩人认为从发起人 1 处收到的单据与托收指示中所列示相比存在缺陷，则答辩人有责任毫不迟延地通知发起人 1。发起人认为，答辩人的通知若能算得上是毫不迟延的说法，那根本就没天理。

《托收统一规则》中未对“毫不迟延”进行定义，发起人认为，3 个多月过后才通知，不管怎么分析都不能算作“毫不迟延”，参照国际商会第 470/TA.801rev 号意见。

再者，每份托收指示都规定了必须凭即期付款交付单据。答辩人有责任持有全套 3 份正本提单直至付

款人付款，或者，根据 URC522 第 26（c）（iii）条从发起人 1 处寻求关于如何进一步处理单据的指示。

答辩人拒绝了发起人 1 退回全套 3 份正本提单的要求，声称其没有得到 3 份正本。答辩人未退回一整套完整的正本单据，且未在合理的时间内通知发起人 1 关于单据的任何短缺，都被视为违反了托收处理所适用的规则。发起人提出，答辩人应对未付托收的全额承担责任，参照国际商会第 470/TA.801rev 号意见。

发起人都寻求得到声明，答辩人违反了 URC522 项下的义务，且其因此有责任支付未付的跟单托收金额。

问题

1. 答辩人是否违反了 URC522 第 12（a）条的规定，既然未“毫不迟延”地给予通知，因而无权声称未收到 3 份正本提单？

2. 如果答辩人被要求退回单据，但是其未能做到，答辩人是否对未付的托收负有付款责任？

提交的单据文件

电子附件清单

> 附件 1——出口托收交单表格—样本；

> 附件 2——发起人 1 的跟单托收面函—样本；

> 附件 3——发起人 1 向答辩人发送的 MT420 催收电文—样本；

> 附件 4——发起人 1 致电答辩人 SWIFT 报文，日期 2013 年 12 月 13 日，要求其确认持有所有单据；

> 附件 5——发起人 1 再次致电答辩人的 SWIFT 电文，日期 2014 年 1 月 14 日，要求其确认单据状态；

> 附件 6——答辩人致电发起人 1 的 SWIFT MT499 电文，日期 2014 年 1 月 20 日，确认其仍持有正本单据；

> 附件 7——答辩人于 2014 年 1 月 25 日发送往发起人 1 的电子邮件，宣称只收到 2/3 正本提单。

分析

问题 1

DOCDEX 表格 1 所指跟单托收指示，就是由发起人 1 于 2013 年 9 月 30 日至 2013 年 12 月 3 日期间向答辩人发出的。

表格 1 随附单笔的跟单托收样本（托收指示和商业/金融单据）作为这些跟单托收的代表，这份样本跟单托收指示明确表明其受 URC522 约束。

URC522 第 1（a）条规定：“……适用于本规则第 2 条所定义的所有托收，只要在‘托收指示’的文本中援引本规则……。”

URC522 第 2（a）条将托收定义为：“银行根据收到的指示处理……单据，以便……ii. 凭付款交付单据……。”

发起人 1 的托收指示所显示的信息看似遵循了 URC522 第 4（b）条：“托收指示应包括下列内容（如适当的话）。”并且，更具体地说，满足第 4（b）（vi）条：“所附单据清单以及每种单据的份数。”

该托收指示样本列出了所附单据及其份数，即每种单据的正本和副本的份数。如一份托收指示列明单据及其份数，按 URC522 银行有责处理。

URC522 第 12（a）条规定：

银行必须确定所收到的单据在表面上与托收指示中所列的相符。当有单据短缺或者与托收指示所列不相符时，银行必须以电讯方式，或者，如不可能，则以其他快速方式毫不迟延地通知向其发出托收指示的一方。在此方面银行再无更多的义务。

基于表格 1 所提供的单据副本，表面上看答辩人对发起人 1 的首次回复是 2014 年 1 月 20 日的 SWIFT MT499，其在电文中“……证实我们仍然持有正本单据……”。该项 SWIFT 电文未按 URC522 第 12（a）条的规定提及收单与托收指示之间的不一致性，因此答辩人在未来的交涉中无权另行主张。

问题 2

DOCDEX 表格 1 所提及的跟单托收指示，就是由发起人 1 于 2013 年 9 月 30 日至 2013 年 12 月 3 日期间向答辩人发送的。

表格 1 随附单项的跟单托收样本（托收指示和商业/金融单据）作为这些跟单托收的代表，这份样本跟单托收指示明确表明其受 URC522 约束。

发起人 1 向答辩人发送的托收指示注明“凭付款交付单据”。

正如 URC522 第 6 条规定“如果是即期付款的单据，则提示行必须毫不迟延地提示，以获得付款……”，本案中的提示行必须毫不迟延地作出提示以获得付款。

正如 URC522 第 26（c）（iii）条规定“提示行应努力确定被拒绝付款及/或拒绝承兑的原因，并毫不迟延地将有关结果通知向其发出托收指示的银行……”，提示行也必须发送此项所界定的拒付及/或拒承兑通知。

托收行必须凭 URC522 第 26（c）（iii）条所述的这种通知行事：

……收到上述通知后，托收行必须就单据的进一步处理作出适当的指示（此处重点强调）。如果提示行在发出被拒绝付款及/或拒绝承兑通知后的 60 日内没有收到此类指示，则可以将单据退回给向其发出托收指示的银行，不再承担进一步责任。

所有的银行作为 URC522 项下的托收当事方都对委托方托付给他们的单据负有保管责任。如果被拒绝付款和/或拒绝承兑，并且如果代收行和/或托收行要求，则整套单据必须由提示行退还给代收行或托收行，除非另有指示，具体视情况而定。

假如发起人 1 指示答辩人退还托收单据，答辩人必须将托收指示中列出的单据退还。如果答辩人未能这样做，他们有责任按托收指示付款。

结论

答辩人违反了 URC522 第 12（a）条的规定，因此无权宣称任何单据缺失。

托收指示为凭即期付款交付单据。鉴于单据一直未被付款，答辩人必须按照发起人 1 的要求将全套单据以收到时的状态全部退还。

答辩人未能退回全套单据，因此必须付款。

摘要

提示行收到了 50 份托收指示，指示中逐一列举随附单据及其份数，单据将由提示行按 URC 凭即期付款交付。提示行在严重延迟后才确认收单，然后在首次托收指示日期的 3 个多月后才声称所收单据与托收指示列明的数量不一致。可以断定，这种行为不能被视为 URC 所要求的“毫不迟延”，因此可以裁定，由于提示行已经违反了 URC 规则，所以他们无权声称任何不符之处。此外，假如托收行要求提示行按照收单时的同样状态退还全套单据，而提示行未能照办，提示行就要承担付款责任。

DOCDEX 第 351 号裁决

UCP600 第 14（a）、18（c）、14（d）条，ISBP 745 第 A23 和 C5 段

发票中的额外文字是否导致不符？此类额外文字是否构成数据间的矛盾？

当事人

发起人：银行 C（指定银行）
答辩人：银行 H（开证行）

背景及交易

发起人认为，在受益人发票上额外的“无牛皮（no hides）”字样显然是制作发票时的编辑错误。

在发票上标题为“货物描述（一般）”之下清楚地显示发运了“盐湿母牛皮共 7475 张，158 个托盘，净重 165 525 千克，共 8 个集装箱”。

从装箱单、提单、产地证、保险证明、装船通知以及农渔林业部门出具的声明和证明等这些单据中，也能证明和支持类似的发运信息。

发起人认为，在 2015 年 4 月 12 日发运了 7475 张盐湿母牛皮这一事实是毋庸置疑的。受益人发票上“无牛皮（no hides）”的额外字样在上下文中没有意义，按照发起人的说法，倒不如说是一个简单的编辑错误。

在一份发起人的 SWIFT MT799 电文中，发起人对所谓的不符点进行了反驳，并引用了支持其立场的下列论点：

> 根据 ISBP745 第 C5 段：

发票显示与信用证规定相符的货物、服务或履约行为描述的同时，也可以显示与货物、服务或履约行为相关的额外数据内容，只要这些数据内容看似不会涉及货物、服务或履约行为的不同性质、等级或类别。

> 根据上述，发起人认为“无牛皮（no hides）”字样是额外数据内容，在行文中没有任何意义，也不涉及货物的不同性质、等级或类别。

> 所有其他文件（包括装箱单、提单、产地证、保险证明、装船通知以及农渔林业部门出具的声明和证明）都载有与发运货物有关的一致信息，因此尽管出现“无牛皮（no hides）”的字样，但数据间没有矛盾。

> 根据 ISBP 745 第 A23 段的规定“拼写或打字错误不影响单词或其所在句子的含义，则不构成单据不符”，发起人坚信，“无牛皮（no hides）”显然是一种打字错误，不应该作为货物描述的一部分出现，它只是被错误地加上去。

答辩人在其 SWIFT MT799 电文中指出：“我们可能难以验证‘无牛皮（no hides）’的实际含义，但并不意味着它没有任何意义。”

答辩人称，由于“无牛皮（no hides）”位置在“货物描述——公牛皮”与“货物品质——无蜱虫，无幼虫，无隆起”之间，“无牛皮（no hides）”字样被作为货物品质来描述货物。

此外，答辩人认为，由于在“公牛皮”的货物描述之后出现了“无牛皮（no hides）”的字样，该字样被视为具有不同性质的额外数据内容（即信用证要求发运“公牛皮”，但是发票把货物描述为“公牛皮”但“无

牛皮”。）

总之，答辩人认为：1）发票中的“无牛皮（no hides）”字样与信用证中的描述不符，因为额外的数据造成了混淆/误解，即“无”公牛皮被发运，或发票货物不是信用证所要求的公牛皮；2）“无牛皮（no hides）”的额外字样算不上可接受的印刷错误，因为它的存在造成了误解。

问题

1. DOCDEX 的裁决是要判定受益人发票上一个简单的编辑错误是否足以构成不付款的理由，尽管 UCP600 第 14 条和 ISBP745 第 A23 和 C5 段有相关规定。开证行，就其专业实务而言，是否应该接受在受益人发票上这个微小的错误，而不是将其作为“不符点”提出来？ 更准确地说：发票中“无牛皮（no hides）”的额外字样是否导致货物描述与信用证中的不一致？

2. 发票中“无牛皮（no hides）”的额外字样是否与该发票和/或信用证中的其他数据内容构成矛盾？

分析

问题在于商业发票的货物描述中“无牛皮（no hides）”的额外字样是否构成了矛盾。

根据 UCP600 第 14（a）条：

按指定行事的指定银行、保兑行（如果有的话）及开证行须审核交单，并仅基于单据本身确定其是否在表面上构成相符交单。

UCP600 第 18（c）条规定：“*商业发票上的货物、服务或履约行为的描述应该与信用证中的描述一致。*”

进一步说，所有要求提交单据中的全部数据内容都要符合 UCP600 第 14（d）条的总体原则：“*单据中的数据，在与信用证、单据本身以及国际标准银行实务参照解读时，无须与该单据本身中的数据、其他要求的单据或信用证中的数据等同一致，但不得矛盾。*”

答辩人提出了下述不符点：“*发票——货物描述显示‘无牛皮’，无蜱虫，无幼虫，无隆起，而非‘无蜱虫，无幼虫，无隆起’。*”

所以，所谓的不符点显然是商业发票中的货物描述与信用证中的不相符和/或“*无牛皮*（no hides）”字样与发票和/或信用证中的其他数据内容矛盾。

因此，主要有两个问题需要解决：

> 发票上额外的“*无牛皮*（no hides）”字样是否造成货物描述与信用证的规定不符？

> 发票上额外的“*无牛皮*（no hides）”字样是否与发票和/或信用证中的其他数据内容构成矛盾？

问题 1

所提交的商业发票正确显示了信用证（包括第一次修改）要求的所有货物描述细节，即贸易术语，8 个集装箱中的包装件数，每个集装箱的件数、重量、品种、产地、合同号、申请人参考号以及货物描述“*NSW 盐渍 F 和 T 公牛皮*（NSW BRINECURED F AND T OX HIDES）”和品质“*无蜱虫，无幼虫，无隆起*”。

上述货物描述与信用证要求的以及其他单据上的货物描述完全一致。

然而，在货物描述“*NSW 盐渍 F 和 T 公牛皮*（NSW BRINECURED F AND T OX HIDES）”与信用证要求的货物质量“*无蜱虫，无幼虫，无隆起*”之间还出现额外的“*无牛皮*（no hides）”字样。

ISBP745 第 C5 段规定：

发票显示与信用证规定相符的货物、服务或履约行为描述的同时，也可以显示与货物、服务或履约行为相关的额外数据内容，只要这些数据内容看似不会涉及货物、服务或履约行为的不同性质、等级或类别。例如，信用证要求装运“绒面革鞋子”，但是发票将货物描述为“仿造绒面革鞋子”；或信用证要求“液压钻机”，但是发票将货物描述为“二手液压钻机”，则此类描述反映出货物在性质、等级或类别上的变化。

发票中的“*无牛皮*（no hides）”字样，按照以上描述，显然是指货物的一项不同性质、等级或类别。“*无牛皮*（no hides）”显然否定了所描述的货物属性，因为“*NSW 盐渍F 和T 公牛皮，无蜱虫，无幼虫，无隆起*（*NSW BRINECURED F AND T OX HIDES NO TICKS，NO GRUBS，NO HUMPS*）”和“*NSW 盐渍F 和T 公牛皮，无牛皮，无蜱虫，无幼虫，无隆起*（*NSW BRINECURED F AND T OX HIDES NO HIDES NO TICKS，NO GRUBS，NO HUMPS*）”这两类货物之间明显是有区别的。

有人可能会认为，出现“*无牛皮*（no hides）”是由于打字错误造成的。

ISBP 745 第 A23 段规定：

拼写或打字错误如不影响单词或其所在句子的含义，则不构成单据不符。例如，在货物描述中的“machine（机器）”显示为“mashine”，“fountain pen（钢笔）”显示为“fountan pen”，或“model（型号）”显示为“modle”，根据 UCP600 第 14（d）条，均不被视为数据内容矛盾。但是，根据该条款，货物描述，例如，“model321（型号 321）”显示为“model123（型号 123）”，将被视为数据内容矛盾。

显而易见，ISBP 745 第 A23 段并未指任何拼写错误或打字错误都是可以接受的（即任何这种性质的错误）。它只是指出，仅仅在规定的单据中出现纯粹的拼写错误或打字错误，不会使单据有不符点（单据自身）。重要的是，这样的打字错误或拼写错误是否会影响单词或句子的含义，从而导致出现不符点。（例如，它会造成数据内容矛盾，或者会引起货物描述不符合信用证中的货物描述。）

专家认为，在商业发票中的货物描述中加入“*无牛皮*（no hides）”一词，使人怀疑所装运的货物是“*牛皮*”还是“*无牛皮*”，即（完全）不同于信用证描述的货物。在审核单据时，审单员不会超出发票/单据表面显示的信息和单据本身构成的矛盾。

就像商业发票上表面显示的那样：“*无牛皮*”，看似“*无公牛皮*”被发运了，或者说发运的货物不是信用证要求的“*公牛皮*”。因此，在专家的意见中，商业发票中的货物描述与信用证中所显示的不相符。

问题 2

显然，答辩者声称，额外字样“*无牛皮*（no hides）”在商业发票和信用证的货物描述中构成了数据内容矛盾。

信用证在第二次修改中规定，发运“*NSW 盐渍 F 和 T 公牛皮*（NSW BRINECURED F AND T OX HIDES）”，因此，确实应该考虑 “*无牛皮*（no hides）”字样在数据中产生矛盾的说法。

商业发票在名为“货物描述（总体）”的栏位中显示：

盐湿母牛皮共 8 个集装箱

7475 件共 158 个托盘

参考号：H2124

净重：165 525 千克

标称“（分项）货物描述”的栏位显示了信用证要求的所有细节，然而，还额外显示了“*无牛皮*（no hides）”，详细如下：

NSW 盐渍 F 和 T 公牛皮

无牛皮，无蜱虫，无幼虫，无隆起

“*无牛皮*（no hides）”字样显然与商业发票显示的货物描述“*盐湿母牛皮*”和“*NSW 盐渍F 和T 公牛皮*”相矛盾。如上所讨论，“*无牛皮*（no hides）”的表述意味着没有牛皮或者另外一种性质的牛皮被发运，因此构成了数据矛盾。

同样道理，“*无牛皮*（no hides）”字样与信用证要求的货物描述“*NSW 盐渍F 和T 公牛皮*”相矛盾。

有人可能再次争辩说，出现“*无牛皮*（no hides）”字样显然是一个打字错误。从另一方面说，所涉及的数据内容是故意还是错误地打上去，是属于人为错误、打字错误、印刷错误、拼写错误等，实际上并不重要。

正如ISBP 745第A23段解释的那样，拼写或打字错误如不影响单词或其所在句子的含义，则不构成单据不符。从解决本案问题角度出发，这段规定与UCP600第14（d）条的一般性规则参照解读。因此，基本原则就是如果拼写或打字错误构成了UCP600第14（d）条定义的数据矛盾而影响单词或其所在句子的含义，这时（并仅仅在这时）这种拼写或打字错误就造成了单据不符。

单据中的数据内容与该单据中的其他数据内容之间、与任何其他规定的单据或信用证之间是否存在矛盾，应结合信用证要求、单据本身（首先是单据功能）和国际标准银行实务进行确定。

总之，专家们认为，商业发票与信用证之间的数据矛盾［“*无牛皮*（no hides）”字样与“*NSW 盐渍F和T公牛皮*”和/或“*盐湿母牛皮*”］确实构成UCP600第14（d）条定义的数据矛盾。

结论

答辩人宣称的不符点成立。发票上额外的“无牛皮（no hides）”字样使得发票的货物描述与信用证中的货物描述不相符，并构成了UCP600第14（d）条定义的数据矛盾。

本裁决是以多数票通过作出的。

摘要

开证行因信用证项下提交的商业发票在货物描述中额外显示“无牛皮（no hides）”字样而拒付单据。结论是开证行所提的不符点成立。发票上额外的“无牛皮（no hides）”字样使得发票的货物描述与信用证中的货物描述不相符，并构成了UCP600第14（d）条定义的数据矛盾。

索　　引

UCP600

UCP500 条款	**DOCDEX 裁决编号**
14（e）	328

URR725

URR725 条款	**DOCDEX 裁决编号**
4	321
8（a）	321

ISBP681

ISBP681 段落	**DOCDEX 裁决编号**
20	322

ISBP745

ISBP745 段落	**DOCDEX 裁决编号**
A6	330
A23	351
A39	341
C5	351
C8	337
C12（b）	330

URC522

URC522 条款	**DOCDEX 裁决编号**
1	339
1（a）	333，345，350
1（b）	345，350
1（c）	326，333，345，348，350
2	339

URDG458

URDG758

关键词索引

该索引中的关键词在它们出现的 DOCDEX 裁决的摘要和完整版本中交叉引用。

关于作者

盖瑞·考利尔，*考利尔咨询全球有限公司*

从 1996 年 11 月至 2013 年 6 月，盖瑞·考利尔是国际商会的高级技术顾问，主要负责提供许多与国际商会规则的应用和解释有关的意见。他在国际商会的职责中，曾担任国际商会 ISP98 制定工作组和 UCP500 修订策略工作组的主席、国际商会 URR525 和 e-UCP 制定及后续修订工作组成员。最新的职责是担任 UCP600、ISBP 681 和 745 以及 URBPO 起草工作组主席。

他是 7 本国际商会意见和裁决出版物的编辑，也是第 5 版跟单信用证专家考试用书《跟单信用证指南》（2015 年）的编辑，同时还是《国际贸易金融杂志》（第 9 版）（2007 年）的编辑。他还根据 UCP600 编写了 11 卷常见问题。他是国际商会和其他全球范围内外部研讨活动的常规主讲人。盖瑞还拥有英国金融服务协会"访问教授"的头衔。

2006 年 4 月 1 日，考利尔咨询有限责任公司成立，其唯一的目标是为银行和企业提供咨询服务，从传统咨询角色到培训材料开发、法律文件审查，以及提供一致、准确和最新"关于现有产品、国际贸易新举措和发展"的信息。公司于 2013 年 9 月改名为考利尔咨询全球有限公司。

截至 2006 年 10 月 31 日，盖瑞曾在位于伦敦的荷兰银行的交易银行集团担任传统贸易服务、贸易融资和产品交付的全球主管，负责交易服务和贸易融资产品的开发，包括在全球范围内量身定制设计和实施解决方案。此外，他还从产品管理角度在全球负责持续的产品开发和交付，包括传统贸易服务解决方案（即信用证、托收、保函等）和贸易融资的基本政策、文件和流程。

在加入荷兰银行之前，盖瑞于 1998 年 8 月至 2002 年 5 月间担任花旗银行伦敦的副总裁兼高级技术顾问。1973 年起，他开始在伦敦的米特兰银行（后来被汇丰银行收购）开始其银行生涯，升任信用证部经理和高级技术顾问。

戴维·梅耐尔，*贸易信用证咨询公司*

戴维是一家知名的贸易咨询公司贸易信用证咨询公司的持有人，也是与盖瑞·考利尔一起作为服务于贸易融资所有方面的在线培训平台 www.tradefinance.training 的共同所有者。他曾在德意志银行的全球多个地区工作超过 30 年，涉足运营、系统开发、销售和产品管理。

他是国际商会银行委员会的高级技术顾问，并参与了许多国际商会起草小组，包括 eUCP、ISP98、ISBP745 和 URBPO750。戴维是《信用证世界》的编辑顾问委员会成员和《贸易服务更新》的特约编辑。

多年来，他一直是全球贸易活动积极的协调者和演讲者，为银行、企业、物流和技术提供商提供研讨会和培训活动。

2014 年年初，国际商会和伦敦银行与金融学院（前身为英国金融服务协会大学学院）合作决定推进国际贸易金融专家考试（CITF®），为此，戴维被任命为首席主考官。他还在 CDCS®（信用证专家）测试委员会工作。

联系邮箱：davidmeynell@aol.com

附录 1
DOCDEX 规则

目　录

由 Fishburn®设计
www.thisisfishburn.com
2015 年 6 月由 Trappes 市（78）Imprimerie Port Royal 在法国印刷。2015 年 6 月法定送存
国际商会（ICC）
33-43 avenue du Président Wilson
75116 Paris，France
www.iccwbo.org

国际商会跟单金融工具争议专家解决规则

2015年5月1日生效

前　言

国际商会DOCDEX是专为全球贸易融资领域设计的争议解决程序，共三名独立和公正的专家组成的小组就由贸易融资工具、承诺或协议引起的争议做出决定。这种快速、基于单据的程序提供了一个有吸引力的替代昂贵和长期诉讼的方案。DOCDEX由国际商会国际ADR中心根据2015年5月1日生效的本手册国际商会DOCDEX规则进行专门管理。

自1997年以来，国际商会DOCDEX规则为适用国际商会银行业规则的跟单信用证提供了可信的争议解决系统。2002年，规则扩大至同样适用国际商会银行业规则的保函和托收。2015年修订进一步扩大了范围，涉及范围更广的贸易融资工具，包括现有国际商会银行业规则未涵盖的交易及其各方面，如贸易贷款、银团贷款、可转让票据、风险购买协议以及信用证优先权和欺诈间的冲突问题。这一改变将使得以前不在DOCDEX范围之内的争端能够从该服务中受益。

速度一直是DOCDEX程序的标志：裁决是在专家收到文件的三十天内达成的。2015年修订版的一个新颖特点就是要求使用可从国际商会网站下载的标准模板以电子表格形式提交文件。这一改变将有助于精简案件管理，并进一步加快程序。这些表格的样本包含在本手册的规则条款之后。

作为国际商会银行委员会和国际商会争议解决服务的联合产品，DOCDEX积累了国际商会在这两个领域的专业知识和经验。在保留了DOCDEX传统特征的同时，2015版规则与最佳的专业实践相适应，包括确保专家的能力、独立性、公正性和可用性，通过审查裁决、保密性、成本透明度和程序效率来确保质量。

国际商会DOCDEX规则以及关于如何使用该服务的更多信息可以在www.iccdocdex.org上找到。

序　言

国际商会（“ICC”）的DOCDEX规则（“规则”）适用于由国际商会国际ADR中心（“中心”）管理的国际商会跟单金融产品争议专家解决程序（“DOCDEX”），国际商会国际ADR中心是国际商会的一个独立行政机构。

第1条　定义

在本规则中：

附录　是指下文以及www.iccdocdex.org网站列出的附录“费用”，并时时更新。

指定专家　是指三名专家组成的专家小组和由中心任命的该小组的任何一名成员，根据技术顾问按照第7条第（4）款所提供的指导意见做出下文定义的裁决。

银行委员会　是指国际商会银行委员会。

发起人　是指按照第3条规定的方式向中心提交主张，以请求下述定义的裁决的一个或多个当事人。

裁决 是指指定专家根据第 9 条作出的最终裁决。

表格 是指下文所附的四种表格之一，可在 www.iccdocdex.org 网站下载。

国际商会银行业规则 是指银行委员会不定期发布的任何一套规则或标准惯例，例如国际商会跟单信用证统一惯例(UCP)、国际商会跟单信用证项下银行间偿付统一规则(URR)、国际商会托收统一规则(URC)和国际商会见索即付保函统一规则（URDG）。

答辩人 是指在主张中被列为答辩人的一个或多个当事人。

技术顾问 是指银行委员会主席任命的一名银行委员会技术顾问或候补技术顾问，按照第 2 条第（1）款、第 7 条第（3）款和第 7 条第（4）款的规定提供指导意见，并就第 9 条（2）款所述指定专家的任何裁决草案做出评论。

第 2 条 适用范围

1. 本规则适用于中心经与技术顾问磋商按照本规则第 2 条第（2）款和第 2 条第（3）款同意管理并与下述相关的任何争议：

> 跟单信用证，

> 备用信用证，

> 银行间偿付，

> 托收，

> 见索即付保函或反担保函，

> 福费廷，

> 银行付款责任（BPO），或

> 任何其他贸易融资相关的金融工具、承诺或协议。

2. 当争议属于本规则第 2 条第（1）款适用范围时，当事人可以根据有关工具、承诺或协议的条款和条件以及任何适用的国际商会银行业规则和国际标准贸易融资实务，将争议提交本规则以获得独立、公正和迅速的专家决定。

3. 如果争议起因于或与一项不适用于国际商会银行业规则的工具、承诺或协议有关，则只有在每个发起人和答辩人都同意的情况下，才能根据本规则进行管理。他们的协议应记录在表格 1 和表格 2 中。

4. 本规则提供加急程序，将不对事实或专家证人进行口头审查，也不在听证会上发表口头报告。因此，如果要求进行口头审查或报告以解决主张提出的任何事实或法律问题，则本规则不适用。

5. 根据本规则进行的程序不是仲裁程序，裁决不是仲裁裁决。

6. 除非每个发起人和答辩人都同意该裁决对他们具有合同上的约束力，否则该裁决不会对任何发起人或答辩人具有约束力。任何此类协议均应记录在表格 1 和表格 2 中。

第 3 条 主张

1. 发起人应使用表格 1（“主张”）向中心提出主张。主张应附有发起人认为支持其主张所必需的所有单据文档。主张和所有随附单据文档应以电子形式提供给中心，并为每个答辩人提供一份纸质版。

2. 发起人可以单独或与其他一个或多个发起人一起提交主张。

3. 提交主张时，发起人应支付附录中规定的费用。

4. 根据本规则第 3 条第（6）款的规定，中心应向发起人确认收到主张和费用。

5. 根据本规则第 3 条第（6）款的规定，中心一旦收到主张的电子版和纸质版以及费用，应按本规则第 11 条第（1）款的规定向主张中列出的每个答辩人发送一份主张和所有随附单据文档的纸质版并要求答复。

6. 如果中心发现主张或主张的一部分超出了本规则的适用范围，或者自行决定管理主张或主张的一部分不符合本规则的精神，中心可以在确认收到主张和费用之前或之后的任何时候拒绝全部或部分主张，在此情况下，中心应通知发起人和已经向其发出主张纸质版的任何一位答辩人。根据本规则第 3 条第（3）款的规定，中心也将酌情退还全部或部分费用。

7. 根据本规则第 2 条第（1）款和第 7 条第（3）款的规定，中心考虑是否在指定专家之前拒绝主张或主张的一部分时，可寻求技术顾问的指导意见。在指定专家之后，若指定专家中的多数告知其认为主张超出本规则适用范围，中心应根据第 8 条第（3）款的规定拒绝主张或主张的一部分。

第 4 条　答复

1. 答辩人可以使用表格 2 提交对主张的答复（“答复”）。答复（如有）应附有答辩人认为必要的其他任何额外单据文档以支持其答复。

2. 答复和所有随附单据文档应按照本规则第 11 条第（2）款的规定以电子形式提供给中心。中心应将答复和随附的单据文档转交给发起人和任何其他答辩人。

3. 答辩人可以单独或与其他一个或多个答辩人联合提交答复。

4. 答复必须在中心向答辩人发出主张时规定的时间内由中心收到，除特殊情况外，不得超过 30 天。规定期限届满后，中心对收到的任何答复均不予理会。

5. 如果答辩人没有提交答复，裁决程序仍将继续。

第 5 条　补充信息和额外单据文档

1. 中心可要求发起人或答辩人提交中心认为与作出裁决有关的补充信息或单据文档副本，此类信息或单据文档副本应以表格 3（“补充文件”）提交。

2. 补充文件应在中心提出要求后的 14 天内仅以电子形式提交给中心。中心应将补充文件转交给每一位发起人和答辩人。

3. 只有在中心的要求下才能向中心提交补充文件。任何发起人或答辩人向中心主动提交的单据均不予理会。中心可自行决定同意发起人或答辩人要求提交新的或额外文件的申请，发起人或答辩人则应在中心规定的期限内以补充文件的形式提交。

4. 除发起人或答辩人以外的任何人不得在裁决程序中提交文件，中心对收到的任何此类提交的单据均不予理会。

第 6 条　文件的填报和完整性

1. 除了本规则第 3 条第（1）款、第 4 条第（1）款和第 5 条第（1）款规定的有关主张、答复和补充文件的要求外，中心还可要求以纸质版形式提交任何单据文档或要求以特定电子形式提交电子版单据文档。

2. 相关表格中的所有栏位均应简明扼要地以英文填写，并应载有明确提出的所有必要信息。

3. 除非中心另有书面同意，如果一份随附主张、答复或补充文件的单据文档包含未用英文起草的数据内容，则应附有英文翻译。

4. 主张、答复和补充文件将以收到的视为最终版本，不得修改。

第 7 条　专家的指定

1. 银行委员会维护具有经验并精通贸易融资交易的专家名单（“名单”）。银行委员会主席是名单的储存库，可以根据需要随时增加或删除名单中的专家。

2. 在核实技术顾问对主张中提到的当事人的独立性后，中心应将一份主张副本转交技术顾问。

3. 技术顾问必须应要求向中心提供关于主张是否属于本规则适用范围的指导意见。

4. 技术顾问还应就主张所要求和指定专家应具备的专业领域提供指导意见。考虑到这一指导意见，中心应任命和指派一名指定专家担任主席（“主席”）。

5. 每位指定专家必须保持公正，并独立于争议所涉及的各方当事人。

6. 指定专家不得在与本规则下正在裁决或已经裁决的争议有关的任何司法、仲裁或类似程序中担任或已经担任，或任何发起人或答辩人不得试图要求指定专家担任，无论是法官、仲裁员、专家或事实证人或是代表或顾问。

7. 在任命之前，准指定专家应签署一份关于接受、可用性、公正性和独立性的声明，并应以书面形式向中心披露任何可能引起发起人或答辩人质疑其独立性的事实或情况。中心在做出任命前应考虑这些披露信息。

8. 如果在裁决程序中可能产生与本规则第 7 条第（7）款所指类似的影响其公正性或独立性的事实或情况，指定专家应立即以书面形式向中心披露。

9. 指定专家同意提供服务，即承担按照本规则履行指定专家职责的责任。

10. 指定专家不能履行中心委托的职责，应当毫不延误地通知中心。中心认为指定专家不能按照本规则履行指定专家的职责时，应当立刻向该指定专家发出终止通知。中心应将此项终止告知其他指定专家，并从名单中另行指定一名专家。

11. 收到终止通知后，指定专家应按照中心同意的适当方式及时处理从中心收到的任何单据文档。

第 8 条　裁决程序

1. 除非中心根据本规则第 3 条第（6）款拒绝了主张，否则中心应将主张、任何答复和任何补充文件发送给指定专家。

2. 指定专家认为有必要时，主席可以让中心要求发起人或答辩人按照本规则第 5 条的规定提交补充文件。

3. 如果指定专家认为主张超出了本规则的适用范围，应将此通知中心，中心将依据本规则第 3 条第（6）款的规定拒绝主张。

4. 即使发起人与答辩人之间对主张是否属于本规则适用范围存在分歧，指定专家仍应继续进行裁决程序并在他们认为主张所适用的本规则范围内做出裁决。

5. 指定专家得出审议意见后，主席应按照本规则第 9 条第（2）款的规定，拟定并向中心提交一份裁决草案以供审议。裁决草案应在指定专家收到他们认为对解决争议有必要的全部信息和单据文档后的 30 天内提交。

6. 在特殊情况下，根据主席提出的合理请求，中心可延长指定专家做出裁决草案的期限。

7. 指定专家不应当面口头听证。

第 9 条　裁决

1. 裁决应使用表格 4 以英文起草。

2. 收到主席的裁决草案后，中心应立即将其转交给技术顾问审查。技术顾问可以就裁决草案的形式做出修改，在不影响指定专家的裁决自由的情况下，也可以提请注意实质性问题。指定专家在技术顾问批准裁定形式之前不得做出裁定。

3. 裁决可以全票通过，也可以以多数票通过，并应在裁决上如实说明。

4. 裁决应被视为在其中所述的日期作出。

5. 指定专家做出裁决应仅仅根据主张、任何答复和任何补充文件，贸易融资相关工具、承诺或协议的条款和条件，适用的国际商会银行业规则以及国际标准贸易融资实务。

6. 一旦作出裁决，中心应按照根据本规则第 4 条的规定，将裁决发送给向每一位发起人和已提交答复的答辩人。

第 10 条　费用

1. DOCDEX 程序的费用应为附录中规定的标准费用。除非中心根据本规则第 3 条第（6）款拒绝全部或部分主张，否则标准费用概不退还。

2. 根据争议的事实基础和单据文档，中心可自行确定收取附加费用，不得超出附录第 2 条规定的金额上限。

3. 支付附加费用的时限由中心确定。在附加费用付讫之前，中心可指示指定专家暂停工作。

第 11 条　通知或通信；时限

1. 中心根据本规则第 3 条第（5）款的规定，向每一位答辩人发送主张的纸质版。纸质版应通过凭收据递送、挂号信或快递方式发送到发起人在主张中提供的答辩人的地址。

2. 根据本规则第 11 条第（1）款的规定，所有来往于中心的通知或通信均应通过电子邮件或其他任何电讯方式（不包括传真）进行，并能提供发送记录。此类通知或通信应发送至有关当事方为此目的告知的发起人或答辩人或其代理人的最后一封电子邮件或其他电子地址。如果答辩人未通知中心其电子邮件或其他电子地址，中心可使用发起人提供的答辩人地址。

3. 通知或通信应当被视为是在发起人或答辩人本人或其代表收到之日或者根据本规则第 11 条第（2）款发送而理应收到之日发出。

4. 本规则规定或确定的时间段，应在按照本规则第 11 条第（3）款规定通知或通信被视为发出之日的翌日开始计算。当该翌日为通知或通信被视为发出的所在国法定假日或非营业日时，该时间段应自下一个营业日开始。法定假日和非营业日包括在计算期间。如果规定的有关时间段的最后一天是通知或通信被视为发出的所在国法定假日或非营业日，则该时间段应在之后的第一个工作日结束时终止。

第 12 条　一般规定

1. 在不披露主张、答复或任何补充文件中每一个具名发起人、答辩人或任何其他人或实体的条件下，中心可授权公布任何裁决。

2. 中心向技术顾问或指定专家就本规则所规定的裁决程序提供的任何信息或单据文档，只能由技术顾问和指定专家用于该裁决程序，技术顾问、指定专家与中心应对这些信息或单据文档保密。

3. 中心、技术顾问和指定专家不得向任何发起人、答辩人或其他人披露指定专家和技术顾问的身份。

4. 本规则中所有未明确规定的事项，技术顾问、指定专家和中心应依照本规则的精神行事。

5. 技术顾问、指定专家、中心、国际商会及其雇员，国际商会国家委员会和集团及其雇员和代表对任何人与本规则下任何裁决程序或裁决有关的任何作为或不作为不承担任何责任，除非适用法律禁止这种责任限制。

6. 在提交主张时所适用的本规则版本将适用于裁决程序，除非每个发起人和答辩人另有约定。

附录——费用

1. 标准费用

争议金额不超过 100 万美元，标准费用为 5 000 美元，其中包括中心的行政管理开支和指定专家费用。争议总金额超过 100 万美元，标准费用为 10 000 美元。

2. 附加费用

根据本规则第 10 条第（2）款规定，中心可收取最高为标准费用 50%的附加费用。

3. 支付

付款应通过银行转账到下述国际商会账户，并附上参考信息“DOCDEX 案例”。
NATIXIS
30 avenue Pierre Mendès France
75013 Paris
France
SWIFT 代码：NATXFRPP×××
IBAN 号码：FR76 3000 7999 9927 8288 3000 012
付款时，应将书面通知发送至：
国际商会国际 ADR 中心
33-43 avenue du Président Wilson
75116 Paris，France
docdex@iccwbo.org
并显示以下内容：
>DOCDEX 案例编号（如发起人知道）
> 主张的日期
> 发起人的名称
> 付款的日期和金额
> 邮政地址

4. 币种、增值税和范围

a. 中心规定或根据本规则和附录规定的所有金额均以美元支付，法律禁止的情况除外，在这种情况下，国际商会可用另一种货币安排不同的费用标准。

b. 任何标准费用或附加费用可能按照现行税率缴纳增值税（VAT）或类似性质的费用。

c. 上述有关裁决费用的规定，自 2015 年 5 月 1 日起生效，适用于在现行或以前版本的国际商会 DOCDEX 规则项下所有自该日或之后开始的裁决程序 。

5. 免责声明

本附录如有更改，恕不另行通知。请参阅 www.iccdocdex.org 获取最新版本。

表格 1：主张

（仅为样本）

该表格可在 www.iccdocdex.org 下载

日期：	日：　　　　月：　　　　年：
致：	完成后，此交互式表格应通过电子邮件发送到 docdex@iccwbo.org 表格的纸质版发送至 国际商会 国际 ADR 中心 33-43 avenue du Président Wilson， 75116 Paris，France 本人发起人在此根据国际商会 DOCDEX 规则提出主张以得到裁决。除另有说明外，本规则中定义的术语在本主张中使用时应具有相同的含义。 我们证明，根据本规则第 3 条第（1）款提供给中心的主张和随附单据文档的电子版和纸质版是相同的。
必填信息	
国际商会银行业规则是否适用？	争议是否是由一个工具、承诺还是协议规定适用国际商会银行业规则引起的或与之相关的？ □是　□不是 如果不是，发起人是否已经试图要求每个答辩人同意主张适用于本规则？ □是　□不是 *发起人应注意，除非每个答辩人通过回答表格 2 中的相关问题来达成协议，否则中心将拒绝根据本规则管理主张并拒绝主张。*
裁决的约束性	是否每一位发起人和答辩人都同意裁决将对他们具有合同上的约束作用？ □是　□不是 如果是，提供一份协议副本作为主张的附件。 如果不是，你是否建议裁决应对每一位发起人和答辩人具有合同上的约束作用？ □是　□不是
第一部分：	**当事人**
发起人 1[1]：	姓名：
	地址：
	联系人[2]：
	电子邮件地址：
	身份[3]：
发起人 1 的律师：	姓名：
	地址：
	电子邮件地址：
提供任何额外的发起人及其律师的详细情况。栏位空间将根据需要扩大。	

答辩人[4]1：	姓名：
	地址：
	联系人[5]：
	电子邮件地址：
	身份[6]：
答辩人 1 的律师：	姓名：
	地址：
	电子邮件地址：

提供任何额外的答辩人及其律师的详细情况。栏位将根据需要扩大。

第二部分：　　　　背景

争议内容总结

按时间顺序列出背景和情况，并附有相关文件。这些文件的电子版应随主张的电子版一起提供。每个事件另起一行。

日期：　　　　事件：　　　　附件号码：

第三部分：　　　　发起人提交的单据

列出主张，必要时提交作为电子附件提供的任何证明文件。
栏位空间将扩大以适应所提供的信息量。

电子附件清单（每个附件另起一行）：

文件标题：　　　　附件号码：

第四部分：　　　　需要裁决的问题

简要地列出需要做出裁决的具体问题。
栏位空间将扩大以适应所提供的信息量。

1.

第五部分：　　　　费用

我方确认金额共……美元[7]已转账至：
国际商会
33-43 avenue du Président Wilson
75116 Paris，France
通过贷记以下账号：
NATIXIS
30 avenue Pierre Mendès France
75013 Paris
France
IBAN 号码：FR76 3000 7999 9927 8288 3000 012
Swift 代码：NATXFRPPXXX

银行转账通知书附上了代表付款人的名称，并附有参考信息“DOCDEX 案例”。
□是　　□不是
如果不是，转账完成后请尽快发送付款证明资料。

请注意，由于适用的银行监管规定，款项必须来自发起人。在第三方付款的情况下，请提供一份授权书明确说明付款方有权代表发起人付款或一份法律文件明确说明付款方与发起人之间的法律关系。
款项是否由第三方支付？
□是　　□不是

如果是，是否随附上述要求的文件？

□是 □不是

代表 [8]

发起人 1 的名称：

签字人的姓名和职衔：

签字：

在这里继续填写更多的发起人信息。栏位空间将根据需要扩大。

1. 指提出主张的一个或多个当事人。发起人可以单独或与其他一个或多个发起人一起提出主张（见第 3 条第（2）款）。如果主张是共同提交的，则分别列出所有发起人，必要时使用以下可用的额外空间。
2. 指联系人或发起人内部的相关部门。
3. 确定发起人的角色，例如，跟单信用证的受益人或指定银行，或见索即付保函的受益人或担保人。
4. 指争议中的其他一个或多个当事人［见第 4 条第（1）款］。如果有多个答辩人，则分别列出，必要时使用以下可用的额外空间。
5. 指联系人或答辩人内部的相关部门。
6. 确定答辩人的角色，例如，跟单信用证的开证行或保兑行，或反担保函的反担保人。
7. 有关付款币种，请参阅国际商会 DOCDEX 规则附录第 4 条第（1）款。
8. 一个以上发起人联合提交主张时，每一个发起人均应在此处签字。

表格 2：答复

（仅为样本）

该表格可在 www.iccdocdex.org 下载

日期：	日： 月： 年：
致：	完成后，此交互式表格应通过电子邮件发送到国际 ADR 中心邮箱 docdex@iccwbo.org。 本答辩人 [1] 在此提交对国际商会 DOCDEX 规则下裁决的答复。除另有说明外，本规则中定义的术语在本答复中使用时应具有相同的含义。
必填信息	
同意提交至本规则：	如果发起人已经寻求您的同意，即与主张有关的争议应受本规则约束，尽管事实上引起或与争议有关的工具、承诺或协议**没有**规定适用国际商会银行业规则，您确认您同意吗？ □是 □不是
裁决的约束性	如果发起人在主张中建议裁决应对每一位发起人和答辩人具有合同上的约束作用，您是否同意该建议？ □是 □不是
第一部分：	**当事人**
发起人 12：	姓名：
	地址：
	联系人 [3]：
	电子邮件地址：
	身份 [4]：

续表

发起人 1 的律师：	姓名：
	地址：
	电子邮件地址：
提供任何额外的发起人及其律师的详细情况。栏位空间将根据需要扩大。	
答辩人 1[5]：	姓名：
	地址：
	联系人[6]：
	电子邮件地址：
	身份[7]：
答辩人 1 的律师：	姓名：
	地址：
	电子邮件地址：
提供任何额外的答辩人及其律师的详细情况。栏位空间将根据需要扩大。	
第二部分：	**答辩人提交的单据**

列出对主张的答复，必要时提交作为电子附件提供的任何证明文件。
栏位空间将扩大以适应所提供的信息量。

电子附件清单（每个附件另起一行）：

文件标题：	附件号码：

代表[8]
答辩人 1 的名称：
签字人的姓名和职衔：
签字：

在这里继续填写更多的答辩人信息。栏位空间将根据需要扩大。

1. 如果有多个答辩人，每个答辩人可以单独或者与其他一个或者多个答辩人共同提交答辩（见第 4 条第（3）款）。如果有多个答辩人，每个答辩人都提交了自己的答复，则写明该答复是由答辩人 1、答辩人 2 等按照表 1 所示作出的。
2. 指提出主张的一个或多个当事人。发起人可以单独或与其他一个或多个发起人一起提出主张（见第 3 条第（2）款）。如果主张是共同提交的，则分别列出所有发起人，必要时使用以下可用的额外空间。
3. 指在主张中显示的联系人或发起人内部的相关部门。
4. 确定发起人的角色，例如，跟单信用证的受益人或指定银行，或见索即付保函的受益人或担保人。
5. 指争议中的其他一个或多个当事人（见第 4 条第（1）款）。如果有多个答辩人，则分别列出，必要时使用以下可用的额外空间。
6. 指联系人或答辩人内部的相关部门。
7. 确定答辩人的角色，例如，跟单信用证的开证行或保兑行，或反担保函的反担保人。
8. 一个以上答辩人联合提交答复时，每一个答辩人均应在此处签字。

表格3：补充文件

（仅为样本）

该表格可在 www.iccdocdex.org 下载

裁决编号码：

日期：	日：	月：	年：

致：	完成后，此交互式表格应通过电子邮件发送到国际 ADR 中心邮箱 docdex@iccwbo.org。 根据您于××（时间）[1]提出的要求，发起人/答辩人[2]在此根据国际商会 DOCDEX 规则提供以下补充信息。

第一部分：提交补充文件的当事人名称

名称：	发起人/答辩人[3]

这份补充文件是否代表一个以上的当事人提交？

☐是　☐不是

如果是，列出代表其提交的其他当事人：

栏位空间将扩大以适应所提供的信息量。

第二部分：补充文件

对要求提交补充文件的回复

列出所附的信息和证明文件（如有）。

栏位空间将扩大以适应所提供的信息量。

1.

电子附件清单（每个附件另起一行）：

文件标题：	附件号码：

代表

发起人/答辩人的名称[4]：

签字人的姓名和职衔：

签字：

1. 填入日期。
2. 视情况选择。
3. 视情况选择。
4. 视情况选择。列出代表其提交补充文件的任何一个或多个当事人。

附录 2
国际商会跟单信用证统一惯例（UCP600）

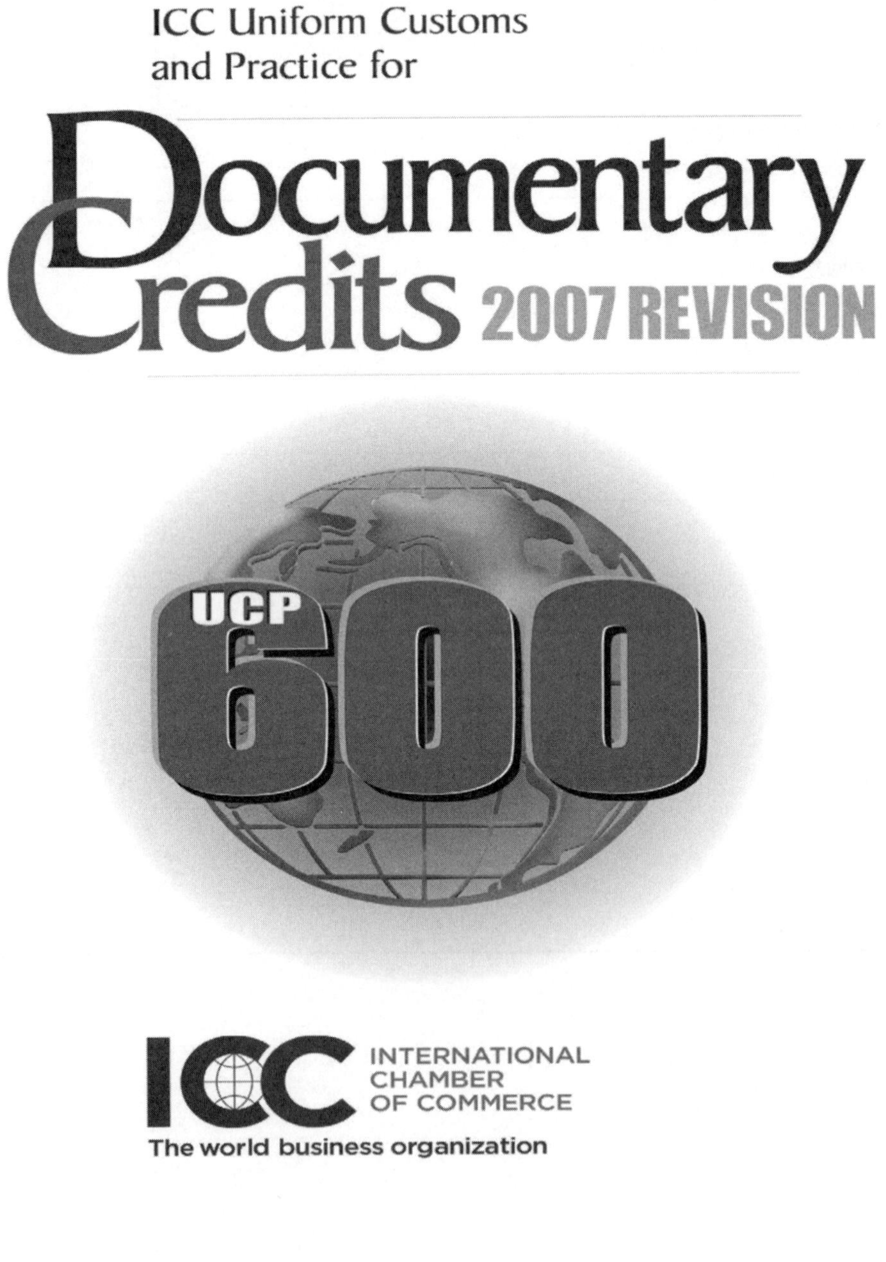

目　录

国际商会于 1993 首先出版《跟单信用证统一惯例》，并于 1951 年、1962 年、1974 年、1983 年及 1993 年出版了修订版。

2006 年 11 月，国际商会执行董事会通过了本修订版，并于 2006 年 12 月作为国际商会第 600 号出版物首先出版。

《跟单信用证统一惯例》的英语版提供了规则的官方文本。条款标题仅作为参考。

国际商会服务机构出版部还出版了官方法语译本。其他语种的翻译及双语版本可以从国际商会国家委员会获取。

请访问 www.iccwbo.org 获取国家委员会的全部名单。

2007 年 1 月重印。

国际商会服务机构
出版部
33-43 avenue du Président Wilson 75116
巴黎

法国

storeiccwbo.org

国际商会第600号出版物
ISBN-10：92-842-1257-X
ISBN-13：978-92-842-1257-6

国际商会跟单信用证统一惯例

第一条
UCP 的适用范围

《跟单信用证统一惯例——2007 年修订本，国际商会第 600 号出版物》（简称“UCP”）乃一套规则，适用于所有的其文本中明确表明受本惯例约束的跟单信用证（下称信用证）（在其可适用的范围内，包括备用信用证）。

除非信用证明确修改或排除，本惯例各条文对信用证所有当事人均具有约束力。

第二条
定义

就本惯例而言

通知行指应开证行的要求通知信用证的银行。

申请人指要求开立信用证的一方。

银行工作日指银行在其履行受本惯例约束的行为的地点通常开业的一天。

受益人指接受信用证并享受其利益的一方。

相符交单指与信用证条款、本惯例的相关适用条款以及国际标准银行实务一致的交单。

保兑指保兑行在开证行承诺之外做出的承付或议付相符交单的确定承诺。

保兑行指根据开证行的授权或要求对信用证加具保兑的银行。

信用证指一项不可撤销的安排，无论其名称或描述如何，该项安排构成开证行对相符交单予以承付的确定承诺。

承付指：

a. **如果信用证为即期付款信用证，则即期付款。**

b. **如果信用证为延期付款信用证，则承诺延期付款并在承诺到期日付款。**

c. **如果信用证为承兑信用证，则承兑受益人开出的汇票并在汇票到期日付款。**

开证行指应申请人要求或者代表自己开出信用证的银行。

议付指指定银行在相符交单下，在其应获偿付的银行工作日当天或之前向受益人预付或者同意预付款项，从而购买汇票（其付款人为指定银行以外的其他银行）及/或单据的行为。

指定银行指信用证可在其处兑用的银行，如信用证可在任一银行兑用，则任何银行均为指定银行。

交单指向开证行或指定银行提交信用证项下单据的行为，或指按此方式提交的单据。

交单人指实施交单行为的受益人、银行或其他人。

第三条
解释

就本惯例而言：

如情形适用，单数词形包含复数含义，复数词形包含单数含义。

信用证是不可撤销的，即使未如此表明。

单据签字可用手签、摹样签字、穿孔签字、印戳、符号或任何其他机械或电子的证实方法为之。

诸如单据须履行法定手续、签证、证明等类似要求，可由单据上任何看似满足该要求的签字、标记、印戳或标签来满足。

一家银行在不同国家的分支机构被视为不同的银行。

用诸如“第一流的”“著名的”“合格的”“独立的”“正式的”“有资格的”或“本地的”等词语描述单据的出单人时，允许除受益人之外的任何人出具该单据。

除非要求在单据中使用，否则诸如“迅速地”“立刻地”或“尽快地”等词语将被不予理会。

“在或大概在（on or about）”或类似用语将被视为规定事件发生在指定日期的前后五个日历日之间，起讫日期计算在内。

“至（to）”“直至（until、till）”“从……开始（from）”及“在……之间（between）”等词用于确定发运日期时包含提及的日期，使用“在……之前（before）”及“在……之后（after）”时则不包含提及的日期。

“从……开始（from）”及“在……之后（after）”等词用于确定到期日时不包含提及的日期。

“前半月”及“后半月”分别指一个月的第一日到第十五日及第十六日到该月的最后一日，起讫日期计算在内。

一个月的“开始（beginning）”“中间（middle）”及“末尾（end）”分别指第一到第十日、第十一日到第二十日及第二十一日到该月的最后一日，起讫日期计算在内。

第四条
信用证与合同

a. 就其性质而言，信用证与可能作为其开立基础的销售合同或其他合同是相互独立的交易，即使信用证中含有对此类合同的任何援引，银行也与该合同无关，且不受其约束。因此，银行关于承付、议付或履行信用证项下其他义务的承诺，不受申请人基于与开证行或与受益人之间的关系而产生的任何请求或抗辩的影响。

受益人在任何情况下不得利用银行之间或申请人与开证行之间的合同关系。

b. 开证行应劝阻申请人试图将基础合同、形式发票等文件作为信用证组成部分的做法。

第五条
单据与货物、服务或履约行为

银行处理的是单据，而不是单据可能涉及的货物、服务或履约行为。

第六条
兑用方式、截止日和交单地点

a. 信用证必须规定可在其处兑用的银行，或是否可在任一银行兑用。规定在指定银行兑用的信用证同时也可以在开证行兑用。

b. 信用证必须规定其是以即期付款、延期付款、承兑还是议付的方式兑用。

c. 信用证不得开成凭以申请人为付款人的汇票兑用。

d. i. 信用证必须定一个交单的截止日。规定的承付或议付的截止日将被视为交单的截止日。

ii. 可在其处兑用信用证的银行所在地即为交单地点。可在任一银行兑用的信用证其交单地点为任一银行所在地。除规定的交单地点外，开证行所在地也是交单地点。

e. 除非如第二十九条 a 款规定的情形，否则受益人或者代表受益人的交单应在截止日当天或之前完成。

第七条
开证行责任

a. 只要规定的单据提交给指定银行或开证行，并且构成相符交单，则开证行必须承付，如果信用证为以下情形之一：

i. 信用证规定由开证行即期付款，延期付款或承兑；

ii. 信用证规定由指定银行即期付款但其未付款；

iii. 信用证规定由指定银行延期付款但其未承诺延期付款，或虽已承诺延期付款，但未在到期日付款；

iv. 信用证规定由指定银行承兑，但其未承兑以其为付款人的汇票，或虽然承兑了汇票，但未在到期日付款；

v. 信用证规定由指定银行议付但其未议付。

b. 开证行自开立信用证之时起即不可撤销地承担承付责任。

c. 指定银行承付或议付相符交单并将单据转给开证行之后，开证行即承担偿付该指定银行的责任。对承兑或延期付款信用证下相符交单金额的偿付应在到期日办理，无论指定银行是否在到期日之前预付或购买了单据。开证行偿付指定银行的责任独立于开证行对受益人的责任。

第八条
保兑行责任

a. 只要规定的单据提交给保兑行，或提交给其他任何指定银行，并且构成相符交单，保兑行必须：

i. 承付，如果信用证为以下情形之一：

a）信用证规定由保兑行即期付款、延期付款或承兑；

b）信用证规定由另一指定银行延期付款，但其未付款；

c）信用证规定由另一指定银行延期付款，但其未承诺延期付款，或虽已承诺延期付款但未在到期日付款；

d）信用证规定由另一指定银行承兑，但其未承兑以其为付款人的汇票，或虽已承兑汇票未在到期日付款；

e）信用证规定由另一指定银行议付，但其未议付。

ii. 无追索权地议付，如果信用证规定由保兑行议付。

b. 保兑行自对信用证加具保兑之时起即不可撤销地承担承付或议付的责任。

c. 其他指定银行承付或议付相符交单并将单据转往保兑行之后，保兑行即承担偿付该指定银行的责任。对承兑或延期付款信用证下相符交单金额的偿付应在到期日办理，无论指定银行是否在到期日之前预付或购买了单据。

保兑行偿付指定银行的责任独立于保兑行对受益人的责任。

d. 如果开证行授权或要求一银行对信用证加具保兑，而其并不准备照办，则其必须毫不延误地通知开证行，并可通知此信用证而不加保兑。

第九条
信用证及其修改的通知

a. 信用证及其任何修改可以经由通知行通知给受益人。非保兑行的通知行通知信用及修改时不承担承付或议付的责任。

b. 通知行通知信用证或修改的行为表示其已确信信用证或修改的表面真实性，而且其通知准确地反映了其收到的信用证或修改的条款。

c. 通知行可以通过另一银行（“第二通知行”）向受益人通知信用证及修改。第二通知行通知信用证或修改的行为表明其已确信收到的通知的表面真实性，并且其通知准确地反映了收到的信用证或修改的条款。

d. 经由通知行或第二通知行通知信用证的银行必须经由同一银行通知其后的任何修改。

e. 如一银行被要求通知信用证或修改但其决定不予通知，则应毫不延误地告知自其处收到信用证、修改或通知的银行。

f. 如一银行被要求通知信用证或修改但其不能确信信用证、修改或通知的表面真实性，则应毫不延误地通知看似从其处收到指示的银行。如果通知行或第二通知行决定仍然通知信用证或修改，则应告知受益人或第二通知行其不能确信信用证、修改或通知的表面真实性。

第十条
修改

a. 除第三十八条另有规定者外，未经开证行、保兑行（如有的话）及受益人同意，信用证既不得修改，也不得撤销。

b. 开证行自发出修改之时起，即不可撤销地受其约束。保兑行可将其保兑扩展至修改，并自通知该修改时，即不可撤销地受其约束。但是，保兑行可以选择将修改通知受益人而不对其加具保兑。若然如此，其必须毫不延误地将此告知开证行，并在其给受益人的通知中告知受益人。

c. 在受益人告知通知修改的银行其接受该修改之前，原信用证（或含有先前被接受的修改的信用证）的条款对受益人仍然有效。受益人应提供接受或拒绝修改的通知。如果受益人未能给予通知，当交单与信用证以及尚未表示接受的修改的要求一致时，即视为受益人已作出接受修改的通知，并且从此时起，该信用证被修改。

d. 通知修改的银行应将任何接受或拒绝的通知转告发出修改的银行。

e. 对同一修改的内容不允许部分接受，部分接受将被视为拒绝修改的通知。

f. 修改中关于除非受益人在某一时间内拒绝修改否则修改生效的规定应被不予理会。

第十一条
电讯传输的和预先通知的信用证和修改

a. 以经证实的电讯方式发出的信用证或信用证修改即被视为有效的用证或修改文据，任何后续的邮寄确认书应被不予理会。

如电讯声明“详情后告”（或类似用语）或声明以邮寄确认书为有效信用证或修改，则该电讯不被视为有效信用证或修改。开证行必须随即不迟延地开立有效信用证或修改，其条款不得与该电讯矛盾。

b. 开证行只有在准备开立有效信用证或作出有效修改时，才可以发出关于开立或修改信用证的初步通知（预先通知）。开证行作出该预先通知，即不可撤销地保证不迟延地开立或修改信用证，且其条款不能与预先通知相矛盾。

第十二条
指定

a. 除非指定银行为保兑行，对于承付或议付的授权并不赋予指定银行承付或议付的义务，除非该指定银行明确表示同意并且告知受益人。

b. 开证行指定一银行承兑汇票或做出延期付款承诺，即为授权该指定银行预付或购买其已承兑的汇票或已做出的延期付款承诺。

c. 非保兑行的指定银行收到或审核并转递单据的行为并不使其承担承付或议付的责任，也不构成其承付或议付的行为。

第十三条
银行之间的偿付安排

a. 如果信用证规定指定银行（“索偿行”）向另一方（“偿付行”）获取偿付时，必须同时规定该偿付是否按信用证开立时有效的 ICC 银行间偿付规则进行。

b. 如果信用证没有规定偿付遵守 ICC 银行间偿付规则，则按照以下规定：

i. 开证行必须给予偿付行有关偿付的授权，授权应符合信用证关于兑用方式的规定，且不应设定截止日。

ii. 开证行不应要求索偿行向偿付行提供与信用证条款相符的证明。

iii. 如果偿付行未按信用证条款见索即偿，开证行将承担利息损失以及产生的任何其他费用。

iv. 偿付行的费用应由开证行承担。然而，如果此项费用由受益人承担，开证行有责任在信用证及偿付授权中注明。如果偿付行的费用由受益人承担，该费用应在偿付时从付给索偿行的金额中扣取。如果偿付未发生，偿付行的费用仍由开证行负担。

c. 如果偿付行未能见索即偿，开证行不能免除偿付责任。

第十四条
单据审核标准

a. 按指定行事的指定银行、保兑行（如果有的话）及开证行须审核交单，并仅基于单据本身确定其是否在表面上构成相符交单。

b. 按指定行事的指定银行、保兑行（如有的话）及开证行各有从交单次日起至多五个银行工作日用以确定交单是否相符。这一期限不因在交单日当天或之后信用证截止日或最迟交单日届至而受到缩减或影响。

c. 如果单据中包含一份或多份受第十九、二十、二十一、二十二、二十三、二十四或二十五条规制的正本运输单据，则须由受益人或其代表在不迟于本惯例所指的发运日之后的二十一个日历日内交单，但是在任何情况下都不得迟于信用证的截止日。

d. 单据中的数据，在与信用证、单据本身以及国际标准银行实务参照解读时，无须与该单据本身中的数据、其他要求的单据或信用证中的数据等同一致、但不得矛盾。

e. 除商业发票外，其他单据中的货物、服务或履约行为的描述，如果有的话，可使用与信用证中的描述不矛盾的概括性用语。

f. 如果信用证要求提交运输单据、保险单据或者商业发票之外的单据，却未规定出单人或其数据内容，则只要提交的单据内容看似满足所要求单据的功能，且其他方面符合第十四条 d 款，银行将接受该单据。

g. 提交的非信用证所要求的单据将被不予理会，并可被退还给交单人。

h. 如果信用证含有一项条件，但未规定用以表明该条件得到满足的单据，银行将视为未作规定并不予理会。

i. 单据日期可以早于信用证的开立日期，但不得晚于交单日期。

j. 当受益人和申请人的地址出现在任何规定的单据中时，无须与信用证或其他规定单据中所载相同，但必须与信用证中规定的相应地址同在一国。联络细节（传真、电话、电子邮件及类似细节）作为受益人和申请人地址的一部分时将被不予理会。然而，如果申请人的地址和联络细节为第十九、二十、二十一、二十二、二十三、二十四或二十五条规定的运输单据上的收货人或通知方细节的一部分时，应与信用证规定的相同。

k. 在任何单据中注明的托运人或发货人无须为信用证的受益人。

l. 运输单据可以由任何人出具，无须为承运人、船东、船长或租船人，只要其符合第十九、二十、二十一、二十二、二十三或二十四条的要求。

第十五条
相符交单

a. 当开证行确定交单相符时，必须承付。

b. 当保兑行确定交单相符时，必须承付或者议付并将单据转递给开证行。

c. 当指定银行确定交单相符并承付或议付时，必须将单据转递给保兑行或开证行。

第十六条
不符单据、放弃及通知

a. 当按照指定行事的指定银行、保兑行（如有的话）或者开证行确定交单不符时，可以拒绝承付或议付。

b. 当开证行确定交单不符时，可以自行决定联系申请人放弃不符点。然而这并不能延长第十四条 b 款所指的期限。

c. 当按照指定行事的指定银行、保兑行（如有的话）或开证行决定拒绝承付或议付时，必须给予交单人一份单独的拒付通知。

该通知必须声明：

i. 银行拒绝承付或议付；及

ii. 银行拒绝承付或者议付所依据的每一个不符点；及

iii. a）银行留存单据听候交单人的进一步指示；或者

b）开证行留存单据直到其从申请人处接到放弃不符点的通知并同意接受该放弃，或者其同意接受对不符点的放弃之前从交单人处收到其进一步指示；或者

c）银行将退回单据；或者

d）银行将按之前从交单人处获得的指示处理。

d. 第十六条

c 款要求的通知必须以电讯方式，如不可能，则以其他快捷方式，在不迟于自交单之翌日起第五个银行工作日结束前发出。

e. 按照指定行事的指定银行、保兑行（如有的话）或开证行在按照第十六条 c 款 iii 项 a）或 b）发出了通知后，可以在任何时候将单据退还交单人。

f. 如果开证行或保兑行未能按照本条行事，则无权宣称交单不符。

g. 当开证行拒绝承付或保兑行拒绝承付或者议付，并且按照本条发出了拒付通知后，有权要求返还已偿付的款项及利息。

第十七条
正本单据及副本

a. 信用证规定的每一种单据须至少提交一份正本。

b. 银行应将任何带有看似出单人的原始签名、标记、印戳或标签的单据视为正本单据，除非单据本身表明其非正本。

c. 除非单据本身另有说明，在以下情况下，银行也将其视为正本单据：

i. 单据看似由出单人手写、打字、穿孔或盖章；或者

ii. 单据看似使用出单人的原始信纸出具；或者

iii. 单据声明其为正本单据，除非该声明看似不适用于提交的单据。

d. 如果信用证要求提交单据的副本，提交正本或副本均可。

e. 如果信用证使用诸如“一式两份（in duplicate）”“两份（in two fold）”“两套（in two copies）”等用语要求提交多份单据，则提交至少一份正本，其余使用副本即可满足要求，除非单据本身另有说明。

第十八条
商业发票

a. 商业发票：

i. 必须看似由受益人出具（第三十八条规定的情形除外）；

ii. 必须出具成以申请人为抬头（第三十八条 g 款规定的情形除外）；

iii. 必须与信用证的货币相同；且

iv. 无须签名。

b. 按指定行事的指定银行、保兑行（如有的话）或开证行可以接受金额大于信用证允许金额的商业发票，其决定对有关各方均有约束力，只要该银行对超过信用证允许金额的部分未作承付或者议付。

c. 商业发票上的货物、服务或履约行为的描述应该与信用证中的描述一致。

第十九条
涵盖至少两种不同运输方式的运输单据

a. 涵盖至少两种不同运输方式的运输单据（多式或联合运输单据），无论名称如何，必须看似：

i. 表明承运人名称并由以下人员签署：

◆ 承运人或其具名代理人，或

◆ 船长或其具名代理人。

承运人、船长或代理人的任何签字，必须标明其承运人、船长或代理人的身份。

代理人签字必须表明其系代表承运人还是船长签字。

ii. 通过以下方式表明货运站物已经在信用证规定的地点发送、接管或已装船。

◆ 预先印就的文字，或者

◆ 表明货物已经被发送、接管或装船日期的印戳或批注。

运输单据的出具日期将被视为发送、接管或装船的日期，也即发运的日期。然而如单据以印戳或批注的方式表明了发送、接管或装船日期，该日期将被视为发运日期。

iii. 表明信用证规定的发送、接管或发运地点，以及最终目的地，即使：

a）该运输单据另外还载明了一个不同的发送、接管或发运地点或最终目的地，或者，

b）该运输单据载有“预期的”或类似的关于船只，装货港或卸货港的限定语。

iv. 为唯一的正本运输单据，或者，如果出具为多份正本，则为运输单据中表明的全套单据。

v. 载有承运条款和条件，或提示承运条款和条件参见别处（简式/背面空白的运输单据）。银行将不审核承运条款和条件的内容。

vi. 未表明受租船合同约束。

b. 就本条而言，转运指在从信用证规定的发送、接管或者发运地点最终目的地的运输过程中从某一运输工具上卸下货物并装上另一运输工具的行为（无论其是否为不同的运输方式）。

c. i. 运输单据可以表明货物将要或可能被转运，只要全程运输由同一运输单据涵盖。

ii. 即使信用证禁止转运，注明将要或者可能发生转运的运输单据仍可接受。

第二十条
提单

a. 提单，无论名称如何，必须看似：

i. 表明承运人名称，并由下列人员签署：

◆ 承运人或其具名代理人，或者

◆ 船长或其具名代理人。

承运人，船长或代理人的任何签字必须标明其承运人，船长或代理人的身份。

代理人的任何签字心须标明其系代表承运人还是船长签字。

ii. 通过以下方式表明货物已在信用证规定的装货港装上具名船只：

◆ 预先印就的文字，或

◆ 已装船批注注明货物的装运日期。

提单的出具日期将被视为发运日期，除非提单载有表明发运日期的已装船批注，此时已装船批注中显示的日期将被视为发运日期。

如果提单载有“预期船只”或类似的关于船名的限定语，则需以已装船批注明确发运日期以及实际船名。

iii. 表明货物从信用证规定的装货港发运至卸货港。

如果提单没有表明信用证规定的装货港为装货港，或者其载有“预期的”或类似的关于装货港的限定语，则需以已装船批注表明信用证规定的装货港、发运日期以及实际船名。即使提单以预先印就的文字表明了货物已装载或装运于具名船只，本规定仍适用。

iv. 为唯一的正本提单，或如果以多份正本出具，为提单中表明的全套正本。

v. 载有承运条款和条件，或提示承运条款和条件参见别外（简式/背面空白的提单）。银行将不审核承运条款和条件的内容。

vi. 未表明受租船合同约束。

b. 就本条而言，转运系指在信用证规定的装货港到卸货港之间的运输过程中，将货物从一船卸下并再装上另一船的行为。

c. i. 提单可以表明货物将要或可能被转运，只要全程运输由同一提单涵盖。

ii. 即使信用证禁止转运，注明将要或可能发生转运的提单仍可接受，只要其表明货物由集装箱、拖车或子船运输。

d. 提单中声明承运人保留转运权利的条款将被不予理会。

第二十一条
不可转让的海运单

a. 不可转让的海运单，无论名称如何，必须看似：

i. 表明承运人名称并由下列人员签署：

◆ 承运人或其具名代理人，或者

◆ 船长或其具名代理人。

承运人、船长或代理人的任何签字必须标明其承运人、船长或代理人的身份。

代理签字必须标明其系代表承运人还是船长签字。

ii. 通过以下方式表明货物已在信用证规定的装货港装上具名船只：

◆ 预先印就的文字，或者

◆ 已装船批注表明货物的装运日期。

不可转让海运单的出具日期将被视为发运日期，除非其上带有已装船批注注明发运日期，此明已装船批注注明的日期将被视为发运日期。

如果不可转让海运单载有“预期________船只”或类似的关于船名的限定语，则需要以已装船批注表明发运日期和实际船名。

iii. 表明货物从信用证规定的装货港发运至卸货港。

如果不可转让海运单未以信用证规定的装货港为装货港，或者如果其载有“预期的”或类似的关于装货港的限定语，则需要以已装船批注表明信用证规定的装货港、发运日期和船只。即使不可转让海运单以预先印就的文字表明货物已由具名船只装载或装运，本规定也适用。

iv. 为唯一的正本不可转让海运单，或如果以多份正本出具，为海运单上注明的全套正本。

v. 载有承运条款的条件，或提示承运条款和条件参见别处（简式/背面空白的海运单）。银行将不审核承运条款和条件的内容。

vi. 未注明受租船合同约束。

b. 就本条而言，转运系指在信用证规定的装货港到卸货之间的运输过程中，将货物从一船卸下并装上另一船的行为。

c. i. 不可转让海运单可以注明货物将要或可能被转运，只要全程运输由同一海运单涵盖。

ii. 即使信用证禁止转运，注明转运将要或可能发生的不可转让的海运单仍可接受，只要其表明货物装于集装箱，拖船或子船中运输。

d. 不可转让的海运单中声明承运人保留转运权利条款将被不予理会。

第二十二条
租船合同提单

a. 表明其受租船合同约束的提单（租船合同提单），无论名称如何，必须看似：

i. 由以下员签署：

◆ 船长或其具名代理人，或

◆ 船东或其具有名代理人，或

◆ 租船人或其具有名代理人。

船长、船东、租船人或代理人的任何签字必须标明其船长、船东、租船人或代理人的身份。

代理人签字必须表明其系代表船长、船东还是租船人签字。

代理人代表船东或租船人签字时必须注明船东或租船人的名称。

ii. 通过以下方式表明货物已在信用证规定的装货港装上具名船只：

◆ 预先印就的文字，或者

◆ 已装船批注注明货物的装运日期

租船合同提单的出具日期将被视为发运日期，除非租船合同提单载有已装船批注注明发运日期，此时已装船批注上注明的日期将被视为发运日期。

iii. 表明货物从信用证规定的装货港发运至卸货港。卸货港也可显示为信用证规定的港口范围或地理区域。

iv. 为唯一的正本租船合同提单，或如以多份正本出具，为租船合同提单注明的全套正本。

b. 银行将不审核租船合同，即使信用证要求提交租船合同。

第二十三条
空运单据

a. 空运单据，无论名称如何，必须看似：

i. 表明承运人名称，并由以下人员签署：

◆ 承运人，或

◆ 承运人的具名代理人。

承运人或其代理人的任何签字必须标明其承运人或代理人的身份。

代理人签字必须表明其系代表承运人签字。

ii. 表明货物已被收妥待运。

iii. 表明出具日期。该日期将被视为发运日期，除非空运单据载有专门批注注明实际发运日期，此时批注中的日期将被视为发运日期。

空运单据中其他与航班号和航班日期相关的信息将不被用来确定发运日期。

iv. 表明信用证规定的起飞机场和目的地机场。

v. 为开给发货人或托运人的正本，即使信用证规定提交全套正本。

vi. 载有承运条款和条件，或提示条款和条件参见别处。银行将不审核承运条款和条件的内容。

b. 就本条而言，转运是指在信用证规定的起飞机场到目的地机场的运输过程中，将货物从一飞机卸下再装上另一飞机的行为。

c. i. 空运单据可以注明货物将要或可能转运，只要全程运输由同一空运单据涵盖。

ii. 即使信用证禁止转运，注明将要或可能发生转运的空运单据仍可接受。

第二十四条
公路、铁路或内陆水运单据

a. 公路、铁路或内陆水运单据，无论名称如何，必须看似：

i. 表明承运人名称，并且由承运人或其具名代理人签署，或者

◆ 由承运人或其具名代理人以签字、印戳或批注表明货物收讫。

承运人或其具名代理人的收货签字、印戳或批注必须标明其承运人或代理人的身份。

代理人的收货签字、印戳或批注必须标明代理人系代理承运人签字或行事。

如果铁路运输单据没有指明承运人，可以接受铁路运输公司的任何签字或印戳作为承运人签署单据的证据。

ii. 表明货物的信用规定地点的发运日期，或者收讫待运或待发送的日期。运输单据的出具日期将被视为发运日期，除非运输单据上盖有带日期的收货印戳，或注明了收货日期或发运日期。

iii. 表明信用证规定的发运地及目的地。

b. i. 公路运输单据必须看似为开给发货人或托运人的正本，或没有任何标记表明单据开给何人。

ii. 注明“第二联”的铁路运输单据将被作为正本接受。

iii. 无论是否注明正本字样，铁路或内陆水运单据都被作为正本接受。

c. 如运输单据上未注明出具的正本数量，提交的份数即视为全套正本。

d. 就本条而言，转运是指在信用证规定的发运、发送或运送的地点到目的地之间的运输过程中，在同一运输方式中从一运输工具卸下再装上另一运输工具的行为。

e. i. 只要全程运输由同一运输单据涵盖，公路、铁路或内陆水运单据可以注明货物将要或可能被转运。

ii. 即使信用证禁止转运，注明将要或可能发生转运的公路、铁路或内陆水运单据仍可接受。

第二十五条
快递收据、邮政收据或投邮证明

a. 证明货物收讫待运的快递收据，无论名称如何，必须看似：

i. 表明快递机构的名称，并在信用证规定的货物发运地点由该具名快递机构盖章或签字；并且

ii. 表明取件或收件的日期或类似词语，该日期将被视为发运日期。

b. 如果要求显示快递费用付讫或预付，快递机构出具的表明快递费由收货人以外的一方支付的运输单据可以满足该项要求。

c. 证明货物收讫待运的邮政收据或投邮证明，无论名称如何，必须看似在信用证规定的货物发运地点盖章或签署并注明日期。该日期将被视为发运日期。

第二十六条
“货装舱面”“托运人装载和计数”“内容据托运人报称”及运费之外的费用

a. 运输单据不得表明货物装于或者将装于舱面。声明货物可能装于舱面的运输单据条款可以接受。

b. 载有诸如“托运人装载和计数”或“内容据托运人报称”条款的运输单据可以接受。

c. 运输单据上可以以印戳或其他方法提及运费之外的费用。

第二十七条
清洁运输单据

银行只接受清洁运输单据，清洁运输单据指未载有明确宣称货物或包装有缺陷的条款或批注的运输单据。“清洁”一词并不需要在运输单据上出现，即使信用证要求运输单据为“清洁已装船”的。

第二十八条
保险单据及保险范围

a. 保险单据，例如保险单或预约保险项下的保险证明书或者声明书，必须看似由保险公司或承保人或其代理人或代表出具并签署。

b. 如果保险单据表明其以多份正本出具，所有正本均须提交。

c. 暂保险单将不被接受。

d. 可以接受保险单代预约保险项下的保险证明书或声明书。

e. 保险单据日期不得晚于发运日期，除非保险单据表明保险责任不迟于发运日生效。

f. i. 保险单据必须表明投保金额并以与信用证相同的货币表示。

ii. 信用证对于投保金额为货物价值、发票金额或类似金额的某一比例的要求，将被视为对最低保额的要求。

如果信用证对投保金额未做规定，投保金额须至少为货物的 CIF 或 CIP 价格的 110%。

如果从单据中不能确定 CIF 或者 CIP 价格，投保金额必须基于要求承付或议付的金额，或者基于发票上显示的货物总值来计算，两者之中取金额较高者。

iii. 保险单据须表明承保的风险区间至少涵盖从信用证规定的货物接管地或发运地开始到卸货地或最终目的地为止。

g. 信用证应规定所需投保的险别及附加险（如有的话）。如果信用证使用诸如“通常风险”或“惯常风险”等含义不确切的用语，则无论是否有漏保之风险，保险单据将被照样接受。

h. 当信用证规定投保“一切险”时，如保险单据载有任何“一切险”批注或条款，无论是否有“一切险”标题，均将被接受，即使其声明任何风险除外。

i. 保险单据可以援引任何除外条款。

j. 保险单据可以注明受免赔率或免赔额（减除额）约束。

第二十九条
截止日或最迟交单日的顺延

a. 如果信用证的截止日或最迟交单日适逢接受交单的银行非因第三十六条所述原因而歇业，则截止日或最迟交单日，视何者适用，将顺延至其重新开业的第一个银行工作日。

b. 如果在顺延后的第一个银行工作日交单，指定银行必须在其致开证行或保兑行的面函中声明交单是在根据第二十九条 a 款顺延的期限内提交的。

c. 最迟发运日不因第二十九条 a 款规定的原因而顺延。

第三十条
信用证金额、数量与单价的伸缩度

a.“约”或“大约”用于信用证金额或信用证规定的数量或单价时，应解释为允许有关金额或数量或单价有不超过 10%的增减幅度。

b. 在信用证未以包装单位件数或货物自身件数的方式规定货物数量时，货物数量允许有 5%的增减幅度，只要总支取金额不超过信用证金额。

c. 如果信用证规定了货物数量，而该数量已全部发运，及如果信用证规定了单价，而该单价又未降低，或当第三十条 b 款不适用时，则即使不允许部分装运，也允许支取的金额有 5%的减幅。若信用证规定有特定的增减幅度或使用第三十条 a 款提到的用语限定数量，则该减幅不适用。

第三十一条
部分支款或部分发运

a. 允许部分支款或部分发运。

b. 表明使用同一运输工具并经由同次航程运输的数套运输单据在同一次提交时，只要显示相同目的地，将不视为部分发运，即使运输单据上表明的发运日期不同或装货港、接管地或发运地点不同。如果交单由数套运输单据构成，其中最晚的一个发运日将被视为发运日。

含有一套或数套运输单据的交单，如果表明在同一种运输方式下经由数件运输工具运输，即使运输工具在同一天出发运往同一目的地，仍将被视为部分发运。

c. 含有一份以上快递收据、邮政收据或投邮证明的交单，如果单据看似由同一快递或邮政机构在同一地点和日期加盖印戳或签字并且表明同一目的地，将不视为部分发运。

第三十二条
分期支款或分期发运

如信用证规定在指定的时间段内分期支款或分期发运，任何一期未按信用证规定期限支取或发运时，信用证对该期及以后各期均告失效。

第三十三条
交单时间

银行在其营业时间外无接受交单的义务。

第三十四条
关于单据有效性的免责

银行对任何单据的形式、充分性、准确性、内容真实性，虚假性或法律效力，或对单据中规定或添加的一般或特殊条件，概不负责；银行对任何单据所代表的货物、服务或其他履约行为的描述、数量、重量、品质、状况、包装、交付、价值或其存在与否，或对发货人、承运人、货运代理人、收货人、货物的保险人或其他任何人的诚信与否、作为或不作为、清偿能力、履约或资信状况，也概不负责。

第三十五条
关于信息传递和翻译的免责

当报文、信件或单据按照信用证的要求传输或发送时，或当信用证未作指示，银行自行选择传送服务时，银行对报文传输或信件或单据的递送过程中发生的延误、中途遗失、残缺或其他错误产生的后果，概不负责。

如果指定银行确定交单相符并将单据发往开证行或保兑行，无论指定银行是否已经承付或议付，开证行或保兑行必须承付或议付，或偿付指定银行，即使单据在指定银行送往开证行或保兑行的途中，或保兑行送往开证行的途中丢失。

银行对技术术语的翻译或解释上的错误，不负责任，并可不加翻译地传送信用证条款。

第三十六条
不可抗力

银行对由于天灾、暴动、骚乱、叛乱、战争、恐怖主义行为或任何罢工、停工或其无法控制的任何其他原因导致的营业中断的后果，概不负责。

银行恢复营业时，对于在营业中断期间已逾期的信用证，不再进行承付或议付。

第三十七条
关于被指示方行为的免责

a. 为了执行申请人的指示，银行利用其他银行的服务，其费用和风险由申请人承担。

b. 即使银行自行选择了其他银行，如果发出的指示未被执行，开证行或通知行对此亦不负责。

c. 指示另一银行提供服务的银行有责任负担被指示方因执行指示而发生的任何佣金、手续费、成本或开支（“费用”）。

如果信用证规定费用由受益人负担，而该费用未能收取或从信用证款项中扣除，开证行依然承担支付此费用的责任。

信用证或其修改不应规定向受益人的通知以通知行或第二通知行收到其费用为条件。

d. 外国法律和惯例加诸银行的一切义务和责任，申请人应受其约束，并就此对银行负补偿之责。

第三十八条
可转让信用证

a. 银行无办理信用证转让的义务，除非其明确同意。

b. 就本条而言：

可转让信用证系指特别注明“可转让（transferable）”字样的信用证。可转让信用证可应受益人（第一受益人）的要求转为全部或部分由另一受益人（第二受益人）兑用。

转让行系指办理信用证转让的指定银行，或当信用证规定可在任何银行兑用时，指开证行特别如此授权并实际办理转让的银行。开证行也可担任转让行。

已转让信用证指已由转让行转为可由第二受益人兑用的信用证。

c. 除非转让时另有约定，有关转让的所有费用（诸如佣金、手续费，成本或开支）须由第一受益人支付。

d. 只要信用证允许部分支款或部分发运，信用证可以分部分地转让给数名第二受益人。

已转让信用证不得应第二受益人的要求转让给任何其后受益人。第一受益人不视为其后受益人。

e. 任何转让要求须说明是否允许及在何条件下允许将修改通知第二受益人。已转让信用证须明确说明该项条件。

f. 如果信用证转让给数名第二受益人，其中一名或多名第二受益人对信用证修改的拒绝并不影响其他第二受益人接受修改。对接受者而言该已转让信用证即被相应修改，而对拒绝改的第二受益人而言，该信用证未被修改。

g. 已转让信用证须准确转载原证条款，包括保兑（如果有的话），但下列项目除外：

◆ 信用证金额，

◆ 规定的任何单价，

◆ 截止日，

◆ 交单期限，或

◆ 最迟发运日或发运期间。

以上任何一项或全部均可减少或缩短。

必须投保的保险比例可以增加，以达到原信用证或本惯例规定的保险金额。

可用第一受益人的名称替换原证中的开证申请人名称。

如果原证特别要求开证申请人名称应在除发票以外的任何单据出现时，已转让信用证必须反映该项要求。

h. 第一受益人有权以自己的发票和汇票（如有的话）替换第二受益人的发票的汇票，其金额不得超过原信用证的金额。经过替换后，第一受益人可在原信用证项下支取自己发票与第二受益人发票间的差价（如有的话）。

i. 如果第一受益人应提交其自己的发票和汇票（如有的话），但未能在第一次要求的照办，或第一受益人提交的发票导致了第二受益人的交单中本不存在的不符点，而其未能在第一次要求时修正，转让行有权将从第二受益人处收到的单据照交开证行，并不再对第一受益人承担责任。

j. 在要求转让时，第一受益人可以要求在信用证转让后的兑用地点，在原信用证的截止日之前（包括截止日），对第二受益人承付或议付。本规定并不得损害第一受益人在第三十八条 h 款下的权利。

k. 第二受益人或代表第二受益人的交单必须交给转让行。

第三十九条
款项让渡

信用证未注明可转让，并不影响受益人根据所适用的法律规定，将该信用证项下其可能有权或可能将成为有权获得的款项让渡给他人的权利。本条只涉及款项的让渡，而不涉及在信用证项下进行履行行为的权利让渡。

《跟单信用证统一惯例关于电子交单的附则》1.1 版本

介　绍

本出版物的官方名称《跟单信用证统一惯例关于电子交单的附则》(版本 1.1)，使用了其首字母缩略词“eUCP”。

在起草 UCP 的过程中，国际商会各国家委员会指出，由于 eUCP 1.0 版本的有限使用，eUCP 应该作为 UCP 的附则。版本 1.1 因此独自更新以反映 UCP 中就交单的术语及风格做出的改动。

eUCP 继续规定了定义，允许 UCP600 的术语适应等同于纸质单据的电子交单，并规定了必要的规则允许两套规则共同使用。额 UCP 运行电子交单或纸质及电子交单混合。

很重要的一点是，eUCP 读者需了解 UCP 的许多条款并未受到等同于纸质单据的电子交单的影响，并且不需要任何改动以适应电子交单。

共同解读时，UCP 及 eUCP 都规定了电子交单的必要规则，并且范围足够广泛以应对未来在该领域的发展。UCP 中使用的具体措辞及语句在 eUCP 中进行了解释。除非另外说明，这些定义只要出现在 UCP 中均适用。eUCP 版本 1.1 系针对 UCP600，并且，必要时，在下一版 UCP 修订前可以随着技术的发展而修改。基于此目的，eUCP 以版本号码出版，以允许出现需求时修订及其后的版本。

eUCP 已特别起草为独立于具体的技术及发展中的电子商务系统即，它不提及需要便利电子交单的具体技术或系统。这些技术正在发展，留待信用证各方当事人对遵循 eUCP 要求的电子记录提交所使用的技术或系统达成一致意见。

盖瑞 • 考利尔

公司董事

荷兰银行，伦敦，英国

及国际商会银行技术与惯例委员会国际商会技术顾问

2006 年 11 月

第 e1 条

eUCP 的范围

a. 《跟单信用证统一惯例关于电子交单的附则》(“eUCP”) 是对《跟单信用证统一惯例》(2007 年修订本，国际商会出版物 No.600) (“UCP”) 的补充，以适应单独提交或与纸单据混合提交电子记录的情形。

b. 当信用证表明受 eUCP 约束时，eUCP 作为 UCP 的附则适用。

c. 本文本版本号为 1.1，信用证必须表明适用的 eUCP 版本，否则即受开证日的有效版本约束，或如果信用证因受益人接受的修改而受 eUCP 约束，则受在该修改日期有效的版本约束。

第 e2 条

eUCP 与 UCP 的关系

a. 受 eUCP 约束的信用证 (“eUCP 信用证”) 也适用 UCP，而无须将 UCP 明确纳入信用证。

b. 当 eUCP 适用时，如其与适用 UCP 产生不同结果，应以 eUCP 规定为准。

c. 如果 eUCP 信用证允许受益人在提交纸单据或电子记录两者之间进行选择，而其选择了只提交纸单据，则该笔交单仅适用 UCP。如果 eUCP 信用证只允许提交纸单据，则仅适用 UCP。

第 e3 条

定义

a. UCP 使用的下列词语，为了将 UCP 适用于 eUCP 信用证项下提交的电子记录的目的，解释为：

i. "表面看似）（appear on their face）" 以及类似用语适用于审核电子记录的数据内容。

ii. "单据（document）" 应包括电子记录。

iii. 电子记录的 "交单地点（place for presentation）" 意指一电子地址。

iv. "签署（sign）" 及类似用语应包括电子签名。

v. "添加的（superimposed）""批注（notation）" 或 "盖印戳的（stamped）" 意指在电子记录中其增补特征明显的数据内容。

b. 在 eUCP 中使用的下列用语应具有以下含义：

i. "电子记录" 意指

* 以电子方法创建的、产生的、发送的、传送的、收到的或储存的数据
* 其发送人的表面身份，其包含的数据的表面来源及其是否保持完整和未被更改、可以被证实；并且
* 能够根据 eUCP 信用证条款审核期相符性。

ii. "电子签名" 意指附加于或与一份电子记录有逻辑关联的数据过程，被签字人完成或采用以表明签字人身份及其对电子记录的证实。

iii. "格式" 意指表达电子记录的数据组织形式或电子记录提到的数据组织形式。

iv. "纸单据" 意指传统的纸面形式的单据。

v. "收到" 意指电子记录以系统可接受的形式进入相关收件人信息系统的时间。任何对收到的确认并不意味着在 eUCP 信用证下对该电子记录的接受或拒绝。

第 e4 条

格式

eUCP 信用证必须指定应提交的电子记录的格式，如未指定，则可以任何格式提交。

第 e5 条

交单

a. eUCP 信用证：

i. 允许提交电子记录者，必须注明提交电子记录的地点。

ii. 允许提交电子记录和纸单据这，还必须注明提交纸单据的地点。

b. 电子记录可以分别提交，并且不需要在同一时间提交。

c. 如果 eUCP 信用证允许提交一份或多份电子记录，受益人有责任向接受交单的银行提供表明交单结束的通知。该结束通知可以电子记录或纸单据方式做出，必须注明其所关联的 eUCP 信用证。如果未收到受益人的通知，将被认为未曾交单。

d. i. 在 eUCP 信用证下提交的每份电子记录以及提交的纸单据，必须注明据以交单的 eUCP 信用证。

ii. 未如此注明的交单被视为未曾收到。

e. 如果将接收交单的银行在营业中，但在规定的截止日及/或发运日后的最迟交单日（视何种情形适用），其系统不能接收传来的电子记录，则视其为歇业，最迟交单日及/或截止日应延展至银行能够接收电子记录的下一个银行工作日。如果尚待提交的电子记录只剩下结束通知，则可以用电讯方式或纸单据提交，并被视为及时，只要其在该银行能够接收电子记录之前发出。

f. 不能被证实的电子记录将被视为未曾提交。

第 e6 条

审核

a. 如果电子记录包含一个与外部系统的超级链接，或指明电子记录可参照一外部系统审核，则超级链接中的或参照的外部系统在的电子记录应被视为是需要审核的电子记录。在审核时，如指明的系统不能提供所需电子记录的读取条件，则构成不符点。

b. 指定银行按指定转递电子记录的行为表明其已确信电子记录的表面真实性。

c. 开证行或保兑行（如有的话）无法审核 eUCP 信用证所要求格式的电子记录，或当未要求格式时，无法审核提交的电子记录，这一情形不构成拒付的依据。

第 e7 条

拒付通知

a. i. 审单时限自收到受益人的结束通知之银行工作日的下一个银行工作日起算。

i. 如果提交单据或结束通知的时间被延展，审单时限自接收交单的银行能够接收结束通知的第一个银行工作日起算。

ii. 如果开证行、保兑行（如有的话）或按其指定行事的指定银行对包含电子记录的交单发出了拒付通知，在发出拒付通知后 30 天内未收到被通知方关于电子记录的处理指示，银行应退还交单人以前尚未退还的任何纸单据，但可以其认为合适的任何方式处理电子记录而不承担任何责任。

第 e8 条

正本与副本

UCP 或 eUCP 信用证要求提供一份或多份电子记录正本或副本时，提交一份电子记录即满足此要求。

第 e9 条

出具日期

除非电子记录载有具体的出具日期，则看似出单人发出电子记录的日期即被视为出具日期。如果没有显示其他日期，则电子记录的收到日期被视为发出日期。

第 e10 条

运输

如果证明运输的电子记录没有表明货物发运或发送日期，电子记录的发出日期将被视为货物发运或发送日期。但如果电子记录载有证明发运或发送日期的批注时，该批注日期将被视为发运或发送日期。显示附加数据内容的批注无需另行签名或以其他方式证实。

第 e11 条

电子记录在提交后变损

a. 如果开证行、保兑行或其他指定银行收到的电子记录看似已经变损，银行可通知交单人，也可要求再次提交电子记录。

b. 如果银行要求再次提交电子记录：

 i. 则审单时限中止，俟交单人再次提交电子记录时恢复；

 ii. 如果指定银行不是保兑行，则必须将其关于再次交单的要求知会开证行和任何保兑行，并告知时限中止；但是

 iii. 如果该电子记录在 30 天内未被再次提交，该银行可以将该电子记录视为未提交过，并且

 iv. 任何限期不得延展。

第 e12 条

根据 eUCP 提交电子记录时的额外免责

除通过使用商业上可接受的用于接收、证实和识别电子记录的数据过程可发现者外，银行审核电子记录的表面真实性的行为并不使其对发送人身份、信息来源、完整性或未被更改性承担更多责任。

附录 3
关于审核 UCP600 下单据的国际标准银行实务（ISBP）

目　录

预先考虑事项[①]

总则

汇票及付款到期日计算

① 译者注：英文原稿遗漏“预先考虑事项”部分的内容，中文译稿补充完备。

背书
更正与更改（“更正”）
以申请人为付款人的汇票

发票

发票名称
发票出具人
货物、服务或履约行为的描述及发票的其他一般性事项
分期支款或装运

涵盖至少两种不同运输方式的运输单据（“多式或联合运输单据”）

UCP600 第 19 条的适用
多式运输单据的出具、承运人、承运人身份的识别及签署
装船批注、装运日期、收货、发送或接管地、装货港或出发机场
最终目的地、卸货港或目的机场
正本多式运输单据
收货人、指示方、托运人和背书、被通知人
转运、部分装运以及提交多套多式运输单据时交单期限的确定
清洁多式运输单据
货物描述
目的地交货代理名称与地址的显示
更正与更改（“更正”）
运费和额外费用
凭多套多式运输单据放货

提单

UCP600 第 20 条的适用
提单的出具、承运人、承运人身份的识别及签署
装船批注、装运日期、前程运输、收货地及装货港
卸货港
正本提单
收货人、指示方、托运人和背书、被通知人
转运、部分装运以及提交多套提单时交单期限的确定
清洁提单
货物描述
卸货港交货代理人名称与地址的显示
更正和更改（“更正”）
运费和额外费用
凭多套提单放货

不可转让的海运单

UCP600 第 21 条的适用
不可转让的海运单的出具、承运人、承运人身份的识别及签署
装船批注、装运日期、前程运输、收货地及装货港
卸货港
正本不可转让的海运单
收货人、指示方、托运人和被通知人
转运、部分装运以及提交多套不可转让的海运单时交单期限的确定
清洁不可转让的海运单
货物描述
卸货港交货代理人名称与地址的显示
更正和更改（“更正”）
运费和额外费用

租船提单

UCP600 第 22 条的适用
租船提单的签署
装船批注、装运日期、前程运输、收货地及装货港
卸货港
正本租船提单
收货人、指示方、托运人和背书、被通知人
部分装运以及提交多套租船提单时交单期限的确定
清洁租船提单
货物描述
更正和更改（“更正”）
运费和额外费用
凭多套租船提单放货
租船合同

空运单据

UCP600 第 23 条的适用
空运单据的出具、承运人、承运人的身份识别及签署
接受待运、装运日期和对实际发送日期的要求
出发地机场和目的地机场
正本空运单据
收货人、指示方和被通知人
转运、部分装运以及提交多套空运单据时交单期限的确定
清洁空运单据
货物描述

更正和更改（“更正”）
运费和额外费用

公路、铁路或内陆水运单据

UCP600 第 24 条的适用
公路、铁路或内陆水运单据的承运人、承运人的身份识别及签署
公路、铁路或内陆水运单据的正本和第二联
收货人、指示方和被通知人
转运、部分装运以及提交多套公路、铁路或内陆水运单据时交单期限的确定
清洁公路、铁路或内陆水运单据
货物描述
更正和更改（“更正”）
运费和额外费用

保险单据及承保范围

UCP600 第 28 条的适用
保险单据出具人、签署及正本
日期
保险金额和比例
承保险别
被保险人和背书
保险单据的一般条款和条件
保费

原产地证明书

基本要求和功能体现
原产地证明书出具人
原产地证明书内容

装箱单，装箱说明或装箱条（“装箱单”）

基本要求和功能体现
装箱单出具人
装箱单内容

重量单，重量说明或重量单（“重量单”）

基本要求和功能体现
重量单的出具人

重量单的内容

受益人证明书

基本要求和功能体现

受益人证明书签署

受益人证明书内容

分析、检验、健康、植物检疫、数量、质量和任何其他证明书（“证明书”）

基本要求和功能体现

证明书出具人

证明书内容

预先考虑事项

适用范围

i. 本出版物应连同 UCP600 解读，而非孤立理解。

ii. 本出版物所述的实务着眼于，在信用证或其任何修改的条款未明确修改或排除 UCP600 某项适用条款的范围内，UCP600 条款应如何解释和应用。

信用证和修改的申请、信用证及其任何修改的开立

iii. 信用证和其任何修改的条款独立于基础销售合同或其他合同，即便信用证或修改明确提及了该销售合同或其他合同。在商定销售合同或其他合同条款时，有关各方应认识到其对于完成信用证或修改申请随之造成的影响。

iv. 各有关方如对信用证或修改申请、以及信用证或其任何修改的开立的细节加以谨慎关注，审单阶段出现的许多问题能够得以避免或解决。申请人和受益人应审慎考虑所要求提交的单据、单据的出具人、单据的数据内容和单据的交单期限。

v. 申请人承担其开立或修改信用证的指示中所有模糊不清导致的风险。除非申请人明确作出相反指示，开证行可采取必要或适当的方式补充或细化开立或修改信用证的指示，以便信用证或其任何修改可使用。开证行应确保其所开立的任何信用证或修改的条款没有模糊不清或互相矛盾之处。

vi. 申请人和开证行应充分了解 UCP600 的内容，并认识到 UCP 条文解释条款的方式可能 产生预料之外的结果，诸如第 3 条、第 14 条、第 19 条、第 20 条、第 21 条、第 23 条、第 24 条、第 28（i）条、第 30 条和第 31 条。例如，在多数情况下，如信用证要求提交提单且禁止转运，则信用证必须排除 UCP600 第 20（c）条方能使禁止转运发生效力。

vii. 信用证或其任何修改不应要求提交由申请人出具、签署或副签的单据。然而，如果开立的信用证或修改含有此类规定，那么受益人应考虑其合理性，并确定自身满足此规定的能力，或者寻求适当的修改。

总则

缩略语

A1 普遍公认的缩略语可以在单据中用来代替词语，反之亦然，诸如但不限于，用“Int’l” 代替“International（国际）”，“Co.”代替“Company（公司）”，“kgs”或“kos”代替“kilograms（千克）”或“kilos（千克、千米）”，“Ind”代替 “Industry（工业）”，“Ltd.”代替“Limited（有限）”，“mfr”代替“manufacturer（制造商）”，或者用“mt”代替“metric tons（公吨）”。如信用证文本中含有缩略语，则允许单据显示相同的缩略语或者含义相同的任何其他缩略语，或显示全称，反之亦然。

A2 a. 斜线（即，斜线符号“/”）可能导致不同的含义，不应用来替代词语。然而，如果仍然使用了斜线，且上下文含义不明，这将允许使用一种或多种选择。例如，信用证中规定的条件为“红色/黑色/蓝色（Red/Black/Blue）”，且未做进一步澄清，这将表示颜色可以仅为红色、或仅为黑色、或仅为蓝色，或是它们

的任意组合。

b. 如使用逗号来表明信用证中的一系列数据内容[1]，诸如装货港或卸货港或原产 地国，可能导致不同的含义，不应用来替代词语。然而，如果仍然使用了逗号，且上下文含义不明，这将允许使用一种或多种选择。例如，如信用证允许部分装运，并表明装货港信息为"汉堡、鹿特丹、安特卫普（Hamburg，Rotterdam，Antwerp）"，且未做进一步澄清，这将表示装货港可以仅为汉堡、或仅为鹿特丹、或仅为安特卫普，或是它们的任意组合。

证明书、证明、申明和声明

A3 如信用证要求证明书（certificate）、证明（certification）、申明（declaration）或声明（statement），该单据须经签署。

A4 证明书（certificate）、证明（certification）、申明（declaration）或声明（statement）是否需要注明日期，要取决于所要求的证明书（certificate）、证明（certification）、申明（declaration）或声明（statement）的类型、其所要求的措辞和单据中显示的措辞。

例如，如信用证要求提交由承运人或其代理人出具的证明书，标明船龄不超过 25 年，该证明书可注明下述内容以表明相符：

a. 船舶建造的日期或年份，且该日期或年份在装运日期或装运所发生年份之前未超过 25 年，在该种情况下，不需要显示出具日期；或者

b. 信用证规定的措辞，在此情况下，需显示出具日期，由此证实到该出具日期为止，船龄未超过 25 年。

A5 如证明（certification）、申明（declaration）或声明（statement）须显示在经签署并注明日期的单据中，只要该证明（certification）、申明（declaration）或声明（statement）看似由出具并签署该单据的同一实体作出，该单据不需要另行签字或注明日期。

UCP600 第 19-25 条涵盖的运输单据的副本

A6 a. 如信用证要求提交 UCP600 第 19-25 条所涵盖的运输单据的副本时，相关条款并不适用，因为这些条款仅适用于正本运输单据。运输单据的副本就仅在信用证明确规定的范围内审核，否则要根据 UCP600 第 14（f）条审核。

b. 副本运输单据上显示的任何数据内容，在与信用证、单据本身以及国际标准银行实务参照解读时，无需与该单据本身、任何其他规定的单据或信用证中的数据内容等同一致，但不得矛盾。

c. UCP600 第 19-25 条涵盖的运输单据的副本不适用于 UCP600 第 14（c）条规定的 21 个日历日的默认交单期限或者信用证规定的任何交单期限，除非信用证明确规定了确定该交单期限的依据。否则，交单可在任何时间作出，但是无论如何不得迟于信用证的失效日[2]。

① 译者注：data 具有多重含义，视单据或信用证的情况可为与数字相关的内容、纯文字性内容、纯文字及数字内容的组合等。UCP600 中将 data 翻译为数据，为避免误解为仅指和数字相关的内容，此处翻译为"数据内容"。

② 译者注：UCP600 中该词翻译为信用证截止日期，但是由于实务中普遍将此词汇称为" 信用证失效日期"，故按照实务的常用称谓来翻译。值得注意的是，信用证失效日期当日的交单并非过期交单。

更正与更改（“更正”）

A7 a. i. 除汇票（参见第 B16 段）外，受益人出具的单据中数据内容的任何更正均无需证实。

ii. 如受益人出具的单据已经合法化、签证或证明等，对数据内容的任何更正须由至少一个对单据实施合法化、签证或证明等的实体进行证实。该证实须注明证实更正实体的名称，方法是：要么使用含有该实体名称的印戳，要么另外加注该证实实体的名称并随附其签字或小签[①]。

b. i. 在非受益人出具的单据上，单据数据内容的任何更正须看似由单据出具人或一实体作为其代理人或代表或代（或代表）（for ［or on behalf of］）出具人进行证实。该证实须注明证实更正的实体的名称，方式为：使用含有该实体名称的印戳，或另外加注该证实实体的名称并随附其签字或小签。在代理人或代表证实的情况下，须注明其作为代理人或代表代［或代表］ 出具人行事的身份。

ii. 如非受益人出具的单据已经合法化、签证或证明等，在满足第 A7（b）（i）的要求之外，对数据内容的任何更正还须由至少一个对单据实施合法化、签证或证明等的实体进行证实。该证实须注明此证实更正的实体的名称，方式为：使用含有该实体名称的印戳，或另外加注该证实实体的名称并随附其签字或小签。

c. 副本单据中数据内容的任何更正无需证实。

A8 如非受益人出具的单据含有一处以上的更正，要么每处更正须分别进行证实，要么一项证实须注明其适用于所有的更正。例如，如果由×××出具的单据显示出标有 1、2、3 的三处更正，则标明诸如“编号为 1、2、3 的更正由×××证实”的声明或类似措辞，并附有×××的签字或小签，即满足证实要求。

A9 同一份单据中使用多种字体、字号或手写，其本身并不意味着是更正。

寄送单据、通知等的快递收据、邮政收据或邮寄证明

A10 如信用证要求提交快递收据、邮政收据或邮寄证明，以证实寄送单据、通知以及类似文件给具名或规定的实体，该单据须仅在信用证明确规定的范围内审核，否则须根据 UCP600 第 14（f）条而非 UCP600 第 25 条审核。

日期

A11 a. 即使信用证未明确要求：

i. 汇票须注明出具日期；

ii. 保险单据须注明出具日期或第 K10（b）段和第 K11 段中所反映的保险生效日期；以及

iii. 遵循 UCP600 第 19-25 条审核的正本运输单据，视其适用情况，须注明出具日期、含日期的装船批注、装运日期、收妥待运日期、发送或运送日期、接管日期或取件日期或收件日期。

b. 如信用证要求汇票、保险单据或正本运输单据以外的单据注明日期，将通过以下方式满足：在该单据上注明出具日期，或在该单据上援引同一交单下其他单据的日期（例如，在承运人或其代理人出具的证明中显示“日期参见×××号提单”语句），或在规定的单据上显示某一事件的发生日期（例如，在未注明出具日期的检验证明上显示检验日期）。

A12 a. 单据，诸如但不限于分析证明、检验证明或熏蒸证明，注明的出具日期可以晚于装运日期。

---

① 译者注：英文含义是“姓名首字母”，中国实务中多用“小签”的说法。

b. 如信用证要求单据证实装运前发生的事件（例如，“装运前检验证明”），该单据须通过其标题、内容或出具日期表明该事件（例如，检验）发生在装运日当天或之前。

c. 如信用证要求单据，诸如但不限于“检验证明”，并不表明要求该单据必须证实装运前发生的事件，且其日期无需早于装运日期。

A13 注明出具日期和较晚签署日期的单据应被视为在签署之日出具。

A14 a. 如信用证使用短语来表示某个日期或事件的前后时间，适用如下解释：

i. “不晚于（日期或事件）之后 2 天 [not later than 2 days after（date or event）]”，指最迟日期。如果要求通知或单据注明的日期不得早于某个特定日期或事件，那么信用证应如此规定。

ii. “至少在（日期或事件）之前 2 天 [at least 2 days before（date or event）]”，指某个行为或事件不得晚于该日期或事件前 2 天发生。该行为或事件最早可何时发生则无限制。

b. i. 就计算期间而言，“在……之内（within）”一词与某个日期或事件关联使用时将排除该日期或该事件日期。例如，“在（日期或事件）的 2 天之内 [within 2 days of（date or event）]”，指 5 天期间，开始于某个日期或事件发生前的 2 天，直至该日期或事件发生后的 2 天。

ii. “在……之内（within）”一词之后接某个日期、或援引一可确定的日期或事件，将包括该日期或该事件日期。例如，“在 5 月 14 日之内交单（presentation to be made within 14 May）”，或“在信用证有效期之内（或信用证失效日期前）交单 [presentation is to be made within credit validity（or credit expiry）]”且信用证失效日期为 5 月 14 日，这表示 5 月 14 日是允许交单的最后一天，只要 5 月 14 日是银行工作日。

A15 如使用“从……起（from）”和“在……之后（after）”这两个词语来确定装运日期、某一事件日期或某份单据日期之后的到期日或交单期限，用于计算期限时不包括该日期。例如，装运日期若是 5 月 4 日，装运日后 10 天或从装运日起 10 天，均指 5 月 14 日。

A16 只要从单据或同一交单中的其他单据上能够确定该单据上试图表明的日期，该日期可以使用任何格式表示。例如，2013 年 5 月 14 日可以表示为 14 May 13，14.05.2013，14.05.13，2013.05.14，05.14.13，130514 等。为避免模糊不清带来的风险，建议使用大写表示月份。

单据与方框、栏位或空白处填写的必要性

A17 单据上留有填写数据内容的方框、栏位或空白处，并不必然表示该方框、栏位或空白处须填写。例如，空运单上常见的标题为“账户信息（Accounting information）”或“处理信息（Handling information）”的方框中并不要求填写数据内容。同样参见第 A37 段关于方框、栏位或空白处中显示签字的规定。

UCP600 运输条款不适用的单据

A18 a. 与货物运输有关的一些常用单据，诸如但不限于提货通知、提货单、货物收据、运输行收货证明、运输行装运证明、运输行运输证明、运输行货物收据和大副收据，并非 UCP600 第 19-25 条所规定的运输单据。这些单据仅在信用证明确规定的范围内审核，否则根据 UCP600 第 14（f）条审核。

b. i. 就第 A18（a）段提及的单据而言，信用证中单据须在装运日之后若干天内提交的条件将不予理会，且该交单可在任何时候作出，但是在任何情况下都不得晚于信用证的失效日期。

ii. UCP600 第 14（c）条规定的 21 个日历日的默认交单期，仅适用于交单包含 UCP600 第 19-25 条所涵盖的一份或多份正本运输单据的情形。

c. 就第 A18（a）段所提及的单据的交单期限而言，信用证应明确规定该交单要在相关单据的出具日期或该单据提到的某个日期之后的若干天内提交（例如，如信用证要求提交名称为货物收据的单据，规定“单据不晚于货物收据日期后 10 天提交”）。

UCP600 未定义的用语

A19 “装运单据”“过期单据可接受”“第三方单据可接受”“第三方单据不可接受”“出口国”“船公司”以及“所交单据可接受”这些用语不应在信用证中使用，因为 UCP600 对此未作定义。然而，如果信用证中仍然使用了这些用语且没有解释其含义，那么根据国际标准银行实务，其含义如下：

a.“装运单据”指信用证要求的所有单据，但不包括汇票、电讯传送报告以及证实寄送单据的快递收据、邮政收据或邮寄证明。

b.“过期单据可接受”指单据可以晚于装运日后 21 个日历日提交，只要其不晚于信用证失效日期。这在信用证明确规定交单期限和“过期单据可接受”这一条件时也适用。

c.“第三方单据可接受”指信用证或 UCP600 未规定出具人的所有单据，除汇票外，可以由受益人以外的具名个人或实体出具。

d.“第三方单据不可接受”没有意义并将不予理会。

e.“出口国”指下述的国家之一：受益人居住地国、货物原产地国、承运人货物接收地国、货物装运地或发送地国。

f.“船公司”用于与运输单据有关的证明书、证明或申明中的出具人时- 指以下的任何一方：承运人、船长，或如系提交租船提单，则为租船提单的船长、船东或租船人，或表明作为上述任何一方代理人身份的任何实体，不管其是否出具或签署了所提交的运输单据。

g.“所交单据可接受”指交单可以包括一种或多种所规定的单据，只要其在信用证的有效日期之内提交，且支款金额在信用证的可兑用范围之内。单据将不另行根据信用证或 UCP600 审核其相符性，包括是否提交所要求的正本或副本份数。

单据出具人

A20 如信用证要求单据由具名个人或实体出具，单据看似由该具名个人或实体使用其函头出具，或者当没有函头时，单据看似已由该具名个人或实体或其代表完成或签署，即满足要求。

语言

A21 a. 如信用证规定了所需提交的单据的语言，信用证或 UCP600 要求的数据内容须以该语言显示。

b. 如信用证对所需提交的单据的语言未作规定，单据可以任何语言出具。

c. i. 如信用证允许两种或多种语言，保兑行或按指定行事的指定银行可以限制可接受语种的数量作为其承担该信用证下责任的条件，并且在此情况下，单据上的数据内容仅能以可接受的某种或多种语言显示。

ii. 如信用证允许单据中的数据内容以两种或两种以上的语言显示，且保兑行或按指定行事的指定银行未限制语言或可接受语种的数量作为其承担该信用证下责任的条件，则需审核单据中以所有可接受语言显示的数据内容。

d. 银行不审核以非信用证规定或允许的语言所添加的数据内容。

e. 尽管第 A21（a）和（d）段有所规定，个人或实体的名称、任何印戳、合法化、背书或类似内容，以及单据上显示的预先印就的文字，诸如但不限于栏位抬头，可以非信用证规定的语言显示。

数学计算

A22 如提交的单据显示数学计算，银行仅确定所显示有关标准方面的总量，诸如金额、数量、重量或包装件数，与信用证或任何其他规定的单据不相矛盾。

拼写或打字错误

A23 拼写或打字错误如不影响单词或其所在句子的含义，则不构成单据不符。例如，在货物描述中的"machine（机器）"显示为"mashine"，"fountain pen（钢笔）"显示为"fountan pen"，或"model（型号）"显示为"modle"，根据 UCP600 第 14（d）条，均不被视为数据内容矛盾。但是，根据该条款，货物描述，例如，"model 321（型号 321）"显示为"model 123（型号 123）"，将被视为数据内容矛盾。

多页单据和附件或附文

A24 如单据包含不止一页，必须能够确定这些不同页属于同一份单据。除非单据另有说明，无论其名称或标题如何，多页被装订在一起、按序编号或含有内部交叉援引即满足要求，并将作为同一份单据进行审核，即便有些页张被视为附件或附文。

A25 如要求一份多页单据载有签字或背书，而信用证或单据自身未规定在何处显示签字或背书，签字或背书可以出现在该单据的任何位置。

非单据化条件和数据矛盾

A26 如信用证含有一项条件，但未规定用以表明该条件得到满足的单据（"非单据化条件"），则无需在任何规定单据上证明遵从该条件。然而，规定单据中含有的数据内容不得与非单据化条件相矛盾。例如，如信用证规定"使用木箱包装（packing in wooden cases）"，且未规定该数据内容须显示在任何的规定单据上，在任何规定单据上表明不同的包装类型就将被视为数据内容矛盾。

正本和副本

A27 带有明显为出具人的原始签名、标记、印戳或标签的单据将被视为正本，除非其声明为副本。银行对该签名、标记、印戳或标签是采用手写还是摹样方式不予判定，因此，带有这种证实方式的任何单据均符合 UCP600 第 17 条的要求。

A28 单据出具一份以上正本时，可以标注为"正本（original）""第二联（duplicate）""第三联（triplicate）""第一正本（first original）""第二正本（second original）"等。任何这些标注并不使单据丧失其正本资格。

A29 a. 提交的单据正本数量须至少为信用证或 UCP600 所要求的数量。

b. 除了第 H12 和 J7（c）段另有规定外，如运输单据或保险单据注明已出具的正本份数，则该单据所注明的正本份数均需提交。

c. 如信用证要求提交少于全套正本运输单据，（例如，“2/3 正本提单”），但却未规定其余正本提单的任何处置指示，交单可以包括 3/3 正本提单。

d. 如信用证要求提交，例如：

i. “发票（Invoice）”“一份发票（One Invoice）”“发票一份（Invoice in 1 copy）”或“发票一份（Invoice - 1 copy）”，这将被理解为要求一份正本发票。

ii. “发票四份（Invoice in 4 copies）”或“发票四份（Invoice in 4 fold）”，则提交至少一份正本发票，其余任何份数为副本即满足要求。

iii. “发票复印件（photocopy of invoice）”或“发票副本（copy of invoice）”，则提交一份发票复印件或一份副本发票，或在未予禁止时，提交一份正本发票，即满足要求。

iv. “已签署发票的复印件（photocopy of a signed invoice）”，则提交一份看似已签署的正本发票的复印件或副本，或在未予禁止时，提交一份已签署的正本发票，即满足要求。

A30 a. 如信用证禁止提交正本单据，例如，通过规定“发票复印件——不接受正本单据代替复印件（photocopy of invoice – original document not acceptable in lieu of photocopy）”或类似措辞，则仅须提交发票复印件或标明为副本的发票。

b. 如信用证要求提交一份副本运输单据，并规定了对该单据所有正本的处置指示，交单不得包括该单据任一正本。

A31 a. 如信用证、单据本身（除第 A37 段的规定外）或 UCP600 要求，则正本单据须签署。

b. 单据副本无需签署，也无需注明日期。

唛头

A32 如信用证明确规定唛头的细节，载有唛头的单据须显示该细节。单据唛头中的数据内容，无需与其在信用证或任何其他规定单据中的顺序相同。

A33 通过额外信息，诸如但不限于货物类型、处理易碎货物的警告或货物毛净重，某一单据上显示的唛头可以显示其数据内容超出通常所认为的“唛头”或信用证明确规定的“唛头”。

A34 a. 集装箱货物的运输单据经常在“唛头”或类似抬头中仅仅显示带有或不带有铅封号的集装箱号码，而其他单据显示了更详尽的唛头细节，并不因此构成矛盾。

b. 一些单据的唛头显示了第 A33 和 A34（a）段中所提及的额外信息而其他单据没有显示，根据 UCP600 第 14（d）条，不被视为数据内容矛盾。

签字

A35 a. 第 A31（a）段提及的签字无需手写。单据的签署也可以使用摹样签字（例如，预先印就或扫描的签字）、穿孔签字、印戳、符号（例如，印章）或任何机械或电子的证实方式。

b. 如要求单据须“签字并盖章（signed and stamped）”或类似要求，单据载有第 A35（a）段所述的签字形式，并以打字、印戳、手写、预先印就或扫描等方式显示签署实体的名称，即满足要求。

c. 单据上声明诸如“本单据已经电子证实（This document has been electronically authenticated）”或“本单据已经以电子方式缮制且不要求签字（This document has been produced by electronic means and requires no signature）”或类似效果的措辞，根据 UCP600 第 3 条签字要求，其本身不表示一种电子证实方式。

d. 单据上声明可以通过在明确提及的网址（URL）上确认或获得证实，根据 UCP600 第 3 条签字要求，这构成一种电子证实的方式。银行将不进入该网址以确认或获得该证实。

A36 a. 除非另有说明，在具名个人或实体的函头信笺上的签字将被视为该具名个人或实体的签字。在签字旁无需重复该具名个人或实体的名称。

b. 如单据的签署人表明其为（或代表）出具人的分支机构签署，该签字视同由出具人签署。

A37 单据上留有签字的方框、栏位或空白处，其本身并不表示该方框、栏位或空白处必须载有签字。例如，在空运单上常见的名称为“托运人或其代理人的签字（Signature of shipper or their agent）”的空白处，或者在公路运输单据上常见的名称为“托运人的签字（signature of shipper）”的空白处，并不要求载有签字。关于方框、栏位或空白处显示数据内容的要求，同时参见第 A17 段。

A38 如单据含有诸如“未经（个人或实体的名称）副签（或签署）本单据无效［This document is not valid unless countersigned（or signed）by（name of the person or entity）］”或类似效果的措辞，相应的方框、栏位或空白处须载有副签此单据的该个人或实体的签字和名称。

单据名称及联合单据

A39 单据可以表明信用证要求的名称，或相似名称，或没有名称。单据内容必须看似满足所要求单据的功能。例如，信用证要求“装箱单（Packing List）”，提交的单据含有包装细节即满足要求，无论其名称是否为“装箱单（Packing List）”“装箱记录（Packing Note）”“装箱和重量单（Packing and Weight List）”等，或者没有名称。

A40 信用证要求的单据应分别提交。然而，例如，要求一份正本装箱单和一份正本重量单，则提交两份正本装箱与重量联合单据也满足要求，只要该单据表明了包装和重量两项细节。

A41 如信用证要求单据涵盖不止一项功能，可以提交看似满足每项功能的单一单据或分开的单据。例如，如信用证要求提交质量和数量证明书，提交单一的质量和数量证明书，或提交分开的质量证明书和数量证明书均可满足要求，只要每种单据看似满足其功能，且提交了信用证所要求的正本与副本份数。

汇票及付款到期日计算

基本要求

B1 a. 在要求汇票的情况下，汇票付款人应作成信用证中规定的银行。

b. 银行仅在第 B2 段至第 B17 段所述的范围内审核汇票。

付款期限

B2 a. 汇票显示的付款期限必须与信用证条款一致。

b. 如信用证要求汇票的付款期限不是见票即付或见票后定期付款，则必须能够根据汇票自身记载内容确定付款到期日。

例如，如信用证要求汇票的付款期限为提单日期后 60 天，且提单日期为 2013 年 5 月 14 日，则汇票必须以下列方式之一显示付款期限：

i. “提单日期 2013 年 5 月 14 日后 60 天”；或者，

ii. “2013 年 5 月 14 日后 60 天”；或者，

iii. “提单日期后 60 天”，且在汇票表面的其他地方注明“提单日期 2013 年 5 月 14 日”；或者，

iv. “出票日后 60 天”，且出票日期与提单日期相同；或者，

v. “2013 年 7 月 13 日”，即提单日期后 60 天。

c. 如汇票的付款期限为，例如，提单日期后 60 天，装船日期将被视为提单日期，即便装船日期早于或晚于提单出具日期。

d. 如使用词语“从……起（from）”和“在……之后（after）”确定汇票的付款到期日，表示到期日将从单据日期、装运日期或信用证规定的事件日期的次日起算，例如，从 5 月 4 日起 10 天或 5 月 4 日之后 10 天，均为 5 月 14 日。

e. i. 如信用证要求提交提单、并要求汇票付款期限做成，例如提单日期后 60 天或从提单日期起 60 天，且提交的提单表明货物从一条船卸下后再装上另一条船，并显示了不止一个注明日期的装船批注，表明每一装运均从信用证允许的地理区域或港口范围内的港口装运，其中最早的装船日期将被用于计算付款到期日。例如，信用证要求从欧洲任何港口装运，且提单显示货物于 5 月 14 日在都柏林装上 A 船，于 5 月 16 日在鹿特丹转运装上 B 船时，汇票的付款期限应显示为在欧洲港口的最早装船日期后 60 天，即 5 月 14 日后 60 天。

ii. 如信用证要求提交提单、并要求汇票付款期限作成诸如提单日期后 60 天或从提单日期起 60 天，且提交的提单显示货物从信用证允许的地理区域或港口范围内的多个港口装运上同一条船，并显示了不止一个注明日期的装船批注，其中最迟的装船日期将被用于计算付款到期日。例如，信用证要求从欧洲任何港口装运，且提单显示部分货物于 5 月 14 日在都柏林装上 A 船，其余部分于 5 月 16 日在鹿特丹装上同一条船时，汇票的付款期限应显示为在欧洲港口的最迟装船日期后 60 天，即 5 月 16 日后 60 天。

iii. 如信用证要求提交提单、并要求汇票付款期限作成，例如提单日期后 60 天或从提单日起 60 天，且在同一汇票项下提交了多套提单，其中的最迟装船日期，将被用于计算付款到期日。

B3 尽管第 B2（e）（i-iii）段的举例涉及的是提单日期，但是相同原则适用于在任何情况下对付款到期日的确定。

付款到期日

B4 如汇票使用实际日期表示付款到期日，则该日期必须反映信用证条款。

B5 如汇票作成，例如，“见票后 60 天”，付款到期日确定如下：

a. 在相符交单的情况下，付款到期日为向受票银行，即开证行、保兑行或同意按指定行事的指定银行（“付款银行”）交单之日后 60 天。

b. 在不符交单的情况下：

i. 如付款银行未发出拒付通知，则付款到期日为向其交单之日后 60 天；

ii. 如付款银行为开证行且其已发出拒付通知时，则付款到期日最迟为开证行接受申请人放弃不符点之日后 60 天；

iii. 如付款银行非开证行且其已发出拒付通知，则付款到期日最迟为开证行的接受通知书日期后 60

天。如该付款银行不同意按照开证行的接受通知书行事，开证行则承担在到期日承付的责任。

c. 付款银行必须向交单人通知或确认付款到期日。

B6 上述付款期限和付款到期日的计算方法，也适用于延期付款信用证，或不要求受益人提交汇票的议付信用证。

银行工作日、宽限期和汇划延迟

B7 款项必须于到期日在汇票或单据的付款地以立即能被使用的资金支付，只要该到期日为付款地的银行工作日。如到期日为非银行工作日，付款将顺延至到期日后的第一个银行工作日。资金汇划中的延迟，如宽限期、汇划所需时间等，不得超过汇票或单据所载明或约定的到期日。

出票和签署

B8 a. 汇票必须由受益人出具并签署，且必须注明出具日期。

b. 如受益人或第二受益人已变更其名称，而信用证提到的是原名称，只要汇票注明该实体"原名称为（受益人或第二受益人的名称）"或类似措辞，汇票就可以新实体的名称出具。

B9 如信用证仅以银行的 SWIFT 地址代码表示汇票付款人，汇票付款人可以显示为相同的 SWIFT 地址代码或该银行的全名。

B10 如信用证指定由某一银行或任何银行议付，汇票付款人必须作成该指定银行以外的一家银行。

B11 如信用证指定由任何银行承兑，汇票付款人必须作成同意承兑汇票并愿意按指定行事的银行。

B12 如承兑信用证指定：

a. 由某一银行或任何银行承兑，汇票须作成以该指定银行（该行非保兑行）为付款人，且该指定银行决定不按指定行事，受益人可以选择：

i. 如有保兑行，以保兑行为汇票付款人，或者要求将单据按照交单原样转递给保兑行；

ii. 将单据交给同意承兑以其为付款人的汇票并按指定行事的另一家银行（只适用于自由兑用信用证）；或者

iii. 要求将单据按照交单原样转递给开证行，无论是否随附以开证行为付款人的汇票。

b. 由保兑行承兑，汇票付款人作成该保兑行、且交单不符而该保兑行决定不恢复保兑，此时受益人可以要求将单据按照交单原样转递给开证行，无论是否随附以开证行为付款人的汇票。

金额

B13 汇票金额须为交单下要求支款的金额。

B14 如汇票同时显示大小写金额，大写金额须准确反映小写金额，且注明信用证规定的币别。如大小写金额有矛盾，须将大写金额作为支款金额予以审核。

背书

B15 如有必要，汇票须背书。

更正与更改（“更正”）

B16 汇票上记载内容的任何更正，须看似已由受益人加注签字或小签予以证实。

B17 汇票上记载内容如不允许更正，开证行本应在信用证中予以适当规定。

以申请人为付款人的汇票

B18 a. 信用证不得开立成凭以申请人为付款人的汇票而兑用。

b. 然而，如信用证要求以申请人为付款人的汇票作为一种规定单据提交，该汇票须仅在信用证明确规定的范围内予以审核，否则将按照 UCP600 第 14（f）条的规定审核。

发票

发票名称

C1 a. 如信用证要求提交“发票”而未做进一步描述，提交任何类型的发票（如商业发票、海关发票、税务发票、最终发票、领事发票等）即符合要求。然而，发票不得表明为“临时发票”“形式发票”或类似名称。

b. 如信用证要求提交“商业发票”，提交名称为“发票”的单据也符合要求，即便该单据含有供税务使用的声明。

发票出具人

C2 a. 发票必须看似由受益人出具，或者在已转让信用证项下由第二受益人出具。

b. 如受益人或第二受益人已变更其名称，且信用证提及的是原名称，只要发票注明该实体“原名称为（受益人或第二受益人的名称）”或类似措辞，发票就可以新实体的名称出具。

货物、服务或履约行为的描述及发票的其他一般性事项

C3 发票显示的货物、服务或履约行为的描述应与信用证中的描述相符，但不要求镜像一致。例如，货物细节可以在发票上多处显示，只要一并解读时，其表明的货物描述与信用证中的描述相符。

C4 发票上的货物、服务或履约行为的描述必须反映实际装运或交付的货物、提供的服务或履约行为。例如，信用证的货物描述要求装运“10 辆卡车和 5 辆拖拉机”，但仅装运了 4 辆卡车，则只要信用证不禁止部分装运，发票可以显示仅装运 4 辆卡车。发票注明实际装运货物（4 辆卡车）的同时，还可以包含信用证规定的货物描述，即 10 辆卡车和 5 辆拖拉机。

C5 发票显示与信用证规定相符的货物、服务或履约行为描述的同时，也可以显示与货物、服务或履约行为相关的额外数据内容，只要这些数据内容看似不会涉及货物、服务或履约行为的不同性质、等级或类别。

例如，如信用证要求装运“绒面革鞋子”，但是发票将货物描述为“仿造绒面革鞋子”；或如信用证要求“液压钻机”，但是发票将货物描述为“二手液压钻机”，则此类描述反映出货物在性质、等级或类别上的变化。

C6 发票必须显示：

a. 所装运或交付货物的价值、或所提供的服务或履约行为的价值。

b. 单价（如信用证有规定）。

c. 信用证中表明的相同币别。

d. 信用证要求的任何折扣或扣减。

C7 发票可以显示信用证未规定的预付款、折扣等的扣减。

C8 如信用证规定贸易术语作为货物描述的一部分，发票必须显示该贸易术语；而且，如信用证规定了贸易术语的出处，发票就必须显示贸易术语的相同出处。例如，当信用证规定贸易术语为“CIF Singapore Incoterms 2010”时，发票不得显示贸易术语为“CIF Singapore”或“CIF Singapore Incoterms”。但是，如信用证规定贸易术语为“CIF Singapore”或“CIF Singapore Incoterms”，则发票也可以显示贸易术语为“CIF Singapore Incoterms 2010”或任何其他版本。

C9 与单据缮制、运费、保险费之类相关的额外费用和成本，须包含在发票上所显示的与贸易术语相对应的价值之内。

C10 发票无需签署或注明日期。

C11 发票显示的货物的任何总数量、总重量或总尺寸，不应与其他单据显示的同一数据内容相矛盾。

C12 发票不得显示：

a. 超装（UCP600 第 30（b）条规定除外），或者

b. 信用证未规定的货物、服务及履约行为。即便发票中超出信用证所规定数量的货物、服务或履约行为，或者样品和广告材料，都表明为免费，该规定仍然适用。

C13 发票上显示的信用证规定的货物数量可以在 5%的溢短装浮动幅度之内。货物数量最高上浮 5%的变动不允许交单项下的支款金额超过信用证金额。货物数量的 5%溢短装浮动幅度，不适用于下列情形：

a. 信用证规定货物数量不得超过或减少；或者

b. 信用证以包装单位件数或货物自身件数规定数量。

C14 如信用证未规定货物数量，且禁止部分装运，那么发票金额在信用证金额的最多 5%的减幅之内，将被视为发票涵盖全部货物数量，不被视为部分装运。

C15 a. i. 如信用证规定在既定期间内分期支款或分期装运，且任何一期未在所允许的既定期间内支款或装运，则信用证对该期及后续任何各期均停止兑用。既定期间指确定每期开始日期和结束日期的日期或时间序列。例如，信用证要求3月份装运100辆汽车和4月份装运100辆汽车，这分别表示两期，一期开始于3月1日结束于3月31日，另一期开始于4月1日结束于4月30日。

ii. 如信用证允许部分支款或装运，则每期之内都允许任意次数的支款或装运。

b. 如信用证仅规定一些最迟日期而非（第C15（a）（i）段所提及的）既定期间对支款或装运的序时安排加以规定，那么：

i. 这不属于UCP600所规定的分期序时安排，将不适用UCP600第32条。该交单还要符合信用证中有关支款或装运序时安排的任何要求和UCP600第31条规定即可；

ii. 如信用证允许部分支款或部分装运，在每一最迟支款或装运日期当日或之前，都允许任意次数的支款或装运。

涵盖至少两种不同运输方式的运输单据（“多式或联合运输单据”）

UCP600第19条的适用

D1 a. 信用证要求提交涵盖至少两种不同运输方式的运输单据，无论名称如何，这表示该单据的审核将适用UCP600第19条。

b. i. 多式或联合运输单据不得表明货物装运或发送仅用一种运输方式，但就所使用的某些或全部运输方式可不予说明。

ii. 多式或联合运输单据不得含有第G2（a）和（b）段所描述的任何租船合同信息。

c. 如信用证要求提交多式或联合运输单据以外的运输单据，且信用证规定的货物运输路线清楚地表明将使用一种以上的运输方式，例如，若信用证显示内陆收货地或内陆最终目的地，或者装货港或卸货港栏位显示的地点实际上是一个内陆地点而非一港口，该单据的审核就要适用UCP600第19条。

D2 本出版物所使用的“多式运输单据”一词也包括“联合运输单据”。提交的运输单据无需冠以“多式运输单据”“联合运输单据”或类似名称，即使信用证如此命名所要求的单据。

多式运输单据的出具、承运人、承运人身份的识别及签署

D3 a. 多式运输单据可以由承运人或船长以外的任何实体出具，只要其满足UCP600第19条的要求。

b. 如信用证规定“货代多式运输单据可接受（Freight Forwarder's Multimodal Transport Document is acceptable）”，或“运输行多式运输单据可接受（House Multimodal Transport Document is acceptable）”或类似措辞，则多式运输单据可由出具人签署，而不必注明其签署身份或承运人名称。

D4 如信用证规定“货代多式运输单据不可接受（Freight Forwarder's Multimodal Transport Documents are not acceptable）”，或“运输行多式运输单据不可接受（House Multimodal Transport Documents are not acceptable）”或类似措辞，除非信用证对多式运输单据如何出具和签署作出明确要求，否则该规定对多式运

输单据的名称、格式、内容或签署没有任何意义。若无此要求，该规定将不予理会，所提交的多式运输单据须按照 UCP600 第 19 条的要求予以审核。

D5 a. 多式运输单据须按照 UCP600 第 19（a）（i）条规定的方式签署，并注明承运人名称及其承运人身份。

b. 如多式运输单据由承运人的具名分支机构签署，该签字将视同由承运人作出。

c. 如多式运输单据由代理人代理或代表承运人签署，则该代理人须具名，此外，还须表明其签署身份为"承运人（承运人名称）代理［agent for（name），the carrier］或"承运人（承运人名称）代表［agent on behalf of（name），the carrier］"或类似措辞。如承运人在单据的其他地方表明其作为承运人身份，例如，该具名代理人可以作为"承运人代理人（或代表）［agent for（or on behalf of）the carrier］"签署，而无需再次提及承运人名称。

d. 如多式运输单据由船长签署，船长签字须表明"船长"（"master""captain"）身份，无需注明船长姓名。

e. 如多式运输单据由代理人代理或代表船长签署，则该代理人须具名，此外，还须表明其签署身份为"船长代理［agent for the master（or captain）］"或"船长代表［agent on behalf of the master（or captain）］"或类似措辞。无需注明船长姓名。

装船批注、装运日期、收货、发送或接管地、装货港或出发机场

D6 多式运输单据的出具日期将被视为收货、发送或接管、装船或装运日期，除非其载有单独注明日期的批注，表明在信用证规定的地点、港口或机场收货、发送、接管或装船。在后一种情况下，该批注日期将被视为装运日期，不论其早于或晚于多式运输单据的出具日期。单独注明日期的批注也可以显示在指定栏位或方框中。

D7 如信用证要求货物从港口起运，即信用证要求首程为海运，则多式运输单据须显示注明日期的装船批注。在此情况下，第 E6（b）至（d）段也将适用于该多式运输单据。

D8 如信用证要求货物从港口起运，具名装货港应显示在多式运输单据上的装货港栏位。然而，具名装货港也可以显示在标有 "收货地"栏位或类似名称的栏位中，只要单据上有注明日期的装船批注证明货物在"收货地"或类似名称栏位项下的港口已装上具名船只。

D9 多式运输单据须显示信用证规定的收货、发送或接管地、装货港或出发机场。虽然信用证规定收货、发送或接管地、装货港或出发机场，并注明该地点、港口或机场的所在国家，多式运输单据也无需注明该国家名称。

D10 如信用证规定收货、发送或接管地、装货港或出发机场的地理区域或地点范围（例如，"任一欧洲国家"或"汉堡、鹿特丹、安特卫普港"），多式运输单据须显示实际的收货、发送或接管地、装货港或出发机场，且该地点须位于此地理区域或地点范围之内。多式运输单据无需显示此地理区域。

D11 "已装运且表面状况良好（Shipped in apparent good order）""已装载船上（Laden on board）""清洁已装船（clean on board）"，或其他包含"已装运（shipped）"或"已装船（on board）"字样的用语，与"已装船发运（Shipped on board）"具有相同效力。

最终目的地、卸货港或目的机场

D12 a. 如信用证要求货物运送至港口，则具名卸货港应显示在多式运输单据上的卸货港栏位。

b. 然而，该具名卸货港可以显示在标有“最终目的地”栏位或类似名称的栏位中，只要有批注证明卸货港就是 “最终目的地”或类似名称栏位显示的港口。例如，如信用证要求货物运送至费利克斯托港，但费利克斯托港显示为最终目的地而非卸货港，就可以通过“卸货港 费利克斯托”的批注予以证明。

D13 多式运输单据须显示信用证规定的最终目的地、卸货港或目的机场。虽然信用证规定最终目的地、卸货港或目的地机场，并注明该地点、港口或机场的所在国家，多式运输单据也无需注明该国家名称。

D14 如信用证规定最终目的地、卸货港或目的地机场的地理区域或地点范围（例如，“任一欧洲国家”或“汉堡、鹿特丹、安特卫普港”），多式运输单据须显示实际的最终目的地、卸货港或目的机场，且该地点须位于此地理区域或地点范围之内。多式运输单据无需显示此地理区域。

正本多式运输单据

D15 a. 多式运输单据须注明所出具的正本份数。

b. 标注为“第一正本（First Original）”“第二正本（Second Original）”“第三正本（Third Original）”或“正本（Original）”“第二联（Duplicate）”“第三联（Triplicate）”或类似字样的多式运输单据均为正本。

收货人、指示方、托运人和背书、被通知人

D16 如信用证要求多式运输单据表明以具名实体为收货人，例如，“收货人为（具名实体）[consigned to（named entity）]”（即“记名”多式运输单据或托运单）（a “straight” multimodal transport document or consignment），而非“凭指示（to order）”或“凭（具名实体）的指示 [to order of（named entity）]”，则提交的多式运输单据不得在该具名实体前注明“凭指示（to order）”或“凭……指示（to order of）”字样，也不得在该具名实体后注明“或凭指示（or order）”字样，无论该字样是打印还是预先印就的。

D17 a. 如多式运输单据收货人作成“凭指示（to order）”或“凭托运人指示（to order of the shipper）”，则该单据须由托运人背书。该背书也可以由托运人以外的具名实体作出，只要该背书是代或代表 [for（or on behalf of）] 托运人作出。

b. 如信用证要求多式运输单据表明收货人为“凭（具名实体）指示 [to order of（named entity）]”，则该单据不得显示货物直交该具名实体[①]。

D18 a. 如信用证规定一个或多个被通知人的细节，多式运输单据也可显示其他的一个或多个被通知人的细节。

b. i. 如信用证未规定被通知人的细节，则多式运输单据可以任何方式显示任何被通知人的细节[第 D18（b）（ii）段规定的情形除外]。

ii. 如信用证未规定被通知人的细节，而申请人的细节包括其地址和联络细节作为被通知人显示在多式运输单据上，那么这些细节不得与信用证所述矛盾。

① 译者注：即作成记名式，以该具名实体为收货人。E13b、G12b 段中有类似表述，可参见此处解释，下略。

D19 如信用证要求多式运输单据表明收货人为“开证行”或“申请人”，或凭“开证行”或“申请人”指示，或通知“申请人”或“开证行”，多式运输单据就须相应显示开证行或申请人的名称，但无需显示信用证可能规定的开证行或申请人地址或任何联络细节。

D20 如申请人地址和联络细节显示为收货人或被通知人细节的一部分，其不得与信用证规定矛盾。

转运、部分装运以及提交多套多式运输单据时交单期限的确定

D21 在多式运输中将会发生转运。转运是指在从信用证规定的收货、发送或接管地、装货港或出发机场到最终目的地、卸货港或目的机场之间的运输过程中，将货物从一运输工具卸下并再装上另一运输工具的行为（无论其是否为不同的运输方式）。

D22 经由多个运输工具（多辆卡车、多艘船只、多架飞机等）进行的运输是部分装运，即使这些运输工具在同一天出发并前往同一目的地。

D23 a. 如信用证禁止部分装运，且提交一套以上的正本多式运输单据，涵盖货物从一个或多个始发地点（信用证明确允许，或在其规定的地理区域或地点范围内）收货、发送、接管或装运，则每套多式运输单据都须显示其涵盖的货物运输是由同一运输工具经同一运程前往同一目的地。

b. 如信用证禁止部分装运，且按照第 D23（a）段提交一套以上的正本多式运输单据载有不同的收货、发送、接管或装运日期，则须以其中最迟的日期计算交单期限，且该日期必须在信用证规定的最迟收货、发送、接管或装运日期之前或当日。

c. 如信用证允许部分装运，且提交的一套以上的正本多式运输单据作为同一面函项下单一交单的一部分，并载有经由不同运输工具收货、发送、接管或装运的不同日期，则须以其中最早的日期计算交单期限，且所有这些日期必须在信用证规定的最迟收货、发送、接管或装运日期之前或当日。

清洁多式运输单据

D24 多式运输单据不得载有明确声明货物或包装状况有缺陷的条款。

例如：

a. 多式运输单据上载有“包装无法满足海运航程”或类似措辞的条款，即属于明确声明包装状况有缺陷的例子。

b. 多式运输单据上载有“包装可能无法满足海运航程”或类似措辞的条款，并非明确声明包装状况有缺陷。

D25 a. “清洁”字样不必在多式运输单据上显示，即使信用证要求多式运输单据标明“清洁已装船”或“清洁”字样。

b. 多式运输单据上“清洁”字样的删除，并非明确声明货物或包装状况有缺陷。

货物描述

D26 多式运输单据上的货物描述可以使用与信用证所规定的货物描述不相矛盾的统称。

目的地交货代理名称与地址的显示

D27 如信用证要求多式运输单据显示最终目的地或卸货港的交货代理人或类似机构的名称、地址和联络细节，其地址无需位于最终目的地或卸货港，也无需位于最终目的地或卸货港所在的同一国家。

更正与更改（“更正”）

D28 多式运输单据上数据内容的任何更正须经证实。该证实须看似由承运人、船长，或其任一具名代理人所为，该代理人可以与出具或签署多式运输单据的代理人不同，只要表明其作为承运人或船长的代理人身份。

D29 不可转让的多式运输单据副本无需含有其正本上可能作过的对任何更正的证实。

运费和额外费用

D30 多式运输单据显示的运费支付声明无需与信用证规定的等同一致，但不得与该单据、任何其他规定的单据或信用证中的数据内容相矛盾。例如，当信用证要求多式运输单据标注“运费目的地支付（freight payable at destination）”时，其可以标注为“运费待收（freight collect）”。

D31 a. 如信用证规定运费以外的费用不可接受，则多式运输单据不得显示运费以外的费用已经或将要产生。

b. 表明运费以外的费用，可以通过明确提及该额外费用、或使用与货物装卸费用相关的贸易术语的方式，诸如但不限于，“船方不管装货（Free in（FI））”“船方不管卸货［Free Out（FO）］”“船方不管装卸货［Free In and Out（FIO）］”及“船方不管装卸货及积载［Free In and Out Stowed（FIOS）］”。

c. 多式运输单据提到可能加收的费用，例如，卸货或卸货后的延迟费用（滞期费）（demurrage costs）或迟还集装箱的费用（滞箱费）（detention costs），不属于运费以外的额外费用。

凭多套多式运输单据放货

D32 多式运输单据不得明确声明，该多式运输单据项下货物必须凭该单据及其他一套或多套多式运输单据一并交付方可释放，除非所有提及的多式运输单据构成同一信用证项下同一交单的一部分。

例如，“YYY 号和 ZZZ 号提单所涵盖的××××号集装箱项下货物，只能被释放给提交全部多式运输单据的单个商人”，即被视为在释放货物前，必须交付与所述集装箱或包装单位相关的其他一套或多套多式运输单据的明确声明。

提单

UCP600 第 20 条的适用

E1 a. 信用证要求提交仅涵盖港至港运输的运输单据，即信用证没有提及收货地、接管地或最终目的地，无论名称如何，这表示该单据的审核将适用 UCP600 第 20 条。

b. 提单不得含有第 G2（a）和（b）段所描述的任何租船合同信息。

E2 提单无需标明“海运提单”“海洋提单”“港至港提单”或类似名称，即使信用证如此命名所要求的单据。

提单的出具、承运人、承运人身份的识别及签署

E3 a. 提单可以由承运人或船长以外的任何实体出具，只要其满足 UCP600 第 20 条的要求。

b. 如信用证规定“货代提单可接受（Freight Forwarder's Bill of Lading is acceptable）”，或“运输行分提单可接受（House Bill of Lading is acceptable）”或类似措辞，则提单可由出具人签署，而不必注明其签署身份或承运人名称。

E4 如信用证规定“货代提单不可接受（Freight Forwarder's Bills of Lading are not acceptable）”，或“运输行分提单不可接受（House Bills of Lading are not acceptable）”或类似措辞，除非信用证对提单如何出具和签署作出明确要求，否则该规定对提单的名称、格式、内容或签署没有任何意义。若无此要求，该规定将不予理会，所提交的提单须按照 UCP600 第 20 条的要求予以审核。

E5 a. 提单须按照 UCP600 第 20（a）（i）条规定的方式签署，并注明承运人名称及其承运人身份。

b. 如提单由承运人的具名分支机构签署，该签字将视同由承运人作出。

c. 如提单由代理人代理或代表承运人签署，则该代理人须具名，此外，还须表明其签署身份为“承运人（承运人名称）代理人（agent for（name），the carrier）”或“承运人（承运人名称）代表（agent on behalf of（name），the carrier）”或类似措辞。如承运人在单据的其他地方表明其作为“承运人”身份，例如，该具名代理人可以作为“承运人代理人（或代表）（agent for ［or on behalf of］ the carrier）签署，而无需再次提及承运人名称。

d. 如提单由船长签署，船长签字须表明“船长（master）”（“captain”）身份，无需注明船长姓名。

e. 如提单由代理人代理或代表船长签署，则该代理人须具名，此外，还须表明其签署身份为“船长代理［agent for the master（or captain）］”或“船长代表［agent on behalf of the master（or captain）］”或类似措辞。无需注明船长姓名。

装船批注、装运日期、前程运输、收货地及装货港

E6 a. 如提交预先印就“已装船”字样的提单，其出具日期将被视为装运日期，除非其载有单独注明日期的装船批注。在后一种情况下，该装船批注日期将被视为装运日期，不论其早于或晚于提单的出具日期。装船批注日期也可以显示在指定栏位或方框中。

b. 尽管信用证可能要求提单表明港至港运输，但是：

- i. 如提单显示与装货港相同的收货地，例如，收货地为鹿特丹集装箱堆场，装货港为鹿特丹，且（在前程运输栏位或收货地栏位）未显示前程运输工具；或者
- ii. 如提单显示不同于装货港的收货地，例如，收货地为阿姆斯特丹，装货港为鹿特丹，且（在前程运输栏位或收货地栏位）未显示前程运输工具，那么：
  - （a） 如提单预先印就“已装船”字样，则其出具日期将被视为装运日期，而无需再加装船批注。
  - （b） 如提单预先印就“收妥待运”字样，则该提单须载有注明日期的装船批注，而此装船批注日期将被视为装运日期。此装船批注日期也可以显示在指定栏位或方框中。

c. 尽管信用证可能要求提单表明港至港运输，但是如果提单：

- i. 显示不同于装货港的收货地，例如，收货地为阿姆斯特丹，装货港为鹿特丹，且（在前程运输栏

位或收货地栏位）显示前程运输工具，那么无论其是否预先印就“已装船”或“收妥待运”字样，该提单都须载有注明日期的装船批注，此项批注还须包括船名和信用证规定的装货港。此项批注也可以显示在指定栏位或方框中。装船批注或指定栏位或方框中显示的日期将被视为装运日期。

ii.（在前程运输栏位或收货地栏位）显示前程运输工具，那么无论其是否显示收货地，或无论其是否预先印就“已装船”或“收妥待运”字样，该提单都须载有注明日期的装船批注，此项批注还须包括船名和信用证规定的装货港。

d. 如提单显示，例如，“当收货地栏位被填写时，该提单上任何‘已装船’‘已装载船上’或类似措辞的批注，将被视为货物已装载到从收货地至装货港的前程运输工具上”或类似措辞，且收货地栏位已被填写，则该提单须载有注明日期的装船批注。此项注明日期的装船批注还须包括船名和信用证规定的装货港。此项批注也可以显示在指定栏位或方框中。装船批注或指定栏位或方框中显示的日期将被视为装运日期。

e. 信用证要求的具名装货港应显示在提单的装货港栏位。然而，只要注明日期的装船批注证明货物在“收货地”或类似措辞栏位项下的港口已装上具名船只，该具名装货港也可以显示在标有“收货地”或类似措辞的栏位中。

f. 提单须显示信用证规定的装货港。虽然信用证规定装货港时注明了该港口的所在国家，提单也无需注明该国家名称。

g. 如信用证规定装货港的地理区域或港口范围（例如，“任一欧洲港口”或“汉堡、鹿特丹、安特卫普港”），提单须显示实际的装货港，且该港口须位于此地理区域或港口范围之内。提单无需显示此地理区域。

h. 如提单显示一个以上的装货港，那么无论其是否预先印就“收妥待运”或“已装船”字样，该提单都须标明装船批注并载有每个装货港所对应的装船日期。例如，如提单显示货物自布里斯班港和阿德莱德港装运，就需要有对应布里斯班和阿德莱德两港口的注明日期的装船批注。

E7 “已装运且表面状况良好（Shipped in apparent good order）”“已装载船上（Laden on board）”“清洁已装船（clean on board）”，或其他包含“已装运（shipped）”或“已装船（on board）”字样的用语，与“已装船发运（Shipped on board）”具有相同效力。

卸货港

E8 a. 信用证要求的具名卸货港应显示在提单上的卸货港栏位。

b. 然而，该具名卸货港可以显示在标有“最终目的地”或类似措辞的栏位中，只要有批注证明卸货港就是“最终目的地”或类似措辞栏位中的港口。例如，如信用证要求货物运送至费利克斯托港，但费利克斯托港显示为最终目的地而非卸货港，就可以通过“卸货港费利克斯托”的批注予以证明。

E9 提单须显示信用证规定的卸货港。虽然信用证规定卸货港并注明该港口的所在国家，提单也无需显示该国家名称。

E10 如信用证规定卸货港的地理区域或港口范围（例如，“任一欧洲港口”或“汉堡、鹿特丹、安特卫普港”），提单就须显示实际的卸货港，且该港口须位于此地理区域或港口范围之内。提单无需显示此地理区域。

正本提单

E11 a. 提单须注明所出具的正本份数。

b. 标注为“第一正本（First Original）”“第二正本（Second Original）”“第三正本（Third Original）”或“正本（Original）”“第二联（Duplicate）”“第三联（Triplicate）”或类似字样的提单均为正本。

收货人、指示方、托运人和背书、被通知人

E12 如信用证要求提单表明以具名实体为收货人，例如，“收货人为（具名实体）[consigned to（named entity）]”（即“记名”提单或托运单）（a “straight” bill of lading or consignment），而非“凭指示（to order）”或“凭（具名实体）指示［to order of（named entity）]”，则提交的提单不得在该具名实体前注明“凭指示（to order）”或“凭……指示（to order of）”字样，也不得在该具名实体后注明“或凭指示（or order）”字样，无论该字样是打印还是预先印就的。

E13 a. 如提单收货人为“凭指示（to order）”或“凭托运人指示（to order of the shipper）”，则该提单须由托运人背书。该背书也可以由托运人以外的具名实体作出，只要该背书是代或代表［for（or on behalf of）］托运人作出。

b. 如信用证要求提单表明收货人为“凭（具名实体）指示［to order of（named entity）]”，则该提单不得显示货物直交该具名实体。

E14 a. 如信用证规定一个或多个被通知人的细节，提单也可显示其他的一个或多个被通知人的细节。

b. i. 如信用证未规定被通知人的细节，提单可以任何方式显示任何被通知人的细节［第 E14（b）（ii）段规定的情除外]。

ii. 如信用证未规定被通知人的细节，而申请人的细节包括其地址和联络细节作为被通知人显示在提单上，那么这些细节不得与信用证所述矛盾。

E15 如信用证要求提单表明收货人为“开证行”或“申请人”或凭“开证行”或“申请人”指示，或通知“申请人”或“开证行”，提单就须相应显示开证行或申请人的名称，但无需显示信用证可能规定的开证行或申请人的地址或任何联络细节。

E16 如申请人地址和联络细节显示为收货人或被通知人细节的一部分，其不得与信用证规定矛盾。

转运、部分装运以及提交多套提单时交单期限的确定

E17 转运是指在从信用证规定的装货港到卸货港之间的运输过程中，将货物从一艘船卸下并再装上另一艘船的行为。如提单未显示在这两个港口之间进行卸货和重装，则不属于信用证和 UCP600 第 20（b）和（c）条项下的转运。

E18 由一艘以上的船只进行的运输是部分装运，即使这些船只在同一天出发并前往同一目的地。

E19 a. 如信用证禁止部分装运，且提交的一套以上的正本提单涵盖货物从一个或多个装货港（信用证明确允许，在其规定的地理区域或港口范围内）装运，则每套提单都须显示其涵盖的货物运输是由同一船只经同一航程前往同一卸货港。

b. 如信用证禁止部分装运，且按照第 E19（a）段提交的一套以上的正本提单载有不同的装运日期，则须以其中最迟的日期计算交单期限，且该日期须在信用证规定的最迟装运日期之前或当日。

c. 如信用证允许部分装运，且提交的一套以上的正本提单作为同一面函项下单一交单的一部分，并载

有装在不同船上或不同航程的同一船上的不同装运日期，则须以其中最早的日期计算交单期限，且所有这些日期须在信用证规定的最迟装运日期之前或当日。

清洁提单

E20 提单不得载有明确声明货物或包装状况有缺陷的条款。

例如：

a. 提单上载有“包装无法满足海运航程”或类似措辞的条款，即属于明确声明包装状况有缺陷的例子。

b. 提单上载有“包装可能无法满足海运航程”或类似措辞的条款，并非明确声明包装状况有缺陷状况。

E21 a. “清洁”字样不必在提单上显示，即使信用证要求提单标明“清洁已装船”或“清洁”字样。

b. 提单上“清洁”字样的删除，并非明确声明货物或包装状况有缺陷。

货物描述

E22 提单上的货物描述可以使用与信用证所规定的货物描述不相矛盾的统称。

卸货港交货代理人名称与地址的显示

E23 如信用证要求提单显示卸货港的交货代理人或类似机构的名称、地址和联络细节，其地址无需位于卸货港，也无需位于卸货港所在的同一国家。

更正和更改（“更正”）

E24 提单上数据内容的任何更正须经证实。该证实须看似由承运人、船长，或其任一具名代理人所为，该代理人可以与出具或签署该提单的代理人不同，只要表明其作为承运人或船长的代理人身份。

E25 不可转让的提单副本无需含有其正本上可能作过的对任何更正的证实。

运费和额外费用

E26 提单显示的运费支付声明无需与信用证规定的等同一致，但不得与该单据、任何其他规定的单据或信用证中的数据内容相矛盾。例如，当信用证要求提单标注“运费目的地支付（freight payable at destination）”时，其可以标注为“运费待收（freight collect）”。

E27 a. 如信用证规定运费以外的费用不可接受，则提单不得显示运费以外的费用已经或将要产生。

b. 表明运费以外的费用，可以通过明确提及该额外费用或使用与货物装卸费用相关的贸易术语的方式，诸如但不限于“船方不管装货 [Free in（FI）]”“船方不管卸货 [Free Out（FO）]”“船方不管装卸货 [Free In and Out（FIO）]”及“船方不管装卸货及积载 [Free In and Out Stowed（FIOS）]”。

c. 提单提到可能加收的费用，例如卸货或卸货后的延迟费用（滞期费）（demurrage costs）或迟还集装箱的费用（滞箱费）（detention costs），不属于显示运费以外的额外费用。

E28 提单不得明确声明，该提单项下货物必须凭该单据及其他一套或多套提单一并交付方可释放，除非所有提及的提单构成同一信用证项下同一交单的一部分。

例如，“YYY 号和 ZZZ 号提单所涵盖的××××号集装箱项下货物，只能被释放给提交全部提单的单个商人”，即被视为在释放货物前，必须交付与所述集装箱或包装单位相关的其他一套或多套提单的明确声明。

不可转让的海运单

UCP600 第 21 条的适用

F1 a. 信用证要求提交仅涵盖港至港运输的不可转让的海运单，即信用证没有提及收货、接管地或最终目的地，这表示该单据的审核将适用 UCP600 第 21 条。

b. 不可转让的海运单不得显示第 G2（a）和（b）段所描述的任何租船合同信息。

不可转让的海运单的出具、承运人、承运人身份的识别及签署

F2 a. 不可转让的海运单可以由承运人或船长以外的任何实体出具，只要其满足 UCP600 第 21 条的要求。

b. 如信用证规定“货运代理人不可转让的海运单可接受（Freight Forwarder’s non-negotiable sea waybills is acceptable）”，“运输行不可转让的海运单可接受（House non-negotiable sea waybills is acceptable）”或类似措辞，则不可转让的海运单可由出具人签署，而不必注明其签署身份或承运人名称。

F3 如信用证规定“货运代理人不可转让的海运单不可接受（Freight Forwarder’s non-negotiable sea waybills are not acceptable）”，“运输行不可转让的海运单不可接受（House non-negotiable sea waybills are not acceptable）”或类似措辞，除非信用证对不可转让的海运单如何出具和签署作出明确要求，否则该规定对不可转让的海运单的名称、格式、内容或签署没有任何意义。若无此要求，该规定将不予理会，所提交的不可转让的海运单须按照 UCP600 第 21 条的要求予以审核。

F4 a. 不可转让的海运单须按照 UCP600 第 21（a）（i）条规定的方式签署，并注明承运人名称及其承运人身份。

b. 如不可转让的海运单由承运人的具名分支机构签署，该签字将视同由承运人作出。

c. 如不可转让的海运单由代理人代理或代表承运人签署，则该代理人必须具名，此外，还须表明其签署身份为“承运人（承运人名称）代理人［agent for（name），the carrier］”或“承运人（承运人名称）代表［agent on behalf of（name），the carrier］”或类似措辞。如承运人在单据的其他地方表明其作为“承运人”身份，例如，该具名代理人可以作为“承运人代理（或代表）［agent for（or on behalf of）the carrier］”签署，而无需再次提及承运人名称。

d. 如不可转让的海运单由船长签署，船长签字须表明 “船长（master）”“（captain）”身份。无需注明船长姓名。

e. 如不可转让的海运单由代理人代理或代表船长签署，则该代理人须具名，此外，还须表明其签署身

份为“船长代理人[agent for the master（or captain）]”或“船长代表[agent on behalf of the master（or captain）]”或类似措辞。无需注明船长姓名。

装船批注、装运日期、前程运输、收货地及装货港

F5 a. 如提交预先印就“已装船”字样的不可转让的海运单，其出具日期将被视为装运日期，除非其载有单独注明日期的装船批注。在后一种情况下，该装船批注日期将被视为装运日期，不论其早于或晚于不可转让的海运单的出具日期。装船批注日期也可以显示在指定栏位或方框中。

b. 尽管信用证可能要求不可转让的海运单表明港至港运输，但是：

i. 如不可转让的海运单显示与装货港相同的收货地，例如，收货地为鹿特丹集装箱堆场，装货港为鹿特丹，且（在前程运输栏位或收货地栏位）未显示前程运输工具；或者

ii. 如不可转让的海运单显示不同于装货港的收货地，例如，收货地为阿姆斯特丹，装货港为鹿特丹，且（在前程运输栏位或收货地栏位）未显示前程运输工具，那么：

（a）如不可转让的海运单预先印就“已装船”字样，则其出具日期将被视为装运日期，而无需再加装船批注。

（b）如不可转让的海运单预先印就“收妥待运”字样，则该不可转让的海运单须载有注明日期的装船批注，而该装船批注日期将被视为装运日期。装船批注日期也可以显示在指定栏位或方框中。

c. 尽管信用证可能要求不可转让的海运单表明港至港运输，但是，如果不可转让的海运单：

i. 显示不同于装货港的收货地，例如，收货地为阿姆斯特丹，装货港为鹿特丹，且（在前程运输栏位或收货地栏位）显示前程运输工具时，那么无论其是否预先印就“已装船”或“收妥待运”字样，该不可转让的海运单都须载有注明日期的装船批注，此项批注还须包括船名和信用证规定的装货港。此项批注也可以显示在指定栏位或方框中。装船批注或指定栏位或方框中显示的日期将被视为装运日期。

ii.（在前程运输栏位或收货地栏位）显示前程运输工具，那么无论其是否显示收货地，或无论其是否预先印就“已装船”或“收妥待运”字样，该不可转让的海运单都须载有注明日期的装船批注，此项批注还须包括船名和信用证规定的装货港。此项批注也可以显示在指定栏位或方框中。装船批注或指定栏位或方框中显示的日期将被视为装运日期。

d. 如不可转让的海运单显示，例如“当收货地栏位被填写时，该不可转让的海运单上任何‘已装船’、‘已装载船上’或类似措辞的批注将被视为货物已装载到从收货地至装货港的前程运输工具上”或类似措辞，且收货地栏位已被填写，则该不可转让的海运单须载有注明日期的装船批注。此项注明日期的装船批注还须包括船名和信用证规定的装货港。此项批注也可以显示在指定栏位或方框中。装船批注或指定栏位或方框中显示的日期将被视为装运日期。

e. 信用证要求的具名装货港应显示在不可转让的海运单的装货港栏位。然而，只要注明日期的装船批注证明货物在“收货地”或类似措辞栏位项下的港口装上具名船只，该具名装货港也可以显示在标有“收货地”或类似措辞的栏位中。

f. 不可转让的海运单须显示信用证规定的装货港。虽然信用证规定装货港时注明了该港口的所在国家，不可转让的海运单也无需注明该国家名称。

g. 如信用证规定装货港的地理区域或港口范围（例如，“任一欧洲港口”或“汉堡、鹿特丹、安特卫普港”），不可转让的海运单须显示实际的装货港，且该港口须位于此地理区域或港口范围之内。不可转让的海运单无需显示此地理区域。

h. 如不可转让的海运单显示一个以上的装货港，那么无论其是否预先印就“收妥待运”或“已装船”字样，该不可转让的海运单都须标明装船批注并载有每个装货港所对应的装船日期。例如，如不可转让的海运单

显示货物自布里斯班港和阿德莱德港装运，就需要有对应布里斯班和阿德莱德两港口的注明日期的装船批注。

F6 “已装运且表面状况良好（Shipped in apparent good order）”“已装载船上（Laden on board）”“清洁已装船（clean on board）”，或其他包含“已装运（shipped）”或“已装船（on board）”字样的用语，与“已装船发运（Shipped on board）”具有相同效力。

卸货港

F7 a. 信用证要求的具名卸货港应显示在不可转让的海运单上的卸货港栏位。

b. 然而，该具名卸货港可以显示在标有“最终目的地”或类似措辞的栏位中，只要有批注证明卸货港就是“最终目的地”或类似措辞栏位中的港口。例如，如信用证要求货物运送至费利克斯托港，但费利克斯托港显示为最终目的地而非卸货港，可以通过“卸货港费利克斯托”的批注予以证明。

F8 不可转让的海运单须显示信用证规定的卸货港。虽然信用证规定卸货港并注明卸货港的所在国家，不可转让的海运单也无需显示该国家名称。

F9 如信用证规定卸货港的地理区域或港口范围（例如，“任一欧洲港口”或“汉堡、鹿特丹、安特卫普港”），不可转让的海运单就须显示实际的卸货港，且该港口必须位于此地理区域或港口范围之内。不可转让的海运单无需显示此地理区域。

正本不可转让的海运单

F10 a. 不可转让的海运单须注明所出具的正本份数。

b. 标注为“第一正本（First Original）”“第二正本（Second Original）”“第三正本（Third Original）”或“正本（Original）”“第二联（Duplicate）”“第三联（Triplicate）”或类似字样的不可转让的海运单均为正本。

收货人、指示方、托运人和被通知人

F11 a. 如信用证要求不可转让的海运单表明以具名实体为收货人，例如，“收货人：（具名实体）[consigned to（named entity）]”，则提交的不可转让的海运单不得在该具名实体前注明“凭指示（to order）”或“凭……指示（to order of）”字样，也不得在该具名实体后注明“或凭指示（or order）”字样，无论该字样是打印还是预先印就。

b. 如信用证要求不可转让的海运单表明收货人为“凭（具名实体）指示［to order of（named entity）］”，该不可转让的海运单可以显示该实体为收货人，无需注明“凭……指示（to order of）”字样。

c. 如信用证要求不可转让的海运单表明收货人为“凭指示（to order）”，而未指明被指示方的名称，该不可转让的海运单须显示开证行或申请人为收货人，无需注明“凭指示（to order）”字样。

F12 a. 如信用证规定一个或多个被通知人的细节，不可转让的海运单也可以显示其他的一个或多个被通知人的细节。

b. i. 如信用证未规定被通知人的细节，不可转让的海运单可以任何方式显示任何被通知人的细节［第 F12（b）（ii）段规定的情形除外］。

ii. 如信用证未规定被通知人的细节，而申请人的细节包括其地址和联络细节作为被通知人显示在不可转让的海运单上，那么这些细节不得与信用证所述矛盾。

F13 如信用证要求不可转让的海运单表明收货人为“开证行”或“申请人”或凭“开证行”或“申请人”指示，或通知“申请人”或“开证行”，不可转让的海运单就须相应显示开证行或申请人的名称，但无需显示信用证可能规定的开证行或申请人的地址或任何联络细节。

F14 如申请人地址和联络细节显示为收货人或被通知人细节的一部分，其不得与信用证规定矛盾。

转运、部分装运以及提交多套不可转让的海运单时交单期限的确定

F15 转运是指从信用证规定的装货港到卸货港之间的运输过程中，将货物从一艘船卸下并再装上另一艘船的行为。如不可转让的海运单未显示在规定的两个港口之间进行卸货并重装，则不属于信用证和UCP600第21（b）和（c）条项下的转运。

F16 由一艘以上的船只进行的运输是部分装运，即使这些船只在同一天出发并前往同一目的地。

F17 a. 如信用证禁止部分装运，且提交的一套以上的正本不可转让的海运单涵盖货物从一个或多个装货港（信用证明确允许，或在其规定的地理区域或港口范围内）装运，则每套不可转让的海运单都须显示其涵盖的货物运输是由同一船只经同一航程前往同一卸货港。

b. 如信用证禁止部分装运，且按照第F17段a款提交的一套以上的正本不可转让的海运单载有不同的装运日期，则须以其中最迟的日期计算交单期限，且该日期须在信用证规定的最迟装运日期之前或当日。

c. 如信用证允许部分装运，且提交的一套以上的正本不可转让的海运单作为同一面函项下单一交单的一部分，并载有装在不同船上或不同航程的同一船上的不同装运日期，则须以其中最早的日期计算交单期限，且所有这些日期须在信用证规定的最迟装运日期之前或当日。

清洁不可转让的海运单

F18 不可转让的海运单不得载有明确声明货物或包装状况有缺陷的条款。

例如：

a. 不可转让的海运单上载有“包装无法满足海运航程”或类似措辞的条款，即属于明确声明包装状况有缺陷的例子。

b. 不可转让的海运单上载有“包装可能无法满足海运航程”或类似措辞的条款，并非明确声明包装状况有缺陷。

F19 a.“清洁”字样不必在不可转让的海运单上显示，即使信用证要求不可转让的海运单标明“清洁已装船”或“清洁”字样。

b. 不可转让的海运单上“清洁”字样的删除，并非明确声明货物或包装状况有缺陷。

货物描述

F20 不可转让的海运单上的货物描述可以使用与信用证所规定的货物描述不相矛盾的统称。

卸货港交货代理人名称与地址的显示

F21 如信用证要求不可转让的海运单显示卸货港的交货代理人或类似机构的名称、地址和联络细节，其地址无需位于卸货港，也无需位于卸货港所在的同一国家。

更正和更改（“更正”）

F22 不可转让的海运单上数据内容的任何更正须经证实。该证实须看似由承运人、船长，或其任一具名代理人作出，该代理人可以与出具或签署该不可转让的海运单的代理人不同，只要表明其作为承运人或船长的代理人身份。

F23 不可转让的海运单副本无需含有其正本上可能作过的对任何更正的证实。

运费和额外费用

F24 不可转让的海运单显示的运费支付声明无需与信用证规定的等同一致，但不得与该单据、任何其他规定的单据或信用证中的数据内容相矛盾。例如，当信用证要求不可转让的海运单标注“运费目的地支付（freight payable at destination）”时，其可以标注为“运费待收（freight collect）”。

F25 a. 如信用证规定运费以外的费用不可接受，则不可转让的海运单不得显示运费以外的费用已经或将要产生。

b. 表明运费以外的费用，可以通过明确提及该额外费用或使用与货物装卸费用相关的贸易术语的方式，诸如但不限于“船方不管装货［Free in（FI）］”“船方不管卸货［Free Out（FO）］”“船方不管装卸货［Free In and Out（FIO）］”及“船方不管装卸货及积载［Free In and Out Stowed（FIOS）］”。

c. 不可转让的海运单提到可能加收的费用，例如卸货或卸货后的延迟费用（滞期费）（demurrage costs）或迟还集装箱的费用（滞箱费）（detention costs），不属于显示运费以外的额外费用。

租船提单

UCP600 第 22 条的适用

G1 如果信用证要求提交租船提单，或信用证允许提交租船提单且实际提交租船提单，那么该单据的审核将适用 UCP600 第 22 条。

G2 a. 运输单据表明其受租船合同约束，或显示对租船合同的任何援引，无论该运输单据名称如何，将被视为租船提单。

b. 运输单据显示“运费按照××××（日期）的租船合同（显示或不显示日期）支付”或“运费按照租船合同支付”之类措辞，无论名称如何，都表示该运输单据受租船合同约束。

G3 运输单据载有通常与租船提单相关的代码名称或格式名称，例如，“康金提单（Congenbill）”或者“油轮提单（Tanker Bill of Lading）”，而未进一步显示或援引租船合同，无论名称如何，这本身并不表示该运输单据显示或援引租船合同。

租船提单的签署

G4 a. 租船提单须按照UCP600第22（a）（i）条规定的方式签署。

b. 如由船长、船东或租船人签署租船提单，船长、船东或租船人的签字须表明“船长［master（captain）］”“船东（owner）”或“租船人（charterer）”身份。

c. 如由代理人代理或代表船长、船东或租船人签署租船提单，则该代理人须具名，

此外，还须表明其签署身份为代理或代表［as agent for（or on behalf of）］船长、船东或租船人，这视情况而定。

i. 如租船提单由船长的代理人签署，无需注明船长姓名；

ii. 如租船提单由船东或租船人的代理人签署，须注明船东或租船人名称。

装船批注、装运日期、前程运输、收货地及装货港

G5 a. 如提交预先印就“已装船”字样的租船提单，其出具日期将被视为装运日期，除非其载有单独注明日期的装船批注。在后一种情况下，该装船批注日期将被视为装运日期，不论其早于或晚于租船提单出具日期。装船批注日期也可以显示在指定栏位或方框中。

b. 尽管信用证可能要求租船提单表明港至港运输，但是：

i. 如租船提单显示与装货港相同的收货地，例如，收货地为鹿特丹集装箱堆场，装货港为鹿特丹，且（在前程运输栏位或收货地栏位）未显示前程运输工具；或者

ii. 如租船提单显示不同于装货港的收货地，例如，收货地为阿姆斯特丹，装货港为鹿特丹，且（在前程运输栏位或收货地栏位）未显示前程运输工具，那么：

（a）如租船提单预先印就“已装船”字样，则其出具日期将被视为装运日期，而无需再加装船批注。

（b）如租船提单预先印就“收妥待运”字样时，则该提单须载有注明日期的装船批注，而此装船批注日期将被视为装运日期。此装船批注日期也可以显示在指定栏位或方框中。

c. 尽管信用证可能要求租船提单表明港至港运输，但是如果租船提单：

i. 显示不同于装货港的收货地，例如，收货地为阿姆斯特丹，装货港为鹿特丹，且（在前程运输栏位或收货地栏位）显示前程运输工具，那么无论其是否预先印就“已装船”或“收妥待运”字样，该租船提单都须载有注明日期的装船批注，此项批注还须包括船名和信用证规定的装货港。此项批注也可以显示在指定栏位或方框中。装船批注或指定栏位或方框中显示的日期将被视为装运日期。

ii.（在前程运输栏位或收货地栏位）显示前程运输工具，那么无论其是否显示收货地，或无论其是否预先印就“已装船”或“收妥待运”字样，该租船提单都须载有注明日期的装船批注，此项批注还须包括船名和信用证规定的装货港。此项批注也可以显示在指定栏位或方框中。装船批注或指定栏位或方框中显示的日期将被视为装运日期。

d. 如租船提单显示，例如“当收货地栏位被填写，该租船提单上任何‘已装船’‘已装载船上’或类似措辞的批注，都将被视为货物已装载到从收货地至装货港的前程运输工具上”或类似措辞，且收货地栏位已被填写，则该租船提单须载有注明日期的装船批注。此项注明日期的装船批注还须包括船名和信用证规定的装货港。此项批注也可以显示在指定栏位或方框中。装船批注日期或指定栏位或方框中显示的日期将被视为装运日期。

e. 信用证要求的具名装货港应显示在租船提单的装货港栏位。然而，只要注明日期的装船批注证明货物在“收货地”或类似措辞栏位项下的港口装上具名船只，该具名装货港也可以显示在标有“收货地”或类似措辞栏位中。

f. 租船提单须显示信用证规定的装货港。虽然信用证规定装货港，并注明该港口的所在国家，租船提

单也无需注明该国家名称。

g. 如信用证规定了装货港的地理区域或港口范围（例如，“任一欧洲港口”或“汉堡、鹿特丹、安特卫普港”），租船提单须显示实际的装货港，且该港口须位于此地理区域或港口范围之内。租船提单无需显示此地理区域。

h. 如租船提单显示一个以上的装货港，那么无论其是否预先印就“收妥待运”或“已装船”字样，该租船提单都须标明装船批注并载有每个装货港所对应的装船日期。例如，如租船提单显示货物自布里斯班港和阿德莱德港装运，就需要有对应布里斯班和阿德莱德两港口的注明日期的装船批注。

G6 “已装运且表面状况良好（Shipped in apparent good order）”“已装载船上（Laden on board）”“清洁已装船（clean on board）”，或其他包含“已装运（shipped）”或“已装船（on board）”字样的用语，与“已装船发运（Shipped on board）”具有相同效力。

卸货港

G7 a.信用证要求的具名卸货港应显示在租船提单上的卸货港栏位。

b. 然而，该具名卸货港可以显示在标有“最终目的地”或类似措辞栏位中，只要有批注证明卸货港就是“最终目的地”或类似措辞栏位中的港口。

例如，如信用证要求货物运送至费利克斯托港，但费利克斯托港显示为最终目的地而非卸货港时，就可以通过 “卸货港费利克斯托”的批注加以证明。

G8 租船提单须显示信用证规定的卸货港。虽然信用证规定卸货港，并注明该港口的所在国家，租船提单也无需显示该国名称。

G9 如信用证规定卸货港的地理区域或港口范围（例如，“任一欧洲港口”或“汉堡、鹿特丹、安特卫普港”），租船提单既可以显示实际的卸货港，且该港口须位于此地理区域或港口范围之内，也可以显示此地理区域或港口范围作为卸货港。

正本租船提单

G10 a.租船提单须注明所出具的正本份数。

b. 标注为“第一正本（First Original）”“第二正本（Second Original）”“第三正本（Third Original）”或“正本（Original）”“第二联（Duplicate）”“第三联（Triplicate）”或类似字样的租船提单均为正本。

收货人、指示方、托运人和背书、被通知人

G11 如信用证要求租船提单表明以具名实体为收货人，例如，“收货人为（具名实体）[consigned to (named entity)]”（即，“记名”租船提单或托运单）（a “straight” charter party bill of lading or consignment），而非“凭指示（to order）”或“凭（具名实体）指示 [to order of (named entity)]”，则提交的租船提单不得在该具名实体前注明“凭指示（to order）”或“凭……指示（to order of）”字样，也不得在该具名实体后注明“或凭指示（or order）”字样，无论该字样是打印还是预先印就。

G12 a. 如租船提单收货人作成“凭指示（to order）”或“凭托运人指示（to order of the shipper）”，则该租船提单须由托运人背书。该背书也可以由托运人以外的具名实体作出，只要该背书是代或代表托运人

作出。

b. 如信用证要求租船提单表明收货人为“凭（具名实体）指示［to order of（named entity）］”，则该租船提单不得显示货物直交该具名实体。

G13 a. 如信用证规定一个或多个被通知人的细节，租船提单也可显示其他的一个或多个被通知人的细节。

b. i. 如信用证未规定被通知人的细节，租船提单可以任何方式显示任何被通知人的细节［第 G13（b）（ii）段规定的情形除外］。

ii. 如信用证未规定被通知人的细节，而申请人的细节包括其地址和联络细节作为被通知人显示在租船提单上，那么这些细节不得与信用证所述矛盾。

G14 如信用证要求租船提单表明收货人为“开证行”或“申请人”或凭“开证行”或“申请人”指示，或通知“申请人”或“开证行”，租船提单就须相应显示开证行或申请人的名称，但无需显示信用证可能规定的开证行货申请人的地址或任何联络细节。

G15 如申请人地址和联络细节显示为收货人或被通知人细节的一部分，其不得与信用证规定矛盾。

部分装运以及提交多套租船提单时交单期限的确定

G16 由一艘以上的船只进行的运输是部分装运，即使这些船只在同一天出发并前往同一目的地。

G17 a. 如信用证禁止部分装运，且提交的一套以上的正本租船提单涵盖货物从一个或多个装货港（信用证明确允许，或在其规定的地理区域或港口范围内）装运，则每套租船提单都须显示其涵盖的货物运输是由同一船只经同一航程前往同一卸货港、同一地理区域或港口范围。

b. 如信用证禁止部分装运，且按照第 G17（a）段提交的一套以上的正本租船提单载有不同的装运日期，或者一套正本租船提单注明不同的装运日期，则须以其中最迟的日期计算交单期限，且该日期必须在信用证规定的最迟装运日期之前或当日。

c. 当信用证允许部分装运，且提交的一套以上的正本租船提单作为同一面函项下单一交单的一部分，并载有装在不同船上或不同程的同一船上的不同装运日期，则须以其中最早的日期计算交单期限，且所有这些日期都必须在信用证规定的最迟装运日期之前或当日。

清洁租船提单

G18 租船提单不得载有明确声明货物或包装状况有缺陷的条款。

例如：

a. 租船提单上载有“包装无法满足海运航程”或类似措辞的条款，即属于明确声明包装状况有缺陷的例子。

b. 租船提单上载有“包装可能无法满足海运航程”或类似措辞的条款，并不表示明确声明包装状况有缺陷。

G19 a.“清洁”字样不一定要在租船提单上显示，即使信用证要求租船提单标明“清洁已装船”或“清洁”字样。

b. 租船提单上“清洁”字样的删除，并非明确声明货物或包装状况有缺陷。

货物描述

G20 租船提单上的货物描述可以使用与信用证所规定的货物描述不相矛盾的统称。

G21 租船提单可以通过援引“未被分离（without segregation）”或“混装（commingled）”或类似措辞来表明货物是已装载于具名船只上的大宗货物的一部分。

更正和更改（“更正”）

G22 租船提单上数据内容的任何更正须经证实。该证实须看似由船长、船东、租船人，或其任一具名代理人所为，该代理人可以与出具或签署该租船提单的代理人不同，只要表明其作为船长、船东或租船人的代理人身份。

G23 不可转让的租船提单副本无需含有其正本上可能作过的对任何更正的证实。

运费和额外费用

G24 租船提单显示的运费支付声明无需与信用证规定的等同一致，但不得与该单据、任何其他规定的单据或信用证中的数据内容相矛盾。例如，当信用证要求租船提单标注“运费目的地支付（freight payable at destination）”时，其可以标注为“运费待收（freight collect）”。

G25 a. 如信用证规定运费以外的费用不可接受，则租船提单不得显示运费以外的其他费用已经或将要产生。

b. 表明运费以外的费用，可以通过明确提及该额外费用或使用与货物装卸费用相关的贸易术语的方式，诸如但不限于“船方不管装货［Free in（FI）］”“船方不管卸货［Free Out（FO）］”“船方不管装卸货［Free In and Out（FIO）］”及“船方不管装卸货及积载［Free In and Out Stowed（FIOS）］”。

c. 租船提单提到可能加收的费用，例如，卸货或卸货后的延迟费用（滞期费），不属于显示运费以外的额外费用。

凭多套租船提单放货

G26 租船提单不得明确声明，该租船提单项下货物必须凭该单据及其他一套或多套租船提单一并交付方可释放，除非所有提及的租船提单构成同一信用证项下同一交单的一部分。

例如，“YYY 号和 ZZZ 号提单所涵盖的××××货物，只能被释放给提交全部租船提单的单个商人”，即被视为在释放货物前，必须交付与所述货物相关的其他一套或多套租船提单的明确声明。

租船合同

G27 除非信用证明确排除适用 UCP600 第 22（b）条，且明确规定须审核的数据内容和范围，银行不审核租船合同的任何内容，即使信用证规定要求提交该租船合同。

空运单据

UCP600 第 23 条的适用

H1 信用证要求提交涵盖机场至机场运输的空运单据，无论名称如何，表示该单据的审核将适用 UCP600 第 23 条。

H2 空运单据无需标明“空运单”“航空货运单”或类似名称，即使信用证如此命名所要求的单据。

空运单据的出具、承运人、承运人的身份识别及签署

H3 a. 空运单据可以由承运人以外的任何实体出具，只要其满足 UCP600 第 23 条的要求。

b. 如信用证规定“货代空运单可接受（Freight Forwarder's air waybill is acceptable）”,“运输行空运分运单可接受（House air waybill is acceptable）”或类似措辞，则空运单据可由出具人签署，而不必注明其签署身份或承运人名称。

H4 如信用证规定“货代空运单不可接受（Freight Forwarder's air waybill is not acceptable）”,“运输行空运分运单不可接受（House air transport waybill is not acceptable）”或类似措辞，除非信用证对空运单据如何出具和签署作出明确要求，否则该规定对空运单据的名称、格式、内容或签署没有任何意义。若无此要求，该规定将不予理会，所提交的空运单据须按照 UCP600 第 23 条的要求予以审核。

H5 a. 空运单据须按照 UCP600 第 23（a）（i）条规定的方式签署，并注明承运人名称及其承运人身份。

b. 如空运单据由承运人的具名分支机构签署，该签字将视同由承运人作出。

c. 空运单据的承运人须以其名称标明身份，而非国际航空运输协会（IATA）的航空公司代码，例如，标明英国航空（British Airways）而非 BA，汉莎航空（Lufthansa Airways）而非 LH。

H6 如空运单据由代理人代理或代表承运人签署，则该代理人须具名，此外，还须表明其签署身份为“承运人（承运人名称）代理人 [agent for（name），the carrier]”或“承运人（承运人名称）代表 [agent on behalf of（name），the carrier]”或类似措辞。如承运人在单据的其他地方表明其作为“承运人”身份，例如，该具名代理人可以作为“承运人代理人（或代表）[agent for（or on behalf of）the carrier]”签署，而无需再次提及承运人名称。

接受待运、装运日期和对实际发送日期的要求

H7 空运单据须显示货物已接受待运或类似措辞。

H8 a. 空运单据须显示出具日期。该日期将被视为装运日期，除非空运单据载有注明实际装运日期的特定批注。在后一种情况下，该批注日期将被视为装运日期，不论其早于或晚于空运单据的出具日期。

b. 在没有包含实际装运日期的特定批注的情形下，空运单据中与装运日期相关的其他任何信息 [包括，例如，在标称为“仅供承运人使用（For Carrier Use Only）”“要求的航班日期（Required Flight Date）”或“路线和目的地（Routing and Destination）”栏位中]，用于确定装运日期时，将不予理会。

出发地机场和目的地机场

H9 空运单据须显示信用证规定的出发地机场和目的地机场。虽然信用证规定这些机场，并注明上述任一机场的所在国家，空运单据也无需显示该国家名称。

H10 出发地机场和目的地机场也可以用国际航空协会（IATA）代码表示，以代替机场全名（例如，以 LAX 代替洛杉矶机场）。

H11 如信用证规定出发地机场或目的地机场的地理区域或机场范围（例如，“任一中国机场”或“上海、北京、广州机场”），空运单据须显示实际的出发地机场或目的地机场，且该机场须位于此地理区域或机场范围之内。空运单据无需显示此地理区域。

正本空运单据

H12 空运单据须看似为“交发货人或托运人”的正本联。如信用证要求全套正本，提交一份显示“交发货人或托运人”的正本空运单据即满足要求。

收货人、指示方和被通知人

H13 a. 如信用证要求空运单据表明收货人为“凭（具名实体）指示 [to order of（named entity）]”，该空运单据可以显示该实体为收货人，无需提及“凭……指示（to order of）”。

b. 如信用证要求空运单据表明收货人为“凭指示（to order）”，而未提及指示方的名称，则该空运单据须显示开证行或申请人为收货人，无需提及“凭指示（to order）”字样。

H14 a. 如信用证规定一个或多个被通知人的细节，空运单据也可以显示其他的一个或多个被通知人的细节。

b. i. 如信用证未规定被通知人的细节，空运单据可以任何方式（第 H14 bii 段表明的情形除外）显示任何被通知人的细节。

ii. 如信用证未规定被通知人的细节，而申请人的细节包括其地址和联络细节，作为被通知人显示在空运单据上，那么这些细节不得与信用证所述矛盾。

H15 如信用证要求空运单据表明收货人为“开证行”或“申请人”，或通知“申请人”或“开证行”，空运单据就须相应显示开证行或申请人的名称，但无需显示信用证可能规定的开证行或申请人的地址或任何联络细节。

H16 如申请人地址和联络细节显示为收货人或被通知人细节的一部分，其不得与信用证规定矛盾。

转运、部分装运以及提交多套空运单据时交单期限的确定

H17 转运是指从信用证规定的出发地机场到目的地机场之间的运输过程中，将货物从一架飞机卸下并再装上另一架飞机的行为。如果空运单据未显示在规定的两个机场之间进行卸货并重装时，则不属于信用证和 UCP600 第 23（b）和（c）条项下的转运。

H18 由一架以上的飞机进行的发运是部分装运，即使这些飞机在同一天出发并前往同一目的地。

H19 a. 如信用证禁止部分装运，且提交的一套以上的正本空运单据涵盖货物从一个或多个出发地机场（信用证明确允许，或在其规定的地理区域或机场范围内）发送，则每套空运单据都须显示其涵盖的货物运输是由同一架飞机经同一航班前往同一目的地机场。

b. 如信用证禁止部分装运，且按照第 H19 a 段提交的一套以上的正本空运单据载有不同的发送日期，则须以其中最迟的日期计算交单期限，且该日期必须在信用证规定的最迟装运日期之前或当日。

c. 如信用证允许部分装运，且提交的一套以上的正本空运单据作为同一面函项下同一交单的一部分，并载有不同发送日期或不同航班日期，则须以其中最早的日期计算交单期限，且所有这些日期都必须在信用证规定的最迟装运日期之前或当日。

清洁空运单据

H20 空运单据不得载有明确声明货物或包装状况有缺陷的条款。

例如：

a. 空运单据上载有“包装无法满足航空航程”或类似措辞的条款，即属于明确声明包装状况有缺陷的例子。

b. 空运单据上载有的“包装可能无法满足航空航程”或类似措辞的条款，并非明确声明包装状况有缺陷。

H21 a.“清洁”字样不必在空运单据上显示，即使信用证要求空运单据标明“清洁”字样。

b. 空运单据上“清洁”字样的删除，并非明确声明货物或包装状况有缺陷。

货物描述

H22 空运单据上的货物描述可以使用与信用证所规定的货物描述不相矛盾的统称。

更正和更改（“更正”）

H23 空运单据上数据内容的任何更正须经证实。该证实须看似由承运人所为，或者由其任一具名代理人作出，该代理人可以与出具或签署该空运单据的代理人不同，只要表明其作为承运人的代理人身份。

H24 空运单据副本无需含有其正本上可能作过的对任何更正的证实。

运费和额外费用

H25 空运单据显示的运费支付声明无需与信用证规定的等同一致，但不得与该单据、任何其他规定的单据或信用证中的数据内容相矛盾。例如，当信用证要求空运单据标注“运费待收（freight collect）”时，其可以标注为“运费目的地支付（freight payable at destination）”。

H26 空运单据可以载有单独的栏位，以预先印就的抬头标明运费“预付”或运费“待收”。

a. 如信用证要求空运单据显示运费已预付，在标有“运费预付（Freight Charges Prepaid）”或类似措辞的栏位中显示运费的做法也会符合要求。

b. 如信用证要求空运单据显示运费待收或目的地支付，在标有“运费待收（Freight Charge Collect）”或类似措辞的栏位中显示运费作法也符合要求。

H27 a. 如信用证规定运费以外的费用不可接受，则空运单据不得显示运费以外的费用已经或将要产生。

b. 空运单据提到可能加收的费用，例如卸货或卸货后的延迟费用，不属于显示运费以外的额外费用。

公路、铁路或内陆水运单据

UCP600 第 24 条的适用

J1 信用证要求提交涵盖公路、铁路或内陆水运的运输单据，表示该单据的审核将适用 UCP600 第 24 条。

公路、铁路或内陆水运单据的承运人、承运人的身份识别及签署

J2 a. 公路、铁路或内陆水运单据须按照 UCP600 第 24（a）（i）条规定的方式签署，并注明承运人名称及其承运人身份（第 J4（b）段规定的情形除外）。

b. 如公路、铁路或内陆水运单据由承运人的具名分支机构签署，该签字将视同由承运人作出。

c.“承运人”一词包括诸如“出单承运人”“实际承运人”“后续承运人”和“订约承运人”等术语。

J3 收货的签字、印戳或批注，须看似由下列人员作出：

a. 承运人，并表明承运人身份；或者

b. 代表承运人行事或签署的具名代理人，并注明其所代表行事或签署的承运人的名称且表明承运人身份；或者

c. 铁路公司或出发地火车站。

J4 a.“承运人”一词无需在签字处显示，只要运输单据看似由承运人或承运人的具名代理人签署，且承运人在运输单据的其他地方表明“承运人”身份。

b. 铁路运输单据可以由铁路公司或出发地火车站加盖日期印戳，而无需显示承运人名称、或代或代表承运人签署的具名代理人名称。

装运地和目的地

J5 公路、铁路或内陆水运单据须显示信用证规定的装运地和目的地。虽然信用证规定这些地点并注明这些地点的所在国家，该运输单据也无需显示该国家名称。

J6 如信用证规定装运地或目的地的地理区域或地点范围（例如，“中国”或“上海、北京、广州”），公路、铁路或内陆水运单据须显示实际的装运地或目的地，且该地点须位于此地理区域或地点范围之内。公路、铁路或内陆水运单据无需显示此地理区域。

公路、铁路或内陆水运单据的正本和第二联

J7 a. 无论是否标注为正本，铁路或内陆水运单据将被视为正本。

b. 公路运输单据须显示为交发货人或托运人收执的正本联（发送人联），或没有注明交何人。

c. 即使信用证要求提交相关的全套运输单据，提交公路运输单据的交发货人或托运人收执正本联（发送人联）或铁路运输单据第二联即满足要求。

d. 由铁路公司或出发地火车站签字或盖戳证实的铁路运输单据第二联（通常是复写联）将被视为正本。

收货人、指示方和被通知人

J8 a. 信用证要求公路或铁路运输单据表明收货人为"凭（具名实体）指示[to order of（named entity）]"，它可以显示该实体为收货人，而无需提及"凭……指示（to order of）"。

b. 如信用证要求公路或铁路运输单据表明收货人为"凭指示（to order）"，而未提及指示方的名称，它就须显示开证行或申请人为收货人，而无需提及"凭指示（to order）"字样。

c. 如信用证要求内陆水运单据，第 J8（a）和（b）段将适用，除非该单据以提单的形式出具。如内陆水运单据以提单形式出具，该单据的收货人栏位须按照信用证的要求填写。

J9 a. 如信用证规定一个或多个被通知人的细节，公路、铁路或内陆水运单据也可以显示其他的一个或多个被通知人的细节。

b. i. 如信用证未规定被通知人的细节，公路、铁路或内陆水运单据可以任何方式显示任何被通知人的细节［第 J9（b）（ii）段规定的情形除外］。

ii. 如信用证未规定被通知人的细节，而申请人的细节包括其地址和联络细节作为被通知人显示在公路、铁路或内陆水运单据上，那么这些细节不得与信用证所述矛盾。

J10 如信用证要求公路、铁路或内陆水运单据表明收货人为"开证行"或"申请人"或凭"开证行"或"申请人"指示，或通知"申请人"或"开证行"，公路、铁路或内陆水运单据须相应显示开证行或申请人的名称，但无需显示信用证可能规定的开证行或申请人的地址或任何联络细节。与第 J8（b）段规定的一样，公路或铁路运输单据也无需注明"凭……指示"。

J11 如申请人地址和联络细节显示为收货人或被通知人细节的一部分，其不得与信用证规定矛盾。

转运、部分装运以及提交多套公路、铁路或内陆水运单据时交单期限的确定

J12 转运是指从信用证规定的装运、发送或运送的地点到目的地之间的运输过程中，将货物从同一运输方式项下的一运输工具（卡车、火车、驳船等）卸下并再装上另一运输工具的行为。如公路、铁路或内陆水运单据未显示在规定的两个地点之间进行卸货和重装，则不属于信用证和 UCP600 第 24（d）和（e）条项下的转运。

J13 由一个以上的运输工具（不止一辆卡车、一列火车或一艘船等）进行的运输是部分装运，即使这些运输工具在同一天出发并前往同一目的地。

J14 a. 如信用证禁止部分装运，且提交的一套以上的正本公路、铁路或内陆水运单据涵盖货物从一个或多个装运、发送或运送的地点（信用证明确允许，或在其规定的地理区域或地点范围内）装运，则每套公路、铁路或内陆水运单据都须显示其涵盖的货物运输是由同一运输工具经同一行程前往同一目的地。

b. 如信用证禁止部分装运，且按照第 J14（a）段提交的一套以上的正本公路、铁路或内陆水运单据载有不同的装运日期时，须以其中最迟的日期计算交单期限，且该日期必须在信用证规定的最迟装运日期之前或当日。

c. 如信用证允许部分装运，且提交的一套以上的正本公路、铁路或内陆水运单据作为同一面函项下单一交单的一部分，并载有经由不同的运输工具或不同行程的同一运输工具的不同装运日期，那么就须以其中最早的日期计算交单期限，且所有这些日期必须在信用证规定的最迟装运日期之前或当日。

清洁公路、铁路或内陆水运单据

J15 公路、铁路或内陆水运单据不得载有明确声明货物或包装状况有缺陷的条款。

例如：

a. 公路、铁路或内陆水运单据上载有“包装无法满足行程”或类似措辞的条款，即属于明确声明包装状况有缺陷的例子。

b. 公路、铁路或内陆水运单据上载有“包装可能无法满足行程”或类似措辞的条款，并非明确声明包装状况有缺陷。

J16 a.“清洁”字样不必在公路、铁路或内陆水运单据上显示，即使信用证要求公路、铁路或内陆水运单据标明“清洁已装运”或“清洁”字样。

b. 公路、铁路或内陆水运单据上“清洁”字样的删除，并非明确声明货物或包装状况有缺陷。

货物描述

J17 公路、铁路或内陆水运单据上的货物描述可以使用与信用证所规定的货物描述不相矛盾的统称。

更正和更改（“更正”）

J18 公路、铁路或内陆水运单据上数据内容的任何更正须经证实。该证实须看似由承运人或者由其任一具名代理人作出，该代理人可以与出具或签署该运输单据的代理人不同，只要表明其作为承运人的代理人身份。

J19 公路、铁路或内陆水运单据副本无需含有其正本上可能作过的对任何更正的证实。

运费和额外费用

J20 a. 公路、铁路或内陆水运单据显示的运费支付声明，无需与信用证规定的等同一致，但不得与该单据、任何其他规定的单据或信用证中的数据内容相矛盾。例如，当信用证要求公路、铁路或内陆水运单据标注“运费待收（freight collect）”时，其可以标注为“运费目的地支付（freight payable at destination）”。

b. 如信用证要求公路、铁路或内陆水运单据显示运费已预付或运费目的地待收，在标有“运费预付”[“Franco”（freight prepaid）] 栏位或“运费待收”[“Non-Franco”（freight to be collected）] 栏位中完成填写的做法也符合要求。

保险单据及承保范围

UCP600 第 28 条的适用

K1 信用证要求提交保险单据，诸如保险单、预约保险项下的保险证明或保险声明，这表示 UCP600

第 28 条将适用于该单据的审核。

保险单据出具人、签署及正本

K2 a. 保险单据须看似由保险公司或承保人或其代理人或代表出具并签署。例如，由“AA Insurance Ltd”出具并签署的保险单据看似已由保险公司出具。

b. 如表明出具人为“保险人（insurer）”，保险单据无需显示出具人为保险公司或承保人。

K3 只要保险单据已由保险公司或承保人或其代理人或代表签署，保险单据也可以出具在保险经纪人的信笺上。保险经纪人可以作为具名保险公司或具名承保人的代理人或代表签署保险单据。

K4 保险单据由代理人或代表签署时，须注明其所代理或代表签署的保险公司或承保人的名称，除非保险公司或承保人已在保险单据的其他地方表明其身份。例如，当“AA Insurance Ltd”已经表明其为保险人时，保险单据可以由“John Doe（作为代表）代表保险人［John Doe（by proxy）on behalf of the insurer］”或“John Doe（作为代表）代表 AA Insurance Ltd［John Doe（by proxy）on behalf of AA Insurance Ltd］”签署。

K5 如保险单据要求由出具人、被保险人或某具名实体副签，则保险单据必须副签。

K6 只要保险公司在保险单据的其他地方表明其身份，则该单据也可以在签署栏位中仅显示保险公司的商号，例如，当保险单据在其他地方显示“AA Insurance Ltd”及其地址和联络信息时，在其签署栏位中显示“AA”出具并签署。

K7 a. 如保险单据表明由一个以上的保险人承保，该保险单据可以由单一代表或代理人代表所有保险人签署，或由一个保险人代表所有共同保险人签署。在后一种情形下，例如，保险单据由“AA Insurance Ltd，代表共同保险人的牵头保险人［AA Insurance Ltd，leading insurer for（or on behalf of）the co-insurers］”出具并签署。

b. 尽管第 K2、K3 和 K4 段有所规定，但如保险单据表明由一个以上的保险人承保，无需显示每个保险人的名称或各自的承保比例。

K8 如信用证要求出具一份以上的正本保险单据，或者保险单据显示已经出具一份以上的正本，则所有正本都须提交并看似已被签署。

日期

K9 保险单据不得表明在其项下提出索赔的失效日期。

K10 a. 保险单据不得显示保险生效日期晚于装运日期。

b. 如保险单据显示出具日期晚于（UCP600 第 19 条至第 25 条所定义的）装运日期，则该单据须以附注或批注的方式清楚地表明保险生效日期不晚于装运日期；

c. 保险单据显示保险基于“仓至仓”或类似条款已经生效，且出具日期晚于装运日期，这并不表示保险生效日期不晚于装运日期。

K11 在保险单据没有注明其他任何日期为出具日期和保险生效日期的情形下，副签日期将被视为保险生效日期的证明。

保险金额和比例

K12 如信用证未规定保险金额，则保险单据须以信用证的币别、最低按照 UCP600 第 28（f）（ii）条规定的金额出具。对保险金额的最高比例没有限制。

K13 保险金额不要求计算至两位以上的小数。

K14 保险单据可表明保险受相对免赔（franchise）或绝对免赔［excess（deductible）］约束。然而，如信用证要求保险不计免赔率（irrespective of percentage），则保险单据不得含有表明保险受相对免赔或绝对免赔约束的条款。保险单据无需注明“不计免赔率”。

K15 如信用证或交单清楚地表明要求支款的金额仅是货物总价值的一部分（例如，由于折扣、预付款或类似情形，或部分货款延付），则保险金额的计算必须以发票或信用证所显示的货物总价值为基础，并符合 UCP600 第 28（f）（ii）条的要求。

K16 同一运输的同一险别应由同一份保险单据所承保，除非提交的一份以上的保险单据表明部分承保，且每份保险单据都以百分比或其他方式明确地表明：

a. 每一保险人承保的金额；

b. 每一保险人将分别承担各自的保险责任份额，且不以在该次运输项下可能已承保的任何其他保险为前提条件；且

c. 每份保险单据各自的承保金额加总后至少为信用证或者 UCP600 第 28（f）（ii）条所要求的保险金额。

承保险别

K17 a. 保险单据必须承保信用证要求的险别。

b. 即使信用证可能已明确规定了应承保险别，保险单据也可以援引除外条款。

K18 如信用证要求承保“一切险（all risks）”，无论保险单据是否载有“一切险”标题，即便其表明特定险别除外时，提交表明任何“一切险”条款或批注的保险单据即符合要求。保险单据表明其承保“伦敦保险协会货物运输保险条款（A）［Institute Cargo Clauses（A）］”，或者在空运项下表明其承保“伦敦保险协会货物运输保险条款（空运）［Institute Cargo Clauses（Air）］”，即满足信用证要求“一切险（all risks）”条款或批注的条件。

被保险人和背书

K19 保险单据须作成信用证所要求的格式，如有必要，须由凭其指示赔付或以其为赔付受益人的实体背书。

K20 a. 信用证不应要求保险单据出具成“来人（to bearer）”或“凭指示（to order）”抬头。信用证应表明被保险人的名称。

b. 如信用证要求保险单据出具成“凭（具名实体）指示”，则保险单据无需显示“凭指示”，但须表明该具名实体为被保险人或者赔付的受益人，且没有明确禁止背书转让。

K21 a. 如信用证对被保险人未做规定，则保险单据不得表明信用证受益人或除开证行或申请人以外的任何实体为赔付的受益人，或根据其指示赔付，除非该保险单据由信用证受益人或该实体作空白背书，或背书给开证行或申请人。

b. 保险单据的出具或背书须使其项下获得付款的权利在放单之时或之前被转让。

保险单据的一般条款和条件

K22 银行不审核保险单据的一般条款和条件。

保费

K23 保险单据上关于保费支付的任何说明均不予理会，除非保险单据表明如保费未付则该单据无效，且该单据载明保费未付。

原产地证明书

基本要求和功能体现

L1 如信用证要求提交原产地证明书，则提交的单据看似与所开发票的货物相关，证实货物原产地，并经签署，即可满足要求。

L2 如信用证要求提交特定格式的原产地证书，诸如普惠制原产地证书格式A（GSP Form A），则只可提交该特定格式的单据。

原产地证明书出具人

L3 a. 原产地证明书须由信用证规定的实体出具。

b. 如信用证未规定出具人名称，则原产地证明书可由任何实体出具。

c. i. 如信用证要求提交由受益人、出口商或制造商出具的原产地证明书，只要原产地证明书相应地注明受益人、出口商或制造商，提交由商会或类似机构诸如但不限于行会、行业协会、经济协会、海关和贸易部门等类似机构出具的原产地证明书亦满足要求。

ii. 如信用证要求提交由商会出具的原产地证书，则提交由行会、行业协会、经济协会、海关和贸易部门等类似机构出具的原产地证明书亦满足要求。

原产地证明书内容

L4 原产地证明书须看似与所开发票的货物相关联，例如，通过下列方式：

a. 与信用证规定相符的货物描述，或与信用证规定的货物描述不相矛盾的统称；或者

b. 援引其他规定单据中或原产地证明书不可分割附件中显示的货物描述。

L5 如显示收货人信息，其不应与运输单据中收货人的信息相矛盾。但是，如信用证要求运输单据出具成“凭指示”“凭托运人指示”“凭开证行指示”“凭被指定银行（或议付行）指示”或“收货人：开证行”，则原产地证明书可以显示收货人为信用证中除受益人以外的任何一个具名实体。若信用证已作转让，原产地证明可显示收货人为第一受益人。

L6 原产地证明书可显示信用证受益人或其他规定单据上所显示的托运人以外的实体作为发货人或出口商。

L7 如信用证规定货物原产地而未要求提交原产地证明书，则规定单据上对原产地的任何援引不得与规定的原产地相矛盾。例如，如信用证规定“货物原产地：德国”而未要求提交原产地证明书，则任何规定单据上显示不同的货物原产地，将被视为内容矛盾。

L8 只要原产地证明书上显示的出口商或发货人不是受益人，原产地证明书就可以显示不同于其他一种或多种规定单据上注明的发票号码、发票日期和运输路线。

装箱单，装箱说明或装箱条（“装箱单”）

基本要求和功能体现

M1 如信用证要求提交装箱单，提交的单据表明信用证规定的名称，或相似名称，或没有名称，并通过包含与货物包装有关的任何信息以体现其功能，即满足要求。

装箱单出具人

M2 装箱单须由信用证规定的实体出具。

M3 如信用证未规定出具人名称，则装箱单可由任何实体出具。

装箱单内容

M4 如信用证明确规定了包装要求，但未规定与其相符的单据，若提交装箱单，则其所提及的有关货物包装的任何数据内容不得与该要求相矛盾。

M5 只要装箱单的出具人不是受益人，装箱单就可以显示不同于其他一种或多种规定单据上注明的发票号码、发票日期和运输路线。

M6 银行仅审核总量，包括但不限于总数量、总重量、总尺寸或总包装件数，以确定相关的总量与信用证和任何其他规定单据上显示的总量不相矛盾。

重量单，重量说明或重量单（“重量单”）

基本要求和功能体现

N1 如信用证要求提交重量单，提交的单据表明信用证规定的名称，或相似名称，或没有名称，并通过包含与货物重量有关的任何信息以体现其功能，即满足要求。

重量单的出具人

N2 重量单须由信用证规定的实体出具。

N3 如信用证未规定出具人名称，则重量单可由任何实体出具。

重量单的内容

N4 如信用证明确规定了重量要求，但未规定与其相符的单据，若提交重量单，则其所提及的有关货物重量的任何数据内容不应与该要求相矛盾。

N5 只要重量单出具人不是受益人，重量单就可以显示不同于其他一种或多种规定单据上注明的发票号码、发票日期和运输路线。

N6 银行仅审核总量，包括但不限于总数量、总重量、总尺寸或总包装件数，以确定相关的总量与信用证和任何其他规定单据上显示的总量不相矛盾。

受益人证明书

基本要求和功能体现

P1 如信用证要求提交受益人证明书，提交经签署的单据表明信用证规定的名称，或载有反映所要求证明类型的名称，或没有名称，并通过包含信用证所要求的数据和证明以体现其功能，即满足要求。

受益人证明书签署

P2 受益人证明书须由受益人签署或代表受益人签署。

受益人证明书内容

P3 受益人证明书提及的数据内容不得与信用证要求相矛盾。

P4 受益人证明书上提及的数据内容或证明内容：

a. 无需与信用证要求的等同一致，但须清楚地表明信用证规定的要求已得到满足；

b. 无需包含货物描述，或对信用证或其他规定单据的任何其他援引。

分析、检验、健康、植物检疫、数量、质量和任何其他证明书（“证明书”）

基本要求和功能体现

Q1 如信用证要求提交此类证明书，提交经签署的单据表明信用证规定的名称，或相似名称，或没有名称，并通过证实所要求行为的结果，例如分析、检验、健康、植物检疫、数量或质量评估的结果，以体现其功能，即满足要求。

Q2 如信用证要求提交的证明书与装运当日或之前所要求发生的行为相关联，该证明书须显示：

a. 不晚于装运日期的出具日期；或

b. 行为发生在装运当日或之前的措辞，在此情况下，如出具日期也有显示，该出具日期可以晚于装运日期，但不应晚于该证明书的交单日期；或

c. 表明事件的称谓，例如，“装船前检验证明书”。

证明书出具人

Q3 证明书须由信用证规定的实体出具。

Q4 如信用证未规定出具人的名称，则证明书可由包括受益人在内的任何实体出具。

Q5 如信用证在其文本中使用“独立的（independent）”“正式的（official）”“合格的（qualified）”或类似词语提及证明书的出具人，则该证明书可由除受益人以外的任何实体出具。

证明书内容

Q6 证明书可显示：

a. 仅测试、分析或检验了所要求货物的样品；

b. 多于信用证或任何其他规定单据上显示的数量；或者

c. 货舱（hold）、分隔舱（compartment）或罐桶（tank）数目多于提单或租船提单上所显示的数目。

Q7 如信用证明确规定了关于分析、检验、健康、植物检疫、数量或质量的评估或类似方面的要求，无论是否规定与其相符的单据，该证明书或任何其他规定单据上所提及的有关分析、检验、健康、植物检疫、数量或质量的评估或类似方面的数据内容不得与该要求相矛盾。

Q8 如信用证未规定证明书的具体内容，包括但不限于确定分析、检验或质量评估的结果所依据的任何要求的标准，则该证明书可以含有诸如“不适合人类消费”“化学成分可能无法满足要求的需求”或类似声明，但须与信用证、任何其他规定的单据或 UCP600 不相矛盾。

Q9 如显示收货人信息，其不得与运输单据中收货人的信息相矛盾。但是，如信用证要求运输单据收

货人出具成“凭指示”“凭托运人指示”“凭开证行指示”“凭被指定银行（或议付行）指示”或“收货人：开证行（consigned to issuing bank）”，则该证明书可以显示收货人为信用证中受益人以外的任何一个具名实体。若信用证已作转让，则该证明书可以显示收货人为第一受益人。

Q10 证明书可显示信用证受益人或其他规定单据上所显示的托运人以外的实体作为发货人或出口商。

Q11 只要证明书上显示的出口商或发货人不是受益人，证明书就可以显示不同于其他一种或多种规定单据上注明的发票号码、发票日期和运输路线。

贸易金融出版物

ICC Uniform Rules for Demand Guarantees—URDG 758

ICC Pub. No. 758E, €20

Check www.storeiccwbo.org for translations in your language.

The *ICC Uniform Rules for Demand Guarantees* (URDG) reflect international standard practice in the use of demand guarantees and balance the legitimate interests of all parties. The current edition, URDG 758, was officially endorsed by the UN Commission on International Trade Law (UNCITRAL) in July 2011.

Guide to ICC Uniform Rules for Demand Guarantees

By Dr. Georges Affaki & Sir Roy Goode

ICC Pub. No. 702E, €119

This *Guide* is a vital tool to help you efficiently use ICC's Uniform Rules for Demand Guarantees - indispensable for issuers and users of guarantees and their advisors. The authors have put the essence of their experience in research and teaching the law and Practice of demand guarantees over a period of twenty years.

Uniform Rules for Bank Payment Obligations

ICC Pub. No. 750E, €20

Bank Payment Obligations enable banks to mitigate the risks associated with international trade to the benefit of both buyers and sellers. They enable flexible financing propositions across the supply chain, from pre-shipment to post-shipment. The world's first rules on BPOs will help harmonize Supply Chain Finance practices and foster a better understanding of those innovative practices.

The ICC Guide to the Uniform Rules for Bank Payment Obligations

By David J.Hennah

ICC Pub. No. 751E. €65

This manual will guide practitioners in their interpretation of the Uniform Rules for Bank Payment Obligations and provide substance to the practical application of the URBPO in the context of real life business scenarios. Vital reading for any trade finance practitioner.

Banking Regulation, 2nd Edition

ICC Pub. No. 979E, €220

Regulation has become so important to the way financial markets operate. This publication offers a comprehensive overview of Banking Regulation across 25 Jurisdictions. Key information and highlights of all major aspects of banking regulation facilitates the understanding of the bank regulatory framework in each jurisdiction.

ICC Uniform Rules for Forfaiting—URF 800

Including Model Agreements

By the ICC Banking Commission and the International Forfaiting Association (IFA)

ICC Pub. No. 800E, €20

Check www.storeiccwbo.org for translations in your language.

The value of the forfalting market is estimated at more than US$300 billion annually. The use of global rules and standards helps avoid misunderstandings, harmonizes best practice around the globe and facilitates dispute settlement. For the first time, ICC's URF now provide a standard set of forfaiting rules that reflect a broad consensus among bankers, users and all members of the forfaiting community worldwide. Created by experts for experts, ICC URF is a must-have for anyone involved in intemational trade finance transactions.

Bank Guarantees in International Trade

Edited by Roeland F, Bertrams, 4th edition

ICC Pub. No. 975E, €220

This collection is a comprehensive study of the legal and practical aspects of bank guarantees and standby letters of credit Using new developrnents in legal writing from various countries, it builds an analysis of how the practical applications of guarantees have established a new pattern of law. This series can be used in both civil and common law jurisdictions and has been cited as an authoritative source of law in several jurisdictions from each system.

2016 Annual Review of International Banking Law & Practice

By the Institute of Intemational Banking Law and Practice

ICC Pub. No. 983E, €99, USB stick

This volume is a practical must-have for anyone working in trade finance and brings you all latest developments in the field on a handy and fully searchable USB stick.

ICC Banking Commission Opinions 2009—2011

New *Opinions* on UCP 600, ISBP 681, UCP 500, URC 522 and URDG 758

ICC Pub. No. 732E, €69

The Opinions series represents the Commission's official interpretations of how ICC's rules are to be used in specific situations. For decades they have provided unrivalled guidance to practitioners and been referred to by judges worldwide. Essential reading for any trade finance practitioner, this volume includes the very first decisions on the new URDG 758.

Collected DOCDEX Decisions 2009—2012

Decisions by ICC experts on documentary credits, collections and demand guarantees

ICC Pub. No. 739E, €65 (e-book)

This volume contains decisions about the most controversial provisions of the latest revision of ICC's universally used rules on letters of credit, UCP 600. The collection also contains cases dealing with UCP 500, URDG 458, and URC 522.

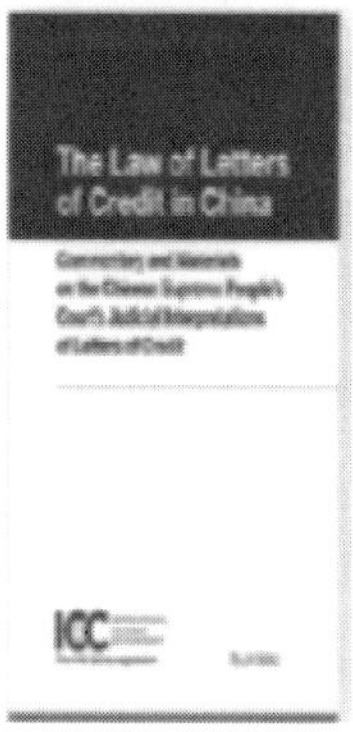

The Law of Letters of Credit in China

Commentary and Materials on the Chinese Supreme People's Court's Judicial Interpretations of Letters of Credit

By Jin Saibo

ICC Pub. No. 736E, €59

This book is indispensable for anyone doing export/import transactions with China. Detailed comments, in-depth explanations and critical analyses enable trade finance practitioners to better understand the L/C system and related judicial interpretations in China.

国际商会简介

国际商会是一个国际性的商业组织，是全球代表所有企业的权威代言机构。

国际商会的根本任务是推动开放的国际贸易与投资，帮助企业应对日益一体化的全球经济所带来的机遇与挑战。从 20 世纪初期成立以来，国际商会就坚信贸易是促进和平与繁荣的强大力量。当年组建国际商会的远见卓识的商界领袖们称自己是“和平的使者”。

国际商会的三个主要职责是规则制定、争议解决和政策推广。由于国际商会的成员均从事国际商务，因此国际商会在制定国际商务规则方面拥有最高的权威。虽然这些规则不是强制性的，但是它们在无数的国际业务中使用，并成为国际贸易的重要组成部分。

国际商会还成立了世界著名的国际仲裁院，在仲裁方面提供服务。国际商业联合会是全球性的商业组织，旨在加强各国商会之间的互动和交流。国际商会还提供专业的培训和教育课程，是国际商务、银行和仲裁界领先的实务和教育工具书的出版商。

来自国际商会成员的商界领袖和专家们，在贸易和投资政策及相关技术领域内制定了商业规则。这些商业规则包括银行业、商业法律及实务、竞争政策、企业责任及反腐败、海关及贸易便利化、数字经济、环境与能源、知识产权、市场营销和广告、税务以及贸易和投资政策。

国际商会与联合国、世界贸易组织以及包括 G20 在内的政府组织之间紧密开展合作。

国际商会成立于 1919 年。如今，国际商会全球网络包括了逾 130 个国家的超过 600 万公司、商会和商业协会。各个国家委员会与其所在国的国际商会会员单位在所关注的方面合作，并向本国政府转达国际商会形成的意见。

ICC INTERNATIONAL CHAMBER OF COMMERCE
The world business organization

COLLECTED DOCDEX DECISIONS

2013-2016

Decisions by ICC experts on Documentary Credits, Collections, Reimbursements and Demand Guarantees

ICC INTERNATIONAL CHAMBER OF COMMERCE
The world business organization

Edited by Gary Collyer & David Meynell

Collected Docdex Decisions 2013-2016
Decisions by ICC experts on Documentary Credits, Collections, Reimbursements and Demand Guarantees

ICC Services
Publications department
33-43 avenue du President Wilson
75116 Paris
France

ICC Pub. No. 786E

ISBN: 978-92-842-0420-5

Foreword

The most recent version of DOCDEX (ICC Publication 872) came into force on 1 May 2015.

This volume consolidates finalised DOCDEX decisions 321-351.

In view of the timeframe, various versions of ICC rules have been covered: UCP 500/600, URC 522, URR 725, URDG 458/758 and ISBP 681/745.

A significant development that has been introduced in this collection is the inclusion of an abstract for all decisions. This approach allows for an encapsulation of key information and summarises each conclusion.

Two important indices are also available:

- Cross-reference of each DOCDEX decision against the relevant ICC rules, which have been divided into articles and sub-articles of UCP, URR, URC, URDG and paragraphs of ISBP.
- Cross-reference to keywords in both the abstracted and full versions of the decisions.

The majority of decisions have application to UCP (16), one of which applies to UCP 500. An analysis of the UCP articles that have attracted the most queries reveals that issues surrounding discrepant documents predominate, followed closely by the standard for examination of documents. It is clear that it is in this area that a lack of knowledge of key procedures can cause problems.

One decision exists for URR 725, 6 for URC 522, 2 for URDG 458 and 5 for URDG 758.

David Meynell
Senior Technical Adviser, ICC Banking Commission
October 2016

Contents

them to the negotiating bank? Was the issuing bank obligated to pay the negotiating bank?

DOCDEX Decision No. 329
ISBP 681 paragraph 25; UCP 600 sub-article 14 (d)

Was a missing credit number and date sufficient justification to refuse documents? Could a mistyping be considered as a discrepancy?

DOCDEX Decision No. 330
UCP 600 articles 4 and 5 and sub-articles 14 (a) and (d); UCP 600 sub-article 18 (b) and (c) and ISBP 745 paragraph C12 (b); ISBP 745 paragraph A6, UCP 600 sub-articles 14 (f) and (d); UCP 600 article 19 and sub-article 14 (d)

Whether discrepancies were invalid once they presented no obstacle to successful performance by the beneficiary? Whether, in any event, the discrepancies were valid?

DOCDEX Decision No. 331
UCP 600 article 14 (d)

Whether a certificate of origin showing FOB value and an invoice showing CIF value for the same amount were conflicting?

DOCDEX Decision No. 332
UCP 600 article 10 (a)

Whether a beneficiary could revoke its consent to the cancellation of a documentary credit? Whether an advising bank could demand payment from the issuing bank following the cancellation and removal of a documentary credit from its records?

DOCDEX Decision No. 333
URC 522 sub-articles 2 (a) (ii), 1 (c), 5 (a), 16 (a), 26 (c) (iii) and 1 (a), articles 26 and 6

Whether a collecting/presenting bank had the right not to pay, nor return original documents, based on the argument that the collecting/presenting bank had filed a police report.

DOCDEX Decision No. 334
URDG 758 articles 5 and 6, sub-articles 15 (a), 19 (a), 20 (a), 24 (d) and 24 (f)

Whether a claim lodged by the beneficiary was in strict compliance with the terms and conditions of the guarantee and met the requirements of URDG? Did the issuing bank reject the demand in due time?

DOCDEX Decision No. 335
UCP 600 sub-articles 14 (a), 14 (b), 16 (c) (i), 16 (c) (iii) and 16 (f)

Whether an issuing bank was precluded from claiming that the documents did not constitute a complying presentation in accordance with UCP 600 sub-article 16 (f)?

DOCDEX Decision No. 336
URDG 758 sub-articles 14 (a) and 25 (b) (i), article 2

Whether it was correct for an issuing bank to refuse a claim under a demand guarantee issued subject to URDG 758 on the basis that the demand was not presented within the time for presentation as provided by the guarantee?

DOCDEX Decision No. 337
ISBP 745 paragraph C8 and UCP 600 article 1

Was it correct for an issuing bank to refuse revised drafts and insurance certificates on the basis that an amendment under the credit had stated that all documents must comply on first presentation?

DOCDEX Decision No. 338
URDG 758 sub-article 15 (b) and article 22; URDG 758 sub-article 20 (b); URDG sub-articles 24 (d), 24 (h) and 5 (b); URDG articles 34 and 35

Was there a requirement for the Initiator to present a copy of beneficiary's claim? Was the alleged discrepancy made by the Respondent a valid discrepancy? Could the Respondent raise further discrepancies at a future date in respect of the copy of the beneficiary's claim? Could the counter-guarantor withhold payment from or reimbursement to the Initiator pending receipt of presentation documents under the local guarantee of the Initiator? What was the governing law of the local guarantee, which was issued by the Initiator subject to URDG 758 as, requested and authorised by the Respondent?

DOCDEX Decision No. 339
URC 522 articles 4, 1 and 2

Whether or not the presenting bank was obligated to pay a collection in view of the fact that the documents had been released to the drawee, and the drawee had obtained delivery of the goods using the bill of lading?

DOCDEX Decision No. 340
This Decision was withdrawn.

DOCDEX Decision No. 341
UCP 600 sub-articles 14 (b), 14 (d), 14 (f) and 16 (c), ISBP 745 paragraph A39

Was the Respondent precluded from claiming that the documents did not constitute a complying presentation, since they had not quoted a valid discrepancy and provided a single notice of refusal in accordance with UCP 600 sub-articles 14 (b) and 16 (c)? Did the inspection certificate comply?

DOCDEX Decision No. 342
URDG 758 sub-articles 14 (a) and 28 (a), article 28

Was a statement by the beneficiary that a postal delay was caused by a missing postal code a valid excuse for insisting that the guarantor was still obligated to pay?

DOCDEX Decision No. 343
URDG 458 sub-article 20 (b), articles 10 and 20; sub-articles 10 (a), 10 (b) and 2 (b)

Had the Respondent failed to honour a valid claim? Given the court order, was it justified for the Respondent to delay payment? Did the Respondent allow an unreasonably long time enabling the applicant to obtain a court order? Was the Respondent obligated to pay?

DOCDEX Decision No. 344
URDG 458 sub-article 20 (b), articles 10 and 20; sub-articles 10 (a), 10 (b) and 2 (b)

Had the Respondent failed to honour a valid claim? Given the court order, was it justified for the Respondent to delay payment? Did the Respondent allow an unreasonably long time enabling the applicant to obtain a court order? Was the Respondent obligated to pay?

DOCDEX Decision No. 345
URC 522 sub-articles 1 (a), 1 (b), 1 (c) and 4 (a) (i); URC 522 sub-article 4 (a) (iii); URC 522 sub-article 1 (c) and article 9

A collection instruction given by a remitting bank to a collecting bank stated that documents were to be delivered against payment. The documents were released to the drawee without payment being obtained. Did the collecting bank breach URC and the collection instructions?

DOCDEX Decision No. 346
UCP 600 articles 6 and 1

An issuing bank refused documents presented under a standby credit on the basis of two discrepancies: expiry of the credit and required supporting documents not being presented. Did the wording of the credit make this a valid refusal?

DOCDEX Decision No. 321

URR 725 sub-article 8 (a) and article 4

Was the issuing bank liable to honour the drawings made under the L/C when it had accepted all of the presented documents? Was the reimbursing bank liable to pay after it had been instructed by the issuing bank to stop all payments under the L/Cs until further notice and when it had not issued any reimbursement undertaking?

Parties

Initiator:	Bank S (Nominated Bank)
Respondents:	Bank C (Issuing bank)
	Bank G (Reimbursing bank)
	Company E (Applicant)
	Company C (Beneficiary)

Background

Respondent 1 has not filed an Answer, while Respondents 2, 3, and 4 did in response to the Initiator's Request. This dispute, between the Initiator and the Respondents, relates to the following letters of credit (the "L/Cs"):

	L/C number	L/C issuing date	Amount (US$)
1.	2008.WO.0001234	15/08/2008	8,411,946.40
2.	2008.WO.0000567	14/11/2008	2,817,926.83
3.	2008.WO.0008910	14/11/2008	14,877,759.24

> The L/Cs are all subject to UCP 600, URR 725 and are all available by deferred payment. From 17 June 2009 to 14 December 2009, the beneficiary presented discrepant documents to the Initiator, which was the nominated bank under the credit. The Initiator refused to prepay the discrepant documents, and the beneficiary requested the Initiator to send the documents on a collection basis to the issuing bank. The Initiator acted in accordance with the beneficiary's instructions.

> The issuing bank accepted the presented documents and advised the Initiator of the respective due dates of payment. The Initiator alleges that the issuing bank subsequently released the presented documents to the applicant, who then took delivery of the goods.

> The reimbursing bank advised the Initiator that the issuing bank had informed it that the Initiator was authorized to seek reimbursement from the reimbursing bank in respect of the drawings accepted by the issuing bank. However, the reimbursing bank expressly stated in the above message that it had not been requested to add its confirmation to the reimbursement authorization, and such advice was given without any engagement on its part. The reimbursing bank honoured all reimbursement claims made by the Initiator until 15 June 2011.

> Upon enquiry made by the Initiator as to the reason the reimbursement ceased, the reimbursing bank advised the Initiator that it had been instructed by the issuing bank to stop all payments under the L/Cs until further notice. Therefore, the reimbursing bank had no authorization to honour any outstanding reimbursement claims.

> No reimbursement claims were honoured after 15 June 2011. The claims outstanding amounted to US$12,283,447.96 (as of 2 July 2012), and the total for transactions maturing in December 2012 is US$3,846,901.89.

Issues

Initiator's claim

The issuing bank and the reimbursing bank have jointly and severally defaulted in payment to the Initiator after the issuing bank accepted the presented documents under the L/Cs, and the reimbursing bank's suspension of reimbursement under instructions of the issuing bank constituted a contractual breach.

Respondents' replies

The reimbursing bank contends that the authorization to reimburse the Initiator was withdrawn by the issuing bank, and the reimbursing bank ceased to have any payment obligations towards the Initiator.

Decision

Is the issuing bank liable to pay under the L/Cs?

The issuing bank is liable to honour the relevant drawings under the L/Cs, as not only did it accept the discrepant documents, but it also advised the corresponding dates of payment to the Initiator in writing. Accordingly, the issuing bank is precluded from refusing the presentation on the ground of non-compliance.

Is the reimbursing bank liable to pay under the credit?

The reimbursing bank is not liable to pay under the L/Cs, as a reimbursement authorization may be withdrawn at any time by the issuing bank (URR 725 sub-article 8 (a)) and the reimbursing bank has never issued any reimbursement undertaking that would obligate it to honour a claim (URR 725 article 4).

URR 725 sub-article 8 (a) (Amendment or Cancellation of Reimbursement Authorisations) states:

> The Issuing Bank may issue a Reimbursement Amendment or cancel a Reimbursement Authorisation at any time upon sending notice to that effect to the Reimbursing Bank.

URR 725 article 4 (Honour of a Reimbursement Claim) states:

> Except as provided by the terms of its reimbursing undertaking, a reimbursing bank is not obligated to honour a reimbursement claim.

Conclusion

1. The issuing bank is definitely liable to honour the drawings made under the L/C, as it has accepted all the presented documents; and
2. The reimbursing bank is not liable to pay, as it has not issued any reimbursement undertaking.

This is a unanimous Decision of the DOCDEX Panel of Experts.

Summmary

Despite discrepancies in the documents, an issuing bank accepted to pay documents presented under three credits at a future maturity date in accordance with the terms of the credits. The reimbursing bank advised the nominated bank that it had not been requested to add its confirmation to the reimbursement authorisation. It was decided that the issuing bank was liable to honour the relevant drawings under the credit, as not only did it accept discrepant documents, but it also advised the corresponding dates of payment to the nominated bank. The reimbursing bank was not liable to pay, as it did not issue any reimbursement undertaking.

DOCDEX Decision No. 322

UCP 600 articles 18 and 24; sub-articles 14 (d) and (f); and ISBP 681 paragraph 20

When a standby letter of credit was issued under UCP 600 and required the presentation of an unpaid commercial invoice and copies of one or more CMRs, was a bank required to examine such documents according to UCP 600 articles 18 or 24? Were assertions that the name of the carrier(s) on CMRs were not stated or incomplete or lacked a country name valid discrepancies? Did silence by the Initiator (as beneficiary under the credit) or the presenting bank constitute an agreement or acceptance of the discrepancies asserted by the Respondent?

Parties

Initiator:	Company B
Respondents:	Bank I

Background and transaction

On 26 May 2011, the Respondent issued an irrevocable standby letter of credit in favour of the Initiator as beneficiary for an amount of EUR 3,074,930 ("the credit"). The credit was sent by the Respondent via SWIFT message to the Initiator's bank and was subject to UCP 600.

1. The credit covered delivery of a DCV system for an airport in City G, Country P and was available against presentation of the following documents:
   - **a.** Initiator's written declaration confirming that the applicant has not fulfilled his contractual obligations under the DCV system contract and that the Initiator is entitled to payment for the amount of EUR 3,074,930
   - **b.** copy of the unpaid commercial invoice; and
   - **c.** photocopy of CMR issued to Airport L, City G as consignee, indicating place of final destination City G".
2. The Initiator states that it delivered and installed the DCV system and issued its invoice for the amount of EUR 3,074,930 on 26 March 2012, but that the applicant did not make the payment. The Initiator then demanded payment under the credit, making the demand through the Initiator's bank by SWIFT message on 24 April 2012 and also by letter couriered by the Initiator's bank on the same day and accompanied by:
   - **a.** drafts at sight in duplicate;
   - **b.** Initiator's written declaration that the applicant has not fulfilled its contractual obligations under the DCV system contract and that the Initiator is entitled to payment for the amount of EUR 3,074,930;
   - **c.** copy of the unpaid commercial invoice; and
   - **d.** 14 photocopies of CMR.
3. It is not disputed that the letter and enclosures from the Initiator's bank were received by the Respondent on 25 April 2012. On 4 May 2012, the Respondent sent an advice of refusal giving the following reasons:
   - **a.** CMR WITH CARRIER P – LACK OF NAME OF CARRIER IN FIELD 23;
   - **b.** CMR WITH CARRIER S – INCOMPLETE NAME OF CARRIER FROM FIELD 16 IN FIELD 23; and
   - **c.** CMR WITH CARRIERS T, K, P, S, M – LACK OF COUNTRY BY NAME OF CARRIER IN FIELD 16.
4. No issue is raised by the Initiator as to the Respondent's advice of refusal not being in compliance with UCP 600 article 16. The Respondent has stated that, as 1 May 2012 and 3 May 2012 were holidays, the last day for checking documents and advising of discrepancies fell on 4 May 2012. Hence the Respondent's refusal notice sent on 4 May 2012 is in compliance with UCP 600.

Issue to be determined

The issue before the Appointed Experts is whether the Respondent, as issuing bank of the credit, was justified in refusing the documents presented to it on 25 April 2012 for the reasons stated in its advice of refusal dated 4 May 2012.

Initiator's claim

The Initiator asserts that the Respondent, as the issuing bank, has refused payment on the credit without legal cause. In respect of the three grounds stated in the Respondent's advice of refusal, the Initiator asserts, in respect of each discrepancy:

- **a.** CMR WITH CARRIER P – LACK OF NAME OF CARRIER IN FIELD 23: that it is unnecessary under UCP 600 that the name of the carrier be included twice in the transport document and notes that the name of the carrier — Carrier P — is listed in field 16 of the CMR document;

b. CMR WITH CARRIER S — INCOMPLETE NAME OF CARRIER FROM FIELD 16 IN FIELD 23: that it is unnecessary under UCP 600 that the name of the carrier be included twice in the transport document; and

c. CMR WITH CARRIERS T, K, P, S, M — LACK OF COUNTRY BY NAME OF CARRIER IN FIELD 16: that UCP 600 does not require the inclusion of the name of the country of the carrier in the transport document.

Respondent's reply

1. The Respondent asserts that the presented documents are discrepant under UCP 600 and *International Standard Banking Practice for the Examination of Documents under Documentary credits* 2007 revision. Specifically, in respect of the three grounds stated in the Respondent's advice of refusal, the Respondent asserts:

   a. CMR WITH CARRIER P — LACK OF NAME OF CARRIER IN FIELD 23: that the complete lack of the carrier's name in field 23 (which only shows an illegible signature) is a discrepancy under UCP 600 article 24 and ISBP Publication 681, paragraph 161, as the lack of indication of the carrier's name in field 23 means that one is unable to identify the issuer of the document;

   b. CMR WITH CARRIER S — INCOMPLETE NAME OF CARRIER FROM FIELD 16 IN FIELD 23: that (regarding Carrier S) the incomplete carrier's name quoted in field 23 is not consistent with established practice and rules of using an entity's name. The Respondent asserts that an entity should use its official name. The Respondent further asserts that (while field 16 is not obligatory) when there is a description in field 16, the official name as used in field 16 should be identical with the one used in field 23 of the CMR. Again, the Respondent asserts that this is a discrepancy under UCP 600 article 24 and ISBP Publication 681, paragraph 161; and

   c. CMR WITH CARRIERS T, K, P, S, M — LACK OF COUNTRY BY NAME OF CARRIER IN FIELD 16: that the commonly established practice and rules of CMR issuance and requirements of fulfillment of field 16 require the name, address and country of the carrier to be inserted. The Respondent asserts that the insertion of the relevant country is especially required, bearing in mind that these documents are used in international trade. Again, the Respondent asserts that this is a discrepancy under UCP 600 article 24 and ISBP Publication 681, paragraph 161.

2. The Respondent asserts that in the remittance letter dated 24 April 2012, the Initiator's bank did not state its opinion that the presented documents were in conformity with the credit. Also, the Respondent asserts that the Initiator's bank did not express reservations about the discrepancies quoted by the Respondent. The Respondent finally asserts that the Initiator's bank made payment of EUR 75 on 4 June 2012, as demanded by the Respondent due to discrepant documents, and asserts that this is proof that the Initiator's bank shares its position that the documents were discrepant.

Documents submitted by the parties

Documents submitted by the Initiator

- The Respondent's Request dated 24 August 2012;
- Appendix no. 1 — copy of standby letter of credit issued by the Respondent on 26 May 2011 by SWIFT;
- Appendix no. 2 — copy of acceptance certificate signed by the applicant dated 23 March 2012;
- Appendix no. 3 — copy of invoice issued by the Initiator dated 26 March 2012;
- Appendix no. 4 — copy of Initiator's demand for payment under the credit sent by SWIFT on 24 April 2012;
- Appendix no. 5 — copy of Initiator's bank's letter demanding payment under the credit dated 24 April 2012;
- Appendix no. 6 — copy of sight drafts in duplicate dated 19 April 2012;
- Appendix no. 7 — copy of Initiator's written declaration dated 18 April 2012;
- Appendix no. 8 — copies of 14 photocopies of CMR;
- Appendix no. 9 — copy of Respondent's advice of refusal by SWIFT dated 4 May 2012;
- Appendix no. 10 — copy of notice of company voluntary arrangement in respect of the applicant issued by the District Court of City Z dated 26 June 2012;
- Appendix no. 11 — copy of demand for payment issued by Initiator's attorney dated 10 July 2012; and
- Appendix no. 12 — copy of Respondent's refusal to pay in a letter dated 18 July 2012.

Documents submitted by the Respondent

- The Respondent's Answer dated 17 September 2012;
- Enclosure no. 1 — summary of Respondent's claims;
- Enclosure no. 2 — copy of Initiator's bank's remittance letter dated 24 April 2012;
- Enclosure no. 3 — copy of MT734 (Respondent's advice of refusal dated 4 May 2012);
- Enclosure no. 4 — copy of Respondent's remittance letter dated 30 May 2012 returning documents to Initiator's bank;

- Enclosure no. 5 — copy of MT799 (Respondent informing Initiator's bank of return of documents dated 30 May 2012); and
- Enclosure no. 6 — copy of cover for amount of Respondent's discrepancy fee received from Initiator's bank.

Analysis

1. The Appointed Experts note that the Initiator does not question the format of the Respondent's refusal notice dated 4 May 2012 nor whether it was sent within the timeframe required by UCP 600.

2. As a starting point, and before stating our analysis of the three stated discrepancies raised by the Respondent, the Appointed Experts note that where a standby letter of credit is issued under UCP 600 and requires the presentation of an unpaid commercial invoice and copies of one or more CMR's, no bank is required to examine such documents according to UCP 600 articles 18 or 24. The required documents are only to be examined to the extent required by the terms and conditions of the credit.

3. The Appointed Experts note that UCP 600 sub-article 14 (d) (Standard for Examination of Documents) specifically states that: "*Data in a document, when read in context with* the credit, *the document itself* and international standard banking practice, *need not be identical to, but must not conflict with, data in that document*, any other stipulated document or the credit." (*emphasis added*)

4. UCP 600 sub-article 14 (f) further states:

   If a credit requires presentation of a document other than a transport document, insurance document or commercial invoice, without stipulating by whom the document is to be issued or its data content, banks will accept the documents as presented if its content appears to fulfill the function of the required documents and otherwise complies with sub-article 14 (d).

5. The Appointed Experts note that the credit only required photocopies of the CMR to be presented. Accordingly, such photocopies are not to be treated as transport documents as indicated in ISBP Publication 681, paragraph 20, which clearly states: "Copies of transport documents are not transport documents for the purpose of UCP 600 articles 19-25 and sub-article 14 (c). The UCP 600 transport articles apply where there are original transport documents presented. Where a credit allows for the presentation of a copy transport document rather than an original, the credit must explicitly state the details to be shown."

   Having noted the above, the Appointed Experts set out below their analysis of the three stated discrepancies.

   The first discrepancy

   The first discrepancy stated by the Respondent was: CMR WITH CARRIER P — LACK OF NAME OF CARRIER IN FIELD 23.

   Absent a specific requirement in the credit, no bank is required to carry out a review of the CMR for compliance with UCP 600 article 24.

   Even if such a requirement for review was present:

   - We understand the pre-printed word "transporteur" found in fields 16 and 23 of the CMR to mean the carrier. We are of the opinion that CMR field 16 is used to identify the "transporteur"- in this case, Carrier P — and that CMR field 23 is used as a signature box for the "transporteur".
   - We are of the opinion that the CMR in question is in compliance as the carrier is identified in field 16 and there is a signature in field 23. Given that the signature box field 23 is for the "transporteur", any signature in field 23 may be taken to be that of the carrier unless otherwise specified therein.

   Accordingly, we conclude that the discrepancy raised by the Respondent is not valid.

   The second discrepancy

   The second discrepancy stated by the Respondent was: CMR WITH CARRIER S — INCOMPLETE NAME OF CARRIER FROM FIELD 16 IN FIELD 23.

   Absent a specific requirement in the credit, no bank is required to carry out a review of the CMR for compliance with UCP 600 article 24.

   Even if such a requirement for review was present:

   - Regarding the Respondent's assertion (that the name of the carrier, as stated in field 16, is incomplete in field 23), we agree that field 23 shows only part of the information found in field 16. However, the credit does not state that it requires the full name of the carrier to be stated wherever such name appears. As noted above, the credit only required photocopies of the CMR to be presented, and the credit did not explicitly state any requirement that the carrier's identity be fully stated in the photocopy of the CMR to be presented. In any case, field 23 of the CMR appears from the pre-printed format to be merely intended for placement of the signature of the "transporteur" or carrier; there is no requirement there that the name of the carrier needs to be inserted.

- We are of the opinion that, although the words inserted in field 23 are not identical with those inserted in field 16, the words are not in conflict as they do not appear completely different (applying the principle found in UCP 600 sub-article 14 (a) that examination is on the basis of the documents alone and following sub-articles 14 (d) and (f) as cited above), bearing in mind that neither the credit nor UCP 600 requires them to be identical.

Accordingly, we conclude that the discrepancy raised by the Respondent is not valid.

The third discrepancy

The third discrepancy stated by the Respondent was: CMR WITH CARRIERS T, K, P, S, M — LACK OF COUNTRY BY NAME OF CARRIER IN FIELD 16.

Absent a specific requirement in the credit, no bank is required to carry out a review of the CMR for compliance with UCP 600 article 24.

Even if such a requirement for review was present, we do not accept the Respondent's assertion that the lack of any reference to the country of the carrier in field 16 constitutes a discrepancy. Although field 16's pre-printed words do suggest that the country be inserted, the credit itself does not state that it requires the country of the carrier to be stated in this document.

Accordingly, we conclude that the discrepancy raised by the Respondent is not valid.

The Appointed Experts also address two assertions made by the Respondent, regarding its failure to receive any notice of disagreement of its advice of refusal from the Initiator's bank (as presenting bank) and the payment of the Respondent's discrepancy fee. The Appointed Experts do not believe that silence by the Initiator (as beneficiary under the credit) or the presenting bank constitutes an agreement or acceptance of the discrepancies asserted by the Respondent. Nor does the presenting bank's payment of the discrepancy fee charged by the Respondent mean that the presenting bank agrees with the position taken by the Respondent. In any event, it must be noted that the Respondent's irrevocable undertaking under the credit is given to the beneficiary (in this case the Initiator) and the position — if any — taken by the presenting bank is irrelevant to the obligations owed by the Respondent to the Initiator under the credit.

Conclusion

- The Appointed Experts find that all three discrepancies asserted by the Respondent are unjustified. The documents presented are in compliance with the requirements of the credit. Accordingly, the Respondent should honour its undertaking to the Initiator.
- The Appointed Experts reached a unanimous Decision.

Summary

An issuing bank refused documents presented under a standby credit on the basis of three discrepancies: lack of name of carrier on CMR; incomplete name of carrier on a further CMR; and lack of country by name of carrier on five further CMR's. It was determined that the required documents were only to be examined to the extent required by the terms and conditions of the credit. As only photocopies of the CMR's were to be presented, the UCP transport articles did not apply. On this basis, it was concluded that none of the discrepancies was valid. The presented documents were in compliance with the requirements of the credit and the issuing bank should honour its undertaking.

DOCDEX Decision No. 323

UCP 600 article 14; sub-articles 16 (c) and (d), 12 (c)

Did Respondent 1 fail to indicate to the Initiator the discrepancies in the documents, within the stipulated period under article 14 and did it also fail to issue a notice of refusal as stipulated under sub-article 16 (c)? Did Respondent 2 fail to indicate to the Initiator the discrepancies in the documents within the stipulated period under article 14 and also did it fail to issue a notice of refusal as stipulated under sub-article 16 (c)?

Parties

Initiator:	Bank S represented by Law firm K
Respondent 1:	Bank C
Respondent 2:	Bank H

Background and transaction

On 25 October 2011, Respondent 1 issued a letter of credit ("L/C") via SWIFT MT700 for an amount of US$2,358,922.00 and advised it through Respondent 2 for advising to the beneficiary located in City M, Country I. The L/C was available by negotiation with any bank in Country I against drafts drawn at 90 days from the B/L date for 100 per cent of invoice value. The L/C was subject to UCP 600 with an expiration date of 11 December 2011 in Country I. The L/C required the following documents to be presented:

1. Manually signed commercial invoice in 3 originals and 3 copies indicating this L/C no. and contract no. ABC/123;
2. Full set (included 3 originals and 3 non-negotiable copies) of clean on board ocean bills of lading made out to order and blank endorsed marked "freight prepaid" and notifying the applicant and Bank C, S Branch;
3. Full set (included 1 original and 2 copies) of insurance policy/certificate for 110 per cent of the invoice value showing claims payable in Country C, in currency of the draft, blank endorsed, covering ocean marine transportation all risk (CIC) and war risks;
4. Weight memo/packing list in 3 originals and 3 copies issued by the beneficiary indicating quantity/gross and net weights of each package and packing conditions;
5. Certificate of quantity/weight in 3 originals and 3 copies issued by the beneficiary indicating the actual surveyed quantity/weight of shipped goods as well as the packing condition;
6. Certificate of quality in 3 originals and 3 copies issued by beneficiary;
7. Beneficiary's certified copy of fax/telex dispatched to issuing bank within 7 days after shipment advising name of vessel, date, quantity, weight and value of shipment;
8. Certificate of origin in 1 original and 2 copies issued by chamber of commerce;
9. Phytosanitary certificate issued by competent authority;
10. Declaration of non-wood packing materials in 3 originals and 1 copy issued by beneficiary;
11. Certificate issued by carrier certifying that 14 days free destination time has been arranged; and
12. Registration certificate of overseas supplier enterprise for importing cotton issued by Inspection and Quarantine of Country C.

Field 45A (description of goods) of the L/C stated: "Growth: Indian Origin Raw Cotton 2011-2012 Quality: S-6, Staple Length: 1-5/32", MIC: 3.6 — 4.9NCL, Strength: Min 29GPT, Grade: Middling, Trash: Less than 3pct, Moisture: Less than 9pct

Quantity:	1,000MT (2,204,600.00LBS)
Unit Price:	US$1.07/LB
Price Term:	CIF City Q, Country C
Goods Origin:	Country I"

According to the Initiator in its Request, before the L/C was issued, the marketing team of Respondent 2 had approached the beneficiary and advised its willingness to make available finance in US dollars under the L/C against acceptance of the bills by Respondent 1. Representatives of the beneficiary and Respondent 2 approached the Initiator, requesting the routing of the documents under the said L/C through Respondent 2. This was confirmed in an e-mail from Respondent 2 dated 15 September 2011. The Initiator advised Respondent 2 that this could only be done if Respondent 1 agreed to the arrangement.

After the L/C was issued and advised, a letter dated 14 November 2011, purportedly signed by a manager of Respondent 1, was provided to the Initiator by Respondent 2 and the beneficiary, requesting that the documents under the aforesaid L/C be routed through Respondent 2.

- On 16 November 2011, the beneficiary presented the first set of documents under the L/C for an amount of US$1,161,491.72, which was due for payment on 13 February 2012. The Initiator effected a discount on the same day and sent the documents to Respondent 2 on a collection basis. Respondent 2 acknowledged receipt of the documents on 19 November 2011 and forwarded them to Respondent 1 on 21 November 2011 by courier service.
- On 21 November 2011, the beneficiary presented a second set of documents under the L/C for an amount of US$1,154,487.09, which was also due for payment on 13 February 2012. The Initiator again effected a discount on the same day and forwarded the documents to Respondent 2 on a collection basis. Respondent 2 acknowledged receipt of the documents on 26 November 2011 and forwarded them to Respondent 1 on 28 November 2011 by courier service.
- On 2 January 2012, the Initiator received both sets of documents from Respondent 2 owing to the documents having already been refused and now returned by Respondent 1. A further SWIFT message dated 26 December 2011 from Respondent 1 was attached with the returned documents. It stated: "PLS KINDLY BE INFORMED THAT A/M 2 SETS OF DOCS WERE REFUSED ON 111201 AND 111208, THE DISPOSAL OF BOTH DOCS WAS THAT WE ARE RETURNING THE DOCS. PLS CONTACT BENE DIRECTLY TO EXPEDITE THE SETTLEMENT OF THIS DISPUTE WITH APPL. TKS FOR YR COOPERATION. WE ARE SORRY FOR IN CONVENIENCE [SIC] CAUSED. OUR CABLE CHG FOR US$23.76 SHALL BE DEDUCTED." The Initiator informed the beneficiary accordingly. The beneficiary informed the Initiator in its letter dated 3 January 2012 that the refusals were due to a quota problem of the import licence, and the applicant had assured that payment would be effected on the due date.
- On 7 January 2012, the Initiator sent a SWIFT message to Respondent 1 claiming that the documents were submitted as per the L/C terms. Respondent 1 was requested to honour the documents and confirm its payment on the due date.
- On 24 April 2012, the Initiator sent another SWIFT message to Respondent 1, as there had been no response and no payment had been made on the due date.
- On 25 April 2012, in response to the message from the Initiator of 24 April 2012, Respondent 1 replied that it had not received the aforesaid documents and requested the courier details. The Initiator replied on the same day, claiming that the documents submitted were negotiated and discounted by the Initiator and the documents were in compliance with the L/C terms.
- On 26 April 2012, Respondent 1 confirmed receipt of two sets of documents from Respondent 2 and that both sets were refused due to discrepancies noted by Respondent 1 and returned to Respondent 2 on 1 and 8 December 2011 respectively. Respondent 1 also claimed that its undertaking was released as the L/C had expired. According to the Initiator, in its Request, this was the first time the Initiator was informed by Respondent 1 that both sets of documents had been refused and returned to Respondent 2 due to discrepancies.
- The Initiator subsequently took up the matter with its Financial Institutional Group (the "FIG"), which specialized in relationships with foreign banks. The FIG was requested to instruct Respondent 1 to honour its L/C commitment.
- On 15 June 2012, Respondent 1 sent an email to the FIG stating that the discrepancies in the documents were listed in its notices of refusal dated 1 and 8 December 2011 respectively and sent via SWIFT message. Respondent 1 confirmed that the refusal notices were sent to Respondent 2 on the said two dates.
- On 20 June 2012, Respondent 1 enquired about the nature of the deal between the Initiator and Respondent 2. FIG advised Respondent 1 that the documents were routed through Respondent 2 based on the letter sent by it dated 14 November 2011. In reply, Respondent 1 advised that the letter purportedly signed by one of their managers was a fake and that the person who signed the letter was not an employee of the bank. The Initiator was requested to check with Respondent 2 for the two notices of refusal.
- After taking up the matter with Respondent 2, Respondent 2 claimed that the notices of refusal from Respondent 1 were sent by fax to the Initiator on 5 December 2011.

Issues

The Initiator claimed that Respondent 2 had received the documents in two sets, one on 16 November 2011 and the other on 26 November 2011, from the Initiator. Respondent 2 confirmed that it had sent the documents by courier to Respondent 1 on 21 and 28 November 2011 respectively. Respondent 1 acknowledged receipt of the documents on 24 November 2011 and 1 December 2011 respectively.

Though Respondent 2 claimed that it had transmitted, by fax, the notices of refusal from Respondent 1 on 5 and 8 December 2011 respectively to the Initiator, the Initiator claimed that it had never received these messages.

Questions

1. What is the liability of Respondent 1 in failing to indicate to the Initiator the discrepancies in the documents, within the stipulated period under article 14 and also failing to issue a notice of refusal as stipulated under sub-article 16 (c)?
2. What is the liability of Respondent 2 in failing to indicate to the Initiator the discrepancies in the documents, within the stipulated period under article 14 and also failing to issue a notice of refusal as stipulated under sub-article 16 (c)?

Documents submitted by the parties

Documents submitted by Initiator

- Letter of Authority from the Initiator to the law firm K;
- Photocopies of letters dated 25 October 2011 and 28 October 2011 from Respondent 2 to the beneficiary — L/C Advice;
- Photocopy of email dated 15 September 2011 from Respondent 2 to Initiator and the beneficiary;
- Photocopy of letter dated 14 November 2011 purportedly from Respondent 1 to Initiator;
- Photocopies of letters dated 16 November 2011 and 21 November 2011 (without enclosures) from the Initiator to Respondent 2;
- Photocopies of two letters both dated 30 December 2011 from Respondent 2 to the Initiator;
- Photocopy of letter dated 3 January 2012 from the beneficiary to the Initiator;
- Photocopy of SWIFT message dated 7 January 2012 from the Initiator to Respondent 1;
- Photocopy of SWIFT message dated 24 April 2012 from the Initiator to Respondent 1;
- Photocopy of SWIFT message dated 25 April 2012 from Respondent 1 to Initiator;
- Photocopies of SWIFT messages dated 25 April 2012 from the Initiator to Respondent 1 and 26 April 2012 from Respondent 1 to the Initiator;
- Photocopies of mails/correspondence forwarded by FIG to the Initiator;
- Photocopies of email from Respondent 2 to the Initiator and email from the Initiator to Respondent 2, both dated 7 August 2012; and
- Photocopies of documents forwarded to the Initiator by Respondent 2 with its covering letter dated 8 August 2012.

Documents submitted by Respondents 1 and 2

No documents were received from the Respondents. However, Respondent 1 submitted Answers and formally requested a DOCDEX Decision ("Decision").

Analysis

Question 1

What is the liability of Respondent 1 in failing to indicate to the Initiator the discrepancies in the documents within the stipulated period under article 14 and also failing to issue a notice of refusal as stipulated under sub-article 16 (c)?

The L/C issued by Respondent 1 and advised by Respondent 2 was available by negotiation with any bank in Country I. Before the L/C was issued, the beneficiary had arranged with the Initiator for a packing loan in Country I currency for its export shipment to City Q. Respondent 2 had agreed to make available financing in US$ once the documents presented under the L/C were duly accepted by Respondent 1. Respondent 2 requested that the documents drawn under the L/C be presented through them on collection basis for its onward transmission to Respondent 1.

After the L/C was issued, and before the documents were presented, and at the request of the Initiator, a letter purportedly issued by Respondent 1 was produced to the Initiator requesting that the documents be routed through Respondent 2. The letter was not an amendment to the L/C.

The Initiator received two sets of documents presented under the L/C by the beneficiary on 16 and 21 November 2011 respectively before the L/C expired. Respondent 2 acknowledged receipt of the documents on 19 and 26 November 2011 respectively on a collection basis. Respondent 1 received the documents on 24 November 2011 and 1 December 2011 respectively.

Respondent 1 sent two notices of refusal by SWIFT messages dated 1 and 8 December 2011 due to discrepancies in the two sets of documents. These messages were sent to Respondent 2, as the documents were received from it. In both SWIFT messages, under field 77J (Discrepancies), the discrepancies were listed and under field 77B (Disposal of Documents), "/RETURN/" was stated.

UCP 600 sub-article 14 (b) states:

> A nominated bank acting on its nomination, a confirming bank, if any, and the issuing bank shall each have a maximum of five banking days following the day of presentation to determine if a presentation is complying. This period is not curtailed or otherwise affected by the occurrence on or after the date of presentation of any expiry date or last day for presentation.

UCP 600 article 16 states:

> **a.** When a nominated bank acting on its nomination, a confirming bank, if any, or the issuing bank determines that a presentation does not comply, it may refuse to honour or negotiate.
>
> **b.** When an issuing bank determines that a presentation does not comply, it may in its sole judgement approach the applicant for a waiver of the discrepancies. This does not, however, extend the period mentioned in sub-article 14 (b).

c. When a nominated bank acting on its nomination, a confirming bank, if any, or the issuing bank decides to refuse to honour or negotiate, it must give a single notice to that effect to the presenter.

The notice must state:

i. that the bank is refusing to honour or negotiate; and

ii. each discrepancy in respect of which the bank refuses to honour or negotiate; and

iii. a) that the bank is holding the documents pending further instructions from the presenter; or b) that the issuing bank is holding the documents until it receives a waiver from the applicant and agrees to accept it, or receives further instructions from the presenter prior to agreeing to accept a waiver; or c) that the bank is returning the documents; or d) that the bank is acting in accordance with instructions previously received from the presenter.

d. The notice required in sub-article 16 (c) must be given by telecommunication or, if that is not possible, by other expeditious means no later than the close of the fifth banking day following the day of presentation.

e. A nominated bank acting on its nomination, a confirming bank, if any, or the issuing bank may, after providing notice required by sub-article 16 (c) (iii) (a) or (b), return the documents to the presenter at any time.

f. If an issuing bank or a confirming bank fails to act in accordance with the provisions of this article, it shall be precluded from claiming that the documents do not constitute a complying presentation.

g. When an issuing bank refuses to honour or a confirming bank refuses to honour or negotiate and has given notice to that effect in accordance with this article, it shall then be entitled to claim a refund, with interest, of any reimbursement made.

As Respondent 1 received the first set of documents on 24 November 2011 and sent its notice of refusal on 1 December 2011 by SWIFT, and received the second set of documents on 1 December 2011 and sent its notice of refusal on 8 December 2011 by SWIFT, both notices of refusal were sent no later than the close of the fifth banking day following the day of presentation. The days of presentation were 24 November 2011 and 1 December 2011. Under UCP 600 article 2 "presentation" means either the delivery of documents under a credit to the issuing bank or nominated bank or the documents so delivered.

In its notices of refusal, Respondent 1 also complied with the provisions in UCP 600 sub-article 16 (c). It had refused the documents, listed the discrepancies and provided disposal instruction for the documents. As Respondent 1 received both sets of documents from Respondent 2, Respondent 1 is justified (and required under UCP 600 sub-article 16 (c)) to send its notices of refusal to Respondent 2.

Question 2

What is the liability of Respondent 2 in failing to indicate to the Initiator the discrepancies in the documents, within the stipulated period under article 14 and also failing to issue a notice of refusal as stipulated under sub-article 16 (c)?

The Initiator forwarded the documents to Respondent 2 on a collection basis as per their agreement, outside the L/C, even though the L/C was available with any bank in Country I by negotiation. The letter purportedly issued by Respondent 1 requesting that the documents be forwarded through Respondent 2 was not an amendment to the L/C. As Respondent 2 received the documents from the Initiator on a collection basis, it was not clear whether the collection was subject to any rule or URC 522.

After receipt of the documents from the Initiator, Respondent 2 sent both sets of documents by courier to Respondent 1 within two days from the date of receipt of each set of documents from the Initiator. As the documents were forwarded to Respondent 2 on a collection basis, Respondent 2 did not act as a nominated bank either to honour or negotiate. It simply acted as an intermediary bank and forwarded the documents to Respondent 1 for collection as instructed by the Initiator.

UCP 600 sub-article 12 (c) states:

> Receipt or examination and forwarding of documents by a nominated bank that is not a confirming bank does not make that nominated bank liable to honour or negotiate, nor does it constitute honour or negotiation.

Upon receipt of the notices of refusal from Respondent 1, Respondent 2 claimed that it had relayed the contents to Initiator by fax. However, the Initiator claimed that it had never received the fax messages from Respondent 2. Fax is a form of telecommunication and expeditious means of communication acceptable under UCP 600 sub-article 16 (d). It is not required to be authenticated, as it is not an instruction but simply a message that the sender wishes to convey to the recipient.

The returned documents were subsequently received by Respondent 2 and returned to Initiator by them.

As Respondent 2 was requested to forward the documents on a collection basis, it was not obliged to examine the documents before it forwarded them to Respondent 1. It acted only as an intermediary bank, and it would only relay the messages that it received to the Initiator and/or Respondent 1.

Decision

In conclusion, Respondent 1 has acted appropriately under UCP 600, as it examined the documents and refused them by sending two SWIFT refusal messages to the presenter, Respondent 2, within five banking days following the day of presentation.

Respondent 2 forwarded the documents received from the Initiator to Respondent 1 and returned them to the Initiator when received from it. In between, it is stated that Respondent 2 also advised the Initiator of the content of the refusal messages by separate fax messages. As Respondent 2 was instructed to forward documents on a collection basis, it was not required to examine them to determine if they were complying. It was also not responsible for the documents being refused and subsequently returned by Respondent 1.

The Decision is unanimous.

Summary

Documents were presented by the beneficiary's bank to the advising bank, and subsequently forwarded to the issuing bank. It was questioned as to whether or not the issuing and advising banks had indicated discrepancies and sent notices of refusal within the stipulated period as allowed by UCP. It was concluded that the issuing bank had acted appropriately under UCP, as it examined the documents and refused them by sending two SWIFT refusal messages to the presenter, the advising bank, within five banking days following the day of presentation. The advising bank advised the beneficiary's bank of the content of the refusal messages by separate fax messages. As the advising bank was instructed to forward documents on a collection basis, it was not required to examine them to determine if they were complying. It was also not responsible for the documents being refused and subsequently returned by the issuing bank.

DOCDEX Decision No. 324

This Decision was withdrawn.

DOCDEX Decision No. 325

UCP 600 article 18; sub-article 18 (a) (ii) and 38 (g)

Whether, according to UCP 600 article 18, it was necessary to include "to applicant" on the commercial invoice

Parties

Initiator: Company G
Respondent: Bank I

Background and transaction

On 6 July 2011, the Respondent issued a letter of credit ("L/C") for US$114,240 in favour of the Initiator available by negotiation with any bank. The L/C required presentation of the following documents:

- Signed commercial invoice in duplicate
- Full set of clean on board ocean bills of lading made out to the order of the Respondent marked "Freight Prepaid" and "Notify Applicant"
- Packing list in duplicate

When documents were received by the Respondent, they were refused due to the following discrepancy: "to applicant" was not mentioned on invoice according to UCP 600 sub-article 18 (a) (2), the invoice must be made out in the name of applicant.

Issues

Was the discrepancy valid?

Initiator's claim

The Initiator wishes to determine if the refusal of documents by the Respondent is appropriate with regard to UCP 600.

Respondent's reply

The Respondent did not submit a reply in this matter.

Documents submitted by the Initiator

- A copy of the advising bank's notification letter dated 6 July 2011 to which a copy of the issuing bank's MT 700 establishing the L/C also dated 6 July 2011 is attached
- A copy of the original commercial invoice
- A copy of the packing list
- A copy of the bill of lading
- A copy of the SWIFT MT734 dated 17 August 2011

Analysis

Was the invoice compliant with the requirements of the credit and UCP 600?

The credit called for "Signed Commercial Invoice in duplicate" with no other conditions or requirements mentioned.

UCP 600 article 18 relates to commercial invoices, and sub-article 18 (a) (ii) requires that

> A commercial invoice must be made out in the name of the applicant (except as provided in sub-article 38 (g)).

Reference to sub-article 38 (g) above is not relevant as this L/C was not transferable.

The document presented is named "Commercial Invoice". It shows the Initiator's name as "shipper/exporter", the issuing bank's name as "consignee" and the applicant's name as the "Notify Party", which is the party the carrier must notify when the goods arrive at the port of destination. A notify party is not the debtor of an invoice. It is often the applicant, but may not necessarily be so; in many cases the notify party is the issuing bank or a forwarder acting on behalf of the buyer.

Accordingly, the commercial invoice is not correctly made out in the name of the applicant.

Conclusion

The rejection by the Respondent is valid. The Panel of Experts was unanimous in its Decision in this case.

Summary

An issuing bank refused documents presented under a credit due to one discrepancy: 'to applicant' was not mentioned on invoice. The document presented was entitled 'Commercial Invoice'. It showed the beneficiary name as 'shipper/exporter', the issuing bank's name as 'consignee' and the applicant's name as the 'Notify Party', which was the party the carrier must notify when the goods arrive at the port of destination. It was stated that a notify party is not the debtor of an invoice. Although it may often be the applicant, this is not always the case; in many cases the notify party is the issuing bank or a forwarder acting on behalf of the buyer. It was accordingly concluded that the commercial invoice was not correctly made out in the name of the applicant and the rejection by the issuing bank was valid.

DOCDEX Decision No. 326

URC 522 sub-articles 2 (d) (i), 4 (a) (i), 19 (b) and 1 (c)

When the collections remained unpaid and the Respondent never returned the original documents, did the Respondent act in accordance with the provisions of URC 522? Was the Respondent bound to pay the outstanding amount? Was the matter of illegality of the goods relevant to the case?

Parties

Initiator:	Company K
Respondent:	Bank A

Background and transaction

The Initiator is the principal under a series of 10 collections subject to URC 522 totalling US$349,391.10 sent by a remitting bank to the Respondent within a period of time spanning July 2009 to February 2010.

All collections are "Documentary Collections" as defined under URC 522 sub-article 2 (d) (i).

The Respondent is the presenting bank, having made presentations to the drawee(s) under each collection. Apart from one partial payment of US$4,125.00, all collections remain unpaid. Despite several requests from the Initiator, the Respondent has never returned the original documents. As a reason for the non-return, the Respondent is contending "the illegality of the goods".

The Initiator is claiming that the Respondent failed to act in accordance with the provisions of URC 522 and, as a result, should pay the total outstanding amount of US$345,266.10. This amount excludes interest and damages in the amount of US$90,703.89.

Issues

Issue 1: Did the Respondent act in accordance with the provisions of URC 522?

Issue 2: If the answer to issue 1 is "no", is the Respondent bound to pay the outstanding amount?

Issue 3: Is the matter of illegality of the goods relevant to this case?

Documents submitted

By the Initiator

- Initiator's Request;
- Initiator's list of enclosures;
- Initiator's summary Schedule A (principal amount);
- Initiator's summary Schedule B (interest amount);
- Remitting bank's remittance ABC123;
- Respondent's MT999 dated 10/08/09;
- Remitting bank's MT499 dated 02/05/12;
- Remitting bank's remittance EFG456;
- Remitting bank's remittance HIJ893;
- Respondent's MT412 dated 30/09/09;
- Remitting bank's KLM893;
- Respondent's MT410 dated 29/09/09;
- Remitting bank's remittance NOP893;
- Remitting bank's remittance QRS893;

- Remitting bank's remittance TUV893;
- Respondent's MT410 dated 29/10/09;
- Remitting bank's remittanceWXY800;
- Remitting bank's remittance CBA800;
- Remitting bank's remittance FED800;
- Respondent's MT410 dated 02/02/10;
- Remitting bank's MT499 dated 03/06/10;
- Remitting bank's MT499 dated 03/06/10;
- Remitting bank's MT499 dated 04/06/10;
- Respondent's MT499 dated 04/05/12;
- Remitting bank's MT499 dated 25/06/12;
- Respondent's MT499 dated 27/06/12;
- Remitting bank's MT499 dated 29/06/12;
- Remitting bank's MT499 dated 13/07/12;
- Respondent's MT499 dated 18/07/12;
- Remitting bank's MT499 dated 13/08/12;
- Respondent's MT499 dated 23/08/12;
- Remitting bank's MT499 dated 23/08/12;
- Remitting bank's MT499 dated 30/08/12;
- Respondent's MT499 dated 10/09/12;
- Remitting bank's MT499 dated 11/10/12;
- Remitting bank's MT499 dated 26/11/12;
- Remitting bank's MT499 dated 26/11/12;
- Respondent's MT499 dated 06/12/12;
- Remitting bank's MT499 dated 13/12/12;
- Remitting bank's MT499 dated 20/12/12;
- Remitting bank's MT499 dated 20/12/12;
- Remitting bank's MT499 dated 14/01/13;
- Respondent's MT499 dated 11/02/13; and
- Remitting bank's MT499 dated 04/03/13.

By the Respondent

- Electronic copy of the Respondent's Answer requesting for a DOCDEX decision dated 02/04/13

Analysis

Issue 1

Each collection sent to the Respondent followed the same format and contained the same instructions, which included "deliver documents against acceptance of the draft and simultaneous guarantee for payment by you (aval)".

In its SWIFT correspondence, the Respondent stated "the document [sic] were released on the acceptance of the draft by the drawee without any simultaneous guarantee. In other words, we have accepted drafts on file, but we do not have any simultaneous guarantee on file." This is also confirmed by the Respondent's response by fax requesting the DOCDEX Decision which, in point 2, states: "[The Respondent] did not guarantee payment to the Initiator as the documents were released to the importer against acceptance only."

Under URC 522 sub-articles:

> 4 (a) (i), Banks are only permitted to act upon the instructions given in such collection instruction, and in accordance with these Rules;
>
> 19 (b), In respect of documentary collections, partial payment will only be accepted if specifically authorized in the collection instructions; and
>
> 1 (c) when a bank does not wish to handle a collection then it "[...] must advise the party from whom it received the collection or the instructions [...] without delay."

URC 522 sub-article 4 (a) (i) requires strict compliance with the collection instruction. In releasing the presented documents to the drawee(s), the Respondent is deemed to have accepted the collection instruction in its entirety, including the simultaneous guarantee. The Respondent should have refused the collection instruction if it was not prepared to do so, as emphasized in sub-article 1 (c).

The rule against deviation extends also to partial payment, which was not authorized under the collection instruction and which is emphasized in sub-article 19 (b).

In consideration of the foregoing, the Respondent is in breach of its obligations under URC 522.

Issue 2

The Respondent is in breach of its obligations under URC 522 and is therefore liable for the liabilities incurred as a result.

Issue 3

The illegality point is not relevant so far as URC 522 are concerned. The issue is whether the Respondent was entitled to release the documents if it was not prepared to guarantee the payment. Accordingly, whether the drawee(s) could clear the goods from customs has no bearing on the collection operation, as such action was subsequent to the release of documents.

Conclusion

The Decision by the Panel is unanimous. The Initiator is entitled to payment of the outstanding amount of US$345,266.10.

Summary

A presenting bank received ten collections, all of which, apart from one partial payment, were unpaid. The presenting bank never returned the documents on the basis of 'the illegality of the goods' although it had released the documents to the drawee upon acceptance of term drafts for which it stated that it had no guarantee of payment. It was determined that the presenting bank was in breach of its obligations under URC and was liable for the liabilities incurred as a result. The illegality point was not relevant so far as URC 522 were concerned. The issue was whether the presenting bank was entitled to release the documents if it was not prepared to guarantee the payment. Accordingly, whether the drawee(s) could clear the goods from customs had no bearing on the collection operation, as such action was subsequent to the release of documents.

DOCDEX Decision No. 327

UCP 600 sub-articles 14 (a), 14 (b), 16 (c), 16 (f) and articles 14 and 16; UCP 600 sub-article 4 (a); URDG 758 sub-articles 15 (c), 15 (b), 15 (a) and 5 (b)

Whether the issuing bank had complied with UCP 600 article 16? Whether the issuing bank had acted within the terms of the credit? Whether claims under two associated counter-guarantees were justified?

Parties

Initiator 1:	Company O (Beneficiary)
Initiator 2:	Bank H (Advising Bank)
Respondent:	Bank T (Issuing Bank)

Notes

Respondent had not filed an answer.

The appointed experts requested on three occasions that 'Supplements' be submitted as per articles 4 and 7.3 of the DOCDEX Rules.

Although Initiator 2 submitted the request on behalf of Initiator 1, the appointed experts considered that both Initiators were involved due to the fact that the first supplemental submission, provided solely by Initiator 2, resulted in a complete request for a DOCDEX Decision.

Issues

1. Letter of Credit No. 123 issued by the Respondent. Respondent did not refuse two sets of documents as required by UCP 600 article 16. Consequently, the Respondent should have paid 80% of the invoice value of these presentations but failed to do so.

2. Letter of Credit No. 123 and Letter of Credit No. 456 issued by the Respondent. Respondent failed to pay the remaining 20% of all presentations made under these credits, although Initiator 1 maintained that all contractual obligations had been fulfilled.

3. Performance Bonds for US$211,766.89 and US$79,972.00 issued by a bank other than the Respondent at the request of Initiator 2 on instructions of Initiator 1. The beneficiary of the performance bonds made a claim under each of the guarantees. The bank that issued the performance bonds honoured the claims and subsequently claimed payment under the counter-guarantees. Initiator 2 honoured the claims under the counter-guarantees although the claims were said by Initiator 1 to have been unjustified, as all contractual obligations had been fulfilled.

Background and transaction

Issue 1, Letter of Credit No. 123

Initiator 1 received Letter of Credit no. 123 that had been issued in his favour by the Respondent subject to UCP 600 and advised through Initiator 2. Under this Letter of Credit, 80% of the invoice value of two presentations had not been paid. The first presentation, totalling US$384,096.00 and consisting of two invoices for US$252,096.00 and US$132,000.00, was sent to the Respondent on 29 August 2012. The second presentation, in the amount of US$367,626.60, was sent to the Respondent on 30 August 2012. Both presentations were made "subject to the applicable UCP Rules (issued by the ICC) as stipulated in the credit" and requested remittance of the proceeds. Both presentations were within the validity of the Letter of Credit. It appears that presentation was not, however, made within the number of days after the shipment date as required by the Credit (16 days) according to Respondent's notes on their internal Check-Lists.

The Respondent apparently disposed of the documents on 9 September 2012 by sending them to the applicant of the credit. However, payment for 80% of the invoice value had not been effected to Initiator 2. On 9 October 2012, the Respondent replied to Initiator 2 in respect of two tracers for the payment by stating "[W]e forwarded your above mts [message types] to the applicants and we shall revert upon their approval".

Issue 2, Letter of Credit No. 123

The credit contained the following wording in relation to the payment of the remaining 20% of the invoice value(s):

> 20 Pct is payable upon your receipt of applicants written instructions during the validity of the credit subject to applicants sole discretion. In the event our instructions are not received by you within the validity of the credit, applicants payment instructions reported by [name of Respondent].

The credit further stated

> Our undertaking for the remaining balance under this letter of credit, being the retention amount, is payable after receipt by us of the applicant's instructions, subject to their complete discretion, during the validity of the credit. In the event such instructions are not received within the validity of the credit, then we are relieved from our obligations in this respect.

The initial wording quoted above was later amended to read:

> 20 Pct through[t] L/C upon actual delivery of materials CIF [name of port and country] and acceptance thereof and receiving the original shipping documents from the bank. A certificate will be issued by the applicants confirming receipt and acceptance of the shipment CIF [name of port and country].

Issue 2, Letter of Credit No. 456

The credit contained the following wording in relation to the payment of the remaining 20% of the invoice value(s):

> 20 pct being the retention money out of value of each shipment is payable upon receipt of written instruction from applicants during the validity of the L/C and we will cover you then. In the event that applicants instructions are not received by us within the validity of the L/C, then we will be relieved from our obligations towards the beneficiaries under this L/C.

This was later amended to read:

> Twenty percent (20PCT) through L/C upon actual delivery of materials CIF [name of port and country] and acceptance thereof and receiving the original shipping documents from the bank. A certificate will be the employer confirming the receipt and acceptance of the shipment CIF [name of port and country].

Issue 2, Letter of Credit Nos. 123 & 456

Under both letters of credit, it appeared that the beneficiary (Initiator 1) did not receive any document from the applicant of the credits. It also appeared that the Respondent did not receive any requested document or payment authorization from the applicant. On the contrary, the Respondent advised the Initiator 2 "to suspend" payment, although Initiator 2 never had an authorization to effect such a payment.

Issue 3, Performance Bonds

Initiator 2, on the instructions of Initiator 1, requested a bank other than the Respondent to issue two guarantees (performance bonds) in favour of the applicant of the two letters of credit in favour of Initiator 1.

Guarantee in the amount of US$211,766.89: Initiator 2 on instructions of Initiator 1 requested a bank other than the Respondent to issue the guarantee (performance bond) *"in your standard format"* and quoted, as applicable rules, *"OTHR/ Country "I" Laws"*. The counter-guarantee of Initiator 2 appeared to have been made subject to the laws of country "I".

Guarantee in the amount of US$79,972.00: Initiator 2 on instructions of Initiator 1 requested a bank other than the Respondent to issue the guarantee (performance bond) *"as per your standard format"* and thus subject to the law in the country of that bank (Country "I" Law). The counter-guarantee of Initiator 2 was made subject to ICC URDG (URDG 758).

Claims had been made under both the guarantees (performance bonds) and the counter-guarantees, which were subsequently honoured by the guarantor and Initiator 2 respectively, while Initiator 1 tried to convince Initiator 2 that the beneficiary of the guarantees (performance bonds) were not entitled to a claim as contractual obligations had been fulfilled.

Documents submitted by initiator

Issue 1

- A copy of Letter of Credit No. 123 and 3 amendments issued by Respondent.
- A copy of Letter of Credit No. 456 and 2 amendments issued by Respondent.
- A copy of the remittance schedule prepared by Initiator 2 dated 29 August 2012 for an amount of US$384,096.00.
- A copy of the remittance schedule prepared by Initiator 2 dated 30 August 2012 for an amount of US$367,626.60.
- A copy of Respondent's SWIFT message dated 9 October 2012, addressed to Initiator 2.
- A copy of a translation of a letter prepared by the Respondent on 9 September 2012 disposing of the documents received from Initiator 1, ie, sending the documents to the applicant of the credit.

Issue 2

- A copy of two messages dated 05.02.13 (LC No. 123) and 30.01.13 (LC No. 456) from the Respondent advising Initiator 2 that, at the request of the applicant, Initiator 2 is requested to *"please suspend payment final payment of (20) pct for shipping documents for (value) till further instructions from them reported by us."*
  It is to be assumed that Respondent had sent messages in the same sense covering all presentations to Initiator 2.

Issue 3

- A copy of the electronic instructions from Initiator 2 to a bank other than the Respondent to issue a performance bond for US$211,766.89.
- A copy of an MT 760 sent by Initiator 2 to a bank other than the Respondent to issue a performance bond for US$79,972.00.

Surrounding document submitted

The entire documentation consisted of a copy of all presentations made under the two letters of credit at issue, a copy of the contracts between Initiator 1 and the applicant to the letters of credit, a copy of correspondence in relation to the claims under the performance bonds and the corresponding payments. The entire documentation consisted of roughly 500 pages.

Analysis

Issue 1

According to UCP 600 sub-article 14 (a),

> [A] nominated bank acting on its nomination, a confirming bank, if any, and the issuing bank must examine a presentation to determine, on the basis of the documents alone, whether or not the documents appear on their face to constitute a complying presentation.

According to sub-article 14 (b), each of the bank(s) shall: "*have a maximum of five banking days following the day of presentation to determine if a presentation is complying*".

According to UCP 600 sub-article 16 (c) if a bank: "*decides to refuse to honour or negotiate, it must give a single notice to that effect to the presenter*". Such notice must be in the form required by that sub-article and it must contain first of all a statement that it is refusing to honour or negotiate. It must also state each discrepancy in respect of which the bank refuses to honour or negotiate and it must indicate what the bank is doing in respect of the documents received.

According to the first message that had been sent by Respondent to Initiator 2 on 9 November 2012 (ie, more than one month after the documents had been received and after having received at least two tracers asking whereabouts of the payment), the Respondent responded: "*[W]e forwarded your above mts [Message types] to the applicants and we shall revert upon their approval.*".

Furthermore, according to the Respondent's letter dated 9 September 2012, the Respondent disposed of the documents received from Initiator 2 by having sent the documents to the applicant of the credit.

Therefore, it is to be acknowledged that Respondent did not act in accordance with the requirements of UCP 600 articles 14 and 16. No notice of refusal had been sent by Respondent and therefore, as provided by UCP 600 sub-article 16 (f), the Respondent was precluded from claiming that the documents did not constitute a complying presentation. Consequently, the Respondent was obliged to honour the presentations for 80 Percent of the invoice value and to pay interest.

ICC official opinion R694 (TA602rev) given in relation to a Query under UCP 500, but still valid under UCP 600, stated that: "*the issuing bank has not provided a notice of refusal of the documents. As such, it is the issuing bank that is precluded from asserting that the documents are discrepant, and it must effect settlement for the value thereof*". It furthermore stated that:

> [T]he release of the documents to the applicant, without providing settlement for the full value or seeking authorization to accept a lesser amount before releasing such documents, is clearly a breach of the fundamental principle of holding documents [at the disposal of the presenter].

The Respondent released documents without payment (or any authorization from Initiator 2), which was also a breach of the provisions of UCP 600 sub-article 16. The Respondent failed to comply with the requirements of UCP 600 article 16 and thus was obliged to effect payments of 80 percent of the respective invoice values plus interest. The panel also pointed out that interest should be paid for the lapse of time in question.

Issue 2

The wording of the Letter of Credits in relation to the payment of the remaining 20% of the invoice value did not provide for such payment to be effected against a presentation by the beneficiary of one or more specific documents. Nor did it provide for the payment to be effected on a specific latest date for payment in case no document would have been presented.

The wording of these credits is unfortunately not uncommon in many countries. It results in a situation where the beneficiary cannot trigger the payment as it is at the mercy of the applicant to the credit acting in accordance with it's contractual obligations and authorizing the issuing bank to effect such payment.

Therefore, the panel could not but stress that parties to a credit have to carefully assess the consequences of any wording in the credit. The message(s) given by the Respondent to Initiator 2 also indicated that the implications of such wordings were not clearly understood. The Respondent advised Initiator 2 "*to suspend payment*" while that party never had any obligation or authorization to effect such payment.

If Initiator 1 was of the opinion that the payments of all the outstanding 20 percent of the invoices were due in respect of the underlying contract, it should have considered other courses of action. The scope of this issue is outside of the ICC

Rules be it UCP 600 or DOCDEX.

In this respect, it is to be pointed out that UCP 600 sub-article 4 (a) states that: "[A] *credit by its nature is a separate transaction from the sale or other contract on which it may be based. Banks are in no way concerned with or bound by such contract, even if any reference whatsoever to it is included in the credit.*"

Issue 3

The first guarantee (performance bond) in the amount of US$211,766.89:
This guarantee and the corresponding counter-guarantee had not been issued subject to any ICC Rules. Therefore, the ICC DOCDEX Rules cannot be applied to this transaction and no Decision can be rendered. If Initiator 1 considers the claims as non-complying or unjustified, it could pursue this argument through an appropriate venue under the governing law.

The second guarantee (performance bond) in the amount of US$79,972.00:
The guarantee (performance bond) that was requested to be issued in country "I" was to be "*as per your standard format*" and thus, logically, in accordance with the Laws of country "I". The counter-guarantee given by the Initiator 2 was made subject to ICC URDG (758). The fact that the guarantee and the counter-guarantee were subject to different laws and/or rules poses considerable problems.

In this respect, it is to be observed that URDG 758 sub-article 15 (c) requires that the counter-guarantee would have to contain express wording to the effect that: "[*T*]*he supporting statement under sub-Article 15 [(a)] [(b)] is excluded.*", otherwise the requirement of sub-article 15 (b) always applies, ie,

> a demand under the counter-guarantee shall in any event be supported by a statement, by the party to whom the counter-guarantee was issued, indicating that such party has received a complying demand under the guarantee or counter-guarantee issued by that party.

From the documents submitted, it was clear that the counter-guarantee did not contain express wording that the requirement for the supporting statement, as mentioned above, was excluded. The claim received by Initiator 2 contained an ambiguous statement that combined parts of the requirements of URDG 758 sub-article 15 (b) and sub-article 15 (a). Initiator 2 honoured the claim.

If Initiator 1 believed that the claim was unjustified in respect of the underlying contract, it's possible legal actions would have to be made through an appropriate venue under the governing law.

This is supported by UDG 758 sub-article 5 (b) which states that:

> [A] counter-guarantee is by its nature independent of the guarantee, the underlying relationship, the application and any other counter-guarantee to which it relates, and the counter guarantor is in no way concerned with or bound by such relationship. A reference in the counter-guarantee to the underlying relationship for the purpose of identifying it does not change the independent nature of the counter-guarantee. The undertaking of a counter guarantor to pay under the counter-guarantee is not subject to claims or defences arising from any relationship other than a relationship between the counter guarantor and the guarantor or other counter guarantor to whom the counter-guarantee is issued.

Conclusion

Issue 1

Respondent failed to act in accordance with the requirements of UCP 600 article 16, disposed of the documents and therefore is bound to honour 80% of the value of the two presentations with interest.

Issue 2

Respondent acted in accordance with the terms of the credit. Any action by the Initiators is to be done outside the Letter of Credit through an appropriate venue under governing law.

Issue 3

The first guarantee (performance bond) in the amount of US$211,766.89:
No DOCDEX Decision could be rendered as neither the guarantee nor the counter-guarantee had been subject to any ICC Rules. This was a matter for an appropriate venue under the governing law to decide.

The second guarantee (performance bond) in the amount of US$79,972.00:
The claim under the counter-guarantee had been honoured. The payment was final. If the Initiator 1 felt that the claim was unjustified in respect of the underlying contract, it's possible legal actions should have been through an appropriate venue under the governing law.

The above conclusions were unanimous.

Summary

More than one month after receipt of presentation of documents and at least two tracers enquiring as to whereabouts of payment, an issuing bank informed the presenting bank that documents had been sent to the applicant and that they were awaiting applicant's approval. No notice of refusal was provided and it was concluded that the issuing bank was therefore precluded from claiming that documents did not comply. The issuing bank was bound to honour. A further presentation was payable against applicant's written instructions subject to applicant's sole discretion. It was decided that the scope of this issue was outside DOCDEX. Claims under two associated guarantees were alleged to have been unjustified. A decision could not be rendered for the first as it was not subject to ICC rules and legal action would be required for the second.

DOCDEX Decision No. 328

UCP 500 sub-article 14 (e)

Given a court order, was it justified for an issuing bank to withhold documents and not return them to the negotiating bank? Was the issuing bank obligated to pay the negotiating bank?

Parties

Initiator:	Bank S (Negotiating Bank)
Respondent 1:	Bank A (Issuing Bank)
Respondent 2:	Company C (Applicant)
Respondent 3:	Company N (Beneficiary)

Background and transaction

On September 6, 2007, Respondent 1 issued an irrevocable documentary credit at the request of Respondent 2 in favour of Respondent 3. The credit was available with any bank by negotiation and was subject to the UCP (1993 Revision), ICC Publication No. 500.

The goods were described as 'Iron Ore Fines originating from India'. The credit called for FE content to be at 61 percent basis, 60 percent minimum. There was also an additional condition in the credit that Respondent 2 should have the option to reject the cargo if the FE content was below 60 percent.

On December 31, 2007, the Initiator forwarded documents drawn under the credit to Respondent 1 stating that it had negotiated the documents and requested payment for US$1,049,296.25.

On January 14, 2008, Respondent 1 sent a SWIFT message to the Initiator advising that documents received from the Initiator were not acceptable due to several discrepancies. One of the discrepancies cited being: "FE content appearing on the invoice was below 60 percent". The Respondent 1 further stated that it was holding the documents at the disposal of the Initiator.

On January 22, 2008, the Initiator sent a SWIFT message to Respondent 1 requesting that the documents be returned to the Initiator so that the goods could be sold to another party. The Initiator also asked Respondent 1 to confirm either the return of the documents or release of payment.

On January 23, 2008, a Court issued an order as follows:

- Approve Respondent 2's request for a Court order;
- Order a freeze of the Iron Ore Fines being unloaded at a port in country of Respondent 2;
- Order Respondent 3 to provide a guarantee of US$800,000 to the Court or to Respondent 2. Respondent 3 may also negotiate with the Respondent 2 for an agreed form and sum of the guarantee;
- Respondent 2 shall initiate litigation or arbitration within 15 days of receipt of the Court order. If such litigation or arbitration is not carried out within such period, the Court will release the freezing of the Iron Ore Fines.

On January 24, 2008, Respondent 1 sent a SWIFT message to the Initiator advising that it could not return the documents to the Initiator because a Court had frozen the documents after Respondent 2 impleaded Respondent 3. Respondent 1 further stated that it was holding the documents pending receipt of further instructions from the Court.

On February 4, 2008, the Initiator sent a SWIFT message to Respondent 1 stating that they were dealing with documents only as per the UCP and that any disputes between Respondent 2 and Respondent 3 must be dealt with outside of the terms of the credit. Once again, the Initiator requested Respondent 1 to either return the documents to them or make payment.

The Initiator followed up the matter with Respondent 1 by SWIFT on different occasions but did not receive any payment or response.

Issues

1. Was the Initiator entitled to the return of the documents by Respondent 1?
2. Given the court order dated January 23, 2008, was it justified for Respondent 1 to withhold the documents and not to return them to the Initiator as requested?
3. Is Respondent 1 obligated to pay the Initiator the drawing amount of the credit?

Analysis

1. Respondent 1 advised the Initiator in a SWIFT message of January 14, 2008 that the documents were discrepant and that Respondent 1 was holding the documents at the disposal of the Initiator. In response to Respondent 1's refusal notice, the Initiator responded by SWIFT requesting Respondent 1 to return the documents or make payment.

   Article 14e of UCP 500 states the following:

   > If the Issuing Bank and/or Confirming Bank, if any, fails to act in accordance with the provisions of this Article and/or fails to hold the documents at the disposal of, or return them to the presenter, the Issuing Bank and/or the Confirming Bank, if any, shall be precluded from claiming that the documents are not in compliance with the terms and conditions of the Credit.

   Since the Initiator had requested the return of the documents unless Respondent 1 made payment, and Respondent 1 did not pay, the Initiator was entitled to the return of the documents.

2. Respondent 1 was not a party to the court order, and was not mentioned anywhere in the court order. Furthermore, the court order did not place any restrictions on the documents and did not order Respondent 1 to freeze the documents as advised by Respondent 1 to the Initiator. Upon rejection of the presented documents, Respondent 1 had no ground not to return the documents to the Initiator. Accordingly, Respondent 1's action was not justified.

3. Based on UCP 500 sub-article 14 (e), failure to return the documents to the Initiator precludes Respondent 1 to claim that the documents were not in compliance with the terms and conditions of the credit. Accordingly, Respondent 1 was obligated to honour the relevant drawing plus any applicable delayed payment interest and costs.

Conclusion

Given that the court order did not enforce Respondent 1 to withhold the documents, Respondent 1 was obliged to return the documents to the Initiator under UCP; failing that, Respondent 1 must honour the drawing.

This decision was a unanimous decision by the panel of experts.

Summary

An issuing bank refused documents presented under a credit on the basis of several discrepancies. The negotiating bank subsequently requested return of the documents. One day later, a court in China issued a court order. As a result, the issuing bank informed the negotiating bank that they could not return documents. It was concluded that, as the negotiating bank had requested return of the documents unless the issuing bank made payment, the negotiating bank was entitled to the return of the documents. The issuing bank was not a party to the court order and the order did not place any restrictions on the documents: as such, the issuing bank had no grounds not to return the documents to the issuing bank. Failure to return the documents precluded the issuing bank from claiming discrepancies and they were obligated to honour.

DOCDEX Decision No. 329

ISBP 681 paragraph 25; UCP 600 sub-article 14 (d)

Was a missing credit number and date sufficient justification to refuse documents? Could a mistyping be considered as a discrepancy?

Parties

Initiator 1:	Company R (Beneficiary)
Initiator 2:	Bank B (Negotiating Bank)
Respondent:	Bank S (Issuing Bank)

Background and transaction

Two credits contained two stipulations in SWIFT field 47A as follows:

1. All required documents must indicate our L/C number and date.
2. Any minor typing mistake which will not affect quality, quantity, price, value and expiry date and shipment date shall be acceptable.

Documentary credit no. 1 subject to UCP latest version, issued on 7 March 2013 in favour of Initiator 1.

- Date and place of expiry: 21 May 2013 in country of Initiator 2.
- Available with any bank by negotiation.
- Draft: at sight (later amended to 150 days after sight).
- Documents in summary: 7 separate sets of documents to be presented with the following documents for each set: Invoice 3 original + 2 copies, full set B/L + 3 copies, Packing list 3 original + 2 copies, two different beneficiary's certificates.
- Confirmation: "*without*".

After the presentation on time of the prescribed 7 sets of documents the Respondent refused the documents on 27 May 2013 with a SWIFT MT 734 stating: "*INVOICE NOT INDICATE LC NUMBER AND DATE. HOLDING DOCS AS PER ART. 16C-III B OF UCP 600*".

Initiator 2 opposed that:

- missing L/C date and number was a typing error, while L/C number and date were correctly shown on other 6 invoices and 128 other documents (including copies) of the presentation,
- the lack of credit number and date was covered by the special condition in the credit where "typing mistake which will not affect quality, quantity [...] shall be acceptable",
- ISBP Para 25 indicates a practice where misspelling or typing error does not make a document discrepant, and
- Banking Commission Opinions R289 and R635 state that a credit number on a document is only to assist in tracing documents should they go astray and even the misquoting of a credit number is not grounds for refusal of documents.

On 29 May 2013, the Respondent replied stating that the question was not related to a typing error but was a true discrepancy due to the failure of an explicit and specific requirement of the credit in MT700, field 47A (Additional Conditions) irrespective of the use of such data.

On the same date, 29 May 2013, the Respondent returned the documents to Initiator 2.

Documentary credit no. 2 subject to UCP latest version, issued on 15 March 2013 in favour of the Initiator 1.

- Date and place of expiry: 21 May 2013 in country of Initiator 2.
- Available with any bank by negotiation.
- Draft: at sight (later amended to 150 days after sight).
- Documents in summary: 10 separate sets of documents to be presented with the following documents for each set: Invoice 3 original + 2 copies, full set B/L + 3 copies, Packing list 3 original + 2 copies, two different beneficiary's certificates.
- Confirmation: "*without*".

After the presentation on time of the prescribed 10 sets of documents, the Respondent refused the documents on 24 May 2013 with a SWIFT MT 734 stating: "*INVOICE INDICATED DIFFERENT NAME OF VESSEL FROM THAT OF BILL OF LADING (Shan Dong Da i/o Shan Dong Hai Da). HOLDING DOCS AS PER ART. 16C-III B OF UCP 600*".

Initiator 2 opposed that:

- the other documents in the same set of the invoice including B/L and shipping advice indicated the vessel correct name,
- all other 9 sets of document (totalling 115 documents including copies) indicated the vessel correct name,
- the missing "Hai" was a typing error and ISBP paragraph 25A applied and also the specific stipulation in the credit which made acceptable "typing mistake which would not affect quality, quantity [...]",
- the Banking Commission opinion R698 states that "a typographical error, when read in context with the other presented documents, does not create a discrepancy".

On 29 May 2013, the Respondent replied stating that it was not possible to consider the failure of "Hai" as a typographical error because the "error" leads to another name that may belong to another vessel.

On the same date, 29 May 2013, the Respondent returned the documents to Initiator 2.

Issues

1. Was the missing of L/C number and date on invoice — while it was correctly typed in all other documents of the same presentation — a discrepancy in terms of UCP 600 and International Standard Banking Practice?

2. In the circumstances outlined above, was the miss-typing "Hai" from the vessel name only in the invoice — while it was correctly typed in all other documents of the same presentation — considered a discrepancy under UCP 600 and International Standard Practice?

Analysis

In both credits, certain data, as required by the credit, was not shown in the documents: L/C number and date in the first credit; a part of the vessel name in the second. ISBP 681 paragraph 25 only applies to "misspelling" or "typing errors" and not to missing data. The examples in ISBP 681 paragraph 25 are clear on what is intended for "misspelling" or "typing error". This position is not different in ISBP 745.

Issue 1

ICC Opinion R289 stated:

> Regarding the question of the L/C number missing from the Rail Waybill, it has been the previous Opinion of the ICC that the requirement is only to assist in tracing documents should they go astray. Since the documents were received by the issuing bank, the absence of the reference number, which in itself neither adds nor detract from the purpose of the document, would seem an irrelevance, and not valid grounds for rejection.

This Opinion further stated: *"Regarding the L/C number, however, the ICC has on numerous occasion stated that it disapproves of the practice, especially where transport documents are concerned, and now again reiterates this view"*.

ICC Opinion R578 stated:

> It should be pointed out that the request for insertion of L/C numbers is usually at the instigation of the issuing bank to facilitate the collation of documents when one or more go astray. The ICC has commented in the past that a refusal based on the absence of a L/C number on a document, where requested in the L/C, is not grounds for refusal.

The same position was stated in ICC Opinion R635:

> As referred to in ICC Opinion 289, a requirement for the insertion of a credit number on a document is only to assist in tracing documents should they go astray. Since the documents were received by the issuing bank and the issuing bank is applying the presented bill of lading under the correct credit number, it would seem to be an irrelevance, and not valid grounds for refusal.

More recently, this position had been reiterated in ICC Opinion TA.774, which re-emphasised the findings of Opinion R578.

The ICC Banking Commission, in these opinions, has stated that a missing L/C number in documents is not a reason to dishonor an otherwise complying presentation. As stated within these opinions, the L/C number is used primarily to facilitate the Respondent in applying the documents to the correct credit.

The only exception would be if there was a need for the L/C number to appear on the documents as a requirement of national or customs regulations; which appears not to be the case in this circumstance.

Based on the statements in the referenced opinions, the misquoting or absence of the L/C number and date were not grounds for discrepancy, even if required by the credit.

Provided that the Respondent can relate the presentation of documents to the applicable credit, this was sufficient.

Issue 2

10 sets of documents were presented, with 10 bills of lading, 10 invoices and 10 shipping advices: all of them showing the correct vessel name "MV Shan Dong Hai Da" apart from one invoice in which the word "Hai" is missing.

The presentation of documents, collectively, referred to shipment on one vessel as indicated in the bills of lading.

UCP sub-article 14 (d) states:

> Data in a document, when read in context with the credit, the document itself, and international standard practice, need not be identical to, but must not conflict with, data in that document, any other stipulated document or the credit.

The absence of the word "Hai" in one invoice was not considered to be a conflict. There was sufficient evidence in the documents as a whole to reflect compliance with the credit.

Conclusion

The discrepancies under issues 1 and 2 were not valid. The Respondent must honour.

This decision was rendered unanimously.

Summary

An issuing bank refused documents presented under two credits, the first because the invoice did not indicate the credit number and date and the second because the invoice indicated a different vessel name to that shown on the bill of lading. For the first issue, it was mentioned that a credit number is used primarily to facilitate the issuing bank in applying the documents to the correct credit. The only exception would be if there were national or customs regulations requiring such information. In this circumstance, it was concluded that the discrepancy was not valid. With regard to the second issue, all the required documents showed the correct vessel name, apart from one invoice in which one word was missing. This was not considered to be a conflict. The issuing bank must honour.

DOCDEX Decision No. 330

UCP 600 articles 4 and 5 and sub-articles 14 (a) and (d); UCP 600 sub-article 18 (b) and (c) and ISBP 745 paragraph C12 (b); ISBP 745 paragraph A6, UCP 600 sub-articles 14 (f) and (d); UCP 600 article 19 and sub-article 14 (d)

Whether discrepancies were invalid once they presented no obstacle to successful performance by the beneficiary? Whether, in any event, the discrepancies were valid?

Parties

Initiator:	Company N (Beneficiary)
Respondent:	Bank B (Issuing Bank)

Background and transaction

The Initiator was the beneficiary of an irrevocable standby letter of credit that was issued on 15 December 2011 by the Respondent.

The standby letter of credit was issued via SWIFT MT700 and made subject to UCP 600, incorporating the wording "UCP LATEST VERSION" in field 40E.

The credit was issued for maximum US$200,000.00 and was available with the Respondent by payment. An advising bank was used to advise the standby letter of credit to the beneficiary.

As there was no response received from the Respondent, the background was based solely upon the dispute summary and documents provided by the Initiator.

On 15 December 2011, a credit for maximum US$200,000.00 was issued covering the supply of live and frozen lobsters. [Note from the Appointed Experts: the goods description was stated in the standby letter of credit as "*Bogavante Vivo – Partida Arancelaria 030000 – CIF Madrid*".]

Mid-February 2012, the applicant advised the Initiator that it would be unable to make payments of outstanding invoices, covering consignments already received. The reason given was that the Spanish Tax Authorities had sequestered its receivables. Based on that information, the Initiator ceased sending additional consignments.

On 5 April 2013, the Initiator made a demand for payment to the Respondent under the standby letter of credit. The demand covered 11 consignments that had been sent between 22 December 2011 and 2 February 2012. The value of the demand was US$193,809.37, which covered the combined value of live lobsters.

[Note from the Appointed Experts: The value of lobsters according to the invoices was US$193,808.36. Further, the demand letter specifically stated: "*Please undertake requirements described in the L/C to properly inform the issuing bank and retrieve the full $200,000.*" The schedule document detailing the invoices presented totalled US$224,770.08 and was made up of US$193,809.37 of lobster and US$30,960.71 of scallop. The statement document was addressed to the advising bank and not to the Respondent.]

On 13 April 2013, the Respondent refused the demand, citing the following three discrepancies:

1. Invoice. Description of goods in invoice not as per L/C field 45A.
2. Invoice showing air waybill number 7283-2863 I/O 72831662.
3. AWB showing airports of departure in conflict with L/C field 44E.

Issues

1. On the general premise that documentary discrepancies were invalid once those discrepancies have presented no obstacle to successful performance of the beneficiary under the standby letter of credit.
2. That the discrepancies cited by the Respondent were invalid.

Documents submitted

Documents submitted by Initiator

- The formal request for a DOCDEX Decision.
- A cover letter to the Appointed Experts.

- Dispute summary and Initiator's Claim.
- Copy of standby letter of credit.
- Copies of invoices.
- Communication between Initiator and Respondent.
- A document about multimodal / combined transport.t documents.
- Copy of statement of claim from Initiator (plus invoice schedule) addressed to the advising bank.

Documents submitted by Respondent

The Respondent did not submit any documents.

Analysis

Issue 1

UCP 600 includes the following provisions:

Article 4 Credits v. Contracts

a. A credit by its nature is a separate transaction from the sale or other contract on which it may be based. Banks are in no way concerned with or bound by such contract, even if any reference whatsoever to it is included in the credit. Consequently, the undertaking of a bank to honour, to negotiate or to fulfil any other obligation under the credit is not subject to claims or defences by the applicant resulting from its relationships with the issuing bank or the beneficiary.

A beneficiary can in no case avail itself of the contractual relationships existing between banks or between the applicant and the issuing bank.

b. An issuing bank should discourage any attempt by the applicant to include, as an integral part of the credit, copies of the underlying contract, proforma invoice and the like.

Article 5 Documents v. Goods, Services or Performance

Banks deal with documents and not with goods, services or performance to which the documents may relate.

Sub-article 14 (a)

A nominated bank acting on its nomination, a confirming bank, if any, and the issuing bank must examine a presentation to determine, on the basis of the documents alone, whether or not the documents appear on their face to constitute a complying presentation.

Sub-article 14 (d)

Data in a document, when read in context with the credit, the document itself and international standard banking practice, need not be identical to, but must not conflict with, data in that document, any other stipulated document or the credit.

The Initiator argued that the standby letter of credit was created to ensure that it was paid for goods that were successfully delivered to the applicant. The purpose of the documents required by the standby letter of credit was to satisfy the requirements of government and commerce in the process of transferring control over, and ownership of, the goods from the Initiator to the applicant. Once control/ownership had been passed from the Initiator through the relevant regulatory controls, to the applicant, the documentary requirements attached to the transaction should no longer be relevant as to the validity of the obligation to pay under the standby letter of credit.

Based on the above (abstract), the Initiator requested the Appointed Experts to verify if the fact that the Initiator had successfully performed its obligation to convey title and possession of goods to the applicant meant that a refusal could not be made by the Respondent based on discrepancies between the transit documents and the standby letter of credit.

The standby letter of credit was issued subject to the UCP 600. It is a core principle that the obligation of an issuing bank relies on the documents presented. The examination of the documents presented is based on the documents alone, and whether or not the documents appear on their face to constitute a complying presentation. Further, banks deal with documents and not with goods, services or performance to which the documents may relate.

Whether or not goods have been delivered or the like has no bearing on an issuing bank's decision to refuse a presentation. If the documents do not constitute a complying presentation as envisaged in the articles of UCP 600, the issuing bank may refuse to honour.

Issue 2

Discrepancy 1: Invoice. Description of goods not as per L/C field 45A

The requirement in the standby letter of credit for an invoice was: "*Copy of the relevant invoice unpaid*". The goods description in field 45A was as follows: "*Bogavante Vivo - Partida Arancelaria 030000 - CIF Madrid*". The invoices presented included both "*Lobster*" and "*Scallops*." The distribution of the "*Lobster*" and "*Scallops*" was as follows:

Invoice number	Date	US$Lobster	US$Scallops	Total invoice value
22121ECE1	22/12/11	$30,672.43		$30,672.43

22121ECE2	22/12/11	$7,535.62	$8,976.99	$16,512.61
08111ECE1	03/01/12	$27,071.06	$7,977.25	$35,048.31
11012ECE1	11/01/12	$19,360.00		$19,360.00
12012ece1	12/01/12	$11,822.92	$2,643.94	$14,466.86
18012ECE1	18/01/12	$20,328.00		$20,328.00
19012ECE1	19/01/12	$11,832.25	$2,835.52	$14,667.77
25012ECE1	25/01/12	$21,780.00		$21,780.00
26012ECE1	26/01/12	$12,197.42	$2,853.02	$15,050.44
25012ECE1	01/02/12	$20,592.00		$20,592.00
020222ECE1	02/02/12	$10,616.66	$5,638.41	$16,255.07
Total		**$193,808.36**	**$30,925.13**	**$224,733.49**

The invoices were presented citing the following discrepancy: *"Invoice. Description of goods not as per L/C field 45A."*

"Bogavante Vivo - Partida Arancelaria 030000" means, *"Lobster live - tariff heading 030000."* The standby letter of credit was issued partly in Spanish and partly in English languages. It should be noted that the words *"lobster"* and in some cases additionally *"scallops"* were the only elements of the goods description that were shown on the invoice.

The Initiator made reference to:

- DOCDEX Decision 304 regarding the language of the documents presented. The Appointed Experts did not find this Decision relevant, as there was no requirement for any language in the standby letter of credit.
- DOCDEX Decision 231 regarding the nature of the goods. The Appointed Experts did not find this Decision relevant, as there was no issue regarding the nature of the goods.
- ICC Opinion R456 regarding the nature of the goods. The Appointed Experts did not find this Opinion relevant, as there was no issue regarding the nature of the goods.

According to UCP 600 sub-article 18 (c), the description of the goods, services or performance in a commercial invoice must correspond with that appearing in the credit.

Furthermore, ISBP 745 paragraph C12 (b) states that an invoice is not to indicate goods, services or performance not called for in the credit.

For this case it was acceptable that, although being stated in Spanish in the credit, the language of the description of the goods was stated in English, provided UCP 600 sub-article 18 (c) has been complied with. This was not the case for the following reasons:

Firstly, the documentary credit called for *"Bogavante Vivo - Partida Arancelaria 030000 - CIF Madrid "* and the invoices indicated only *"lobster."*

Secondly, the invoices also made reference to *"scallops"* which was not called for by the credit.

Thirdly, the amounts reflected in the credit, compared to the invoices and the demand, were in conflict as follows:

- Amount of the documentary credit: US$200,000.00
- The amount of the demand: US$200,000.00
- The total amount of the invoices: US$224,733.49
- The amount of the *"lobster"* according to the invoice: US$193,808.36.

Although, according to UCP 600 sub-article 18 (b), the issuing bank may accept a commercial invoice issued for an amount in excess of the amount permitted by the credit, there was a conflict between the amount of the demand and the value of the shipped lobsters. The US$200,000.00 as demanded clearly included a certain amount of "scallops" in addition to the "lobsters."

For the reasons stated above, this was a valid reason for refusal.

Discrepancy 2: Invoice. Invoice number 11012ECE1 showing air waybill number 7283-2863 I/O 72831662

The requirement in the standby letter of credit for an invoice was: *"Copy of the air waybill"*.

Copies of transport documents are not transport documents for the purpose of UCP 600 articles 19-25. Refer to ISBP 745 paragraph A6. For that reason, the examination of the presented copy of transport document was to be based on UCP 600 sub-articles 14 (f) and 14 (d).

Each invoice indicated the number of the related air waybill number. The invoice indicated air waybill number: 7283-2863. The air waybill indicated number: 075JFK72832863.

Although not identical, this was not a conflict. For the reasons stated above, this was not a valid reason for refusal.

Discrepancy 3: Air waybill. AWB showing airports of departure in conflict with L/C field 44E

The transport route mentioned in field 44 in the standby letter of credit was as follows:

44A: Boston Massachussets — USA

44E: Boston Massachussets

44F: Madrid

44B: By airway

The "Airport of departure" mentioned in the air waybills included the following airports:

Washington — Dulles IN

J.F.K.

JFK Airport, New York

The Initiator argued that UCP 600 article 19 (Transport Document Covering at Least Two Different Modes of Transport) applied for the examination of the transport document.

As argued above, since the standby letter of credit required a copy of the air waybill, the UCP 600 transport articles did not apply. Consequently article 19 did not apply. Since both the standby letter of credit and the air waybill copies indicated an "airport of departure", these must be compared against UCP 600 sub-article 14 (d) and must not be in conflict.

For the documents presented, it appeared that they were. The goods were not dispatched from Boston, Massachusetts but rather from Washington and J.F.K.

For the reasons stated above, this was a valid reason for refusal.

Conclusion

- Whether or not goods have been delivered or the like has no bearing on the issuing banks decision to refuse the presentation. If the documents did not constitute a complying presentation as envisaged in the articles of UCP 600, the issuing bank may refuse to honour.
  This was a unanimous decision.
- Discrepancy 1: Invoice. Description of goods not as per L/C field 45A.

  The Appointed Experts did consider this to be a valid reason for refusal.

  This was a majority decision.
- Discrepancy 2: Invoice. Invoice showing air waybill number 7283-2863 I/O 72831662. The Appointed Experts did not consider this a valid reason for refusal.
  This was a unanimous decision.
- Discrepancy 3: AWB showing airports of departure in conflict with L/C field 44E. The Appointed Experts did consider this to be a valid reason for refusal.
  This was a unanimous decision.
  In conclusion, the issuing bank was right in refusing the presentation.

Summary

An issuing bank refused a demand under a standby credit on the basis of three discrepancies: goods description differed; incorrect AWB number shown on documents; and AWB showed incorrect airports of departure. As a separate issue, the beneficiary argued that discrepancies were invalid provided they presented no obstacle to successful performance of the beneficiary under the credit. On this point, it was stated that delivery of goods by the beneficiary had no bearing on the issuing bank's decision to refuse the presentation: if documents do not comply, the issuing bank may refuse to honour. The stated discrepancies were not seen as valid reasons for refusal and it was concluded that the issuing bank was right to refuse the presentation.

DOCDEX Decision No. 331

UCP 600 article 14 (d)

Whether a certificate of origin showing FOB value and an invoice showing CIF value for the same amount were conflicting?

Parties

Initiator: Company W (Beneficiary)
Respondent: Bank D (Issuing Bank)

Notes

Only the Initiator submitted documents related to this decision. This decision was rendered without the participation of the Respondent.

Background and transaction

A credit was issued by the Respondent subject to UCP 600 and notified to the Initiator on 10 June 2013.

- Date and place of expiry: 5 December 2013 in the country of the Respondent.
- Goods: Equipment supply for power plant.
- Trade terms as stated in the credit: CIF ...
- Documents: among other documents: "*Certificate of origin in one original and 3 copy(ies)*" was requested (field 46A).
- Available with any bank by negotiation
- Draft at sight
- Latest date of shipment: 20 November 2013.
- Period for presentation: 14 days.
- Confirmation instructions: without.

During the validity of the credit the expiry date was extended to 16 December 2013 and the latest shipment date to 30 November 2013.

On 20 November 2013, the Initiator shipped the goods and sent documents to the Respondent through their advising bank.

On 29 November 2013, the Respondent received the documents.

On 5 December 2013, the Respondent provided the Initiator with a refusal of documents via the advising bank as follows:

> Cert. of origin showing column 9 FOB value as US$xxx whereas invoice showing CIF value for the same amount ie, US$xxx for which is conflicting. The above discrepancy is/are not acceptable to us and we refuse to honour the bill we are holding the documents until we receive a waiver from the applicant and agree to accept it or receive further instructions from the presentor prior to agreeing to accept a waiver.

On 13 January 2014, after an exchange of dispute messages, the Respondent advised the Initiator that they returned the documents for their full and complete discharge.

Issues

The Initiator requested the Centre to give a decision on whether the same price for CIF and FOB was a conflict as defined in UCP 600 and ISBP 745, and whether the discrepancy raised by the Respondent was invalid and, if so, that the Initiator should have been paid under the credit.

Analysis

The discrepancy raised by the Respondent was: "*Cert. of origin showing column 9 FOB value as US$xxx whereas invoice showing CIF value for the same amount ie, US$xxx for which is conflicting*".

The '*conflict*' raised by the Respondent was not based upon a comparison of the same type of data (trade terms "CIF ..." vs. "FOB ...") but from the assumption that the amount linked to the trade term "CIF ..." should not be the same as that linked to the word 'FOB' (which is not necessarily the trade term FOB) mentioned in column 9 of the Certificate of Origin.

In accordance with UCP 600 sub-article 14 (d), banks compare data. Comparing a '*trade term*' with a '*word*' is not a justified comparison of data.

It cannot be implied that the word 'FOB' in column 9 of the Certificate of Origin was a 'trade term' primarily because it was not followed by the name of a port, as should be the case when it is meant to signify a trade term and a related value. The specific heading in column 9 of the Certificate of Origin was *"Gross weight or other quantity and value (FOB)"* and the related field was completed by the following data: *"3957724KGS G.W. US$893,8290.98"*. In this context, FOB in brackets — with no mention of a port — was a commercial expression indicating the value of the goods as stated by the issuer of the certificate which, in this case, was denoted as the same as that under "CIF ..." in column 7 of the certificate. Absent a credit requirement, it is irrelevant whether these values are different or equal.

The value declared in column 9 of the Certificate of Origin was not an indication that the transaction was made under any trade term other than "CIF ...". "CIF ..." was duly mentioned in the Certificate of Origin under Column 7, which was headed: *"Number and type of packages, description of products (including quantity where appropriate and HS number of the importing party)".*

The trade term required by the credit ("CIF ...") was correctly stated in the Certificate of Origin and was appropriately mentioned with the description of goods. It is not the responsibility of banks to investigate any commercial calculation in respect of the amount indicated in column 9, nor is there any requirement to check why such value has been indicated in that column.

It was noted that the validity of the statements made by the Initiator was confirmed by the Certificate of Origin, which stated in field 12: *"It is hereby certified on the basis of control carried out, that the declaration by the exporter is correct."*

In summary

- The trade term "CIF .." in the Certificate of Origin was compliant with the credit.
- The word "FOB" in column 9 of the Certificate of Origin did not indicate that the transaction had any trade term other than "CIF ..".
- The data appearing in column 9 of the Certificate of Origin was not required by the credit and UCP 600 .
- The discrepancy raised by the Respondent was not valid due to the fact that it originated from a comparison of different type of data: value of the trade term "CIF .." vs. value of "Gross weight or other quantity and value (FOB)" (not "FOB" followed by the name of a port of loading). Absent a credit requirement, it is irrelevant whether these values are different or equal.

Conclusion

The discrepancy raised by the Respondent was invalid. The Respondent must honour the credit.

This decision was rendered unanimously.

Summary

An issuing bank refused documents presented under a credit on the basis that the certificate of origin showed FOB value whereas the invoice showed CIF value for the same amount, which was conflicting. It was determined that the trade term CIF in the certificate of origin was compliant with the credit. Furthermore, the word FOB in one column of the certificate of origin did not indicate that the transaction had any trade term other than CIF and the data appearing in that column was not required by the credit or UCP. In conclusion, the discrepancy raised by the issuing bank was not valid due to the fact that it originated from a comparison of different types of data. Absent a credit requirement, it was irrelevant whether these values were different or equal. The issuing bank must honour the credit.

DOCDEX Decision No. 332

UCP 600 article 10 (a)

Whether a beneficiary could revoke its consent to the cancellation of a documentary credit? Whether an advising bank could demand payment from the issuing bank following the cancellation and removal of a documentary credit from its records?

Parties

Initiator:	Company F (Applicant)
Respondent:	Bank B (Issuing Bank)

Note

As there was no response received from the Respondent, the summary of the background was based solely upon the dispute summary and documents provided by the Initiator.

Background and transaction

The Initiator was the applicant of three documentary credits.

On 6 July 2011, the Respondent, via SWIFT MT700, issued the credits through an advising bank covering the supply of equipment and spare parts, and made subject to UCP 600, incorporating the wording "UCP LATEST VERSION" in field 40E.

On 12 July 2011, the beneficiary sent a letter to the advising bank requesting that the 3 documentary credits be cancelled. The letter included the following wording: "*We are making a firm request that the above letter of credit (copy as attached) issued by the Initiator via the Respondent shall be cancelled indefinitely as our transaction is null and void.*" (It was not clear from the documentation when the advising bank received this letter).

On 13 and 14 July 2011, the Respondent issued "*arrival notice*" for the three documentary credits. These documents indicated that documents under the three documentary credits had been negotiated with due date 10 October 2011.

On 20 July 2011, the Respondent accepted the documents presented by the advising bank (ref. letter dated 5 April 2012 from the Respondent to the Initiator).

On 25 August 2011, the Initiator requested the Respondent to cancel the 3 documentary credits. The request included the following wording: "*We wish to cancel the following three (3) Letter [sic] of Credit issued and the payment to the beneficiary with immediate effect.*"

On 26 August 2011, the Initiator sent a letter to the advising bank — with the cancellation letter attached — including the following wording:

> ... attach please find the original copy of the Consent Letter from the beneficiary. I was advised by our banker, the Respondent, that they have informed the advising bank of the cancellation of the below three (3) Letter [sic] of Credit issued on behalf of the Initiator. We appreciate your attention and prompt action on our request.

On 2 September 2011, the Respondent informed the advising bank of the Initiator's request to cancel the documentary credits. The SWIFT message stated: "*The above mentioned refers. Applicant has requested to cancel all the above-mentioned documents payment, which is due on October 10, 2011. Kindly obtain beneficiary's consent and reply us by tested SWIFT accordingly.*"

On 26 September 2011, the advising bank sent a SWIFT message to the Respondent. The SWIFT message stated: "*We refer to the above-mentioned LC, Bene agreed to cancle [sic] the above three LC's. Therefore, we have cancelled and remove the LC from our records. Pls advise applicant accordingly.*"

On 27 September 2011, the Respondent called the Initiator confirming that the documentary credits had been cancelled. Subsequently this was evidenced by an e-mail sent internally between people working for the Initiator, which stated: "*Issuing bank called me minutes ago to confirm the three L/Cs are cancelled. Thanks everyone for the helps.*"

On 16 November 2011, the Respondent sent a fax to the Initiator attaching a SWIFT message from the advising bank to the Respondent with the following wording:

> We refer to our MT799 dated 26 Sep 2011, pertaining to the cancellation of the above LCs. Please be advised that the beneficiary has requested to cancel the cancellation of the A/M 3 LCs. Please liasie [sic] with Applicant and remit proceeds to us without further delay...

On 29 November 2011, the Initiator sent a letter to the Respondent with the following wording: "*We refer to our letter of 25 August 2011 instructing the cancellation of the said letters of credit. Please be advised that our earlier order of cancellation still stands.*"

On 29 November 2011, the Respondent sent a SWIFT messages to the advising bank including the following wording:

> Kindly be advised that the Applicant has refused for the request to cancel the cancellation of the above-mentioned irrevocable LC. Please refer to UCP 600 Article 10 (a). We have cancelled all our records and advise the Applicant accordingly after receiving your MT799 dated 26 September 2011 with Beneficiary's consent and agreement to cancel the LC.

On 8 December 2011, the advising bank sent a SWIFT to the Respondent referring to the three drawings with the following wording:

> The above bills have been accepted by yourselves to mature on 10 October 2011. Hence you are liable to pay us at maturity, to date we have yet to receive payment from you. Please effect payment immediately as per our instruction. We reserve the rights to claim interest on delayed payment.

On 19 March 2012, the Respondent paid the advising bank.

On 5 April 2012, the Respondent send a letter to the Initiator, which included the following wording: *"As such upon receiving a demand from the advising bank, our bank has, on your behalf, made payment to the advising bank on 19.3.2012 under the said Letter of Credits."*

The Respondent further requested that the Initiator pay the sum plus interest from 20 March 2012 till the date of payment.

On 12 April 2012, the Initiator sent a letter to the Respondent arguing that there were a mutual termination of all three documentary credits, ie, that all involved parties to the documentary credits had agreed to the cancellation of the documentary credits. They further argued that none of the parties could any longer demand performance under the documentary credits, and that the payment made by the Respondent to the advising bank was without mandate and authorization from the Initiator.

Documents submitted

Documents submitted by the Initiator

- The formal request for a DOCDEX Decision.
- A cover letter to the panel of experts.
- Dispute summary and Initiators Claim.
- Copy of documentary credits.
- Letter from the beneficiary to the advising bank requesting cancellation of the documentary credits (dated 12 July 2011).
- Respondent's arrival notice of documents under documentary credit number 123 (dated 14 July 2011).
- Respondent's arrival notice of documents under documentary credit number 456 (dated 14 July 2011).
- Respondent's arrival notice of documents under documentary credit number 789 (dated 13 July 2011).
- Initiator's letter requesting cancellation of the documentary credits (dated 25 August 2011).
- Letter from the Initiator to the advising bank (dated 26 August 2011).
- SWIFT from the Respondent to the advising bank, requesting the cancellation of the three documentary credits (dated 2 September 2011).
- SWIFT from the advising bank to the Respondent agreeing to cancel the documentary credits (dated 26 September 2011).
- E-mail correspondence between 8 September 2011 and 27 September 2011 between persons working for the Initiator.
- Fax from the Respondent to the Initiator, attaching the SWIFT from the advising bank to the Respondent dated 15 November 2011 (dated 16 November 2011).
- Letter from the Initiator to the Respondent informing that their cancellation still stands (dated 29 November 2011).
- SWIFT from the Respondent to the advising bank informing that the Initiator has refused the request to cancel the three documentary credits (dated 29 November 2011).
- SWIFT from the advising bank to the Respondent requesting payment (dated 8 December 2011).
- Letter from a company handling the commercial contract and purchase orders between the Initiator and the beneficiary to the Initiator regarding rescind of the commercial contract (dated 5 January 2012).
- Letter from the Respondent to the Initiator requesting payment (dated 5 April 2012).
- Letter from the Initiator to the Respondent disputing the payment to the advising bank (dated 12 April 2012).
- Copy of ICC Official Opinion R522/TA166.

Documents submitted by the Respondent

There were no documents submitted by the Respondent.

Issues

1. Could the beneficiary revoke it's consent to the cancellation of the credits?

2. Could the advising bank demand payment from the Respondent related to the three credits following the cancellation and removal of the credits from its records?

3. Was the Respondent entitled to demand reimbursement from the Initiator for the payments made under the credits?

Analysis

The Panel of Experts found that the case history as presented by the Initiator had logic breaches that were not explained in the documentation. Also, the mentioned bills of exchange were not included in the documentation — neither was the forwarding schedule from the advising bank nor the answer to the latter by the Respondent informing that the documents appeared to constitute a complying presentation. The analysis and conclusion were solely based on the facts presented by the Initiator.

UCP 600 article 10(a) reads: "*Except as otherwise provided by article 38, a credit can neither be amended nor cancelled without the agreement of the issuing bank, the confirming bank, if any, and the beneficiary*."

The advising bank (the presenter) accepted that the three documentary credits be cancelled on 26 September 2011. The SWIFT message from the advising bank to the Respondent requesting the cancellation included the following wording: "*Applicant has requested to cancel all the above mentioned documents payment which is due on October 10, 2011.* "

From this wording it was evident that it was the payments (due 10 October) that were subject for the request for cancellation. The response from the advising bank accepting the request to cancel included the following wording: "*We refer to the above mentioned LC, Bene agreed to cancle [sic] the above three LC's. Therefore we have cancelled and remove the LC from our records. Pls advise applicant accordingly*."

From that it follows that the advising bank had acknowledged that it was the payments due under the documentary credits that were being cancelled. A bank does not remove a documentary credit from their records if the payment is still due.

Further, the Respondent stated in its SWIFT message dated 29 November 2011, that: "*We have cancelled all our records and advise the applicant accordingly after receiving your MT799 dated 26 September 2011 with beneficiary's consent and agreement to cancel the LC.*"

This means that the advising bank was informed about the cancellation by the Respondent.

The initiator made reference to Official ICC Opinion R522/TA166, which included the following wording: "*Notification by the advising bank to the issuing bank of receipt of the consent to cancel would constitute formal "irrevocable" agreement by the beneficiary*."

This supported the fact that the beneficiary did, in fact, intend to cancel the three credits. (Note that although the ICC Opinion was issued subject to UCP 500, it was valid also under UCP 600.)
From the perspective of the advising bank, any acceptance to cancel the documentary credits should be carefully balanced against the agreement with, and obligation towards, the beneficiary. It is not common to cancel a credit where payment is still due under it. Because of that, and since the request first came from the beneficiary (on 12 July 2011), it must be concluded that the acceptance to cancel the three credits was given under careful consideration.

The advising bank stated on 26 September 2011: "*Bene agreed to cancel*". In addition, the cancellation of the three credits by the beneficiary resulted also from its request to cancel the cancellation.

As per the Respondent, it clearly indicated in its SWIFT message of 29 November 2011 that the request to cancel the cancellation came on 16 November 2011 ie, 51 days after the request to cancel was accepted by the advising bank.

From the case as presented there seem no doubt that the 3 payments were in fact cancelled, as the cancellations were accepted by the Initiator, the Respondent, the advising bank and the beneficiary.

Conclusion

- Once the consent to cancel the payments under the three credits had been passed on to the Respondent (being obligated under the three credits), then the payments were effectively cancelled, and the beneficiary could no longer revoke its consent to the cancellation.
- Once the three payments under the credit had effectively been cancelled (ie, the request to cancel had been accepted by all the parties including the advising bank), then the Respondent was no longer obligated to pay under the three credits, and the advising bank could no longer demand payments under the three credits.
- Once the three payments under the credit had effectively been cancelled (ie, the request to cancel had been accepted by all the parties including the Respondent), then the Initiator was no longer obligated to pay under the three credits, and the Respondent could no longer demand reimbursement from the Initiator. In deciding to pay, the Respondent had done so on its own initiative and risk.

In conclusion: The three payments under the three documentary credits had been cancelled, and no one was obligated to pay on the due date.

This was a unanimous decision.

Summary

The beneficiary of three credits sent a message to the advising bank requesting that the credits be cancelled. Subsequently, the issuing bank indicated that documents presented by the advising bank under the three credits had been negotiated and accepted. At a later date, prior to maturity, the applicant requested the issuing bank to cancel the credits and related payments, which was passed on to the advising bank and agreed by the beneficiary. Subsequently, the beneficiary revoked its consent to the cancellation. Once the consent to cancel the payments under the three credits had been passed on to the issuing bank then the payments were effectively cancelled, and the beneficiary could no longer revoke its consent to the cancellation. It was concluded that the three payments under the credits had been cancelled and no one was obligated to pay on the due date.

DOCDEX Decision No. 333

URC 522 sub-articles 2 (a) (ii), 1 (c), 5 (a), 16 (a), 26 (c) (iii) and 1 (a), articles 26 and 6

Whether a collecting/presenting bank had the right not to pay, nor return original documents, based on the argument that the collecting/presenting bank had filed a police report.

Parties

Initiator:	Company P (Principal)
Respondent:	Bank D (Presenting Bank)

Notes

Only the Initiator submitted documents related to this decision. This decision was rendered without the participation of the Respondent.

Background and transaction

The remitting bank sent a documentary collection, subject to URC 522, to the Respondent on 22 January 2014. The documents were received on 23 January 2014.

- A sight bill of exchange was included among the documents.
- Instructions from the collection instruction: "*Please deliver the documents against payment to drawee*" pursuant to URC 522 sub-article 2 (a) (ii).
- Other instructions were given in the collection instruction as below:
  - Payment instruction,
  - Collection charges payment,
  - Interest payment,
  - "*Do not protest in case of non acceptance or non payment*".

Absent any information as to the fate of the collection, on 3 February 2014 the remitting bank sent a tracer message to the Respondent via SWIFT. The Respondent did not respond.

On 4, 5 and 6 February 2014, the remitting bank sent further tracer messages to the Respondent via SWIFT and, under instructions of the Initiator, requested in each message to have the documents returned.

On 7 February 2014, the Respondent replied to the remitting bank as follows "*Appreciate if you could urgently email us copy of the documents that was sent to our branch [...]*".

On 7 February 2014, the Initiator, duly informed, instructed the remitting bank to send the copies requested, via email and fax, to the Respondent. Same day the remitting bank sent the documents requested.

On 14 February 2014, the Respondent requested copy of the back page of the bill of lading. There was no evidence that this copy was sent. On same date the remitting bank requested again to have the original documents returned.

On 14 February 2014 the Respondent informed: "*[...] we are unable to effect payment as we have filed a police report*".

Between 18 February and 7 March 2014 the remitting bank sent four additional tracer messages and quoted URC articles/sub-articles 1 (c), 5 (a), 16 (a) and 26 in order to underline the responsibility of the Respondent.

On 6 March 2014 the Respondent replied: "*[...] we regret we are unable to pay at this juncture, as we have filed a police report*".

Despite a further exchange of messages, the Respondent neither made payment nor returned the documents.

Issues

The Initiator requested the Centre to give a decision on: "*whether the collecting/Respondent had the right for non payment or non return original documents based on the simple argument that the collecting/Respondent had filed a police report*".

Analysis

This collection was subject to the ICC Rules for Collection "URC 522" as stated in the cover letter accompanying the documents. The collection instruction given by the remitting bank to the Respondent stated that the documents were to be delivered against payment.

Absent any instruction about the time of presentation, URC 522 article 6 applied: "*In the case of documents payable at sight the presenting bank must make presentation for payment without delay*".

After presentation, URC 522 article 26 applied: "*Collecting banks are to advice fate in accordance with the following rules [...]*".

Further, URC 522 sub-article 26 (c) (iii) states:

> The presenting bank should endeavour to ascertain the reasons for non-payment and/or non-acceptance and advise accordingly without delay the bank from which it received the collection instruction. The presenting bank must send without delay advice of non-payment and/or advice of non-acceptance to the bank from which it received the collection instruction.

It was only after four tracer messages and three requests to return the documents that the Respondent sent a response.

In a collection operation, the owner of the documents is the seller (ie, the Principal to the Collection) and the remitting bank acts on its behalf. As a consequence, non-paid documents remain in the care of the Respondent and the remitting bank has the right to request return of documents thereby obligating the Respondent to accommodate such request.

The Respondent acted contrary to the provisions of URC 522 as quoted above and was liable for payment of the collection value plus appropriate interests and costs.

All further events concerning this collection (ie, request of copy documents, additional tracer messages and information about filing a police report) did not affect the application of URC 522 governing this collection and such acts (and the background for them) are outside the existing scope of the DOCDEX procedure which deals only with ICC Rules and not applicable law.

On this matter the clear provision of URC 522 sub-article 1 (a) is important:

> The Uniform Rules for Collections, 1995 Revision, ICC Publication No. 522, shall apply to all collections as defined in Article 2 where such rules are incorporated into the text of the "collection instruction" referred to in Article 4 and are binding on all parties thereto unless otherwise expressly agreed or contrary to the provisions of a national, state or local law and/or regulation which cannot be departed from.

Such legal or regulatory provisions prevail over contractual agreements when the fulfilment of the contract is in conflict with such provisions. In such circumstances, any ensuing acts, behaviours and/or events are to be addressed in accordance with the applicable law and under the relevant jurisdiction.

Conclusion

The Respondent acted contrary to the provisions of URC 522 and, as such, was liable for payment of the collection value plus appropriate interests and costs.

Only questions concerning compliance with URC 522 fall into the scope of the DOCDEX decision.

This decision was rendered unanimously.

Summary

A collection instruction given by a remitting bank to a presenting bank stated that documents were to be delivered against payment. After a number of tracer messages and requests to return the documents, the presenting bank eventually advised that they were unable to effect payment, as they had filed a police report. Payment was not made nor were documents returned. It was concluded that the presenting bank acted contrary to the provisions of URC and, as such, was liable for payment of the collection value plus appropriate interests and costs. Any legal or regulatory provisions were to be addressed in accordance with applicable law and under the relevant jurisdiction: such issues were outside the scope of DOCDEX.

DOCDEX Decision No. 334

URDG 758 articles 5 and 6, sub-articles 15 (a), 19 (a), 20 (a), 24 (d) and 24 (f)

Whether a claim lodged by the beneficiary was in strict compliance with the terms and conditions of the guarantee and met the requirements of URDG? Did the issuing bank reject the demand in due time?

Parties

Initiator:	Company D (Beneficiary)
Respondent:	Bank J (Issuing Bank)

Background and transaction

The Initiator was the beneficiary of a payment guarantee (subject to URDG 758) issued by the Respondent on 03.05.2011. Said guarantee was extended three times, on 28.10.2011 until 31.05.2012, on 31.05.2012 until 16.07.2012 and finally on 18.06.2012 until 15.08.2012.

On 09.08.2012, the Initiator demanded payment for the full amount. The Respondent did not reject this demand, which was made in accordance with guarantee requirements and included the statements indicated in the guarantee text. Based on official written notification of their customer (Applicant) that the Initiator breached the provisions of the Delivery Contract (the Contract), the Respondent asked on 12.09.2012 for further proof and explanation concerning fulfillment of contractual obligations by the Initiator arising from the Contract.

Initiator's Claim

In a request dated 09.08.2012, the Initiator presented a timely demand to the Respondent via a SWIFT message issued by their bankers (as indicated by the Respondent in the guarantee) for the full value of the guarantee. The demand included written confirmation that materials which were ordered in conformity with the terms of the Contract were supplied to the Applicant of the guarantee and that payment had not been received from the Principal (applicant) at due date. The guarantee (as issued and amended) stated that payment would be effected:

1. "irrespective of the validity and the legal effects of the above mentioned contract and waiving all rights of objection and defense arising from the principal debt..."

2. "..upon receipt of your (beneficiary's) written request for payment and your (beneficiary's) written confirmation (in English) stating that:

> you (beneficiary) have supplied the Principal with the materials ordered in conformity with the terms of the contract and

> you (beneficiary) have not received payment from the Principal at the due date, in the amount claimed under the guarantee."

The guarantee allowed for presentation of the demand by SWIFT under the condition that the sending bank confirmed at the same time that the originals of the required documents were legally binding upon the beneficiary and had been forwarded to the Respondent.

Respondent's Answer

The Respondent received the required documents on 10.09.2012 and did not reject the Initiator's demand for payment in accordance with URDG provisions. The Respondent (on 12.09.2012) requested an explanation of the fulfillment of contractual obligations by the Initiator arising from the Contract, and stated that the documents did not include the required proof and documentary evidence from the Initiator that the materials were delivered to the Applicant, as provided for by the bank guarantee. The Respondent further advised that:

> The Applicant informed them that the Initiator failed to comply with its obligations set forth in the Contract, in particular with the date of delivery, and,

> Serving their customer's interests, the Respondent did not have reasonable grounds for paying due to the stated failure by the Initiator to fulfill the obligations set forth in the Contract.

Issues

The Initiator sought a DOCDEX decision to decide on the Initiator's right to obtain payment under the guarantee.

Documents submitted

The Initiator submitted copies of the following documents:

- A fact sheet summarizing the situation in the view of the Initiator
- The guarantee
- Each of the 3 amendments
- SWIFT claim dated 09.08.2012
- Letter claim
- Respondent's letter dated 12.09.2012 asking for further proof.

The Respondent submitted the following documents:

- Original response letter dated 04.04.2014
- Copy of underlying Contract
- Copy of a letter dated 22.11.2012
- Letter (original) dated 30.07.2012

Analysis

URDG 758 article 5 defines a guarantee as:

> is by its nature independent of the underlying relationship and the application, and the guarantor is in no way concerned with or bound by such relationship. A reference in the guarantee to the underlying relationship for the purpose of identifying it does not change the independent nature of the guarantee. The undertaking of a guarantor to pay under the guarantee is not subject to claims or defences arising from any relationship other than a relationship between the guarantor and the beneficiary.

URDG 758 article 6 specifies that guarantors deal with documents and not with goods, services or performance to which the documents may relate.

URDG 758 sub-article 15 (a) states that:

> A demand under the guarantee shall be supported by such other documents as the guarantee specifies, and in any event by a statement, by the beneficiary, indicating in what respect the applicant is in breach of its obligations under the underlying relationship.

The request from the Respondent for further proof and explanation concerning fulfillment of contractual obligations by the Initiator arising from the contract is beyond the requirement of this sub-article.

According to URDG sub-article 19 (a) the guarantor shall determine, on the basis of a presentation alone, whether it appears on its face to be a complying presentation.

Furthermore, in accordance with URDG 758 sub-article 20 (a), the guarantor shall examine a demand within 5 business days following the date of presentation unless otherwise stated in the guarantee.

The guarantee in question did not state any period for examination or payment, thereby requiring the Respondent to take a decision on the demand by 16.08.2012, at the latest (or 17.08.2012, in case 15.08.2012 was a national holiday). The Respondent did not respond until 12.09.2012.

URDG 758 sub-article 24 (d) states that in case of rejection the guarantor shall give a single notice to that effect to the presenter of the demand stating:

- That the guarantor is rejecting the demand and
- Each discrepancy for which the guarantor rejects the demand

URDG sub-article 24 (f) contains a preclusion clause stating that a guarantor failing to act in accordance with paragraph (d) of said article shall be precluded from claiming that the demand and any related documents do not constitute a complying demand.

After receipt of the required demand under the guarantee, the Respondent had not rejected the documents demand after elapse of five business days following the day of presentation as required by URDG 758 sub-article 20 (a).

Conclusion

According to the documents submitted in the case, the Panel of Experts unanimously made the following decision under the ICC DOCDEX Rules:

- The claim lodged by the Initiator was in strict compliance with the terms and conditions of the guarantee and met the requirements of URDG 758 sub-article 15 (a).
- The Respondent did not reject the demand in due time as per URDG 758 articles 20 and 24, and was therefore bound by the preclusion clause of URDG 758 sub-article 24 (f).

- The Respondent was not entitled to raise objections out of the underlying contract and could not demand proof of fulfilment of contractual obligations in addition to the requirements set out in the guarantee. Any such issues had to be dealt with outside the guarantee.
- The Initiator was therefore entitled to receive payment under the guarantee and the Respondent had the duty in these circumstances, and under URDG 758, to effect payment of the demand to the Initiator.

Summary

The beneficiary of a payment guarantee subject to URDG demanded payment from the issuing bank. It was determined that the claim lodged by the beneficiary was in strict compliance with the terms and conditions of the guarantee and met the requirements of URDG. The issuing bank did not reject the demand in due time and was therefore bound by the preclusion clause of URDG. The issuing bank was not entitled to raise objections out of the underlying contract and could not demand proof of fulfilment of contractual obligations in addition to the requirements set out in the guarantee. Any such issues had to be dealt with outside the guarantee. It was concluded that the beneficiary was entitled to receive payment under the guarantee and the issuing bank had the duty in these circumstances, and under URDG, to effect payment of the demand to the beneficiary.

DOCDEX Decision No. 335

UCP 600 sub-articles 14 (a), 14 (b), 16 (c) (i), 16 (c) (iii) and 16 (f)

Whether an issuing bank was precluded from claiming that the documents did not constitute a complying presentation in accordance with UCP 600 sub-article 16 (f)?

Parties

Initiator:	Company B (Beneficiary)
Respondent:	Bank B (Issuing Bank)

Note

The Initiator was requested to provide a translated copy of the cover letter sent by the nominated bank to the Respondent. This information was received.

The Initiator was also requested to provide the date on which the Respondent received the documents. The Initiator was unable to provide this information.

Background and transaction

Respondent issued a documentary credit subject to UCP latest version, on 12 December 2007 in favour of the initiator.

> Date of expiry: 12 March 2008 (later amended to 30 November 2008).
> Place of expiry: Country of beneficiary.
> Available with nominated bank By Payment.
> Instructions to Paying/Accepting/Negotiating Bank: Clause E: This L/C is available by payment. After finding docs fully complying with the L/C terms and conditions, for pymt to the BNF as per field 47A point 1 pls claim reimbursement by means of an MT 742, which will cover you value spot (two working days following the receiving date of yr claim).

The nominated bank did not agree to act as per its nomination. Upon receipt of documents the nominated bank forwarded documents to the Respondent and noted to the Initiator that it would effect payment after receipt of cover from the Respondent. Upon presentation of documents, the Respondent refused to honour quoting discrepancies.

The Initiator claimed that the Respondent failed to act in accordance with UCP 600 sub-article 16 (c), hence was precluded from claiming that documents do not comply as per UCP 600 sub-article 16 (f).

On 7 November 2008, the nominated bank confirmed receipt of documents required in the credit and forwarded them to the Respondent.

On 13 November 2008, the Respondent, via a SWIFT MT734, refused documents quoting discrepancies found in the documents. Field 77B: Disposal of documents in the MT734 stated "Notify".

On 16 November 2008, the Respondent, via a further SWIFT MT799, informed the nominated bank that since the documents had been rejected, payment would only be effected after receipt of orderer's acceptance. To date, the Respondent had still not effected payment.

This dispute between the parties centred on the SWIFT messages sent on 13 and 16 November 2008, in particular whether they complied with the provisions of UCP 600 sub-article 16 (c). The Initiator claimed that the Respondent failed to act in accordance with the provisions of UCP 600 sub-articles 14 (b) and 16 (c) for the following reasons:

1. Failure to act in accordance with UCP 600 sub-article 14 (b)

Initiator claimed that the Respondent failed to act in accordance with UCP 600 sub-article 14 (b) on the following basis: the credit specifically stated that it is available for payment with the nominated bank and the nominated bank did not agree to honour.

The Initiator claimed that by not agreeing to act as per its nomination, the nominated bank acted as a paying bank and not as a nominated bank or a confirming bank.

As a paying bank, the nominated bank acted as representative of the Respondent and therefore acted on behalf of the Respondent.

Therefore, the presentation of documents to the nominated bank should be considered as a presentation to the issuing bank and hence, the time period for examination of documents should be the date of presentation to the nominated bank.

The Initiator claimed that UCP 600 sub-article 14 (b) did not provide that each nominated bank, the confirming bank and the issuing bank had a maximum of five banking days following the date of presentation.

The Initiator further claimed that the maximum period of five banking days applied only once and throughout the whole chain of banks. Therefore, as per the opinion of the Initiator, the period of five banking days ended on 12 November 2008, being 5 banking days following 7 November 2008 in the country of the issuing bank. (Saturday and Sunday were banking days in the country of the issuing bank).

2. Failure to act in accordance with UCP 600 sub-articles 16 (c) (i) & 16 (c) (iii)

The Initiator claimed that the first SWIFT message sent via MT734 did not comply with UCP 600 sub-article 16 (c) (i) as it did not unambiguously state that it was a refusal to honour. Instead this has to be derived from the title of the message, which stated "Advice of Refusal".

The Initiator also claimed that the message did not contain the statements regarding disposal of documents as set forth in UCP 600 sub-article 16 (c) (iii).

The Initiator claimed that this was clarified through the separate SWIFT sent on 16 November 2008.

Issues

Was the respondent precluded from claiming that the documents did not constitute a complying presentation in accordance with UCP 600 sub-article 16 (f)?

Analysis

1. Failure to act in accordance with UCP 600 sub-article 14 (b)

The nominated bank in this case did not agree to act as per its nomination; therefore its role in the transaction was limited to receiving and forwarding documents to the Respondent for payment. Under documentary credit practices and UCP 600, this action did not make the nominated bank an agent of the Respondent.

It should also be noted that the undertaking of an issuing bank under a credit is to honour a complying presentation. The only way the issuing bank is able to establish if a presentation is complying is by examination of documents. This is stipulated in UCP 600 sub-article 14 (a) which states:

> A nominated bank acting on its nomination, a confirming bank, if any, and the issuing bank must examine a presentation to determine, on the basis of the documents alone, whether or not the documents appear on their face to constitute a complying presentation.

Under UCP 600, an issuing bank must examine documents to determine whether they comply with the terms of the credit. This is irrespective of whether a nominated bank acting on its nomination, a confirming or any other bank in the chain, did or did not examine documents.

UCP 600 sub-article 14 (b) states:

> A nominated bank acting on its nomination, a confirming bank, if any, and the issuing bank shall each have a maximum of five banking days following the day of presentation to determine if a presentation is complying. This period is not curtailed or otherwise affected by the occurrence on or after the date of presentation of any expiry date or last day for presentation.

In this case the nominated bank forwarded the documents on
7 November 2008. The nominated bank received an advice of refusal in the form of a SWIFT MT734 on 13 November 2008. The Initiator did not provide the date on which the Respondent received the documents. Hence there was insufficient information provided to verify if the Respondent acted within the time period prescribed in UCP 600 sub-article 14 (b). However, even under the unlikely scenario that the Respondent received the documents on the next day (8 November 2008), an advice of refusal sent on 13 November 2008 would comply with the requirements of UCP 600 sub-article 14 (b). It should also be noted that UCP 600 sub-article 14 (b) clearly allows each and every bank a maximum of five banking days following the day of presentation to determine if a presentation is complying.

It is not to be considered as a total period of time allotted to all the banks involved in a transaction, as this would be unworkable.

The panel considered that the Respondent acted as per the provisions of UCP 600 sub-article 14 (b).

2. Failure to act in accordance with UCP 600 sub-articles 16 (c) (i) & 16 (c) (iii)

UCP 600 sub-article 16 (c) states:

> When a nominated bank acting on its nomination, a confirming bank, if any, or the issuing bank decides to refuse to honour or negotiate, it must give a single notice to that effect to the presenter.
>
> The notice must state:
>
> **i.** that the bank is refusing to honour or negotiate; and
>
> **ii.** each discrepancy in respect of which the bank refuses to honour or negotiate; and
>
> **iii.**
>
> **a.** that the bank is holding the documents pending further instructions from the presenter; or
>
> **b.** that the issuing bank is holding the documents until it receives a waiver from the applicant and agrees to accept it, or receives further instructions from the presenter prior to agreeing to accept a waiver; or

c. that the bank is returning the documents; or

d. that the bank is acting in accordance with instructions previously received from the presenter.

On 13 November 2008, the Respondent sent an advice of refusal quoting discrepancies via SWIFT MT734. SWIFT messages are an internationally accepted form of communication between banks participating in a documentary credit transaction. Various message types (MT) in SWIFT are designed to serve specific purposes. A MT734 is a message format designed to convey a sender's refusal to honour a presentation under a documentary credit. The MT734 complied with the requirement of UCP 600 sub-article 16 (c) (i).

The MT 734 sent by the Respondent stated: *"Notify" in field 77B: Disposal of documents."* Under SWIFT standards this means that the sender has notified the applicant of the discrepancies and is holding documents until it receives a waiver. Therefore the advice of refusal complied with UCP 600 sub-article 16 (c) (iii) (b). The SWIFT message sent by the respondent on 16 November 2008 was a further clarification of this position.

The panel considered that the MT734 sent by the respondent complied with UCP 600 sub-article 16 (c).

Conclusion

The Respondent acted in accordance with UCP sub-articles 14 (b), 16 (c) (i) and 16 (c) (iii) and therefore was not subject to the preclusion clause in UCP 600 sub-article 16 (f).

This decision was rendered unanimously.

Summary

An issuing bank refused documents presented under a credit on the basis of a number of discrepancies. It was claimed by the beneficiary that the issuing bank had failed to act in accordance with sub-articles 14 (b) and 16 (c) and was therefore precluded from refusing documents. It was noted that an issuing bank must examine documents to determine if they comply with a credit, irrespective of whether or not a nominated bank examines documents. It was concluded that the issuing bank acted in accordance with sub-article 14 (b). Furthermore, the issuing bank sent an advice of refusal quoting discrepancies, which complied with sub-article 16 (c). In summary, the issuing bank acted in accordance with UCP and was not subject to the preclusion clause in UCP.

DOCDEX Decision No. 336

URDG 758 sub-articles 14 (a) and 25 (b) (i), article 2

Whether it was correct for an issuing bank to refuse a claim under a demand guarantee issued subject to URDG 758 on the basis that the demand was not presented within the time for presentation as provided by the guarantee?

Parties

Initiator:	Company W (Applicant)
Respondent 1:	Bank C (Issuing Bank)
Respondent 2:	Company M (Beneficiary)

Background and transaction

The Initiator was the applicant for a guarantee that was issued by Respondent 1 in favour of Respondent 2. The guarantee was issued by SWIFT, subject to URDG 758. It was advised to Respondent 2 through another bank.

As there was no response from Respondents 1 and 2, the summary of the background was based solely on the documents provided by the Initiator.

On 21 January 2013 a guarantee was issued by Respondent 1 in favour of Respondent 2 covering the supply of *"power plant (new conditions) including but not limited to boilers".*

Demand for payment under the guarantee required:

> For the purpose of identification your written demand must be duly signed and presented through your local bank and your signature(s) on the demand in writing must be verified and authenticated by the presenting bank which must confirm to this effect through authenticated swift (or tested) message to us

The role of the advising bank was to advise the guarantee to Respondent 2 and to verify and authenticate the signatures on any claim that was made. The guarantee did not expire at the counters of the advising bank. The guarantee stated: *"This guarantee shall expire on Nov. 20, 2013. Any demand for payment and documents required under this guarantee must be received by us within 14 (fourteen) working days after its expiry at our address stated above."*

On 5 December 2013, the advising bank advised Respondent 1 that it had authenticated a claim made by Respondent 2 under the guarantee and that it had sent the original claim document via DHL courier to Respondent 1.

Respondent 1 sent a SWIFT message to the advising bank on 12 December 2013 stating that it had received the claim documents on 11 December 2013: *"which exceed the period of presenting documents according to our guarantee. Based on the above, you're kindly notified that the claim is refused."*

The key issue was whether or not the demand was presented within the time for presentation as provided by the guarantee. The guarantee was issued subject to URDG 758.

URDG 758 sub-article 14 (a) states that:

> A presentation shall be made to the guarantor:
>
> i. at the place of issue, or such other place as is specified in the guarantee and,
>
> ii. on or before expiry."

URDG 758 article. 2 defines "*Expiry*" as *"the expiry date or the expiry event or, if both are specified, the earlier of the two".*

In the context of the guarantee there was no "*expiry event*" as defined by URDG 758, hence only the "*expiry date*" was applicable, which is defined in article 2 as: *"the date specified in the guarantee on or before which a presentation may be made."*

URDG 758 article 25 (b) (i) provides that, *"Whether or not the guarantee is returned to the guarantor, the guarantee shall terminate ... on expiry".*

Documents submitted

Documents submitted by the Initiator

- The formal request for a DOCDEX decision
- Attachment list
- Copy of Respondent 1 performance guarantee
- Copy of Respondent 2 claim under the guarantee
- Copy of advice of claim from the advising bank

- Copy of DHL courier receipts
- Copy of Notice of Refusal from Respondent 1
- Copy of message sent by the advising bank
- Copy of message sent by Respondent 1

Documents submitted by Respondent 1

Respondent 1 did not submit any documents

Documents submitted by Respondent 2

Respondent 2 did not submit any documents

Issues

1. That Respondent 2 raised the claim under the Guarantee after the expiry date thereof.
2. Respondent 1's guarantee liability under the Guarantee had been completely released.

Analysis

The guarantee stated: *"This Guarantee shall expire on Nov. 20, 2013".*

This would usually mean that presentation of a demand for payment under the Guarantee must be presented to Respondent 1 before 20 November 2013. The guarantee however contained the following additional provision in respect of presentation of claims: *"Any demand for payment and documents required under this guarantee must be received by us within 14 (fourteen) working days after its expiry at our address stated above."*

The guarantee therefore was ambiguous in defining the expiry date. Such ambiguity is the responsibility of the guarantor. This provision had the effect of making the practical expiry date of the guarantee the 14 working day after 20 November 2013

URDG 758 makes no distinction between the terms *"presented to (guarantor)"* and *"received by (guarantor)"*. The fact that the beneficiary ("Respondent 2") may have *"presented"* the demand after 20 November 2013 would have no bearing if it succeeded in having it delivered to the guarantor no later than 14 working day after 20 November 2013. The demand was only "presented" under URDG 758 (and in respect of the guarantee in question) if it was delivered to the guarantor.

In this context, we considered that the expiry date, in accordance with the definition in URDG 758 article 2, *"the date specified in the guarantee on or before which a presentation may be made",* fell not on 20 November 2013 but on the 14 working day following 20 November 2013.

There appears to have been no relevant holidays between 20 November 2013 (Wednesday) and 11 December 2013 (the day of receipt of the demand, again a Wednesday).

On the basis that there were no holidays between the two dates, then the 14 working day after 20 November 2013 fell on 10 December 2013. Hence in accordance with the URDG definition of "expiry date", the guarantee expired for presentation of any claims on 10 December 2013.

The fact that late delivery of the claim might have been caused by a courier's inability to timely deliver the demand due to a missing postcode in the guarantor's instructions for delivery of the documents had no bearing on the requirement for the demand being delivered on time. It was the responsibility of the beneficiary to make such arrangements so that the claim arrived in time.

Conclusion

The wording of the guarantee in respect of its expiry provisions was badly expressed, with the effect that the "presentation period" overruled the stated expiry date. Under the guarantee, the "period demand" was 20 November 2013 plus 14 working days. There appeared not to be relevant holidays in the period in question, so in consequence the issuer received the claim under the guarantee too late. Accordingly we consider that:

- Respondent 2 raised the claim under the Guarantee after the expiry thereof.
- Respondent 1's guarantee liability under the Guarantee had been completely released.

This was a unanimous decision.

Summary

An issuing bank refused a claim under a demand guarantee on the basis that the claim documents exceeded the period of presentation. It was determined that the wording of the guarantee in respect of the expiry provisions was badly expressed. This resulted in the impact that the stated 'presentation period' overruled the stated expiry date, producing an ambiguity in defining the actual expiry date. In conclusion, the issuing bank received the claim under the guarantee too late and their liability under the guarantee had been completely released. A separate issue that late delivery of the claim may have been caused by courier's inability to timely deliver the demand due to a missing post code was considered as having no bearing as it was the responsibility of the beneficiary to make such arrangements so that the claim arrived in time.

DOCDEX Decision No. 337

ISBP 745 paragraph C8 and UCP 600 article 1

Was it correct for an issuing bank to refuse revised drafts and insurance certificates on the basis that an amendment under the credit had stated that all documents must comply on first presentation?

Parties

Initiator: Bank R (Confirming nominated Bank)
Respondent: Bank P (Issuing Bank)

Note

Only the Initiator had submitted documents related to this decision.

This decision was rendered without the participation of the Respondent.

Background and transaction

Documentary credit subject to the latest UCP Rules, ie, UCP 600 issued by the Respondent using SWIFT MT700 on 11 February 2014 and notified to the Initiator.

- Amount: US$1,609,289.50.
- Date and place of expiry: 28 August 2014 in the country of the Initiator.
- Goods: ANGLE SS400 (as subsequently amended to read, "Alloy Hot Rolled Prime Steel Angle SS 400B" by the Amendment no.2).
- Trade terms as stated in the credit: Total amount CIF (Incoterms 2010) Tanjung Priok Jakarta Port for US$1,693,989.
- Partial shipments: Allowed.
- Documents: among other documents requested (field 46A):
  - "Manually signed commercial invoice in 3 folds",
  - "Packing list in 3 folds",
  - "Full set insurance certificate, made out or endorsed to the order of [... (the Respondent)] for to 110 pct of the CIF value. Insurance must include: Institute War Clauses, Institute Cargo Clauses (All Risks), Institute Strike, Riots and Civil Commotions Clauses, Claims (if any) are payable in Indonesia, in the currency of the drafts",
  - "Beneficiary´s certificate certify that original mills test certificate and certificate of origin form E presented outside L/C via courier",
- Available with any bank in country of beneficiary by negotiation.
- Drafts at 150 days from B/L date.
- Latest date of shipment: 31 March 2014.
- Period for presentation: 21 days.
- The credit, among other additional conditions (field 47A), stipulated (condition 16):
- "Total amount CIF (Incoterm 2010) Tanjung Priok Jakarta Port for US$1,693,989
  - 5 pct (US$84,699.50) paid by T/T separately from this L/C
  - this credit only covers 95 pct (US$1,609,289.50) against complying presentation of documents under field 46A".
- Confirmation instructions: without (amended as: "*advising bank may add the confirmation*"; the credit was then confirmed by the Initiator).
- Instructions to the Paying/Accepting/Negotiating Bank (field 78) included the following instruction (no. 2): "*All documents accepted on first presentation which comply with L/C terms and conditions, we will remit the proceeds less US$58.00 or equiv. being our reimbursement fee at maturity according to your instructions*" (subject to Amendment no. 1 — see below).

The Respondent sent the Initiator an MT707 Amendment no. 1 dated 13 February 2014. Amendment no. 1, inter alia, allowed a tolerance 10 per cent more or zero per cent less in amount and quantity and authorised the advising bank to add its confirmation, and in the event of the credit being confirmed, stipulated corresponding reimbursement conditions by stating the name of the reimbursing bank with the reimbursement being subject to URR latest version.

Amendment no. 1 also stated a new condition 2 under field 78 (Instructions to the Paying/Accepting/Negotiating Bank) as: "*All documents accepted on first presentation which comply with L/C terms and conditions, you may reimburse yourselves from our account with (the reimbursing bank) at maturity under advise to us*".

The Initiator confirmed the credit, which was notified to the Respondent by SWIFT MT799, dated 3 March 2014.

The Respondent issued Amendment no. 2 on 18 March 2014. Amendment no. 2 concerned only the description of the goods.

Presentation of the documents valued US$1,122,948.50

The beneficiary presented documents valued US$1,122,948.50 under the credit, which were then forwarded by the Initiator with the remittance letter, dated 27 March 2014 to the Respondent for its "*acceptance and payment on maturity*".

The Respondent on the following date (28 March 2014) refused the presentation by a notice of refusal sent by MT 799, which stated the following discrepancies:

1. DRAFT SHOWING TENOR MATURITY DATE UNCLEAR
2. INVOICE SHOWING TERM OF DELIVERY CIF (INCOTERM 2010) TANJUNG PRIOK PORT FOR US$1,693,989 INSTEAD OF FOR US$1,122,948.50
3. INSURANCE CERTIFICATE NOT CLEARLY STATED SETTLING AGENT IN INDONESIA

The Initiator sent revised drafts (2/2) and insurance certificates (3+3 copies) with a remittance letter dated 3 April 2014. The letter also stated that: "*The invoice presented shows exactly as per LC field 47A point (16). Thus discrepancy no. 2 is not valid.*"

The remittance of the revised documents and the repudiation of the discrepancy no. 2 were also notified by the Initiator to the Respondent by the SWIFT MT 799 dated 3 April 2014.

On 8 April 2014 the Respondent sent the Initiator a MT799 in reply stating that:

> Please be informed that our credit field 78 point 2 and the amendment no.01 dd140213 state "on first presentation", means the docs must complying on first presentation. "Therefore the docs is still discrepancies although the revised docs presented to us", and: "However we´ve contacted applicant and still awaiting their approval."

The Initiator refuted the claims of the non-complying presentation by a message MT 799 dated 10 April 2014. In the message the Initiator argued that the re-presented documents constitute a complying presentation as per article 2 of UCP 600 and that the beneficiary had the right to rectify documents within the time frame of the credit. It confirmed that the beneficiary re-presented the revised documents without delay and within validity and presentation period, which was in accordance with international banking practice.

In the following communication the Respondent maintained the view that:

> OUR CREDIT REQUIRED THAT ´ON FIRST PRESENTATION´ MEANS THE DOCS MUST COMPLYING ON FIRT PRESENTATION [...] SO IN THIS CASE THE DOCS PRESENTED NOT PER CREDIT TERM. THIS IS ALSO IN LINE WITH UCP 600 ART. 1, WHERE THE RULES UCP ARE BINDING ON ALL PARTIES UNLESS EXPRESSLY MODIFIED OR EXCLUDED BY THE CREDIT. REFER TO THE ABOVE MENTIONED DISCREPANCY AS POINTED OUT BY US IS STILL VALID [...]

The Respondent returned the refused documents to the Initiator.

The Initiator reiterated its view that the presentation was complying. Regarding the "*on first presentation*" term of the credit it stated:

> THE PHRASE ´ON FIRST PRESENTATION´ IS FOUND UNDER FIELD 78 OF THE LC - ´INSTRUCTIONS TO THE PAYING/ACCEPTING/NEGOTIATING BANK´. THE PHRASE IS PART OF YOUR INSTRUCTIONS TO US AS NEGOTIATING BANK´TO REIMBURSE YOURSELVES FROM [...] ´. NOWHERE IN THE LC SAYS THAT DOCUMENTS MUST COMPLY ON FIRST PRESENTATION. IF IT WERE A CONDITION OF THE LC YOU SHOULD HAVE MADE THAT VERY CLEAR EITHER BY HIGHLIGHTING IT OR INCLUDING IT IN THE FIELD 47A ´ADDITIONAL CONDITIONS´.

The documents were re-sent by the Initiator to the Respondent for their acceptance with a remittance letter dated 12 May 2014.

After various SWIFT communications, both the Respondent and the Initiator confirmed agreement of the applicant and the beneficiary to the deduction of total US$212,554 for both sets of documents (see also the summary regarding the presentation representing the second shipment below).

Therefore, the agreement was that documents valued US$1,122,948.50 would be paid in the amount of US$981,262.39 on 14 August 2014. The Respondent authorised the Initiator to claim the respective reimbursement.

Presentation of the documents valued US$561,671.04

The beneficiary presented documents valued US$561,671.04 for the second shipment. The documents were sent by the Initiator to the Respondent with the remittance letter dated 15 April 2014.

The Respondent refused the presentation by a notice of refusal sent by MT 799 on 21 April 2014, which stated the following discrepancies:

> > INVOICE SHOWING TOTAL AMOUNT TERM OF DELIVERY CIF (INCOTERM 2010) TANJUNG PRIOK PORT FOR

US$1,693,989 WHILST TOTAL AMOUNT INVOICE US$561,671.04 ARE AMBIGUITY

> PACKING LIST AND BENEFICIARY CERTIFICATE STATED TOTAL AMOUNT CIF (INCOTERM 2010) TANJUNG PRIOK PORT FOR US$1,693,989 WHILST THE GOODS OF SHIPPED IS PARTIAL SHIPMENT, ARE INCORRECT

> INSURANCE CERTIFICATE IS NOT ENDORSED IN TERM OF THE DOCUMENTARY CREDIT

The Initiator explained its stance regarding the alleged discrepancies by the SWIFT MT799 on 22 April 2014 stating that:

> THE INVOICE IS PRESENTED ACCORDING TO LC [...] THE INVOICE SHOWS CLEARLY US$561,571.04 BEING VALUE OF THIS SHIPMENT. TOTAL AMOUNT [...] FOR US$1,693,989 RELATES TO THE LC IN FIELD 46A [...]

> PACKING LIST AND BENEFICIARY CERTIFICATE SHOWING´TOTAL AMOUNT [...] FOR US$1,693,989 RELATES TO THE LC IN FIELD 46A AND THEY FULFILL THEIR FUNCTION AND ALSO RELATES TO THE LC AND THE OTHER DOCUMENTS.

> INSURANCE PRESENTED IS MADE OUT TO THE ORDER OF [... BANK (THE RESPONDENT) AS PER L/C REQUIREMENT.

We advise discrepancies listed as per your swift [...] are not tenable [...].

In subsequent communication, the Initiator and the Respondent reiterated their conflicting positions.

After various SWIFT communications, both the Respondent and the Initiator confirmed agreement of the applicant and the beneficiary to the deduction of total US$212,554 for both sets of documents (see also above).

Therefore, the agreement was that documents valued US$561,671.04 would be paid in the amount of US$490,803.15 on 28 August 2014. The Respondent authorised the Initiator to claim the respective reimbursement.

Issues

Were the discrepancies alleged by the Respondent for the first and second sets of documents valid?

Analysis

First presentation of the documents valued US$1,122,948.50

The Respondent raised 3 discrepancies for the first presentation dated 27 March 2014 regarding the first set of documents valued US$1,122,948.50. The discrepancies no. 1 (regarding the tenor of the drafts) and no. 3 were not disputed by the Initiator. However, regarding the second discrepancy below, the Initiator insisted that it was valid.

2. INVOICE SHOWING TERM OF DELIVERY CIF (INCOTERM 2010) TANJUNG PRIOK PORT FOR US$1,693,989 INSTEAD OF FOR US$1,122,948.50

The presented commercial invoice showed the description of the goods in strict compliance with the credit as amended by the Amendment no. 2. Within the description of goods it included the phrase: "*TOTAL AMOUNT CIF (INCOTERM 2010) TANJUNG PRIOK JAKARTA PORT FOR US$1,693,989*", ie, in the exact wording as the issued credit in the corresponding field 45A (Description of goods and/or Services).

The invoice also showed specific details regarding the goods, ie, item numbers, sizes, length, number of bundles, weights, unit prices and amounts in US$for each item, as well as the total number of bundles, total weight and total amount of US$1,122,948.50 being the specification of the goods shipped and herewith invoiced. The total amount of the goods shipped was also stated in words.

It should be noted that the credit also included a condition no. 16 (in the field 47A Additional conditions) which stated:

TOTAL AMOUNT CIF (INCOTERM 2010) TANJUNG PRIOK JAKARTA FOR US$1,693,989

> 5 PCT (US$84,699.50) PAID BY T/T SEPARATELY FROM THIS L/C

> THIS CREDIT ONLY COVERS 95 PCT (1,609,289.50) AGAINST COMPLYING PRESENTATION OF DOCUMENTS UNDER FIELD 46A"

The Experts considered this credit condition as being of "non-documentary" nature. However, it explained the reasoning behind the figure of the US$1,693,989 (vis-à-vis credit amount US$1,609,289.50).

ICC Publication ISBP 745 in its paragraph C8 states:

When a trade term is stated as part of the goods description in the credit, an invoice is to indicate that trade term, and when the source of the trade term is stated, the same source is to be indicated. For example, a trade term indicated in a credit as "CIF Singapore Incoterms 2010" is not to be indicated on an invoice as "CIF Singapore" or "CIF Singapore Incoterms".

There was no requirement in the credit to state the delivery term, ie, "*CIF (INCOTERM 2010) TANJUNG PRIOK*", next to the invoiced amount for the goods shipped under this presentation. It was also not an international standard banking practice to require such a repetition of the delivery term if the delivery term was already stated, as per the credit, elsewhere in the commercial invoice.

In Summary

> The commercial invoice showed the total amount and the delivery term in the description of goods exactly as per the credit. The beneficiary obviously endeavoured to strictly comply with the credit wording.

- There was no requirement for the invoice to show the delivery term with the amount of the invoice for the particular partial shipment.
- It is neither a requirement of UCP 600, nor that of international standard banking practice, to position the delivery term stated in the credit necessarily always exactly next to the invoiced amount.
- As the requirements of the credit were met and as there were no conflicting data in the invoice, the discrepancy raised by the Respondent was not valid.

Re-presentation of the documents valued US$1,122,948.50

After the documents (drafts and insurance certificates) were re-presented, the Respondent raised a new discrepancy, ie:

> Please be informed that our credit field 78 point 2 and the amendment no.01 dd140213 state ´on first presentation´, means the docs must complying on first presentation. Therefore the docs is still discrepancies although the revised docs presented to us

The phrase: "*All documents accepted on first presentation which comply with L/C terms and conditions, we will remit the proceeds*" (or: "*you may reimburse yourselves*" as per the Amendment no. 01) was stated as the instruction no. 2 in the field 78 of the MT 700 being designated for "Instructions to the Paying/Accepting/Negotiating Bank".

In the opinion of the Experts the clause itself was very poorly drafted and ambiguous, ie its exact meaning was very unclear.

Was the intention behind the clause to deprive the beneficiary of its fundamental and well-established right to make presentation of documents (on or before the expiry date and within the presentation period, if any) as many times as he wishes in order to achieve a complying presentation (ie, the right to rectify discrepancies and represent corrected documents to constitute a complying presentation)? In other words was the underlying intent of the aforesaid clause to restrict the issuing bank's payment obligation towards the beneficiary or other presenter to a "single presentation" when the presentation was complying when first presented?

Or was the intention to fundamentally limit the obligation of the issuing bank to reimburse the nominated bank which honoured or negotiated complying presentation in accordance with UCP 600 and the international standard banking practice, only if the nominated bank acted on its nomination when the presentation was complying on so called "first presentation"?

ICC Banking Commission Opinion R715/TA677rev (hereinafter referred to as the "Opinion"), inter alia, touched on the impact of a very similar clause (no. 3) in a credit: "*Provided documents on first presentation in strict conformity with the LC terms, you are authorized to reimburse yourselves with ...*" The Opinion in the Analysis states:

> It is not for an issuing bank to dictate what a beneficiary or other presenter may or may not do in order to achieve a complying presentation. In the normal course of events, it is within the rights of a presenter to request the return of discrepant documents and have them corrected, where possible. It is also their right to replace discrepant documents with corrected ones. Until the documents are honoured or negotiated they remain the property of the presenter.

The Conclusion of the Opinion regarding the impact of the above described clause stated: "*The other clauses specified in the query represent bad practice and issuing banks should refrain from including such terms and conditions in their credit.*"

UCP 600 article 1 allows modification or exclusion of articles of UCP 600 when applied to the particular credit. Article 1 clearly states: "*They [UCP 600] are binding on all parties thereto unless expressly modified or excluded by the credit.*"

Whatever was the true intention of the clause in the credit, the Experts believed that because such a clause was very unusual, it represented a very detrimental deviation from the principles of UCP 600 and international standard banking practice towards the beneficiary and/or the nominated bank, it would have to be very clearly and expressly stated in the credit to become possibly effective upon the beneficiary and/or the nominated bank.

However, the issuing bank chose to insert this condition in field 78 and in a vague and unclear manner, which was unusual in the context of the international standard banking practice. As such, the Experts did not consider such unclear clause in field 78 of the credit, as mentioned above, as constituting "*an express modification of UCP 600 rules*" as recognized by the article 1 of the said rules.

In Summary

- The clause (the instruction no. 2 in field 78 of the credit, then amended by Amendment no. 1) was very ambiguous. Its exact meaning was arguable.
- In the view of the Experts it, in any case, did not constitute an express modification of any rule of UCP 600.
- The discrepancy raised by the Respondent was not valid.
- The Experts were convinced that the issuing bank was, in any case, obliged to reimburse the nominated bank that had honoured or negotiated a complying presentation and forwarded the documents to the issuing bank as stipulated in UCP 600 sub-article 7 (c).

Presentation of the documents valued US$561,671.04

The Respondent raised 3 discrepancies for the presentation regarding the 2nd set of documents valued US$561,671.04. The discrepancies alleged by the Respondent were:

> > INVOICE SHOWING TOTAL AMOUNT TERM OF DELIVERY CIF (INCOTERM 2010) TANJUNG PRIOK PORT FOR

US$1,693,989 WHILST TOTAL AMOUNT INVOICE US$561,671.04 ARE AMBIGUITY

> PACKING LIST AND BENEFICIARY CERTIFICATE STATED TOTAL AMOUNT CIF (INCOTERM 2010) TANJUNG PRIOK PORT FOR US$1,693,989 WHILST THE GOODS OF SHIPPED IS PARTIAL SHIPMENT, ARE INCORRECT

> INSURANCE CERTIFICATE IS NOT ENDORSED IN TERM OF THE DOCUMENTARY CREDIT

Discrepancy 1

The commercial invoice presented showed the description of the goods in strict compliance with the credit as amended by the Amendment no. 2. Within the description of goods it included the phrase: "*TOTAL AMOUNT CIF (INCOTERM 2010) TANJUNG PRIOK JAKARTA PORT FOR US$1,693,989*", ie, in the exact wording as the issued credit in the corresponding field 45A (Description of goods and/or Services).

The invoice also showed specific details regarding the goods, ie, item numbers, sizes, length, no. of bundles, weights, unit prices and amounts in US$for each item, as well as the total number of bundles, total weight and total amount of US$561,671.04 being the specification of the goods shipped and invoiced. The total amount of the goods shipped was also stated in words.

The credit also stated a condition no. 16 (in field 47A 'Additional conditions') which stated:

TOTAL AMOUNT CIF (INCOTERM 2010) TANJUNG PRIOK JAKARTA FOR US$1,693,989

> 5 PCT (US$84,699.50 PAID BY T/T SEPARATELY FROM THIS L/C

> THIS CREDIT ONLY COVERS 95 PCT (1,609,289.50) AGAINST COMPLYING PRESENTATION OF DOCUMENTS UNDER FIELD 46A.

ICC Publication ISBP 745 paragraph C8 states:

When a trade term is stated as part of the goods description in the credit, an invoice is to indicate that trade term, and when the source of the trade term is stated, the same source is to be indicated. For example, a trade term indicated in a credit as "CIF Singapore Incoterms 2010" is not to be indicated on an invoice as "CIF Singapore" or "CIF Singapore Incoterms".

In Summary

- The commercial invoice showed the total amount and the delivery term in the description of goods exactly as the credit. The beneficiary obviously endeavoured to strictly comply with the credit wording.
- Stating the delivery term next to the total (contract) CIF value of the goods as stated in the credit did not constitute any ambiguity or conflict with any other data in the credit or other presented document whatsoever.
- There was no requirement for the invoice to show the delivery term directly linked with the amount of the invoice for the particular partial shipment.
- It is neither a requirement of UCP 600, nor of international standard banking practice, to position the delivery term stated in the credit necessarily always exactly next to the invoiced amount.
- As the requirements of the credit were met and there were no conflicting data in the invoice, the discrepancy raised by the Respondent was not valid.

Discrepancy 2

Both the packing list and beneficiary's certificate showed the description of the goods in strict compliance with the credit as amended by the Amendment no. 2. Within the description of goods they included the phrase: "*TOTAL AMOUNT CIF (INCOTERM 2010) TANJUNG PRIOK JAKARTA PORT FOR US$1,693,989*", ie, in the exact wording as the issued credit in the corresponding field 45A 'Description of goods and/or Services'.

The packing list also showed specific packing details regarding the goods, ie, item numbers, sizes, length, quantities in pieces, number of bundles, net and gross weights, as well as the total number of pieces, number of bundles, total net and gross weights being the specification of the goods shipped under this presentation. Both the details and totals mentioned on the packing list fully complied with the data on the commercial invoice.

To state the delivery term in packing list or beneficiary's certificate next to the total (contract) amount as stated in the credit was not "incorrect", and did not create any conflict with any other data in the credit or any other document.

In summary

The packing list and beneficiary´s certificates were not required to show a delivery term mentioned in the credit. Both documents, however, showed it in exact wording as the credit, which did not create any conflict with any other data in the credit or other documents, and it was fully acceptable.

The discrepancy raised by the Respondent was not valid.

Discrepancy 3

The credit requested: "*Full set insurance certificate, made out or endorsed to the order of [... (the Respondent — the issuing bank)], marked [...]*". The presented insurance document was made out to the order of the Respondent, as required by the credit. The document was also blank endorsed by the beneficiary. The insurance document did not mention the beneficiary in any other way, endorsement was superfluous, and it had no effect on the transfer (assignment) of the rights under the insurance document (as the document was already issued to the order of the Respondent).

In the view of the Experts, the blank endorsement by the beneficiary did not create any conflict with the credit terms and conditions, or any other data in the insurance document itself.

In summary

The blank endorsement by the beneficiary was ineffective and did not create any conflict as the document was already made out to order of the Respondent (as required by the credit).

The discrepancy raised by the Respondent was not valid.

Conclusion

All the discrepancies raised by the Respondent were invalid.

This decision was rendered unanimously.

Summary

An issuing bank refused two sets of documents presented under a credit due to a number of discrepancies. First drawing: tenor maturity date on draft unclear; incorrect CIF value on invoice; and insurance certificate did not clearly state settling agent in Indonesia. Second drawing: incorrect CIF value on invoice; packing list and beneficiary certificate indicate incorrect CIF value; and insurance certificate was not endorsed correctly. Revised drafts and insurance certificates for the first drawing were presented but refused by the issuing bank on the basis that an amendment under the credit had stated that all documents must comply on first presentation. It was concluded that none of the discrepancies under either drawing was valid and that the issuing bank was obliged to reimburse the nominated bank.

DOCDEX Decision No. 338

URDG 758 sub-article 15 (b) and article 22; URDG 758 sub-article 20 (b); URDG sub-articles 24 (d), 24 (h) and 5 (b); URDG articles 34 and 35

Was there a requirement for the Initiator to present a copy of beneficiary's claim? Was the alleged discrepancy made by the Respondent a valid discrepancy? Could the Respondent raise further discrepancies at a future date in respect of the copy of the beneficiary's claim? Could the counter-guarantor withhold payment from or reimbursement to the Initiator pending receipt of presentation documents under the local guarantee of the Initiator? What was the governing law of the local guarantee, which was issued by the Initiator subject to URDG 758 as, requested and authorised by the Respondent?

Parties

Initiator: Bank R (Guarantor)

Respondent: Bank I (Counter-Guarantor)

Note

Only the Initiator had submitted documents related to this decision.

This decision was rendered without the participation of the Respondent.

Background and transaction

On 1 April 2011, the Respondent issued a counter-guarantee (SWIFT MT760) subject to URDG 758 covering an Advance Payment Guarantee, which the Initiator was instructed to issue in favour of a local beneficiary, also subject to URDG 758.

> Amount: US$16,400,000.

> The SWIFT message contained the text of the counter-guarantee and included the wording of the guarantee, which was issued by the Initiator accordingly.

> The counter-guarantee obligation was undertaken by the Respondent as follows:

In consideration of your issuing your guarantee as requested above, we, [respondent], hereby give you our irrevocable and unconditional counter-guarantee n. ..... and undertake to pay to you without reservation and notwithstanding any contestation from our principal or any third party any sum or sums not exceeding in total the amount of US$16,400,000.00 (say US dollars sixteen million four hundred thousand only) upon receipt by us of your first demand quoting our counter guarantee n. ... in writing or by authenticated SWIFT message wherein you state that you had received a claim from the beneficiary which is within the validity and is in compliance with the terms and conditions of your a/m advance payment guarantee and a copy of the beneficiary's claim has been mailed to us.

On 31 January 2012, the expiration dates of the original guarantee and counter-guarantee were extended to 20 September 2012 and 5 October 2012 respectively.

On 20 September 2012, the Initiator sent an authenticated SWIFT message to the Respondent demanding payment of US$9,262,843.77 under the counter-guarantee and notified that a copy of the beneficiary's claim had been mailed to the Respondent.

On 26 September 2012, the Respondent sent a rejection notice by SWIFT MT 799 to the Initiator before the close of the fifth business day following the day of presentation, stating the sole discrepancy: "*copy of bene's claim was not presented*".

On 26 September 2012, the Initiator refuted the discrepancy raised by the Respondent by sending a SWIFT MT799 message to the Respondent and requested payment of the amount demanded.

On 27 September 2012, the Respondent advised the Initiator that they had received the copy beneficiary's claim and would examine that document within the following five business days.

On 3 October 2012, the Initiator again requested payment from the Respondent under their counter-guarantee and pointed out that counting five business days from the date of receiving the copy of the beneficiary's claim was incorrect. The correct starting day should be the day after the date of receipt of the demand message.

On 10 October 2012, (which was the fifth working day after 27 September due to national holidays) the Respondent advised the Initiator, by SWIFT MT 799, that some discrepancies were found in the copy of the beneficiary's claim presented to the Initiator, as follows:

...we found that the presentation made by the beneficiary was not in compliance with the terms and conditions of the a/m advance payment guarantee, which is contrary to yr statement of yr demand in the following respects:

1. The number of the advance payment guarantee stated in the copy of the beneficiary's claim n. .... is different from the number of the a/m advance payment guarantee that is covered by the Counter-guarantee. [Note from the Panel of Experts: it appears that one number out of fourteen numbers of which the guarantee number consisted was wrong]

2. The date of the underlying contract stated in the beneficiary's claim February 3, 2012 is different from the date stated in the a/m payment guarantee, which should read February 3, 2011.

3. The beneficiary failed to state in the claim that the obligation(s) in respect of which the principal is in breach is/are covered by the advanced payment guarantee and that they are therefore entitled to demand repayment of the advance payment up to the amount as requested by the a/m advance payment guarantee.

In addition to the discrepancies stated above, the respect in which the principal is in breach are not covered by the advance payment guarantee, and that the beneficiary is therefore not entitled to demand repayment of the advance payment up to the amount, therefore, the beneficiary abused the right of claim.

In consideration of the discrepancies stated above and abuse of right of claim by the beneficiary, you are obliged not to effect the payment under the a/m advanced payment guarantee, and your demand for payment has been rejected by us.

Issues

1. Based on the wording of the counter-guarantee issued by the Respondent, was there a requirement for the Initiator to present a copy of beneficiary's claim, which it had received under its local guarantee to the Respondent, when making its demand under the counter-guarantee issued by the Respondent?
2. Was the alleged discrepancy made by the Respondent on 26 September 2012, "*Copy of bene's claim was not presented*" a valid discrepancy?
3. With the Respondent having stated what it considered to be one single discrepancy in its SWIFT message of 26 September 2012, can the Respondent raise further discrepancies at a future date in respect of the copy of the beneficiary's claim?
4. Can the counter-guarantor, the Respondent, withhold payment from or reimbursement to the Initiator pending receipt of presentation documents under the local guarantee of the Initiator?
5. What is the governing law of the local guarantee, which was issued by the Initiator subject to URDG 758 as, requested and authorised by the Respondent?

Analysis

Issue 1

According to the wording of the counter-guarantee, the obligation undertaken by the Respondent is effective under two alternative conditions to be respected by the Initiator:

a. upon receipt by us of your first demand quoting our counter guarantee n. ... in writing

or

b. by authenticated SWIFT message wherein you state that you had received a claim from the beneficiary which is within the validity and is in compliance with the terms and conditions of your a/m advance payment guarantee and a copy of the beneficiary's claim has been mailed to us."(hereinafter called the "statement of claim").

The Initiator chose option b), which was in line with URDG 758 sub-article 15 (b) which states:

> A demand under a counter-guarantee shall in any event be supported by a statement, by the party to whom the counter-guarantee was issued, indicating that such party has received a complying demand under the guarantee or counter-guarantee issued by that party. The statement may be in the demand or in a separate signed document accompanying or identifying the demand.

A copy of the beneficiary's claim was not required to be presented with the statement of claim sent by authenticated SWIFT message by the Initiator. The statement of claim was merely required to state that a copy of the beneficiary's claim had been mailed to the Respondent. The statement of claim complied with this requirement.

It is to be noted that the Initiator's duty to send to the Respondent a copy of the beneficiary's complying presentation was covered by URDG 758 article 22 which states:

> The guarantor shall without delay transmit a copy of the complying demand and of any related documents to the instructing party or, where applicable, to the counter-guarantor for transmission to the instructing party. However, neither the counter-guarantor nor the instructing party, as the case may be, may withhold payment or reimbursement pending such transmission.

It is also to be noted that URDG 758 is silent in respect of, a) the time frame within which a counter-guarantor is to examine the copy of the demand under the guarantee subsequently received and, b) the action to be undertaken if the counter-guarantor believes that the guarantor has honoured a non-complying demand.

As the Initiator had complied with the terms and conditions of the counter-guarantee by sending the statement of claim within the validity of the counter-guarantee, the Respondent should not withhold payment pending receipt of the copy of beneficiary's claim. This is clearly stated in URDG 758 article 22.

Issue 2

A physical copy of the beneficiary's claim was not requested as a condition of a complying presentation under a claim by SWIFT. It merely required a declaration of its transmission, and this was so stated in the Initiator's statement of claim.

Accordingly, the discrepancy "*Copy of bene's claim was not presented*" was not valid. The Respondent was obliged to honour its counter-guarantee pursuant to URDG 758 sub-article 20 (b).

Issue 3

URDG 758 sub-article 24 (d) states that: "*When a guarantor rejects a demand, it shall give a single [emphasis added] notice to that effect to the presenter of the demand*".

Furthermore, URDG 758 sub-article 24 (h) states that: "*For the purpose of paragraphs (d), (f) and (g) of this article, guarantor includes counter-guarantor*".

Accordingly, subsequent discrepancy messages are not allowed. The demand under the counter-guarantee was still compliant.

In this case, the Respondent sent a single rejection notice, which however, was incorrect in that the copy of the beneficiary's demand under the guarantee was not required by the counter-guarantee for the demand by SWIFT.

The subsequent notice that was sent by the Respondent to the Initiator on 10 October 2012 in relation to the incorrectness of the copy of the beneficiary's claim under the guarantee did not constitute a second rejection notice. The notice mentioned the reasons why the Initiator should not have honoured the demand.

URDG 758 sub-article 5 (b) states that:

> A counter-guarantee is by its nature independent of the guarantee, the underlying relationship, the application and any other counter-guarantee to which it relates, and the counter-guarantor is in no way concerned with or bound by such relationship.

Owing to the independence between the guarantee and the counter-guarantee, each payment is made under separate undertakings and depends only on compliance to the terms and conditions of each related presentation. Under a compliant presentation, the Respondent must honour.

The Respondent, upon receipt of the copy of the beneficiary's claim, was entitled to examine it. However, any issues concerning the incorrectness of the copy of the beneficiary's claim and any ensuing actions and liabilities, were outside of the scope of URDG 758 and, therefore, also outside the scope of the ICC DOCDEX procedure. These issues are within the competence of the governing law and competent jurisdiction.

It should be noted that a copy of the beneficiary's claim presented to the Initiator under the guarantee had not been submitted in this DOCDEX case.

Issue 4

URDG 758 article 22 (cited above under issue 1) prevents the counter-guarantor or the instructing party from withholding payment or reimbursement, pending the transmission of the complying demand and any related documents.

The Respondent should have immediately honoured the demand under the counter-guarantee without waiting for the receipt of the copy of the beneficiary's claim.

Issue 5

If not otherwise agreed in the guarantee or counter-guarantee, or provided for under local law, URDG 758 articles 34 and 35 provide that the governing law and the jurisdiction of a guarantee or counter-guarantee are those of the place/country of the location of the branch or office that issued the guarantee or the counter-guarantee.

Therefore the guarantee as issued by the Initiator would be subject to the law in the Initiator's country, unless that law provides otherwise.

Conclusion

According to the wording of the counter-guarantee, the Initiator presented a complying demand that the Respondent was obliged to honour.

Any dispute between the Initiator and the Respondent in respect of the presentation of a non-complying beneficiary's claim under the guarantee should not be a reason for dishonouring the complying presentation under the counter-guarantee, and is outside the scope of URDG and ICC DOCDEX.

This decision was rendered unanimously.

Summary

A counter-guarantor refused a demand from the guarantor under a counter-guarantee on the basis that a copy of the beneficiary's claim was not presented. The counter-guarantor subsequently advised that the copy of the beneficiary's claim had been received. Once this had been examined the counter-guarantor then advised that the demand had been rejected due to three discrepancies: incorrect guarantee number; incorrect date of underlying contract; and failure to state the obligations that the principal was considered to have breached. It was concluded that according to the wording of the counter-guarantee, the guarantor had presented a complying presentation, which the counter-guarantor was obliged to honour. Any dispute between the parties in respect of the presentation of a non-complying beneficiary's claim under the guarantee should not have been a reason for dishonouring a complying presentation under the counter-guarantee, and was considered to be outside the scope of DOCDEX.

DOCDEX Decision No. 339

URC 522 articles 4, 1 and 2

Whether or not the presenting bank was obligated to pay a collection in view of the fact that the documents had been released to the drawee, and the drawee had obtained delivery of the goods using the bill of lading?

Parties

Initiator:	Company S (Principal)
Respondent:	Bank P (Presenting Bank)

Note

Only the Initiator had submitted documents related to this decision.

This decision was rendered without the participation of the Respondent.

Background and transaction

In November 2013, the Initiator and the Respondent entered in a contract regarding the sale of steel.

Part of the contract value was payable "*Cash Against Documents*." The remaining was pre-paid against proforma invoice.

On 21 January 2014, the Initiator sent the collection documents to the remitting bank instructing them to send a collection to their customer via the Respondent.

The remitting bank sent a documentary collection subject to URC 522 to the Respondent on 23 January 2014.

- Quote from the collection instruction: "*Documents to be delivered against payment*".
- Other instructions were given in the collection instruction as below:
  - Payment instruction,
  - Collection charges payment,
  - Interest payment

On 21 February 2014, the Initiator was informed by the buyer (the drawee to the collection) that they had already received the documents, and that the goods were received as well.

Till this date the collection remained unpaid. Payment tracers had been sent to the Respondent both by the Initiator and the remitting bank. The answer had been that they would investigate the matter.

Documents submitted

Documents submitted by the Initiator

- The Sales contract between the Initiator and the buyer.
- Supplementary Agreement — outline the payment terms.
- The commercial invoice.
- Bill of lading.
- The collection instruction from the Initiator to the remitting bank.
- The collection instruction from the remitting bank to the Respondent.
- Copy of DHL waybill showing that the collection has been sent from the remitting bank to the Respondent.
- Letter from the remitting bank to the Initiator acknowledging receipt of the collection.
- A letter from the Initiator to the Respondent, explaining the situation and tracing payment.
- Communication between the Initiator, Respondent and collecting bank regarding the non-payment of the collection.

Documents submitted by the Respondent

There were no documents submitted by the Respondent.

Issues

The Initiator requested the Centre to give a decision on whether or not the Respondent was obligated to pay the collection, as the documents had been released to the Drawee, and they had obtained delivery of the goods using the bill of lading being part of the collection.

Analysis

This collection was subject to the ICC Rules for Collection "URC 522" as stated in the cover letter accompanying the documents, and issued in accordance with URC 522 article 4.

Article 1 of URC 522 reads:

a. The Uniform Rules for Collections, 1995 Revision, ICC Publication No. 522, shall apply to all collections as defined in Article 2 where such rules are incorporated into the text of the "collection instruction" referred to in Article 4 and are binding on all parties thereto unless otherwise expressly agreed or contrary to the provisions of a national, state or local law and/or regulation which cannot be departed from.

b. Banks shall have no obligation to handle either a collection or any collection instruction or subsequent related instructions.

c. If a bank elects, for any reason, not to handle a collection or any related instructions received by it, it must advise the party from whom it received the collection or the instructions by telecommunication or, if that is not possible, by any other expeditious means, without delay.

This provision offers the collecting bank the option of declining to handle a collection providing it informs the remitting bank without delay.

The collection, being payable at sight, required the collecting bank to deliver documents against payment thereof (Article 2).

By releasing documents to the drawee without receiving payment, the Respondent had acted outside the authority and instructions given by the remitting bank.

In a collection operation the owner of the documents is the seller (ie, the Principal to the Collection) and the remitting bank acts on its behalf. As a consequence, non-paid documents remain in the care of the presenting bank and the remitting bank has the right to request return of documents thereby obligating the presenting bank to accommodate such request.

The presenting bank acted contrary to the provisions of URC 522 as quoted above and was liable for payment of the collection value plus appropriate interests and costs, if any.

Conclusion

The Respondent acted contrary to the provisions of URC 522 and, as such, was liable for payment of the collection as set out above.

This decision was rendered unanimously.

Summary

Under a documentary collection subject to URC, a presenting bank released documents to the drawee without obtaining payment. The collection was payable at sight and required the presenting bank to deliver documents against payment. By releasing the documents to the drawee without receiving payment, the presenting bank had gone outside the authority and instructions given by the remitting bank. It was concluded that the presenting bank had acted contrary to the provisions of URC and, as such, was liable for payment of the collection.

DOCDEX Decision No. 340

This Decision was withdrawn.

DOCDEX Decision No. 341

UCP 600 sub-articles 14 (b), 14 (d), 14 (f) and16 (c), ISBP 745 paragraph A39

Was the Respondent precluded from claiming that the documents did not constitute a complying presentation, since they had not quoted a valid discrepancy and provided a single notice of refusal in accordance with UCP 600 sub-articles 14 (b) and 16 (c)? Did the inspection certificate comply?

Parties

Initiator: Company J (Beneficiary)
Respondent: Bank O (Issuing Bank)

Background and transaction

On 26 June 2014, the Initiator acting under its trademark name, received a credit issued in its favour by the Respondent to secure payment for an order comprising supply of block doors and metal frames. The documentary credit was subject to UCP 600.

Amongst other documents the documentary credit required a presentation of "*Certificate of conformity based on EN Standards, issued by authorised institution*"

On 22 August 2014, the Initiator made a presentation under the credit to the Respondent through the advising bank. The cover letter sent by the advising bank to the Respondent indicated that 1 original and 2 copies of "Certificate of Conformity" were sent to the Respondent.

The relevant document presented by the Initiator was issued by Bureau Veritas and titled "*Inspection Certificate*". Under the section "*Conclusions*", the inspection certificate contained the following statement: "*This certificate is a certificate of conformity*." There was no reference within the certificate to 'EN Standards' as required by the credit.

On 1 September 2014, the Respondent sent a notice of refusal to the advising bank stating, "*Instead the required certificate of conformity there is presented inspection certificate*".

On 3 October 2014, the advising bank contested the discrepancy on the basis of ISBP paragraph A39, which states:

> Documents may be titled as called for in the credit, bear a similar title or be untitled. The content of a document must appear to fulfil the function of the required document. The Initiator asserted that the document stated, "This is a certificate of conformity", hence it considered that the certificate of conformity had been presented.

On 6 October 2014, the Respondent sent a response to the contest message, stating the document presented did not appear to fulfil the function of the document since the inspection certificate did not show EN standards.

The Initiator claimed that the Respondent's clarification to the contest message indicated that the certificate of conformity had been presented but did not comply with the terms of the credit, which was a new discrepancy, hence was precluded from claiming that documents did not comply as per UCP 600 sub-article 14 (b) since the new discrepancy was asserted beyond 5 banking days after presentation date.

The Initiator also claimed that the Respondent was not in compliance with UCP 600 sub-article 16 (c), as it had not provided a single notice of refusal, as the Initiator considered the clarification to be assertion of a new discrepancy.

The Respondent disagreed with the Initiator's claim that the clarification to the contest message constituted a new discrepancy. The Respondent claimed that their notice of refusal clearly stated that an inspection certificate was presented instead of a certificate of conformity, which meant that the document presented as required certificate of conformity complied with paragraph A39 of ISBP and UCP 600 sub-articles 14 (d) & (f).

1. Non Compliance with UCP 600 sub-article 14 (b) & 16 (c):

The initial notice of refusal sent by the Respondent on 1 September 2014 stated that an inspection certificate was presented instead of a certificate of conformity. However upon contest of the discrepancy, the Respondent indicated that the inspection certificate did not show EN standards.

The Initiator considered the response to the contest message as recognition by the Respondent that the certificate of conformity had been presented but it did not comply with the terms of the credit. The Respondent claimed that this was a new discrepancy.

Initiator claimed that the Respondent failed to act in accordance with UCP 600 sub-article 14 (b) since the clarification comprising of the new discrepancy was sent on 06 October 2014, which was 45 days after the date of receipt of documents by the Respondent.

The Initiator claimed that the Respondent was not in compliance with UCP 600 sub-article 16 (c) since it had not provided a single notice of refusal and had asserted two different discrepancies, ie, inspection certificate presented instead of certificate of conformity and inspection certificate did not show EN standards.

2. Non Compliance with UCP 600 sub-article 14 (d) & (f) and ISBP Paragraph A39

The documentary credit required a presentation of "*Certificate of conformity based on EN Standards, issued by authorised institution*". The document presented by the Initiator was issued by Bureau Veritas and titled "*Inspection Certificate*". Under the section "*Conclusions*", the inspection certificate contained the following statement "*This certificate is a certificate of conformity.*" There was no reference in the certificate to EN Standards as required by the credit.

The Respondent claimed that the document presented did not show the data required in the credit and hence did not fulfil its function. Therefore the document was not in compliance with UCP 600 sub-articles 14 (d) & (f) and ISBP Paragraph A39.

The Initiator claimed that there were no authorised institutions capable of issuing a certificate of conformity based on EN standards for the goods covered under the credit. The Initiator also claimed that the document indicated that it was a certificate of conformity. Hence the document was compliant.

Issues

1. Was the Respondent precluded from claiming that the documents did not constitute a complying presentation, since they did not quote a valid discrepancy and provide a single notice of refusal in accordance with UCP 600 sub-article 14 (b) and 16 (c)?

2. Did the inspection certificate comply with sub-articles 14 (d) & (f) and ISBP Paragraph A39?

Analysis

1. Failure to act in accordance with UCP 600 sub-article 14 (b) & 16 (c):

UCP 600 sub-article 14 (b) states:

> A nominated bank acting on its nomination, a confirming bank, if any, and the issuing bank shall each have a maximum of five banking days following the day of presentation to determine if a presentation is complying. This period is not curtailed or otherwise affected by the occurrence on or after the date of presentation of any expiry date or last day for presentation.

UCP 600 sub-article 16 (c) states: "*When a nominated bank acting on its nomination, a confirming bank, if any, or the issuing bank decides to refuse to honour or negotiate, it must give a single notice to that effect to the presenter.*"

The documentary credit required a presentation of "*Certificate of conformity based on EN Standards, issued by an "authorised institution*". The cover letter sent by the Initiator bank to Respondent indicated that 1 original and 2 copies of "*Certificate of Conformity*" were sent to the Respondent.

The Respondent initially refused the presentation on the basis that inspection certificate had been presented instead of certificate of conformity. When the discrepancy was contested on the basis that the inspection certificate also stated it was a certificate of conformity, the Respondent clarified that the inspection certificate did not show EN standards. The Respondent sent this clarification message 45 days after receipt of documents.

When an issuing bank determines that a presentation does not comply, it must provide a single notice of refusal unambiguously stating the discrepancy based on which the documents have been dishonoured. In this case the initial notice of refusal from the Respondent referred to non-presentation of the certificate of conformity instead of missing reference to EN standards.

Therefore the panel considered that the Respondent had not provided the correct reason for dishonour of documents in initial notice of refusal. The subsequent clarification referred to a separate discrepancy. Therefore the Respondent failed to act as per the provisions of UCP 600 sub-article 14 (b) & 16 (c).

2. Non Compliance with UCP 600 sub-article 14 (d) & (f) and ISBP Paragraph A39

UCP 600 sub-article 14 (d) states:

> Data in a document, when read in context with the credit, the document itself and international standard banking practice, need not be identical to, but must not conflict with, data in that document, any other stipulated document or the credit.

UCP 600 sub-article 14 (f) states:

> If a credit requires presentation of a document other than a transport document, insurance document or commercial invoice, without stipulating by whom the document is to be issued or its data content, banks will accept the document as presented if its content appears to fulfil the function of the required document and otherwise complies with sub-article 14 (d).

ISBP Paragraph A39 states: "*Documents may be titled as called for in the credit, bear a similar title or be untitled. The content of a document must appear to fulfil the function of the required document.*"

Even though the document presented by the Initiator was titled "*Inspection Certificate*", under the section "*Conclusions*", it contained the following statement "*This certificate is a certificate of conformity.*"

The document also certified:

> Based on visual examination and information obtained during inspection, we certify that the quantity and the packing of the items seen at the place and date of inspection are complying with specification of goods indicated in the relative proforma invoice....

Therefore the document must be examined as a certificate of conformity and it fulfils the function of a certificate of conformity.

The credit called for the document to be issued by an authorised institution: the document was issued by Bureau Veritas, who would be considered as an authorised institution as per UCP 600 Article 3.

The document however did not make reference in the certificate to EN Standards as required by the credit. Therefore the panel considered that the document did not meet the requirement of the credit.

Conclusion

The Respondent did not provide a valid reason for dishonour in their initial notice of refusal in accordance with UCP 600 sub-articles 14 (b) & 16 (c) and was therefore precluded from claiming the documents were discrepant as per UCP 600 sub-article 16 (f).

This decision was rendered unanimously.

Summary

An issuing bank refused documents presented under a credit on the basis that an inspection certificate was presented instead of a certificate of conformity as required in the credit. The stated discrepancy was contested by the beneficiary resulting in a clarification from the issuing bank that the presented document did not fulfil the function of the document since it did not show EN standards as required in the credit. It was determined that even though the document was entitled inspection certificate, it contained the statement that it was a certificate of conformity. Despite this, it did not make reference to required EN standards as required by the credit, and it was considered that the document was discrepant. It was concluded, however, that the issuing bank did not provide a valid reason for dishonour in their initial refusal of documents and that they were precluded from claiming the documents were discrepant.

DOCDEX Decision No. 342

URDG 758 sub-articles 14 (a) and 28 (a), article 28

Was a statement by the beneficiary that a postal delay was caused by a missing postal code a valid excuse for insisting that the guarantor was still obligated to pay?

Parties

Initiator:	Company M (Beneficiary)
Respondent 1:	Company W (Applicant)
Respondent 2:	Bank C (Guarantor)

Note

The Initiator and Respondent 1 submitted documents related to this decision.

Respondent 2 did not file any response.

The case had previously been submitted and answered through DOCDEX (Decision No. 336 dated 23 September 2014) initiated by Respondent 1.

Background and transaction

The Initiator was the beneficiary to a demand guarantee that was issued by Respondent 2, showing Respondent 1 as applicant. The demand guarantee was subject to URDG 758 and issued on 21 January 2013.

Expiry date in the guarantee was stated to be 20 November 2013. In addition the guarantee included the following condition: "*Any demand for payment and documents required under this Guarantee must be received by us within 14 (fourteen) working days after its expiry at our address stated above.*" Fourteen working days after 20 November 2013 was 10 December 2013. (There were no relevant public holidays between 20 November 2013 and 10 December 2013, ie, the only days to be excluded are the Sundays and Saturdays during that period).

The Initiator and Respondent 1 entered into two contracts; one covering engineering, procurement and construction, the other covering the equipment supply. For the latter, Respondent 1 was to provide a bank guarantee covering 30 per cent of the contract price.

On 21 January 2013, a guarantee was issued by Respondent 2, and advised through an advising bank. The guarantee ended with a note stating guarantors name, guarantee number, issue date, guarantors phone and fax number, their website and a named contact person.

On 4 December 2013, being the 10 working day after 20 November 2013, the Initiator made a demand under the guarantee.

The demand was sent via the advising bank, which, as required in the guarantee, verified the signatures on the notice of the demand. On the same day the advising bank sent a notice of demand via SWIFT to Respondent 2.

On 5 December 2013, the advising bank couriered the demand and supporting documents to Respondent 2 via DHL.

On 11 December 2013, (ie, more than 14 working days after 20 November 2013) the demand and supporting documents were delivered to Respondent 2.

On 13 December 2013, Respondent 2 made a notice of refusal to the Initiator via the advising bank. The reason given was that the documents were received after the period of presentation according to the guarantee.

On 3 January 2014, the advising bank replied to Respondent 2 that they had been informed that the demand was made "*well before the demand expiry date of the guarantee.*" Furthermore they noted that since the address of Respondent 2 did not contain a postal code in the guarantee, the courier company was unable to "*deliver the demand in the most expeditious manner;*" ie, the delivery of the demand was delayed because of the incomplete address provided by Respondent 2. Respondent 2 replied repeating the notice of refusal dated 13 December.

On 23 June, Respondent 1 initiated a DOCDEX request against the Initiator (DOCDEX Decision No. 336 dated 23 September 2014).

Till this date the demand remained unpaid.

Issues

1. Whether or not the demand was validly made.

2. Whether or not Respondent 2 was responsible for the delay in the transmission of the demand and supporting documents.

3. Whether or not URDG 758 article 28 applied to Respondent 2.

4. Whether or not Respondent 2 was obligated to pay to the Initiator the value of the demand.

Documents submitted

Documents submitted by the Initiator

- The formal request for a DOCDEX Decision.
- Guarantee.
- The demand and supporting documents.
- The notice of refusal made by Respondent 2 dated 13 December 2013.
- DHL Delivery slip — including the DHL track list.
- Reply from the advising bank to Respondent 2 dated 3 January 2014.
- Reply from Respondent 2 to the advising bank.

Documents submitted by the Respondent A

- Answer to the Initiators request.
- Copy of DOCDEX Decision number 336.
- Guarantee.
- The demand and supporting documents.
- DHL Delivery slip.

Analysis

This demand guarantee was issued subject to the ICC Uniform Rules for Demand Guarantees "URDG 758".

Relationship to DOCDEX Decision No. 336: DOCDEX Decision No. 336 covered the same transaction as this one. The Initiator of DOCDEX Decision No. 336 was Respondent 1 of this DOCDEX Decision. In DOCDEX Decision No. 336 the Respondent (the Initiator to this DOCDEX Decision) for some reason did not respond in a timely manner. Consequently the purpose of the request for another DOCDEX Decision was to allow for the arguments of the Initiator to be taken into account and to reconsider the conclusion of DOCDEX Decision No. 336.

The guarantee stated:

> This guarantee shall expire on Nov. 20, 2013 "including an additional provision" Any demand for payment and documents required under this guarantee must be received by us 14 (fourteen) working days after its expiry at our address stated above.

As there had been no relevant national holidays during that period, this provision had the effect of making the practical expiry date of the guarantee the fourteenth working day after 20 November 2013, being 10 December 2013.

The guarantee indicated the address of the guarantor, as well as the following statement: "*Any demand for payment [...] must be received by us [...] at our address stated above*." At the end of the guarantee the contact phone, fax and person was mentioned.

The DHL delivery slip indicated that it was dispatched exactly as stated in the guarantee. However it also mentioned the postal code "241000 xxx." This postal code was wrong. The correct one was "214000 xxx."

The DHL Track list indicated the following:

- 5 December 2013: "*Shipment picked up*"
- 9 December 2013: "*Address information needed; contact DHL*"
- 10 December 2013 "*Shipment on hold*"
- 11 December 2013: "*Delivered — signed by: XXX*

URDG 758 sub-article 14(a) reads:

> A presentation shall be made to the guarantor:
>
> **i.** at the place of issue, or such other place as is specified in the guarantee and,
>
> **ii.** on or before expiry.

URDG 758 sub-article 28(a) reads:

> The guarantor assumes no liability or responsibility for the consequences of delay, loss in transit, mutilation or other errors arising in the transmission of any document, if that document is transmitted or sent according to the

requirements stated in the guarantee, or when the guarantor may have taken the initiative in the choice of the delivery service in the absence of instructions to that effect.

It was clear that the demand was not received timely according to URDG 758 sub-article 14 (a) — just as the guarantor assumed no liability for transit delays according to URDG 758 sub-article 28 (a).

The Initiator argued that the reason for the delay was the fact that the postal code of the guarantor was not mentioned in the guarantee. As mentioned above, the DHL courier slip did in fact mention a postal code, but one that was wrong. DHL procedures always require a postal code (or, if not existent, clear contact details). Not mentioning a postal code in the address mentioned in the guarantee was not the reason for the delayed delivery (as there was a postal code mentioned on the DHL Delivery slip), but mentioning a wrong postal code might have caused the delay.

In addition to the above the guarantee mentioned both the contact phone number, fax number and contact person of the guarantor. In the absence of a postal code, this information could well have been added to the DHL courier slip.

Demands made under guarantees are only to be made in case of default — and normally the demand must be made directly to the guarantor (often located in another country than the beneficiary to the guarantee) within the validity of the guarantee. The beneficiary should therefore ensure presentation of the demand in a timely manner. Even minor mistakes in the address (as is the case here) may lead to delays in the delivery of the demand.

For the reasons mentioned above, it was the conclusion of the panel of experts that the demand was presented late as per URDG 758 sub-article 14 (a), and that on the basis of URDG 758 article 28, the guarantor could not be held liable for the delay in transit.

Conclusion

- The demand was made to the guarantor on 11 December 2013. The expiry date of the guarantee was, effectively, 10 December 2013. Consequently the demand was not made in a timely manner.
- Given the circumstances outlined above it was clearly wrong to state that the postal delay was caused by the missing postal code — as the DHL courier slip did, in fact, mention a (wrong) postal code. Most likely the delay was caused by this mistake. In any event, since a mistake was made when sending the demand to the guarantor, the Initiator could not place the blame for the postal delay on the guarantor.
- URDG 758 article 28 did apply for this case, and the guarantor (Respondent 2) could not be held liable for the delay in transit.
- As the demand was not made timely, the guarantor (Respondent 2) was not obligated to pay to the Initiator the value of the demand ie, CNY 55,229,700.

This decision was rendered unanimously.

Summary

An issuing bank refused a claim under a demand guarantee on the basis that the documents were received after the period of presentation stated in the guarantee. It was determined that the demand was made after expiry of the guarantee and was not made in a timely manner. A statement by the beneficiary that the postal delay was caused by a missing postal code was not accepted as an excuse because the beneficiary made the error for which the guarantor cannot be blamed. The guarantor cannot be held liable for any delay in transit as stated in article 28 of URDG. It was concluded that, as the demand was not made in a timely fashion, the guarantor was not obligated to pay.

DOCDEX Decision No. 343

URDG 458 sub-article 20 (b), articles 10 and 20; sub-articles 10 (a), 10 (b) and 2 (b)

Had the Respondent failed to honour a valid claim? Given the court order, was it justified for the Respondent to delay payment? Did the Respondent allow an unreasonably long time enabling the applicant to obtain a court order? Was the Respondent obligated to pay?

Parties

Initiator:	Bank S (Second counter-guarantor)
Respondent:	Bank I (First counter-guarantor)

Note

Only the Initiator had submitted documents related to this decision.

This decision was rendered without the participation of the Respondent.

Background and transaction

On 9 December 2011 the Respondent issued a counter guarantee (via SWIFT MT760) subject to URDG 458 (field 40C) in favour of the Initiator, instructing the Initiator to procure a Guarantor bank to issue an Advance Payment Guarantee in favour of the Beneficiary. The amount for the Guarantee was US$36,517,244 and the expiry date of the Guarantee was 30 November 2012. The expiry date of the counter guarantee issued in favour of the Respondent was 22 December 2012. The SWIFT message included the wording of the guarantee to be issued by the Guarantor bank within quotes. The quoted wording of the guarantee did not show any rule to apply but included the following: "*This guarantee shall be governed by and construed in accordance with laws of England*".

The counter guarantee obligation was undertaken by the Respondent as follows:

> In consideration of your issuing your guarantee as above, we, [...Respondent...], hereby establish our irrevocable counter guarantee in your favour and undertake to pay to you any sum not exceeding in total an amount of US$36,517,244 (say US dollars thirty six million five hundred and seventeen thousand two hundred and forty four only) after receipt by us of your demand through authenticated SWIFT message (or tested telex) quoting the guarantee reference number and issuing date of our counter guarantee and stating that you have received a written demand for payment under your guarantee in accordance with its terms".

On 12 December 2011 the Initiator issued a counter guarantee (SWIFT MT 760), subject to URDG (without showing the publication number in field 40C) in favour of the Guarantor bank instructing the latter to issue its own advance payment guarantee in favour of the Beneficiary according to the relevant text inserted into the counter guarantee. The instructions to the Guarantor bank specified that this advance payment guarantee was to be for an aggregate maximum amount of US$36,517,244 and with 30 November 2012 as the expiry date. The expiry date of the counter guarantee issued by the Initiator was 12 December 2012. At the end of the message of the counter guarantee the Initiator stated "*This guarantee [meaning the counter guarantee] is subject to uniform rules for demand guarantees, ICC publication n. 458*" which clarified the intent to apply such version of URDG rules. The guarantee did not show any rule to apply.

The counter guarantee obligation was undertaken by the Initiator consistent with the counter guarantee it had earlier received from the Respondent.

On 13 December 2011 the Guarantor bank issued its advance payment guarantee in favour of the local beneficiary for the same amount of US$36,517,244. This guarantee was expressed to remain in full force up to 30 November 2012, with the last date for lodgement of claim thereunder being 4 December 2012. There was no mention of applicable rules and the statement appearing in the text received by the Initiator "*This guarantee shall be governed by and construed in accordance with laws of England*" was not shown in the advance payment guarantee issued by the Guarantor bank.

The guarantee obligation undertaken by the Guarantor bank stated:

> We [...bank...]hereby irrevocably and unconditionally guarantee and undertake, subject to no other condition to pay to you, the above named owner, upon your written request in accordance with the agreement, any sum or sums up to the aggregate amount of this guarantee as amended from time to time. We as guarantor, will effect payment forthwith upon receipt of your written demand without proof (including any proof that such demand is in accordance with the agreement), conditions, grounds or reasons for such demand for the sum specified therein notwithstanding any contestations, claims demands or objections made by the civil contractor or any other third party ..."

The advance payment guarantee was subsequently amended several times (value and expiry date) with final details as below:

	Advance Payment Guarantee	Counter guarantee originally issued on 12 December 2012 by the Initiator
Amount	US$20,611,788.60	US$20,611,788.60
Expiry date	30 November 2014	12 December 2014

On 3 November 2014 the Beneficiary submitted a claim in writing to the Guarantor bank for payment of US$11,688,378.24 under its advance payment guarantee. On the same day, the Guarantor bank claimed the same amount from the Initiator and the Initiator in turn claimed from the Respondent.

Between 3 November and 7 November 2014:

- the Initiator sent several reminders to the Respondent demanding immediate payment;
- at the Respondent's request, the Initiator sent the Respondent a copy of the guarantee issued in favour of the Beneficiary and stated that this did not have any impact on the validity of its claim under the counter guarantee issued by the Respondent;
- the Guarantor bank and the Initiator informed the Respondent that the balance value of the counter guarantee was US$8,923,410.36.

On 10 November 2014:

- the Respondent informed the Initiator that they were still checking their claim in order to decide whether to honour or not and requested for the Beneficiary's demand under the guarantee quoting URDG 458 article 21;
- the Initiator in turn requested the Guarantor bank to provide a copy of the Beneficiary's demand;
- both the Guarantor bank and the Initiator replied respectively to the Initiator and the Respondent that the provision of the copy of the Beneficiary's claim was not a precondition for payment

On 12 November 2014:

- the Respondent requested again a copy of the Beneficiary's claim;
- the Initiator sent a copy of the Beneficiary's claim to the Respondent;
- the Initiator paid the amount of US$11,688,378.24 under his counter guarantee to the Guarantor bank;
- the Guarantor bank credited the same amount to the account of the Beneficiary;
- the Initiator advised the Respondent that payment had been made and again requested the Respondent to honour its claim under the counter guarantee.

On 13 November 2014:

- the Initiator twice advised the Respondent that payment had been made and again requested the Respondent to honour its claim under the counter guarantee;
- the Respondent informed the Initiator that it had been intimated about an order of status quo of the High Court. (The court order was not attached. The Initiator stated that the restraining order notice was only on the Applicant bank and not on the Respondent).

On 17 November 2014:

- the Initiator received a Notice of Court order of Hearing dated 12 November 2014 for the Initiator to appear in the High Court on 16 September 2015 and a Notification of Presentation of Proofs;
- the Initiator received a notice from the Respondent (by SWIFT dated 14 November, delivered after working hours, so received on the next working day 17 November 2014) stating that it had received an injunction issued by the High Court refraining it from effecting payment under the counter guarantee. (The notice did not include a copy of the injunction so this panel assumes that the injunction was served on the Respondent on or around 17 November 2014.)

On 18 November 2014:

- the Initiator received the High Court Notification of Assisting the execution of the Judicial verdict (dated 18 November 2014) directing the Initiator to suspend payment to the Guarantor bank;
- the Initiator received the High Court Civil Order dated 14 November 2014 restraining order directing all parties (Applicant, Respondent and Initiator) to stop payment of Guarantees / Counter guarantees.

On 9 December 2014:

- the High Court passed an order stating that the Guarantor did nothing wrong in honouring the guarantee and making the payment to the Beneficiary on 12 November 2014.

Issues

1. Had the Respondent failed to honour the valid claim made by the Initiator on 3 November 2014 for US$11,688,378.24 under the Counter Guarantee dated 9 December 2011, within a reasonable time as per URDG 458?

2. Given the Court order of the High Court dated 9 December 2014, was it justified for the Respondent to delay the payment to be made to the Initiator when it was clear that the Order did not apply to the Respondent and the Initiator as they were not party to the proceedings before the High Court and considering the fact that the order of the High Court had specified that only the parties to the proceedings were to maintain status quo?

3. Did the Respondent allow an unreasonably long time, which enabled the applicant to obtain a restraining order from the Court on 14 November 2014 after the Initiator, and the Guarantor bank honoured the commitments on 12 November 2014? Was such delay a violation of URDG 458 article 10, which requires that the Guarantor has to examine the demand under the guarantee within a reasonable time, especially in view of the fact that the claim had been made by the Beneficiary on 3 November 2014?

4. Was the Respondent obliged to pay the Initiator the demand under the Counter Guarantee mentioned hereinabove, along with any applicable delayed payment interest and costs?

Analysis

Question 1

1. Applicable rule: The counter guarantee issued by the Respondent in favour of the Initiator was subject to URDG 458 as stated in SWIFT MT 760, field 40C and repeated at the end of same message.

2. The claim: The counter guarantee issued by the Respondent in favour of the Initiator contained a condition for the claim as follows:

   We hereby establish our irrevocable counter guarantee in your favour and undertake to pay to you any sum not exceeding in total an amount of US$36,517,244 (say...) after receipt by us of your demand through authenticated SWIFT message (or tested telex) quoting the guarantee reference number and issuing date of our counter guarantee and stating that you have received a written demand for payment under your guarantee in accordance with its terms.

   This condition, to be respected for a valid request of payment, is in line with URDG 458 sub-article 20 (b) which states that " *Any demand under the Counter Guarantee shall be supported by a written statement that the Guarantor has received a demand for payment under the guarantee in accordance with its terms and this article*". The claim made by the Initiator via SWIFT MT 799 dated 3 November 2014 contained the date and the reference number of the Respondent's counter guarantee and the statement that the Initiator received a "*written demand dated 3 November 2014 for immediate payment of US$11,688,378.24 in accordance with its terms*". The claim was valid.

3. Payment of the counter guarantee: As the Initiator had complied with the terms and conditions of the counter-guarantee by sending a complying statement of claim within the validity of the counter-guarantee, the payment obligation of the Respondent under its counter guarantee was duly triggered on 3 November 2014. URDG 458 article 10 states:

   a. "A guarantor shall have a reasonable time within which to examine a demand under a guarantee and to decide whether to pay or to refuse the demand.

   b. If the guarantor decides to refuse a demand he shall immediately give notice thereof to the beneficiary by teletransmission, or, if that is not possible, by other expeditious means.

   There is no definition of "reasonable time" under URDG 458. However, so far as the reasonable time issue is concerned, the ICC Banking Commission Opinion R 504 (in *Collected Opinions of the ICC Banking Commission 1995-2001*) states that

   On the basis that a guarantee under URDG 458 would consist of a demand and possibly a statement as required by article 20, a reasonable time for the processing thereof would be within three banking days from receipt. This position reflects that which has been openly stated in the International Standby Practices (ISP98) for a product, standby letters of credit, which often calls for similar documentation both in volume and content. This may, however, be subject to any local court decisions regarding reasonable time.

   In addition, taking into account that the current version of URDG, Publication no. 758 article 20 states that "the guarantor shall, within five business days following the day of presentation, examine the demand and determine if it is a complying demand", this panel holds the view that the period from 3 November 2014 up to 17 November 2014 (the date when the Initiator was informed that the Respondent received the High Court order refraining it from effecting payment under the counter guarantee) exceeded the reasonable time mentioned in URDG 458 sub-article 10 (a), being a total of 10 banking days.

Question 2

This question went beyond the competence of DOCDEX Rules article 1 (Publication no. 853 E), which covers only ICC rules. The interpretation and the effects of Court orders are under the law of the place where the Court order is issued. Accordingly, the panel expressed no opinion on this question. Having said that, as stated in Analysis 1 above, the panel reiterated the view that the Respondent had already exceeded the "*reasonable time*" as per URDG 458 article 10 when it notified the Initiator in respect of the High Court order on 13 November 2014, being a total of 8 banking days after 3

November 2014.

Question 3

The reasonable time issue was addressed under the last point of question 1 point 3. This panel would like to highlight that the only document that the Respondent should examine in order to determine whether it was obligated to honour the claim made under the counter guarantee was the Initiator's request, and not any other document such as the Beneficiary's request or correspondence.

Based on the above analysis, the Respondent failed to act in accordance with URDG 458 sub-articles 10 (a) and (b) because it neither provided for payment nor gave any notice of refusal within a reasonable time. It was therefore obligated to honour the Initiator's demand. The Respondent could either refuse the demand within a reasonable time if the demand was discrepant or effect payment; there was no third option.

This panel was not in a position to adjudicate whether the Respondent delayed the payment in order to enable the applicant to obtain a restraining order from the Court. However, as the Initiator only received the High Court Notification of Assisting the Execution of the Judicial verdict on 18 November 2014, six days after the Initiator honoured the Guarantor bank's demand on 12 November 2014, the relevant Court order had no bearing on the Initiator's right to claim reimbursement from the Respondent.

It is well established that a bank guarantee subject to URDG 458 is separate from, and independent of, the underlying contract as stated in URDG 458 sub-article 2 (b). Accordingly, any dispute on the underlying contract had no bearing on the payment obligations of the issuing bank. Once the Initiator honoured the complying demand under the counter guarantee issued by it and made a complying demand under the counter guarantee issued by the Respondent, the Initiator is fully entitled to be paid by the Respondent notwithstanding that an injunction might be subsequently issued attempting to prohibit the beneficiary from obtaining payment under the advance payment guarantee issued by the Guarantor bank.

Question 4

See conclusion below.

Conclusion

The Initiator duly submitted a complying demand on 3 November 2014 and the Respondent neither issued a notice of refusal within the reasonable time as required by URDG 458 sub-articles 10 (a) and (b), nor provided for payment.

According to the unanimous view of the panel and based on best banking practice as represented by URDG 758 article 20, the reasonable time after 3 November 2014 expired on absolute latest 10 November 2014, ie, 5 working days after 3 November 2014. According to URDG 458, the Respondent was obligated to pay the drawing amount plus any applicable interest and costs claimed by the Initiator under the Respondent's counter guarantee.

It was up to the governing law and jurisdiction to rule about any possible suspension or derogation from the obligations undertaken by parties.

This decision was rendered unanimously.

Summary

A second counter-guarantor submitted a complying demand to a first counter-guarantor for which the first counter-guarantor neither issued a notice of refusal within the reasonable time as required by URDG, nor provided for payment. On this basis, it was concluded that the first counter-guarantor was obligated to pay the drawing amount plus any applicable interest and costs claimed by the second counter-guarantor. A separate question as to whether the payment delay was justified because of a court order was considered as outside the scope of DOCDEX. It was up to governing law and jurisdiction to rule about any possible suspension or derogation from the obligations undertaken by the parties.

DOCDEX Decision No. 344

URDG 458 sub-article 20 (b), articles 10 and 20; sub-articles 10 (a), 10 (b) and 2 (b)

Had the Respondent failed to honour a valid claim? Given the court order, was it justified for the Respondent to delay payment? Did the Respondent allow an unreasonably long time enabling the applicant to obtain a court order? Was the Respondent obligated to pay?

Parties

Initiator: Bank S (Second counter-guarantor)
Respondent: Bank P (First counter-guarantor)

Note

Identical to DOCDEX Decision No. 343.

Only the Initiator had submitted documents related to this decision.

This decision was rendered without the participation of the Respondent.

Background and transaction

On 28 April 2013, the Respondent issued three counter guarantees (SWIFT MT760), detailed below, subject to URDG 458 in favour of the Initiator covering three Performance guarantees (hereinafter called Guarantee), which the Initiator was instructed to allow to be issued by a Guarantor in favour of a local beneficiary. The counter guarantees were:

- Counter guarantee for US$24,344,829
- Counter Guarantee for US$11,290,763
- Counter Guarantee for US$47,037,248

The expiry dates of the three counter guarantees issued by the Respondent were 4 February 2015. The expiry dates of the three guarantees to be issued accordingly were 31 December 2014. The SWIFT message included the wording of the guarantees to be issued by the Guarantor within quotes. The quoted wording of the guarantees did not show any rule to apply but included the following: "*This guarantee shall be governed by and construed in accordance with laws of England*".

The three counter guarantee obligations were undertaken by the Respondent as follows:

> **In consideration of your issuing your guarantee as above, we, [...Respondent...], hereby establish our irrevocable counter guarantee in your favour and undertake to pay to you any sum not exceeding in total an amount of US$[relevant amount] (say ......) after receipt by us of your demand through authenticated SWIFT message (or tested telex) quoting the guarantee reference number and issuing date of our counter guarantee and stating that you have received a written demand for payment under your guarantee in accordance with its terms.**

The Initiator issued three counter guarantees (via SWIFT MT 760) as per terms of the counter guarantees received from the Respondent, stating subject to URDG in field 40C, without version number, in favour of the Guarantor, instructing the latter to issue their own guarantees in favour of the Beneficiary according to the relevant texts inserted into the counter guarantees. The instructions to the Guarantor specified that these guarantees were to be for the same aggregate maximum amount of the relevant counter guarantees, ie, US$24,344,829, US$11,290,763, and US$47,037,248. These guarantees were expressed to remain in full force up to 31 December 2014, with the last date for lodgement of claim thereunder being 3 January 2015 for each guarantee. The expiry dates of all the counter guarantees issued by the Initiator were 19 January 2015.

The counter guarantees issued by the Initiator stated: "*This guarantee [meaning the counter guarantee] is subject to uniform rules for demand guarantees, ICC publication n. 458*", clarifying the intent to apply such version of URDG rules to the counter guarantees. The guarantees did not show the application of any rules but stated: "*This guarantee shall be governed by and construed in accordance with laws of England*". The counter guarantee obligations were undertaken by the Initiator consistent with the three counter guarantees it had earlier received from the Respondent.

On 30 April 2013, the Guarantor issued their three performance guarantees in favour of the Beneficiary for the same amounts of the counter guarantees received by the Initiator ie, 24,344,829, US$11,290,763, and US$47,037,248, stating 31 December 2014 as the expiry date and 3 January 2015 as last date of lodgement of claim for each guarantee. A clause appearing in the copy of the guarantee texts received by the Initiator stating: "*This guarantee shall be governed by and construed in accordance with laws of England*" was repeated in each guarantee.

The guarantee obligations undertaken by the Guarantor stated:

> **We [...bank...] hereby irrevocably and unconditionally guarantee and undertake, subject to no other condition to pay**

to you, the above-named owner, or such other persons for the time being entitled to the benefit hereof, upon your written request in accordance with the agreement, any sum or sums up to the aggregate amount of this guarantee as amended from time to time. We as guarantor, will effect payment forthwith upon receipt of your written demand without proof (including any proof that such demand is in accordance with the agreement), conditions, grounds or reasons for such demand for the sum specified therein notwithstanding any contestations, claims demands or objections made by the civil contractor or any other third party ...

On 3 November 2014:

- the Beneficiary submitted three claims in writing to the Guarantor for payment of US$82,672,840 as aggregate amount of the three performance guarantees;
- on the same date the Guarantor claimed the same amount from the Initiator and the Initiator in turn claimed from the Respondent.

Between 4 and 5 November 2014:

- one meeting was held between officials of Initiator and Respondent;
- one reminder was sent by the Initiator to the Respondent;
- the Respondent required the Initiator to provide by email, the written demands submitted by the Beneficiary to the Guarantor in respect of the three claims;
- the Initiator replied that "as per counter guarantee terms it is not required to provide evidence of written claim of the beneficiary" and confirmed that "the Beneficiary had lodged a written claim at the counter of the Guarantor".

From 6 November to 11 November 2014:

- a meeting was held between officials of the Initiator and Respondent; the minutes of the meeting recorded that "the Respondent expresses that they require a reasonable time of 5-7 days to process the request of the Beneficiary";
- one reminder was sent from the Guarantor to the Initiator;
- seven reminders were sent from the Initiator to the Respondent.

On 12 November 2014:

- the Initiator paid the amount of US$82,672,840.00 to the Guarantor as total claim under the three guarantees of US$24,344,829, US$11,290,763, and US$47,037,248.
- the Guarantor credited the same amount to the Beneficiary;
- the Initiator advised the Respondent that the payment has been affected and that interest will be charged at the rate of 1.3 % p.a. for the period of delay in payment.
- the Initiator sent a copy of each Beneficiary's demand by email to the Respondent and confirmed such action by a separate SWIFT message for each guarantee.

On 13 November 2014:

- the Initiator sent two more reminders to the Respondent demanding immediate payment of its counter guarantees.

On 14 November 2014:

- the Respondent informed the Initiator that it had been intimated about an order of status quo of the High Court . (The court Order was not attached).

On 17 November 2014:

- the Initiator received a Petition of appeal filed by the Applicant on 6 November 2014, a Notice of Court order of Hearing dated 12 November 2014 for the Initiator to appear in the High Court on 16 September 2015 and a Notification of Presentation of Proofs.

On 18 November 2014:

- the Initiator received the High Court Civil Order dated 14 November 2014 restraining order directing all parties (Applicant, Respondent and Guarantor) to stop payment of Guarantees / Counter guarantees.
- the Respondent informed the Initiator that they had received an injunction issued by the High Court refraining it from effecting payments under the counter guarantees. (The notice did not include copy of the injunction. The panel assumed that the injunction was served to the Respondent on or around 18 November 2014).

On 9 December 2014:

- the High Court passed an order stating that the Guarantor bank "*did nothing wrong in honouring the guarantee and making the payment to the Beneficiary on 12 December 2014*".

Issues

1. Had the Respondent failed to honour valid claims made by the Initiator for amounts mentioned below on 3 November 2014 under their Counter Guarantees within a reasonable time as per URDG 458?
   - Counter guarantee for US$24,344,829
   - Counter Guarantee for US$11,290,763
   - Counter Guarantee for US$47,037,248
2. Given the Court order of the High Court dated 9 December 2014, was it justified for the Respondent to delay the payment to be made to the Initiator when it was clear that the Order did not apply to the Respondent and the Initiator as they were not party to the proceedings before the High Court, and considering the fact that the order of the High Court had specified that only the parties to the proceedings were to maintain status quo?
3. Did the Respondent allow an unreasonably long time which enabled the applicant to obtain a restraining order from the Court on 14 November 2014 after the Initiator and the Guarantor of the local guarantee honoured the commitments on 12 November 2014? Was such delay a violation of URDG 458 article 10, which requires that the Guarantor has to examine the demand under the guarantee within a reasonable time, especially in view of the fact that the claim had been made by the Beneficiary on 3 November 2014?
4. Was the Respondent obliged to pay the Initiator the claimed amounts under the Counter Guarantee mentioned hereinabove, along with any applicable delayed payment interest and costs?

Analysis

Question 1

1. Applicable rules. The counter guarantees issued by the Respondent in favour of the Initiator were subject to URDG 458 as stated in each SWIFT MT 760, field 40C and repeated at the end of each message.
2. The claim. The counter guarantees issued by the Respondent in favour of the Initiator contained a condition for the claim as follows:

   We hereby establish our irrevocable counter guarantee in your favour and undertake to pay to you any sum not exceeding in total an amount of US$... (say...) after receipt by us of your demand through authenticated SWIFT message (or tested telex) quoting the guarantee reference number and issuing date of our counter guarantee and stating that you have received a written demand for payment under your guarantee in accordance with its terms.

   This condition, to be respected for a valid request of payment, is in line with URDG 458 sub-article 20 (b) which states that "*Any demand under the Counter Guarantee shall be supported by a written statement that the Guarantor has received a demand for payment under the guarantee in accordance with its terms and this article.*"

   The claims made by the Initiator via SWIFT MT 799 dated 3 November 2014 contained the date and the reference number of the Respondent's counter guarantees and statements that the Initiator received a "*written demand dated 3 November 2014 for immediate payment of US$82,672,840.00 in accordance with its terms*". The claims were valid.
3. Payment of the counter guarantees. As the Initiator had complied with the terms and conditions of the counter-guarantees by sending complying statements of claim within the validity of the counter-guarantees, the payment obligation of the Respondent under the counter guarantees were duly triggered on 3 November 2014. URDG 458 article 10 states:

   a. A guarantor shall have a reasonable time within which to examine a demand under a guarantee and to decide whether to pay or to refuse the demand. b. If the guarantor decides to refuse a demand he shall immediately give notice thereof to the beneficiary by teletransmission, or, if that is not possible, by other expeditious means.

   There is no definition of "*reasonable time*" under URDG 458. However, so far as the reasonable time issue is concerned, the ICC Banking Commission Opinion R 504 (in *Collected Opinions of the ICC Banking Commission 1995-2001*) states that:

   On the basis that a guarantee under URDG 458 would consist of a demand and possibly a statement as required by article 20, a reasonable time for the processing thereof would be within three banking days from receipt. This position reflects that which has been openly stated in the International Standby Practices (ISP98) for a product, standby letters of credit, which often calls for similar documentation both in volume and content. This may, however, be subject to any local court decisions regarding reasonable time.

   In addition, taking into account that the current version of URDG 758 article 20 states that "*the guarantor shall, within five business days following the day of presentation, examine the demand and determine if it is a complying demand*", this panel holds the view that the period from 3 November 2014 up to 18 November 2014 (the date the Initiator was informed by the Respondent that an interim injunction was issued by High Court dated 14 November 2014 and payment was suspended pending further instructions from the Court), exceeded the "reasonable time" mentioned in URDG 458 sub-article 10 (a) , being a total of 11 banking days.

Question 2

This question went beyond the competence of DOCDEX Rules article 1 (Publication no. 853 E), which covers only ICC rules. The interpretation and the effects of Court orders were under the law of the place where the Court Order was issued. Accordingly, this panel expressed no opinion on this question.

Having said that, as stated in Analysis 1 above, the panel reiterated the view that the Respondent had already exceeded the "reasonable time" as per URDG 458 sub-article 10 (a) when it notified the Initiator in respect of the High Court order on 14 November 2014, being a total of 9 banking days after 3 November 2014.

Question 3

The reasonable time issue was addressed under question 1 point 3.

The panel highlighted that the only documents that the Respondent should examine in order to determine whether it was obligated to honour the claims made under the counter guarantees were the Initiator's requests and not any other document such as the Beneficiary's requests or correspondence.

Based on the above analysis, the Respondent failed to act in accordance with URDG 458 sub-articles (10 a) and (b) because it neither provided for payment nor gave any notice of refusal within a reasonable time. It was therefore obligated to honour the Initiator's demands. The Respondent could either refuse the demands within a reasonable time if the demands were discrepant or effect payment; there was no third option.

The panel was not in a position to adjudicate whether the Respondent delayed the payment in order to enable the applicant to obtain a restraining order from the Court. However, as the Initiator only received the High Court Notification of Assisting the Execution of the Judicial verdict on 18 November 2014, six days after the Initiator honoured the Guarantor's demand on 12 November 2014, the relevant Court order has no bearing on the Initiator's right to claim reimbursement from the Respondent.

It is well established that a bank guarantee subject to URDG 458 is separate from, and independent of, the underlying contract as stated in URDG 458 sub-article 2 (b). Accordingly, any dispute on the underlying contract has no bearing on the payment obligations of the issuing bank. Once the Initiator honoured the complying demands under the counter guarantees issued by it and made complying demands under the counter guarantees issued by the Respondent, the Initiator was fully entitled to be paid by the Respondent notwithstanding an injunction might be subsequently issued attempting to prohibit the beneficiary in India from obtaining payment under the guarantees issued by the Guarantor.

Question 4

See conclusion below.

Conclusion

The Initiator duly submitted complying demands on 3 November 2014 and the Respondent neither issued a notice of refusal within the reasonable time as required by URDG 458 sub-articles 10 (a) and (b), nor provided for payment.

According to the unanimous view of the panel and based on best banking practice as represented by URDG 758 article 20, the reasonable time after 3 November 2014 expired on absolute latest 10 November 2014, ie, 5 working days after 3 November 2014. According to URDG 458 the Respondent was obligated to pay the drawing amounts plus any applicable interest and costs claimed by the Initiator under the Respondent's counter guarantees.

It was up to the governing law and jurisdiction to rule about any possible suspension or derogation from the obligations undertaken by parties under URDG 458.

This decision was rendered unanimously.

Summary

Identical to DOCDEX Decision No. 343: A second counter-guarantor submitted a complying demand to a first counter-guarantor for which the first counter-guarantor neither issued a notice of refusal within the reasonable time as required by URDG, nor provided for payment. On this basis, it was concluded that the first counter-guarantor was obligated to pay the drawing amount plus any applicable interest and costs claimed by the second counter-guarantor. A separate question as to whether the payment delay was justified because of a court order was considered as outside the scope of DOCDEX. It was up to governing law and jurisdiction to rule about any possible suspension or derogation from the obligations undertaken by the parties.

DOCDEX Decision No. 345

URC 522 sub-articles 1 (a), 1 (b), 1 (c) and 4 (a) (i); URC 522 sub-article 4 (a) (iii); URC 522 sub-article 1 (c) and article 9

A collection instruction given by a remitting bank to a collecting bank stated that documents were to be delivered against payment. The documents were released to the drawee without payment being obtained. Did the collecting bank breach URC and the collection instructions?

Parties

Initiator:	Company H (Principal)
Respondent:	Bank J (Collecting bank)

Note

Only the Initiator had submitted documents related to this decision.

This decision was rendered without the participation of the Respondent.

Background and transaction

The remitting bank sent, as instructed by the Initiator, documents for collection subject to URC 522, on 26 February 2014 to a branch of the Respondent. The collection instruction was "*documents against payment*", tenor was stated to be "*at sight*". The collection instructions also included a request to collect interest from the drawee and also stated: "*do not waive the collection of interest and charges if refused*".

The collecting bank did not acknowledge receipt of the collection at that time. The Initiator learned (e-mail evidence dated 18 March 2014 available to Experts) from their freight forwarders that the goods had been released to the drawee, bills of lading were received and goods were cleared through customs by the consignee (the drawee). It was evident, from the carrier´s tracking and tracing report (a photocopy available to Experts), that the carrier released the particular container covered by the bill of lading on 14 March 2014.

The remitting bank, having being informed about the release of the goods by the Initiator, repetitively contacted the collecting bank (through SWIFT messages) and demanded immediate payment as per their collection schedule instructions. In the respective SWIFT messages (ie, messages dated 28 April 2014, 12 May 2014, 14 May 2014) the remitting bank informed the collecting bank that the goods were already cleared by the drawee on 14 March 2014 by submitting the original bill of lading, and that the drawee could have taken delivery of the goods only with the original bill of lading released by the correspondent bank (ie, the collecting bank). Therefore, as the documents were to be released only against full payment of the collection amount, the remitting bank demanded immediate payment as per their schedule instruction.

In the SWIFT message dated 15 May 2014, the remitting bank informed the collecting bank about the exact details how the collection had been delivered to them (DHL courier receipt No., the address, received by whom, date of the delivery: 27 February 2014) and demanded the advice of the status of the collection and the execution of the payment. This detailed information was provided as requested by the collecting bank: this SWIFT message dated 15 May 2014 suggests that it was a reply to a SWIFT MT799 dated 14 May 2014 received from the collecting bank via the above mentioned SWIFT address (SWIFT MT799 dated 14 May 2014 was not included in the documentation provided to the Experts).

The message was followed by further SWIFT messages (dated 16 May 2014 and 28 May 2014) in which the remitting bank reiterated its position, refused to pay the charges of US$500, as apparently requested by the collecting bank in its message dated 14 May 2014 (see above), and demanded immediate payment without any deductions.

The remitting bank, in its further tracing SWIFT message (dated 17 June 2014), stated that they learned about an email (dated 9 June 2014, the copy of the e-mail was not provided to the Experts) sent by the client services department of the collecting bank which stated that "*original documents were erroneously sent to the branch which were turned over to the drawee*". In this message the remitting bank also refuted the claim apparently made by the collecting bank that they assumed no responsibility whatsoever for the documents, which were mailed to an address other than its xxx, address.

The collecting bank informed the remitting bank in its message dated 23 June 2014 that the drawee and the drawer were negotiating on the collection value, however this was denied by the principal in its letter dated 24 June 2014 given to the remitting bank, which in turn informed the collecting bank (SWIFT message dated 24 June 2014) and underscored that the payment (with interest and charges) was to be made through the bank only.

The collecting bank in its SWIFT message dated 27 June 2014 acknowledged receipt of the collection. They also stated that:

as per our broadcast message sent in the past, all the documents are to be sent to the xxx address and not to any branch, the following instruction was not followed by your good bank and instead the documents were sent to the branch. This is an inevitable situation for us, and since our instructions were not followed, a commercial dispute has risen and a penalty of US$500.00 is to borne by your good bank.

The remitting bank in its SWIFT message dated 30 June 2014 claimed that the collecting bank was in breach of URC 522 sub-article 1 (c) as, if they had opted not to handle the collection, they should have informed the remitting bank without delay. However, no message to that effect was received from the collecting bank. Furthermore, the collecting bank apparently released the documents to the drawee in a breach of the collection instructions. Consequently, the remitting bank reiterated its claim for immediate payment.

The claims made by the remitting bank were further repeated by SWIFT messages dated 11 July 2014 and 29 July 2014. However, the collecting bank only replied on 16 October 2014 stating that: *"the drawee and the drawer are negotiating on this collection value".*

The Initiator sent (cover letter dated 19 January 2015) a summary of the case from its perspective and its legal position to the four different addresses of the collecting bank.

Issues

1. As the collection instructions were "documents against payment", the collecting bank was bound to observe these express instructions and may only release the documents to the drawee against payment.

2. The fact that the drawee took delivery of the goods by production of the bill of lading was self-evident that the collecting bank had already released the documents to the drawee. It followed that the collecting bank was bound to pay the collection amount under the law of conversion.

3. The claim by the collecting bank that the drawer and the drawee were negotiating over the collection amount was refuted. Any discussion, settlement, arrangement or negotiation between the principal and drawee would not affect the collecting bank´s liability to pay under the collection. This was because under URC 522, the collecting bank was only obliged to follow instructions given by the remitting bank, not any other person, including the drawee.

4. The attempt by the collecting bank to discharge its liability by alleging that it assumed no responsibility for the documents as they were mailed to a branch address, rather than to an address in 'xxx' contrary to its broadcast message sent in the past, was unsustainable and was in breach of the collection mandate accepted by the collecting bank under URC 522.

5. In any event, if the branch of the collecting bank was not responsible for handling the collection, it should have passed the documents to the handling unit in 'xxx' or returned them to the remitting bank, instead of releasing them to the drawee. The fact that the branch instead chose to release the documents to the drawee is obviously a serious breach of the collection mandate accepted by the collecting bank under the URC 522. Accordingly, the collecting bank was fully liable for all the damages suffered by the drawer, which were solely caused by the collecting bank´s gross negligence or wilful misconduct.

Documents submitted

- Request for the DOCDEX decision addressed to ICC International Centre for Expertise;
- Copies of e-mails sent by the drawer to the Initiator regarding the collecting bank address;
- Copy of the collection schedule sent by the remitting bank to the collecting bank (the respondent);
- Copy of e-mails sent by the freight forwarders to the Initiator regarding the release of the goods to the drawee;
- Copy of the relevant bill of lading;
- Copy of the carrier´s tracking and tracing report;
- Copy of the letter from the Initiator to the remitting bank informing them about the release of the goods to the drawee;
- Copies of SWIFT messages sent by the remitting bank to the collecting bank (dated 28 April 2014, 12 May 2014, 14 May 2014, 15 May 2014, 16 May 2014, 28 May 2014, 17 June 2014, 24 June 2014, 30 June 2014, 11 July 2014, 28 July 2014, 29 July 2014);
- Copies of SWIFT messages sent by the collecting bank to the remitting bank (dated 23 June 2014, 27 June 2014, 16 October 2014);
- Copy of the letter from the Initiator to the remitting bank advising that no negotiations are taking place with the drawee regarding the collection;
- Copy of the letter dated 19 January 2015 addressed to the four addresses of the collecting bank;
- Copy of the DOCDEX decision No. 283.

Analysis

The documentary collection was expressly made subject to ICC rules URC 522. As per URC 522 sub-article 1(a): *"they are binding on all parties thereto unless otherwise expressly agreed or contrary to the provisions of a national, state or local law and/or regulation which cannot be departed from.*"

URC 522 sub-article 1(b) states that: "*Banks shall have no obligation to handle either a collection or any collection instruction or subsequent related instructions.*"

However, as per URC 522 sub-article 1 (c):

> If a bank elects, for any reason, not to handle a collection or any related instructions received by it, it must advise the party from whom it received the collection or the instructions by telecommunication or, if that is not possible, by other expeditious means, without delay.

It was evident that the collecting bank (ie, none of the units of the collecting bank which were involved in the handling/communication with the remitting bank) never refused to handle the collection instructions received from the remitting bank, much less "*without delay*". It was, therefore, construed that the collecting bank fully accepted its role as per URC 522 and the collection instructions and was fully obliged to strictly follow the rules and collection instructions in its entirety.

Collection instructions regarding release of documents were: "*documents against payment*". As per URC 522 sub-article 4 (a) (i): "*Banks are only permitted to act upon the instructions given in such collection instruction and in accordance with these Rules.*"

The collecting bank, as documentary evidence suggests, released documents to the drawee without obtaining payment of the collection amount and respective interest, in direct breach of the collection instructions and URC 522.

The collecting bank, by releasing documents to the drawee (without payment of the collection amount and interest), which included all originals of the bill of lading, enabled the drawee to access the goods without paying for them. The collecting bank would be, for such an act, liable under the applicable law (law of conversion). However, its applicability, scope and extent of such liabilities were a matter of applicable law and thus outside the purview of this Decision.

URC 522 sub-article 4 (a) (iii) clearly states: "*Unless otherwise authorised in the collection instruction, banks will disregard any instructions from any party/bank other than the party/bank from whom they received the collection.*"

Consequently, any discussion, agreements, partial or full settlement of the goods value, etc. between the principal and the drawee were outside the scope of the collection itself, and therefore entirely irrelevant. The collecting bank must strictly follow the collection instructions received from the remitting bank in compliance with the applicable URC 522 rules. The collecting bank was not allowed to follow any instructions from anybody else, including those from the drawee (unless so expressly authorized by the remitting bank).

The interpretation of the above mentioned rule is very strict. For instance, see the previous DOCDEX Decision No. 283, which concerned non-return of documents, sent for collection under URC 522. The collecting bank argued that the collection amounts were already paid by advance payments via money transfers, allegedly being well-established practice between the drawee and the principal. The Experts in that case held that:

> However, even if these payments were done, they were effected outside the scope of these collection transactions and do not have any impact on the liabilities/responsibilities of the collecting bank in relation to the respective collections. Unless the express authority was asked for and obtained by the collecting bank from the remitting bank, the former had no right to release the documents to the drawee without payment under the collections. The URC is not solely a tool benefiting the principal; it is also an important instrument to protect the other parties (ie, banks), especially when a financing has been made.

Experts of this panel fully agree with those observations.

No evidence had been presented to the Experts to confirm that the alleged broadcast (with the information to which unit of the collecting bank documents for collection are to be submitted) was sent and received by the remitting bank in the past. However, even if this was the case, the Experts did not opine that this would constitute a valid justification for the manifest breach of URC 522.

In practice, collections are often sent to branches by remitting banks as instructed by their customers (the principals). Many banks execute (documentary) collections through their branches (which hold the respective account(s) for the drawee, provide relevant credit facilities, etc.). Certainly, other banks might establish a different, more centralized approach, e.g. having specialized processing units. However, it is practically impossible for other banks in different parts of the world to be fully aware of those arrangements, to keep record of each and every relevant broadcast, and to monitor and fully follow all changes to those internal arrangements of other banks. Situations, when documents for collection would still be sent to a branch or a different unit of the collecting bank are practically inevitable.

Each bank is responsible for acts of its branches and other units, as the case may be. If the documents for collection are received by a branch or a unit which is not entitled to handle the collection as per the relevant internal regulations, it has a responsibility to act accordingly (to seek an advice from the relevant specialized unit, to pass the documents to the relevant processing unit, or to decline to handle the collection and to act in accordance with URC 522 sub-article 1(c): "*it must advise the party from whom it received the collection or the instructions by telecommunication or, if that is not possible, by other expeditious means, without delay.*", and then possibly return the collection documents to the remitting bank).

The collecting bank (the respective branch) clearly did not act in good faith and did not exercise reasonable care as required by URC 522 article 9.

The collecting bank (by its branch) in this case violated URC 522 rules, and the collection instructions, by releasing documents to the drawee without payment. Even if the documents were not released to the drawee, the mere fact that they were not returned to the remitting bank would make them liable for the collection amount and the interest (as concluded by the Experts in the DOCDEX case No. 283, fully agreed to by this Experts´ panel).

This outcome was also supported by other decision made in DOCDEX Case No. 306 and, for example, the conclusion of ICC Banking Commission Opinion R497.

Conclusion

The Respondent by its acts consented to the collection instructions and applicable URC 522 rules. By releasing the documents (and/or not returning them) without payment of collection amount and the relevant interest, the Respondent breached URC 522 and the collection instructions. The Respondent was, therefore, liable for the payment of the collection amount and the relevant interest (calculated as per the collection schedule). Any other damages, compensation for other cost (DOCDEX fee, any legal cost, etc.) were outside the scope of the Decision.

This Decision was rendered unanimously.

Summary

A collection instruction given by a remitting bank to a collecting bank stated that documents were to be delivered against payment. The documents were released to the drawee without payment being obtained. It was determined that the collecting bank, by its acts, consented to the collection instructions and applicable URC rules. By releasing the documents and not returning them, without payment of the collection amount and the relevant interest, the collecting bank had breached URC and the collection instructions. It was concluded that the collecting bank was liable for the payment of the collection amount and the relevant interest as calculated per the collection schedule. Other damages and compensation such as DOCDEX fee and legal costs were determined as outside the scope of DOCDEX.

DOCDEX Decision No. 346

UCP 600 articles 6 and 1

An issuing bank refused documents presented under a standby credit on the basis of two discrepancies: expiry of the credit and required supporting documents not being presented. Did the wording of the credit make this a valid refusal?

Parties

Initiator:	Company P (Beneficiary Bank)
Respondent:	Bank R (Issuing Bank)

Background and transaction

The Initiator was the beneficiary of a Standby Letter of Credit (SBLC) issued by the Respondent in their favour. The SBLC was issued by SWIFT MT 760, subject to UCP 600.

As required by article 6 of UCP 600, a credit must state the bank with which it is available, whether it is available by sight payment, deferred payment, acceptance or negotiation and must state an expiry date for presentation. The SBLC in question included the following statement: *"THIS STANDBY LETTER OF CREDIT SHALL EFFECTIVE ON JULY 30, 2012 AND EXPIRY ON OCTOBER 10, 2013 AT THE COUNTER OF THE ISSUING BANK."*

It also included the following statement:

> OUR LIABILITY UNDER THIS SBLC SHALL BE EFFECTIVE ON AND AS OF THE DATE HEREOF AND SHALL REMAIN VALID AND IN FULL FORCE UNTIL THE FOLLOWING OCCURS:
>
> **i.** THE DUE DATE OF CREDIT AGREEMENT, OR
>
> **ii.** DATE ON WHICH HAS BEEN ACKNOWLEDGED THAT THE MAXIMUM AMOUNT HAS BEEN REDUCED TO ZERO"

According to the Initiator, "*the due date of credit agreement*" (which is not stated in the SBLC) was 10 September 2013. It should be noted that the due date of credit agreement was stated by the Initiator in their claim.

The Issuing Bank engaged that a demand for payment via authenticated SWIFT:

> SHALL BE HONORED ON DUE PRESENTATION TO US WITHIN 5 BANKING DAYS SINCE YOUR FIRST DEMAND WITHOUT ASKING FOR PROOF OF THE EXISTENCE OF BREACH AND/OR NEGLIGENCE EVENT AGAINST THE CONTRACT OR AGREEMENT, BUT WE REQUIRE YOU TO ENCLOSE THE ABOVE DOCUMENTS, NEVERTHELESS WE SHALL NOT SITUATE THIS AS YOUR OBLIGATION TO US TO DISBURSE THIS SBLC.

The Issuing Bank rejected the claim for two reasons:

- The required supporting documents were not presented;
- SBLC expired.

Issues

The question was whether the Issuing Bank was correct in rejecting the claim of the beneficiary due to the SBLC having expired.

Documents submitted

- Request for a DOCDEX Decision submitted by the Initiator dated 25 March 2015;
- Answer submitted by the Respondent dated 20 May 2015 in accordance with Article 3 of the DOCDEX rules;
- Copy of Standby LC issued by the Respondent;
- Various SWIFT "claim and response" messages exchanged between the Respondent and Initiator.

Analysis

The SBLC was issued by the Respondent in favour of the Initiator as security for the Initiators loan to a debtor covering two conditions:

- that the Debtor failed to perform his obligations to the Beneficiary Bank, and
- that the Debtor performed his obligation under the contract.

The SBLC required presentation of various documents, which would demonstrate that condition 2 above, was fulfilled.

Somewhat confusingly however, while it was requested that these documents be presented, the SBLC stated that: "*BUT*

WE REQUIRE YOU TO ENCLOSE THE ABOVE DOCUMENTS, NEVERTHELESS WE SHALL NOT SITUATE THIS AS YOUR OBLIGATION TO US TO DISBURSE THIS SBLC."

This clause made it clear that payment would therefore not be refused even if these documents were not presented.

With regard to the second alleged discrepancy, although the claim under the SBLC was not made until 3 December 2013, the Initiator contended that the SBLC has been expressly modified, (referring to UCP Article 1 and the Preliminary Considerations of ISBP), and that as a result the expiry date of the SBLC was overridden. It also argued that the Respondent was responsible for any ambiguity in the SBLC. The relevant clause in the SBLC, as mentioned earlier was:

> "OUR LIABILITY UNDER THIS SBLC SHALL BE EFFECTIVE ON AND AS OF THE DATE HEREOF AND SHALL REMAIN VALID AND IN FULL FORCE UNTIL THE FOLLOWING OCCURS:
>
> **i.** THE DUE DATE OF CREDIT AGREEMENT, OR
>
> **ii.** DATE ON WHICH HAS BEEN ACKNOWLEDGED THAT THE MAXIMUM AMOUNT HAS BEEN REDUCED TO ZERO".

The experts however considered that the wording of the expiry event did not sufficiently suggest that it overrode the expiry date (so modifying UCP Article 1), to allow a valid claim to be made after the said expiry date.

The Initiator knew that the due date of the credit agreement was 10 September 2013 (this would not have been known or determinable by the Respondent).

The SBLC clearly stated that the expiry date was 10 October 2013. As the SBLC was security for the Initiator's loan, this should have been clarified if there was any doubt when the SBLC was received.

Conclusion

The wording of the SBLC in respect of its expiry provisions, as well as the documents required to claim under the SBLC, was badly expressed. Presentation of the claim after the stated expiry date of the SBLC was not valid. In consequence the issuer received the claim under the SBLC too late. We believe that the clause concerning the presentation of the additional documents meant that the absence of these documents was not a discrepancy.

Accordingly we consider that:

- Respondent's discrepancy "Required supporting documents not presented", was not valid.
- Initiator raised the claim under the SBLC after the expiry date thereof, therefore the discrepancy SBLC expired was valid.

This was a unanimous decision.

Summary

An issuing bank refused documents presented under a standby credit on the basis of two discrepancies: expiry of the credit and required supporting documents not being presented. It was determined that the wording of the credit in respect of expiry provisions, as well as the documents required to claim under the credit, were badly expressed. Despite this, the opinion was given that the discrepancy 'presentation of the claim after the stated expiry date of the credit' was not valid. A clause in the credit made it clear that payment would not be refused even if the supporting documents were not presented. It was concluded that the discrepancy regarding supporting documents was not valid but, as the claim was made after expiry of the credit, the discrepancy regarding expiry was valid.

DOCDEX Decision No. 347

UCP 600 sub-articles 14 (b) and 16 (d); UCP 600 sub-article 14 (a); UCP 600 sub-articles 16 (c) and 16 (c) (iii)

Whether the advices of refusal sent from the Respondent to the presenting bank and from the presenting bank to the Claimant were in compliance with UCP 600?
Whether the Issuing Bank was justified to refuse the presentation the words 'steel grade' not being shown on the packing list? Whether the Issuing Bank had given a single notice to the Claimant in accordance with of UCP 600?

Parties

Claimant:	Company C (Beneficiary)
Respondent:	Bank B (Issuing Bank)

Background and transaction

The Claimant claimed that the Respondent wrongly rejected the documents presented to the Respondent through the Advising Bank.

The credit required presentation of a detailed packing list showing, inter alia, the steel grade. The words "steel grade" were not shown on the packing list.

The Claimant submitted that the Respondent was not justified in rejecting the documents presented under the credit.

The Claimant also submitted that the Advices of Refusal were not in compliance with the requirements of UCP 600

Issues

1. Whether the advices of refusal sent from the Respondent to the presenting bank on 7 June 2013 were in compliance with sub-articles 14 (b) and 16 (d) of UCP600?

2. Whether the advices of refusal sent from the presenting bank to the Claimant on 10 June 2013 were in compliance with sub-articles 14 (b) and 16 (d) of UCP 600?

3. Whether the Respondent was justified to refuse the presentation although the steel grade (not the words "steel grade") was actually shown in the packing list as required by the credit?

4. Whether the Respondent had given a single notice to the Claimant in accordance with sub-article 16 (c) of UCP 600, in particular, whether sub-article 16 (c) (iii) requirements have been satisfied?

Documents submitted

Submitted by Claimant

- Request for a DOCDEX Decision submitted by the Claimant dated 12 June 2015.
- Copy of LC with presenting bank's covering advice.
- Copy of LC amendment.
- Copies of MT734's.
- Copies of fax messages from presenting bank to the Claimant in respect of the advices of refusal.
- Copies of SWIFT messages from presenting bank to the Respondent disputing discrepancy.
- Copy of Claimant's presentation letter to the presenting bank.

Submitted by Respondent

- Copy of LC issued by the Respondent with covering letter from the presenting bank.
- Copies of three packing lists.
- ICC's Official Opinion R211.
- ICC's DOCDEX Decision No. 323.
- SWIFT manual on MT 734.
- ICC's Official Opinion TA779rev.

- ICC's Official Opinion R660/TA636rev.
- ICC's Official Opinion R320.
- High Court Judgment — Claimant v Respondent dated 28 August 2014
- England and Wales High Court Decision — Bulgrains & Co Limited v Shinan Bank dated 24 July 2013.
- Copies of presenting bank's presentation schedules.

Analysis

Issue 1

Sub-article 14(b) of UCP 600 states: *"A nominated bank acting on its nomination, a confirming bank, if any, and the issuing bank shall each have a maximum of five banking days following the day of presentation to determine if a presentation is complying."*

Sub-article 16(d) of UCP 600 states: *"The notice required in sub-article 16 (c) must be given by telecommunication or, if that is not possible, by other expeditious means no later than the close of the fifth banking day following the day of presentation."*

The presenting bank presented documents to the Respondent under cover of their schedule dated 29 May 2013 (Wednesday). The Respondent received documents on 3 June 2013 (Monday). The notice of refusal SWIFT MT734 sent on 7 June 2013 (Friday) to the presenting bank met the requirement of sub-article 16 (d) of UCP which requires the notice of refusal to be sent by telecommunication and was also sent within the time limit required by sub-article 14 (b).

Issue 2

The documents were sent to the Respondent by the presenting bank. It is not certain whether they acted on their nomination under the credit from the documentation reviewed. The presenting bank transmitted the advices of refusal sent by the Respondent to the Claimant on 10 June 2013. UCP 600 does not govern the forwarding of these messages to the Claimant.

Issue 3

Sub-article 14 (a) states that a bank must examine a presentation on the basis of the documents alone, whether or not the documents appear on their face to constitute a complying presentation. The credit required presentation of the following document: *"DETAILED PACKING LIST IN 1 ORIGINAL AND 1 COPY SHOWING STEEL GRADE, NET WEIGHT AND GROSS WEIGHT AND PACKING: MILL'S STANDARD EXPORT PACKING3*

A document checker, when examining a document, must ensure that it meets the requirement of the credit, UCP 600 in this case, and does not conflict with similar data in any other stipulated documents. The detailed Packing List was required to show, inter alia, the *"STEEL GRADE"*.

There was no ambiguity in this requirement and the document checker, when examining the document, must ensure that on the basis of the document alone it complies with the credit requirement. The packing list presented included *"KSD3504 SD400"* under the description of the goods. However, the words *"STEEL GRADE"* were not included. A document checker would not be expected to know whether the inclusion of *"KSD3504 SD400"* represented the steel grade and the Issuing Bank was justified in refusing the presentation.

Issue 4

The Respondent sent separate refusal notices via SWIFT MT734 to the presenting bank for each drawing on 7 June 2013. UCP 600 article 16 (c) states: *"When a nominated bank acting on its nomination, a confirming bank, if any, or the issuing bank decides to refuse to honour or negotiate, it must give a single notice to that effect to the presenter."* Each notice mentioned the discrepancy *"P/L not showing steel grade"*. UCP 600 sub-article 16 (c) also details what should be included in the notice of refusal.

Sub-article 16 (c) (iii) details the actions that the bank refusing the documents must take. The bank must state that it is: (i) holding the documents pending further instructions from the presenter or, (ii) holding the documents until a waiver is received from the applicant or further instructions from the presenter, (iii) returning the documents or, (iv) acting in accordance with instructions previously received from the presenter.

In an MT 734, mandatory field 77B is used to denote the action taken by the Issuing Bank. In this case, option "NOTIFY" was used to represent UCP 600 sub-article 16 (c) (iii).

The requirements of sub-article 16 (c) (iii) of UCP 600 had been fulfilled.

Conclusion

Issue 1

The advices of refusal were sent in compliance with the requirements of articles 14 (b) and 16 (d) of UCP600. This decision was unanimous.

Issue 2

The forwarding of the Respondent's advices of refusal by the presenting bank to the Claimant was not governed by UCP.

This decision was unanimous.

Issue 3

The Respondent was justified in refusing the presentations. This decision was a majority decision.

Issue 4

The requirements of sub-article 16 (c) (iii) had been fulfilled. This decision was unanimous.

Overall, this was a majority decision.

Summary

An issuing bank refused documents presented under a credit due to the words 'steel grade' not being shown on the packing list. The beneficiary stated that the discrepancy was not justified and that the timing of the notices of refusal from the issuing bank to the presenting bank and from the presenting bank to the beneficiary was not in accordance with UCP. The packing list was required to show, inter alia, the 'steel grade'. It was concluded that omission of these words was a discrepancy. The notice of refusal from the issuing bank to the presenting bank was provided in accordance with the provisions of UCP. It was not clear if the presenting bank had acted on their nomination under the credit: their notice of refusal to the beneficiary was not governed by UCP.

DOCDEX Decision No. 348

URC 522 sub-article 1 (c), article 4 and sub-article 26 (c).

Whether the Collecting Bank had been responsible in following the instructions of various collection orders in accordance with URC 522?

Parties

Claimant:	Company L (Principal)
Respondent 1:	Company P (Drawee)
Respondent 2:	Bank B (Collecting Bank)

Background and transaction

Claimant's claim against Respondent 1: Claimant sold multiple containerized shipments of poultry to Respondent 1 on a documentary collection basis, subject to the ICC Uniform Rules for Collection (URC 522). Documents were to be released against time drafts to be accepted by Respondent 1 and guaranteed by Respondent 2. 40 drafts were not paid at maturity.

Claimant's claim against Respondent 2: The documentary collections were subject to URC 522. Respondent failed to follow the instructions in the collection order.

All collections orders delivered by the remitting bank to Respondent 2 included:

- Details about the bank from which the collection has been received
- Details about the ordering party
- Details about the drawee
- Details about the bank presenter
- The amount to be collected and the currency
- The terms and conditions under which the payment must be obtained and the conditions of delivery:
  - "Please find attached for acceptance and endorsement of your bank and for collection when due, the following Documentary Remittance:"
  - "List of documents to be given against acceptance and endorsement:"
  - "In case of non-acceptance or non-payment, notify the remitting bank via SWIFT."
- Indications on fees to be collected:
  - "Amount of our fees: 0,00"
  - "Your charges are to be paid by the drawee, in case of non-payment do not deliver the documents"
- Indications on the payment method:
  - "Please pay by SWIFT XXX or by any other method that suits you."
- The list of attached documents:
  - Bill of exchange
  - Invoice
  - Bill of Lading
  - Health certificate
  - Certificate of orign

It was claimed that the Respondent 2 did not respect the conditions of delivery mentioned above and delivered the documents related to the forty disputed collections to Respondent 1 without any acceptance of the bills by Respondent 1 and without endorsement from itself. Furthermore it did not respect the delivery conditions mentioned above and failed to notify the remitting bank of non-payment, and non-acceptance of Respondent 1. Respondent 2 did not send any notice of receipt to the remitting bank.

The submission from Respondent 2 disclosed the trading relations between the three companies (Claimant, Respondent 1 and Respondent 2), as below.

Until 2010, the Claimant used to sell poultry to a XXX company which name was YYY. At that time, Mr ZZZ in charge of the XXX market for Claimant had decided to develop business with Respondent 1 for a refrigerated storage area for Respondent 1. Mr ZZZ behaved as a trader giving a supplier credit to his new client by increasing the debt of Respondent 1 without reference to DOCDEX Rules. It was stated by Respondent 2 that the Claimant always acted as a credit supplier. In

2013, the Claimant and Respondent 1 entered into negotiations without informing Respondent 2 in order to solve the issue of the pending invoices.

Respondent 2 never endorsed the received financial documents. It was stated that the Claimant was prevented from endorsing the documents because Respondent 1 had an Authorized overdraft limited to 50 million francs for the activity of trading meat. This amount was never increased and the Claimant apparently perfectly knew about this amount of Authorized overdraft. It was further stated that the Claimant was aware that Respondent 2 was a development bank.

Issues

Whether Respondent 1 had to pay Claimant exclusive of interest at the contractual rate from the due date of each unpaid instalment, according to the provisions of the acknowledgment of payment signed on 14 April 2012.

Analysis

A thorough review of the documents submitted, the correspondence between the parties and the statements from Respondent 2 indicated the possibility that there may be much more going on than a dispute over the actions of Respondent 1 (apparent failure to pay) and Respondent 2 (alleged mishandling of the disputed transactions) in accordance with the *Uniform Rules for Collections*, ICC Publication No 522.

The appointed experts found the allegations of Respondents 1 and 2, regarding apparent intentional over shipment of product, disturbing. They found these allegations (and the Acknowledgement of Debt agreement document which was not subject to ICC rules) to be outside of the scope of a DOCDEX Decision.

The Appointed Experts also found it troubling that the title document in 27 of the 40 transactions — the bill of lading — was consigned straight to the buyer, Respondent 1. Because, in many countries, the consignee on the bill of lading may take possession of the goods immediately upon arrival of the vessel, ie, the documentary collection documents sent to Respondent 2 may not have been necessary for the buyer to take up the goods.

The handling of Documentary Collections, which state they are subject to the URC 522, is within the scope of the DOCDEX rules.

It was found that Respondent 2:

- Failed to follow the explicit instructions contained on the Collection Order to obtain the acceptance of the bills of exchange by Respondent 1 and to guarantee the payment (aval) of the same at maturity, and,
- Failed to notify the remitting bank regarding their inability to aval the bills of exchange or request further instructions prior to release of documents, and,
- Failed to follow URC 522 article 1 (c):

    If a bank elects, for any reason, not to handle either a collection or any related instructions received by it, it must advise the party from whom it received the collection or the instructions by telecommunication or, if that is not possible, by other expeditious means, without delay.

- Failed to follow:
    - URC 522 article 4 (a) (i):

        All documents sent for collection must be accompanied by a collection instruction indicating that the collection is subject to URC 522 and giving complete and precise instructions. Banks are only permitted to act upon the instructions given in such collection instruction, and in accordance with these Rules."

    - URC 522 Article 26 (c) (ii): "*The collecting bank must send without delay advice of acceptance to the bank from which the collection instruction was received.*"
    - URC 522 Article 26 (c) (iii):

        The presenting bank should endeavour to ascertain the reasons for non-payment and/or non-acceptance and advise accordingly, without delay, the bank from which it received the collection instruction. The presenting bank must send without delay advice of non-payment and/or advice of non-acceptance to the bank from which it received the collection instruction."

Conclusion

Consistent with previous DOCDEX Decisions regarding the handling of documents under a transaction, which subjected itself to the URC 522, it was found that Respondent 2 was responsible for the consequences of failure to follow the instructions and the governing rules. In light of the information stated above, it was not for the Appointed Experts to determine the amount of those consequences.

This was a unanimous decision.

Summary

Forty collection instructions given by a remitting bank to a collecting bank stated that documents were to be delivered against acceptance of drafts by drawee and endorsement of drafts by the collecting bank. The underlying documents were delivered to the drawee without acceptance or endorsement. It was concluded that the collecting bank was responsible for the consequences of failure to follow the instructions and the governing rules. Allegations regarding apparent, intentional, over shipment of product and an associated 'acknowledgement of debt' agreement document were found to be outside of the scope of a DOCDEX Decision.

DOCDEX Decision No. 349

UCP 600 sub-article 14 (d); UCP 600 article 16, sub-articles 16 (c) and 16 (f)

An issuing bank refused documents presented under a standby credit on the basis that the LOI omitted "plus or minus 10%" in second paragraph. Whether or not this was valid? Whether the refusal notice was valid?

Parties

Claimant:	Company P (Beneficiary)
Respondent:	Bank B (Issuing Bank)

Background and transaction

The Claimant claimed that the Respondent must honour a (14 September 2015) presentation under a Standby Letter of Credit ("Standby") for US$16,144,372.19 plus interest.

The Respondent responded by submitting documentation relating to an equivalent case handled by a Court, these mainly relating to the fraud issue, and discouraging that the case should be handled as a DOCDEX case, as it had already been vetted and resolved in a Court in November 2015.

Issue 1

9 July 2015: Standby letter of credit issued by the Respondent (and Amendment number 1) was advised to the Claimant by the advising bank, including the following information:

- Amount US$45,000,000.00 for 700,000 US (+/-10%) BBLS of Crude oil as per contract dated 26/06/2015 (70 PCT of total quantity loaded on board).
- Expiry date: 30 November 2015 (at the counters of the Respondent).
- Documents required:
  - Copy of unpaid commercial invoice(s)
  - Statement signed by an authorized representative signatory of the Claimant
  - Copy of bill of lading or copy of Letter of Indemnity (text included into the Standby).

11 September 2015: the advising bank made a presentation (on behalf of the Claimant) to the Respondent including the documents required by the Standby.

- The presentation is for US$44,978,417.50, which is indicated in the invoice dated 4 September 2015.
- The invoice covers 70 % of 695,304.40 BBLS (no unit price is mentioned).
- The presented LOI is dated 4 September 2015.
- The invoice indicates: B/L quantity (100%): 993,292.00 U.S. Barrels (Net) 70% of Total B/L Quantity: 695,304.40 U.S. Barrels (Net)

16 September 2015: the Respondent refused the presentation, via a SWIFT MT734, citing the following discrepancy: "*Letter of Indemnity omits plus or minus 10 percent in second paragraph.*"

18 September 2015: the advising bank (on behalf of the Claimant) rejected the refusal based on the following argument: "*.. the quantity shown in 2nd paragraph of the Letter of Indemnity is consistent, relevant and comparable with the invoiced quantity.*"

18 September 2015: the Respondent argued that: "*The Letter of Indemnification is clearly indicated within the Credit within a quote unquote statement and therefore per the governing rules of the must read exactly as stated.*"

The first two paragraphs of the LOI text in the Standby read as follows:

> We refer to the contract dated 26/06/2015 between ourselves and yourselves in respect of your purchase from us of 1.000.000 US barrels of crude oil (the "Crude Oil") +/- 10 PCT on tankship M/T xxx pursuant to a 70 PCT of the quantity loaded (the "Agreement").

The commercial invoice copy as indicated above mentions the actual quantity shipped as well as the invoiced amount.

Issue 2

18 September 2015: the advising bank (on behalf of the Claimant) rejected the refusal, and informed the Respondent that a revised LOI was being presented.

22 September 2015: the advising bank forwarded the documents including the revised LOI to the Respondent. (The revised

LOI was dated 4 September 2015).

29 September: the Respondent refused the revised presentation via an MT799 worded as follows:

> Treat as SWIFT MT734
>
> DISCREPANCIES
>
> **1.** Quantity of Letter of Indemnity should read 700.000 Barrels rather than 695.304,40.
>
> **2.** Drawing exceeds the value of the letter of credit as US$37,670,201.78 was paid under this invoice on September 8th 2015 and the letter of credit has a pay down provision.
>
> Please rescind your claim under this letter of credit as US$37,670,201.78 was paid under the invoice associated with this drawing.

30 September: the advising bank (on behalf of the Claimant) rejected the refusal on the basis that the message of refusal was not made in accordance with UCP 600 article 16 and for that reason the Respondent was precluded from claiming that the presentation was not complying:

> Your MT799 [...] is ignored and rejected. It is to be considered as an inappropriate refusal notice and is therefore invalid. An express and single statement of refusal to honour is needed when a SWIFT message other than an MT734 is sent to a bank (ie, a MT799). Although the MT799 indicates "treat as SWIFT 734", this mention is irrelevant since, in addition to your failure to express your refusal to honour, your message is not stating the disposal of the documents as per requirement of art. 16(c) of UCP 600." Consequently you have failed to act in accordance with the provisions of article 16. of UCP 600 and you are precluded from claiming that the documents do not constitute a complying presentation. Therefore you are obligated to honour immediately the claimed amount [...].

30 September 2015: the Respondent sent another refusal message; wherein point 2 compared to the one dated 29 September 2015 was changed to read:

> Drawing exceeds the value of the letter of credit as US$37,670,201.78 was paid under this invoice on September 8th, 2015 and the letter of credit has a pay down provision. Please rescind your claim under this letter of credit as US$37,670,201.78 was paid under the invoice associated with this drawing. We are conveying these discrepancies to you in accordance with the International Chamber of Commerce publication no. 600, which governs and controls documentary letters of credit. Documents are being returned. Please immediately contact beneficiary as the applicant has spoken to them and they may have reached an agreement to rescind the claim under the above mentioned credit.

2 October 2015: the advising bank (on behalf of the Claimant) rejected the refusal arguing that a refusal under the UCP 600 must be a "single notice" ie, that it was not within the scope to issue a second refusal on the same presentation.

2 October 2015: the Respondent confirmed that the documents had been returned.

The Standby included the following clause: *"The amount available for drawing under this standby letter of credit will be reduced by the amount of any payment made by [the Respondent] in favour of [the Claimant] referring to this standby letter of credit."*

Together with the message of refusal, a copy of an MT103 printed 22 October was presented. This confirmed that payment of US$37,670,201.78 was remitted from the Respondent to the Claimant. The MT103 message however did not include any information for the purpose of linking the payment to the Standby, the invoice or the commercial contract.

Issue 3

13 October 2015: the Claimant made a new drawing under the Standby and presented the following documents to the advising bank who forwarded them to the Respondent on the same date:

- copy of unpaid invoice dated 13 October 2015 for US$16,144,372.19 covering 70% of 695,304.40 barrels at US$54.178 per unit. The invoice showed the amount of US$37,670,201.78 and deducted US$21,525,829.59 (Less partial payment effected on 08.09.2015).
- 3 LOIs — all dated 13 October 2015 showing 3 different figures of barrels quantity and stating payment of US$16,144,372.19:
  - for 700,000 US barrels +/- 10pct
  - for 695,304.40 US barrels +/-10 pct.
  - for 695,304.40 US barrels.

The forwarding schedule from the advising bank (on behalf of Claimant) included a letter from the Claimant, which included the following statement: *"Since we are still unable to understand what you consider as quantity to be shown on the Loi, and in order to avoid any further dispute, you must apply one of the three enclosed Loi's which you consider as the complying one."*

19 October 2015: the Respondent sent a SWIFT message (MT799) to the advising bank confirming receipt of the documents, but also informing that the applicant of the Standby had commenced a lawsuit in the courts against the Respondent seeking to enjoin the Respondent from paying on any presentation under the Standby.

20 October 2015: the Respondent refused the presentation via SWIFT MT734 using the following wording:

> We refuse to honour this presentation for +16,144,372.19. The letter of credit exclusively secured payment of only 70+ of the total quantity of BBLS of crude oil shipment on board vessel and only such 70 PCT. The letter of credit has a

reduction/pay down provision. The original +45.000.000 value of the letter of credit was reduced by +37,670,201.78 paid by wire on September 8, 2015 under invoice dated 17th July 2015 so this presentation results in an overdrawing. Moreover, because the beneficiary was already paid +37,670,201.78 for the full amount of invoice as aforesaid, there is no basis for drawing on the letter of credit and such drawing would facilitate a material fraud on the bank and/or the applicant. We are returning the documents. Please disregard field 77B (Field 77B reads "HOLD").

22 October 2015: the advising bank (on behalf of the Claimant) rejected the refusal, on three basic arguments:

- That the refusal message did not list a discrepancy
- That the argumentation in the refusal regarding an overdrawing was not correct
- That they took strong exception to the fraud allegation

Issues

1. Whether or not the discrepancies raised by the Respondent were valid (according to the UCP 600).
2. Whether or not the refusal message was valid (according to UCP 600 article 16)

Documents submitted

4 December 2015: The Claimant's Claim

9 July 2015: Standby advice and one amendment

11 September 2015: The Claimant's letter remitting the required documents for US$44,978,417.50 including photocopies of the original documents submitted, i.e.:

- Commercial invoice (dated 4 September 2015)
- Letter of Indemnity ("LOI") dated 4 September 2015
- Statement dated 10 September 2015

22 September 2015: the advising bank letter to the Respondent with the revised LOI SWIFT communication regarding the dispute

16 September 2015: MT734 from the Respondent to the advising bank refusing to honour

18 September 2015: MT799 from the advising bank (on behalf of the Claimant) to the Respondent rejecting the discrepancy

18 September 2015: MT707 (amendment number 2) from the Respondent to the advising bank

18 September 2015: MT799 from the Respondent to the Claimant maintaining the refusal

22 September 2015: MT799 from the advising bank (on behalf of the Claimant) maintaining the rejection of the refusal and advising the despatch of a revised LOI

23 September 2015: MT99 from the Respondent to the advising bank requesting acceptance of amendment number 2

24 September 2015: MT734 from the Respondent to the advising bank

28 September 2015: MT799 from the Respondent to the advising bank requesting acceptance of amendment number 2

28 September 2015: MT799 from the advising bank (on behalf of the Claimant) rejecting the cancellation of the Standby

29 September 2015: MT799 from the Respondent to the advising bank requesting acceptance of amendment number 2

29 September 2015: MT799 from the Respondent to the advising bank refusing the presentation of the revised LOI

30 September 2015: MT799 from the advising bank (on behalf of the Claimant) refusing to cancel or reducing the Standby letter of credit

30 September 2015: MT799 from the advising bank (on behalf of the Claimant) rejecting the second refusal

30 September 2015: MT799 from the Respondent to the advising bank repeating the discrepancy, adding a second point

30 September 2015: MT799 from the Respondent to the advising bank partially repeating the subsequent MT799

2 October 2015: MT799 from the advising bank (on behalf of the Claimant) rejecting the MT799 dated 30 September 2015

2 October 2015: MT799 from the Respondent to the advising bank stating that the documents have been returned

6 October 2015: MT799 from the advising bank (on behalf of the Claimant) rejecting the MT799 dated 2 October 2015

Revised documents submitted:

13 October 2015: The letter from the Claimant remitting the revised documents for US$16,144,372.19 including photocopies of the originals presented:

- Commercial invoice dated 13 October 2015

- 3 (three) LOI's
- Statement dated 13 October 2015

SWIFT communication concerning the dispute of the new presentation:

19 October 2015: MT799 from the Respondent to the advising bank confirming receipt of the (revised) documents also informing of an on-going lawsuit regarding the case.

20 October 2015: MT734 from the Respondent to the advising bank refusing to honour the (new) presentation (amount overdrawn) (beneficiary already paid US$37,670,201.78 for full amount of above invoice) as well as material fraud allegations.

20 October 2015: MT799 from the advising bank (on behalf of the Claimant) rejecting the refusal.

Analysis

Issue 1

The question was if the omission of "+/- 10 PCT" in the LOI was a valid reason for refusal. UCP 600 sub-article 14 (d) reads:

> Data in a document, when read in context with the credit, the document itself and international standard banking practice, need not be identical to, but must not conflict with, data in that document, any other stipulated document or the credit.

The LOI template text — in line with the Standby — allowed for a variation in quantity of +/- 10 per cent. However, it was written that way to accommodate the agreement and the Standby text. When a presentation is actually made, it is common practice to indicate what has actually been shipped, and in any case the +/- 10 per cent in the LOI had no material relevance.

It was not correct that any quote unquote statement in a Standby (subject to UCP 600) must be quoted exactly the same way in the documents. UCP 600 sub-article 14 (d) applied, and there was no requirement for a mirror image, merely that the data between the Standby and the document (LOI) did not conflict. For the specific case, this did not create a conflict when read in context; ie, it did not change or question the shipped quantity.

This was not a valid discrepancy in respect of UCP 600.

Issue 2

The issue was whether or not the refusal message had been issued in accordance with UCP 600 article 16. Sub-article 16 (c) thereof reads:

> When a nominated bank acting on its nomination, a confirming bank, if any, or the issuing bank decides to refuse to honour or negotiate, it must give a single notice to that effect to the presenter.
>
> The notice must state:
>
> i. that the bank is refusing to honour or negotiate; and
>
> ii. each discrepancy in respect of which the bank refuses to honour or negotiate; and
>
> iii. a) that the bank is holding the documents pending further instructions from the presenter; or
>
> b) that the issuing bank is holding the documents until it receives a waiver from the applicant and agrees to accept it, or receives further instructions from the presenter prior to agreeing to accept a waiver; or
>
> c) that the bank is returning the documents; or
>
> d) that the bank is acting in accordance with instructions previously received from the presenter."

Furthermore, UCP 600 sub-article 16 (f) reads:

> If an issuing bank or a confirming bank fails to act in accordance with the provisions of this article, it shall be precluded from claiming that the documents do not constitute a complying presentation.

The above lays out the following requirements to the refusal message:

- It must give a single notice to the presenter
- the notice must state that the bank is refusing to honour or negotiate, and
- It must state each discrepancy, and
- It must include the disposal instructions.

For the case at hand the refusal message was made using SWIFT MT799 — rather than the (normal) MT734 message type, which is designed to refusals. The MT799 did mention that this message was to be regarded as "734."

UCP 600 article 16 is drafted in a somewhat rigorous manner, putting on banks to take special care and to bear responsibility when refusing documents. Failing to act in accordance with these requirements will, according to UCP 600 sub-article 16 (f), preclude a bank from claiming that a presentation is not complying.

For this case:

Single notice: 2 refusal messages were sent under the same (second revised) presentation. So technically the second refusal message was considered to be ineffective.

Refuse to honour or negotiate: The MT799 did mention "treat as 734" indicating that this was a refusal message and that the bank was refusing to honour or negotiate.

State each discrepancy: the MT799 did state each discrepancy.

Include the disposal instructions: The first refusal message did not indicate the disposal instructions. The second did, but this one was considered as ineffective on the basis that only one refusal message may be sent under one presentation.

On the basis of the fact that the first refusal message did not include the disposal instructions, the refusal message was considered not to have been provided in accordance with UCP 600 article 16 and the Respondent was precluded from claiming that it was not a complying presentation.

Issue 3

As such, no question was raised by the Claimant regarding this issue. On that basis, as well as the fraud allegation and the mentioned lawsuit, the panel of Experts considered this to be out scope for the purpose of this DOCDEX Decision and left it to the Court to decide.

Additional comments from the panel of experts:

The above said, the case was unusual and could not be cut short by the Panel of Experts on the strength of ICC rules including UCP 600 for a number of reasons:

- As such 3 different presentations were made for the one and same transaction; and presentations one and three were for different amounts; ie, US$44,978,417.50 and US$16,144,372.19 respectively and for one and same quantity of US barrels (695,304.40). It was of course acceptable to make a new presentation by curing the quoted discrepancies. It was however common practice that the new presentation covered the same amount, except of course where the refusal was in respect of the amount, which was not the case in issue 1 above.
- In presentation 3 (issue 3 above), 3 LOI's were presented with three different figures related to quantity (of barrels) and the issuing bank was asked to pick the one they deemed to be compliant. This was not in line with international standard banking practice where one (1) document is presented of each required documents. It was very unusual that the issuing bank was asked to choose between different versions of a document which would leave the matter to discretion and risk, while it was apparent that the whole matter — from the beginning- bore 2 amounts (US$44, 978,417.50 and US$16,144,372.19 respectively on 11.09.2015 and 13.10.2015). Furthermore the Claimant made a recalculation of both amounts and barrels quantity as appearing from above advising bank presentations (one and third).
- For this case 5 different LOI's were presented. Two of them (covered above under issue 1) and 2) were dated the same date, ie, 4. September 2015. Following the initial presentation made by the advising bank (on behalf of Claimant) on 11.09.2015 for US$44,978,417.50 for barrels 695,304.40, advising bank representation on 13.10.2015 (the third), bearing a revised invoice for US$16,144,372.19 for barrels 695,304.40 and regarding in fact three different figures of barrels quantity, although one out of these three figures had already been quoted in the first and second advising bank (on behalf Claimant) presentations (respectively on 11.09.2015 and 22.09.2015 for US$44,978,417.50) ought to have been related to a same invoice which should have reflected the exact situation at time of presentation of Claimant's documents for payment.

Conclusion

- Whether or not the discrepancies raised by the Respondent were valid (according to the UCP 600): the fact that the quote unquote statement in the Standby omitted "+/- 10 per cent" in the LOI did not render the presentation discrepant, ie, this discrepancy was not valid according to UCP 600.
- Whether or not the refusal message was valid (according to UCP 600 article 16): the refusal message omitted to mention the disposal instructions, for which reason the refusal message was considered not to have been made in accordance with UCP 600 article 16 and the Respondent was precluded from claiming that it was not a complying presentation.

As mentioned above the initial presentation made under the Standby was compliant, for that reason the Respondent was initially bound to honour under the Standby. However, UCP 600 does not override local law and any obligation under UCP 600 may be prevented by a legal action in accordance with local law. A bank confronted with an effective court injunction would abide with the content.

Summary

An issuing bank refused documents presented under a standby credit on the basis that the LOI omitted 'plus or minus 10%' in second paragraph. The beneficiary stated that both the discrepancy and the notice of refusal were invalid. It was determined that it is common practice for a presentation to indicate what has actually been shipped and, in any case, the '+/-10%' in the LOI had no material relevance. In conclusion, the discrepancy was not valid. Two notices of refusal were sent under the same presentation, so the second had to be considered as ineffective. The first notice did not indicate disposal instructions and was not, therefore, in accordance with UCP. The issuing bank was precluded from claiming it was not a complying presentation. A separate issue of fraud and an associated lawsuit was considered as outside the scope of DOCDEX.

DOCDEX Decision No. 350

URC 522 sub-articles 4 (b) (vi), 12 (a), 1 (a), 1 (b), 1 (c), 2 (a) and 26 (c) (iii) and article 6

Whether the Respondent breached the provisions of URC 522 and was precluded from claiming non-receipt of documents? Whether the Respondent was liable for payment by not returning the documents?

Parties

Claimant 1:	Bank A (Remitting Bank)
Claimant 2:	Company O (Principal)
Respondent:	Bank I (Presenting Bank)

Background and transaction

September/October/November 2013: Claimant 1 received fifty export collection presentation forms from Claimant 2. Each export collection presentation form attached various documents including 3/3 original bills of lading.

30 September – 03 December 2013: Claimant 1 sent the documentary collections on behalf of its customers to the Respondent. The documentary collection schedules, which accompanied each set of documents, contained the following instructions:

- Documents were to be released against payment at sight; and
- The Documentary Collections were subject to *Uniform Rules for Collections*, 1995 Revision, ICC Publication No. 522.

In accordance with URC 522 Article 4 (b) (vi), the list of documents included a numerical count of each document enclosed. In particular, in each instance the list specified: "*3 originals and 3 copies of Bills of Lading*".

October 2013 onwards: MT420 SWIFT tracers were transmitted by Claimant 1 to the Respondent seeking the status of all unpaid Documentary Collections. No responses were forthcoming from the Respondent.

13 December 2013: A SWIFT message was sent by Claimant 1 to the Respondent requesting confirmation that the Respondent was still holding documents relating to unpaid Documentary Collections. No response was received.

14 January 2014: A SWIFT message was sent by Claimant 1 to the Respondent advising that Claimant 1 had been informed that the goods had been delivered to the buyer for all unpaid collections. Claimant 1 requested immediate payment for all outstanding collections.

20 January 2014: The Respondent advised Claimant 1 by SWIFT message that it was still holding the original documents.

25 January 2014: In an email received by Claimant 1 on 25 January 2014 (but dated within the text of the email as 23 January 2014), the Respondent alleged, for the first time, that it only received 2 of 3 original Bills of Lading under each documentary collection. This conflicted with the collection instruction sent by Claimant 1, which stated that 3 of 3 original Bills of Lading were sent.

While these allegations were denied in the strongest terms, the Claimants submitted that it was irrelevant in any event. The Respondent had an obligation pursuant to URC 522 sub-article (12) (a) to inform Claimant 1 "*without delay*" if it considered a deficiency existed between the documents received compared with those listed in the collection instruction from Claimant 1. The Claimants submitted that by no reasonable measure could the Respondent's notifications be said to have occurred without delay.

While the phrase "*without delay*" is not defined within the URC, it was the Claimant's submission that on any analysis, a delay of greater than 3 months could not be considered *'without delay'*. ICC Opinion 470/TA.801rev refers.

Further, each collection instruction stipulated that documents were to be released against payment at sight. The Respondent was obliged to hold all 3 original bills of lading pending payment by the drawee, or alternatively, seek appropriate instructions as to the further handling of the documents from Claimant 1 as per URC 522 sub-article 26 (c) (iii). The Respondent denied the request from Claimant 1 to return all 3 original bills of lading, claiming that it was not in possession of 3 originals. The failure to return a complete set of originals, coupled with the failure to notify Claimant 1 of any deficiencies in the documents in a reasonable time was seen as a breach of the rules under which the collections were handled. The Claimants submitted that the Respondent was liable for the full value of the outstanding collections and that ICC Opinion 470/TA.801rev referred.

The Claimants sought a declaration that the Respondent had breached its obligations under URC 522 and was consequently liable to pay the value of the outstanding documentary collections.

Issues

1. Whether the Respondent had breached the provisions of URC 522 sub-article 12 (a) and was therefore precluded from claiming non-receipt of 3 original Bills of Lading given it did not provide advice *'without delay'*?

2. Where, in the event the Respondent is requested to return the documents, but was unable to do so, whether the Respondent was liable for the unpaid collections?

Documents submitted

List of electronic attachments

> Attachment 1 — Export Collection Presentation Form — Sample

> Attachment 2 — Claimant 1 Documentary Collection Schedule — Sample

> Attachment 3 — Claimant 1 MT420 Swift Tracer to Respondent — Sample

> Attachment 4 — Claimant 1 SWIFT to Respondent dated 13 Dec 2013 seeking confirmation that Respondent holding all documents.

> Attachment 5 — Claimant 1 SWIFT to Respondent dated 14 Jan 2014 again seeking confirmation on status of documents.

> Attachment 6 — Respondent SWIFT MT499 to Claimant 1 dated 20 Jan 2014 confirming they are holding Original Documents.

> Attachments 7 — Respondent email to Claimant 1 on 25 Jan 2014 alleging only 2 of 3 Original BL received.

Analysis

Issue 1

The DOCDEX Form 1 referred to documentary collection instructions, which were sent by Claimant 1 to the Respondent over the period from 30 September to 03 December 2013.

A single documentary collection sample (collection instruction and commercial/financial documents) was attached to Form 1 as being representative of the documentary collections. The sample documentary collection instruction expressly stated it was subject to URC 522.

URC 522 sub-article 1 (a) states: "*...shall apply to all collections as defined in Article 2 where such rules are incorporated into the text of the "collection instruction"...".*

URC 522 sub-article 2 (a) defines a collection as: "*the handling by banks of documents ... in accordance with instructions received, in order to:*
... ii. deliver documents against payment ...".

Information shown on the collection instruction from Claimant 1 appeared to follow URC 522 sub-article 4 (b): "*a collection instruction should contain the following items of information as appropriate*." And, more specifically, sub-article 4 (b) (vi): "*List of documents enclosed and the numerical count of each document.*"

The sample collection instruction listed the documents enclosed, their numerical count with regards to originals and copies of each. URC 522 obligates banks to act if a collection instruction lists documents and their numerical count.

URC 522 sub-article 12 (a) states:

> Banks must determine that the documents received appear to be as listed in the collection instruction and must advise by telecommunication or, if that is not possible, by other expeditious means, without delay, the party from whom the collection instruction was received of any documents missing, or found to be other than listed. Banks have no further obligation in this respect.

Based on supporting copies of documents provided with FORM 1, it would appear that the first correspondence from Respondent to Claimant 1 was a SWIFT MT499 dated 20 January 2014 in which they "*... confirm that we are still holding the original documents ...*". The SWIFT message made no reference to an inconsistency between documents received and the collection instructions as is required by URC 522 sub-article 12 (a) therefore the Respondent would be precluded from claiming otherwise in future correspondence.

Issue 2

The DOCDEX Form 1 referred to documentary collection instructions that were sent by Claimant 1 to Respondent over the period from 30 September to 03 December 2013.

A single documentary collection sample (collection instruction and commercial/financial documents) was attached to Form 1 as being representative of the documentary collections. The sample documentary collection instruction expressly stated it was subject to URC 522.

The collection instruction sent by Claimant 1 to Respondent stated: "*Release documents against payment*."

The presenting bank must make presentation for payment without delay as stated in URC 522 article 6: "*In the case of documents payable at sight the presenting bank must make presentation for payment without delay. ...*"

The presenting bank must also send advice of non-payment and/or non-acceptance as defined in URC 522 sub-article

26 (c) (iii): "*The presenting bank should endeavour to ascertain the reasons for non-payment and/or non-acceptance and advise accordingly, without delay, the bank from which it received the collection. ...*"

The remitting bank must act upon such notification as stated in URC 522 sub-article 26 (c) (iii):

> **... On receipt of such advice the remitting bank must give appropriate instructions as to the further handling of the documents (emphasis added). If such instructions are not received by the presenting bank within 60 days after its advice of non-payment and/or non-acceptance, the documents (emphasis added) may be returned to the bank from which the collection instruction was received without any further responsibility on the part of the presenting bank.**

All banks that are a party to a collection under URC 522 are responsible for the documents entrusted to their care by the principal. In case of non-payment and/or non-acceptance and, if so requested by the collecting and/or remitting bank, the entire set of documents — unless otherwise instructed- must be returned by the presenting bank to the collecting or remitting bank as the case may be.

Should Claimant 1 instruct the Respondent to return the collection documents, the Respondent must return the documents as listed on the collection instruction. If the Respondent is unable to do so, they are liable for payment of the collection instruction.

Conclusion

The Respondent was in breach of URC 522 sub-article 12 (a) and was therefore precluded from claiming that any document was missing.

The collection instruction was to release documents against sight payment. In view of the fact that payment was not forthcoming, the Respondent must comply with the request from Claimant 1 to return the full set of documents in the same condition as received.

As the Respondent was unable to return the full set of documents, they must pay the collection.

Summary

A presenting bank received 50 collection instructions that listed and enumerated the enclosed documents that were to be released by the presenting bank against sight payment according to URC. Only after a significant delay did the presenting bank acknowledge receipt of the documents and then, more than three months after the date of the first collection instruction, claimed a difference between the number of documents received and the number stated on the collection instructions. It was determined that such action could not be considered as 'without delay' as required by URC and therefore concluded that, as the presenting bank had breached URC, they were precluded from claiming any discrepancies. Furthermore, should the remitting bank have requested the presenting bank to return the full set of documents in the same condition as received and the presenting bank was unable to do so, the presenting bank would have been liable for payment.

DOCDEX Decision No. 351

UCP 600 sub-article 14 (a), sub-article 18 (c), sub-article 14 (d), ISBP 745 paragraphs A23 and C5

Whether additional wording in an invoice caused a discrepancy? Whether such additional wording created a conflict of data?

Parties

Claimant: Bank C (Nominated Bank)
Respondent: Bank H (Issuing Bank)

Background and transaction

The Claimant opined that it was obvious that the additional wording *'no hides'* on the beneficiary's invoice was an editing error when the invoice was created.

Shipment of *'8 containers of Wet Salted Cow Hides at 7475 pcs on 158 plts with net weight of 165,525kgs'* was clearly evidenced on the invoice under heading *'Description of Goods (General)'*.

Similar shipment data was also evidenced and supported in documents such as: Packing list, Bill of Lading, Certificate of Origin, Insurance Certificate, Shipping Advice, Declaration and Certification issued by the Agricultural, Fisheries and Forestry Department.

As per the Claimant´s views, it was indisputable that the shipment of 7475 pcs of Wet Salted Cow Hides took place on 12 April 2015. Additional data of *'no hides'* on the beneficiary's invoice had no meaning in this context according to the Claimant, rather than a simple editing error.

In a SWIFT message MT799, in which the Claimant refuted the claimed discrepancy, the Claimant also stated the following arguments in support of its stance:

> As per ISBP 745, paragraph C5:

> > An invoice showing a description of the goods, services or performance that corresponds with that in the credit may also indicate additional data in respect of the goods, services or performance provided that they do not appear to refer to a different nature, classification or category of the goods, services or performance.

- Based on the above, the Claimant considered the wording of "*no hides*" as additional data, which had no meaning in this context and had no bearing on the different nature, classification or category of the goods.
- All other documents (including packing list, b/l's, certificate of origin, insurance certificate, shipping advice, declaration and certification issued by agriculture, fisheries and forestry department) bore consistent information relating to the goods shipped, hence not withstanding the presence of the wording of "*no hides*" there was no conflict in data.
- As per ISBP 745, paragraph A23: *"A misspelling or typing error that does not affect the meaning of a word or the sentence in which it occurs does not make a document discrepant."* The Claimant believed that the additional wording of "*no hides*" was clearly a typing error which should not have been there as part of the goods description but was erroneously inserted.

The Respondent in its SWIFT message MT799 stated that: "we may find it difficult to verify the actual meaning of "no hides" but is does not imply that it has no meanings."

The Respondent claimed that because of the placement of the wording of "*no hides*" between "*description of goods — ox hides*" and "*quality of goods — no ticks, no grubs, no humps*" it considered the "*no hides*" as quality of goods to describe the goods.

Furthermore, the Respondent opined that because the wording of "*no hides*" appeared after the goods description of "*ox hides*", it treated this wording as additional data which bore a different nature (ie, the documentary credit required a shipment of "*ox hides*" but the invoice describes the goods as "*ox hides*" with "*no hides*".

In a summary, the Respondent believed that: 1) the additional words "*no hides*" in the invoice did not correspond to the description in the credit because the additional data created the confusion/misunderstanding that "no" ox hides had been shipped or that the invoices goods were "not" the ox hides required by the credit; and 2) the additional words "*no hides*" did not qualify as acceptable typographical error because its existence created misunderstanding.

Issues

1. DOCDEX decision was required to determine whether a simple editing error on beneficiary's invoice was sufficient to constitute grounds for non-payment despite UCP 600 article 14 and ISBP 745 paragraphs A23 and C5. Whether the issuing bank, in it's professional practice, should have accepted this minor error on the beneficiary's invoice, rather than

calling it out as a 'discrepancy'? To put it more precisely: Did the additional wording of "no hides" in the invoice cause the description of goods not to correspond with that in the credit?

2. Did the additional wording of "no hides" in the invoice create a conflict in data in relation to other data in that invoice and/ or in the credit?

Analysis

The issue was whether the addition of the wording of "*no hides*" in the description of goods within the commercial invoice created a discrepancy.

As per UCP 600 sub-article 14 (a):

> A nominated bank acting on its nomination, a confirming bank, if any, and the issuing bank must examine a presentation to determine, on the basis of the documents alone, whether or not the documents appear on their face to constitute a complying presentation.

UCP 600 sub-article 18 (c) states: "*The description of the goods, services or performance in a commercial invoice must correspond with that appearing in the credit.*"

Furthermore, all data in all presented required documents are subject to the general rule stated in UCP 600 sub-article 14 (d): "*Data in a document, when read in context with the credit, the document itself and international standard banking practice, need not be identical to, but must not conflict with, data in that document, any other stipulated document or the credit.*"

The Respondent claimed the following discrepancy: "*+ INVOICE - SHOWING ´NO HIDES' NO TICKS, NO GRUBS, NO HUMPS I/0 'NO TICKS, NO GRUBS, NO HUMPS' UNDER DESCRIPTION OF GOODS.*"

Consequently, the alleged discrepancy was evidently that the description of the goods in the commercial invoice did not correspond to that in the credit and/or the words "*NO HIDES*" conflicted with other data in the invoice and/or the credit.

There were, therefore, two main questions to be dealt with:

- Did the additional wording of "*no hides*" in the invoice cause the description of goods not to correspond with that in the credit?
- Did the additional wording of "*no hides*" in the invoice create a conflict in data in relation to other data in that invoice and/or in the credit?

Issue 1

The presented commercial invoice showed correctly all details stated in the credit (ie, Amendment No. 1) in relation to the description of goods, ie, trade term, number of pieces packed in 8 containers, number of pieces in each container, weight, selection, origin, the contract number, the applicant´s ref. number, as well as the description as "*NSW BRINECURED F AND T OX HIDES*" and qualifications as "*NO TICKS, NO GRUBS, NO HUMPS*".

The description of the goods, as above, fully corresponded to the description of goods in the credit and also in other presented documents.

However, the additional words "*NO HIDES*" were inserted between the description of goods "*NSW BRINECURED F AND T OX HIDES*" and the qualifications requested by the credit: "*NO TICKS, NO GRUBS, NO HUMPS*".

ISBP 745, paragraph C5 states:

> An invoice showing a description of the goods, services or performance that corresponds with that in the credit may also indicate additional data in respect of the goods, services or performance provided that they do not appear to refer to a different nature, classification or category of the goods, services or performance. For example, when a credit requires shipment of "Suede Shoes", but the invoice describes the goods as "Imitation Suede Shoes", or when the credit requires "Hydraulic Drilling Rig", but the invoice describes the goods as "Second Hand Hydraulic Drilling Rig", these descriptions would represent a change in nature, classification or category of the goods.

The words "*NO HIDES*" in the invoice, as described above, apparently referred to a different nature, classification or category of the goods. The words "*NO HIDES*" evidently negate the nature of the goods as described as obviously there is a difference between "*NSW BRINECURED F AND T OX HIDES NO TICKS, NO GRUBS, NO HUMPS*" and "*NSW BRINECURED F AND T OX HIDES NO HIDES NO TICKS, NO GRUBS, NO HUMPS*" type of goods.

It could be argued that the insertion of the words "*NO HIDES*" was caused by a typing error.

ISBP 745, paragraph A23 states:

> A misspelling or typing error that does not affect the meaning of a word or the sentence in which it occurs does not make a document discrepant. For example, a description of the goods shown as "mashine" instead of "machine", "fountan pen" instead of "fountain pen" or "modle" instead of "model" would not be regarded as a conflict of data under UCP 600 sub-article 14 (d). However, a description shown as, for example, "model 123" instead of "model 321" will be regarded as a conflict of data under that sub-article.

As evident, the paragraph A23 of ISBP 745 does not suggest that any misspelling or typing error is acceptable (ie, any error of this nature). It only states that a mere occurrence of a misspelling or a typing error in a stipulated document does not make the document discrepant (on its own). What matters is whether such a typing error or a misspelling affects the meaning of a word or the sentence in which it occurs in such a way that it would cause a discrepancy (e.g. it creates a conflict in data or it would give rise to the description of the goods not to correspond with the description of the goods in the credit).

The experts opined that inclusion of the words "*NO HIDES*" in the description of goods in the commercial invoice created a doubt whether the item shipped was "*Hides*" or "*No Hides*", ie, (completely) different goods than the goods described in the credit. In the context of examination of documents, the document-checker was not expected to go beyond what is appearing on the face of invoice/documents and the conflict arising from the documents alone.

As the commercial invoice, on its face, stated: '*No Hides*", it appeared that "*no ox hides*" were shipped or that the goods shipped were not the "*ox hides*" requested by the credit. Consequently, in the opinion of the experts, the description of goods in the commercial invoice did not correspond with that appearing in the credit.

Issue 2

It had been evidently claimed by the Respondent that the additional words of "*no hides*" created a conflict in data within the description of goods in the commercial invoice and in the credit.

The credit, as amended (Amendment no. 2), required shipment of the "*NSW BRINECURED F AND T OX HIDES*", therefore, the argument that the words "*NO HIDES*" create a conflict in data is to be considered.

The commercial invoice showed in the box designated as "Description of goods (General)":

8 CONTAINERS OF WET SALTED COW HIDES

7475 PCS ON 158 PLTS

REF. H2124

NET WEIGHT: 165,525 KGS

The box described as "(Item) Description of Goods" showed all details stated in the credit, however, in addition, it also showed "*NO HIDES*" as follows:

NSW BRINECURED F AND T OX HIDES

NO HIDES NO TICKS, NO GRUBS, NO HUMPS

The words of "*NO HIDES*" were apparently in conflict with the description of goods appearing in the commercial invoice as: "*WET SALTED COW HIDES*" and "*NSW BRINECURED F AND T OX HIDES*". As discussed above, the expression "*NO HIDES*" suggested that no hides or hides of another nature were shipped, therefore creating a conflict in data.

The words "*NO HIDES*" were, for the same reason, in conflict with the description of the goods as: "*NSW BRINECURED F AND T OX HIDES*" stated in the credit.

It could be again argued that the insertion of words "*no hides*" was evidently a typing error. On the other hand, it did not actually matter whether the data in question was inserted intentionally or by an error, being it a human error, typing error, typographical error, misspelling or the like.

As ISBP 745, paragraph A23 explains, a misspelling or typing error that does not affect the meaning of a word or a sentence in which it occurs does not make a document discrepant. This provision is, for the purposes of dealing with the issue at hand, to be interpreted in the context of the general rule stated in UCP 600 sub-article 14 (d). Consequently, the principle is that if a misspelling or typing error affects the meaning of a word or a sentence in which it occurs in such a way that it causes a conflict in data as formulated in UCP 600 sub-article 14 (d) then (and only then) it makes the document discrepant.

Whether there was or not a conflict among data in a document and other data in that document, any other stipulated document or the credit is to be determined in context of the credit (the requirements of the credit), the document itself (above all its function) and international standard banking practice.

In a summary, in the opinion of the experts, the contradiction among data in the commercial invoice and the credit (words "*no hides*" v. "*nsw brinecured F and T ox hides*" and/or "*wet salted cow hides*") did constitute "a conflict in data" as reflected in UCP 600 sub-article 14 (d).

Conclusion

The discrepancy claimed by the Respondent was valid. The additional words "*no hides*" in the invoice rendered the description of the goods in the invoice as not corresponding to the description of goods in the credit; and also created a conflict in data as described in UCP 600 sub-article 14 (d).

This was a majority decision.

Summary

An issuing bank refused documents presented under a credit due to the addition of the words 'no hides' in the description of goods within the commercial invoice. It was concluded that the discrepancy claimed by the issuing bank was valid. The additional words "no hides" in the invoice rendered the description of the goods in the invoice as not corresponding to the description of goods in the credit and also created a conflict in data as described in UCP 600 sub-article 14 (d).

Index

URDG 458

URDG 758

Keyword Index

The keywords in this index are cross-referenced to keywords in both the abstracted and full versions of the DOCDEX decisions in which they appear.

About the Editors

Gary Collyer, *Collyer Consulting Global Ltd*

From November 1996 until June 2013, Gary Collyer was the Senior Technical Adviser to the International Chamber of Commerce, where he was primarily responsible for providing numerous opinions related to the application and interpretation of ICC rules. In his ICC role, Gary has been chair of the ICC Working Group for the development of the ISP98, the strategy for a revision of UCP500 and a member of the ICC Working Groups for the development and subsequent revision of URR525 and e-UCP. More recently, he was chair of the Working Group for drafting UCP 600, ISBP 681 and 745, and URBPO.

Editor of seven ICC opinion and DOCDEX publications, he is also the editor of the 5th edition CDCS syllabus book *Guide to Documentary Credits* (2015), also editor of the *International Trade Finance publication* (9th edition) (2007). He has also produced eleven volumes of frequently asked questions under UCP 600. He is a regular lead speaker at ICC and other external seminar events on a global basis. Gary also holds the title of 'Visiting Professor' with the ifs.

On April 1, 2006 Collyer Consulting LLP was created with the sole aim of providing banks and corporates with consultancy services ranging from a traditional consultancy role through to development of training material, review of legal documentation and the provision of consistent, accurate and up to date information relating to existing offerings, new initiatives and developments in international trade. The company name changed in September 2013 to Collyer Consulting Global Ltd.

Until October 31, 2006 Gary was Corporate Director and Global Head of Traditional Trade Services, Trade Finance and Product Delivery for the Transaction Banking Group at ABN AMRO Bank N.V. Based in London, he was responsible for the development of the trade service and trade finance products including the tailored design and implementation of solutions on a global basis. In addition, he had global responsibility for the continued development and delivery from a product management perspective including the underlying policies, documentation and procedures for traditional trade services solutions (ie, Letters of Credit, Collections, Guarantees etc.) and trade finance.

Prior to joining ABN AMRO, Gary was vice president and senior technical adviser at Citibank N.A., London from August 1998 until May 2002. Gary started his banking career in 1973 with Midland Bank plc in London (which subsequently was acquired by HSBC), progressing to manager of the Letter of Credit Department and senior technical adviser.

David Meynell, *TradeLC Advisory*

Dave is the owner of TradeLC Advisory, an established trade consultancy business, and the co-owner with Gary Collyer of **www.tradefinance.training**, an online training platform for all aspects of trade finance. He previously worked for Deutsche Bank in a number of international locations for more than 30 years in a trade career encompassing Operations, System Development, Sales and Product Management.

He is Senior Technical Advisor for the ICC Banking Commission and has been involved in numerous ICC drafting groups including eUCP, ISP98, ISBP 745 and URBPO 750. Dave is an editorial advisory board member of Documentary World and a contributing editor to Trade Services Update.

Over the years, he has been a frequent coordinator and speaker at trade events globally providing workshops and training events to banks, corporates, logistic and technology providers.

Early in 2014, the ICC in partnership with The London Institute of Banking & Finance (formerly ifs University College) decided to move forward with the Certificate on International Trade and Finance (CITF®), for which Dave has been appointed as the Chief Examiner. He is also on the Test Committee for CDCS® (*Certificate for Documentary Credit Specialists*).

Contact: davidmeynell@aol.com

Appendix 1

DOCDEX RULES

INTERNATIONAL CENTRE FOR ADR | LEADING DISPUTE RESOLUTION WORLDWIDE

DOCDEX RULES

ICC INTERNATIONAL CHAMBER OF COMMERCE

Contents

Designed by Fishburn®

www.thisisfishburn.com

Printed in France in June 2015 by Imprimerie Port Royal, Trappes (78). Dépôt légal juin 2015

International Chamber of Commerce (ICC)
33-43 avenue du Président Wilson
75116 Paris, France
www.iccwbo.org

ICC Rules for Documentary Instruments Dispute Resolution Expertise

In force as from 1 May 2015

FOREWORD

ICC DOCDEX is a dispute resolution procedure specifically designed for the world of trade finance, whereby a panel of three independent and impartial experts render a decision on a dispute arising out of a trade finance instrument, undertaking or agreement. This rapid, document- based procedure offers an attractive alternative to costly and protracted litigation. DOCDEX is administered exclusively by the ICC International Centre for ADR in accordance with the ICC DOCDEX Rules set out in this booklet, which enter into force on 1 May 2015.

Since 1997 the ICC DOCDEX Rules have provided a trusted dispute resolution system for documentary credits incorporating ICC banking rules. In 2002 the Rules were extended to guarantees and collections also incorporating ICC banking rules. The 2015 revision further extends their scope to a wider range of trade finance instruments, including transactions or aspects of transactions not covered by existing ICC banking rules, such as trade loans, syndications, negotiable instruments, risk purchase agreements, conflicts of priority and fraud in letters of credit. This change will enable disputants previously left outside the ambit of DOCDEX to benefit from the service.

Speed has always been a hallmark of the DOCDEX process: decisions are reached within thirty days of the experts' receiving the file. A new and original feature of the 2015 revision is the requirement that filings be made in electronic form using standard templates downloadable from the ICC website. This change will help to streamline case administration and further accelerate the proceedings. Specimens of these forms are included in this booklet after the Rules.

As a joint product of the ICC Banking Commission and ICC Dispute Resolution Services, DOCDEX capitalizes on ICC's expertise and experience in both fields. While retaining the traditional features of DOCDEX, the 2015 Rules are attuned to best professional practices and include safeguards to ensure the competence, independence, impartiality and availability of experts, quality assurance through the scrutiny of decisions, confidentiality, cost transparency and procedural efficiency.

The ICC DOCDEX Rules and more information on how to use the service can be found at www.iccdocdex.org.

PREAMBLE

The DOCDEX Rules (the "Rules") of the International Chamber of Commerce ("ICC") are for use in proceedings called Documentary Instruments Dispute Resolution Expertise ("DOCDEX"), which are administered by the ICC International Centre for ADR (the "Centre"), a separate administrative body within the ICC.

ARTICLE 1

Definitions

In the Rules:

Appendix means the Appendix entitled "Fees and Costs" set out hereinafter and at www.iccdocdex.org, where it may from time to time be updated.

Appointed Experts means a panel of three experts and "Appointed Expert" any member of that panel appointed by the Centre, having regard to the guidance provided by the Technical Adviser pursuant to Article 7(4), to render a Decision as defined below.

Banking Commission means the ICC Banking Commission.

Claimant/Claimants means a party or parties that submit(s) a Claim to the Centre in the manner described in Article 3 for a Decision as defined below.

Decision means the final decision rendered by the Appointed Experts pursuant to Article 9.

Form means one of the four forms set out hereinafter, available to download at www.iccdocdex.org.

ICC Banking Rules means any set of rules or standard practices issued from time to time by the Banking Commission, such as the ICC Uniform Customs and Practice for Documentary Credits (UCP), the ICC Uniform Rules for Bank-to-Bank Reimbursements under Documentary Credits (URR), the ICC Uniform Rules for Collections (URC) and the ICC Uniform Rules for Demand Guarantees (URDG).

Respondent/Respondents means a party or parties named as such in the Claim.

Technical Adviser means one of the Banking Commission's technical advisers or alternate technical advisers appointed by the Chair of the Banking Commission to provide guidance as indicated in Articles 2(1), 7(3) and 7(4) and comments on any draft Decision of the Appointed Experts as indicated in Article 9(2).

ARTICLE 2
Scope

1. The Rules are available for any dispute which the Centre, in consultation with the Technical Adviser and subject to Articles 2(2) and 2(3) of the Rules, may agree to administer and which relates to:

   > a documentary credit,

   > a standby letter of credit,

   > a bank-to-bank reimbursement,

   > a collection,

   > a demand guarantee or counter-guarantee,

   > a forfaiting transaction,

   > a bank payment obligation (BPO), or

   > any other trade finance-related instrument, undertaking or agreement.

2. When a dispute falling within the scope of Article 2(1) of the Rules arises, a party may refer the dispute to the Rules to obtain an independent, impartial and prompt expert decision on the basis of the terms and conditions of the relevant instrument, undertaking or agreement, any applicable ICC Banking Rules and international standard practice in trade finance.

3. If the dispute arises out of or is in connection with an instrument, undertaking or agreement that does not provide for the application of ICC Banking Rules, it shall be administered under the Rules only if each Claimant and each Respondent so agree. Their agreement shall be recorded on Forms 1 and 2.

4. The Rules provide for expedited proceedings, with no opportunity for the oral examination of fact or expert witnesses or for oral submissions at a hearing. Accordingly, the Rules are not appropriate where such examination or submissions are required to resolve any factual or legal issues raised by the Claim.

5. Proceedings under the Rules are not arbitral proceedings and a Decision is not an arbitral award.

6. A Decision shall not be binding on any Claimant or Respondent unless each Claimant and Respondent agrees that the Decision shall be contractually binding upon them. Any such agreement shall be recorded on Forms 1 and 2.

ARTICLE 3
Claim

1. A Claimant shall apply for a Decision by submitting a claim to the Centre using Form 1 (the "Claim"). The Claim shall be accompanied by all documents that the Claimant considers necessary to support its Claim. The Claim and all accompanying documents shall be supplied to the Centre in electronic form, together with one hard copy for each Respondent.

2. A Claimant may submit a Claim individually or jointly with one or more other Claimants.

3. At the time of submitting a Claim, the Claimant shall pay the fee specified in the Appendix.

4. Subject to Article 3(6) of the Rules, the Centre shall acknowledge receipt of the Claim and the fee to the Claimant.

5. Subject to Article 3(6) of the Rules, once the Centre has received the electronic and hard copies of the Claim and the fee, it shall send a hard copy of the Claim and any accompanying documents to each Respondent identified in the Claim for its Answer, as provided in Article 11(1) of the Rules.

6. If the Centre finds a Claim or part of a Claim to be outside the scope of the Rules, or considers in its discretion that the administration of a Claim or part of a Claim would not be in the spirit of the Rules, the Centre may reject all or part of that Claim at any time, before or after acknowledging receipt, and in such event shall so inform the Claimant and any Respondent to which the Centre has sent a copy of the Claim. The Centre shall also refund all or part of any fee received pursuant to Article 3(3) of the Rules, as appropriate.

7. In considering whether or not to reject a Claim or part of a Claim prior to the appointment of the Appointed Experts, the Centre may seek guidance from the Technical Adviser pursuant to Articles 2(1) and 7(3) of the Rules. Following the appointment of the Appointed Experts, the Centre shall reject a Claim or part of a Claim if informed by a majority of the Appointed Experts pursuant to Article 8(3) that they consider it to be outside the scope of the Rules.

ARTICLE 4
Answer

1. A Respondent may submit an answer to a Claim (the "Answer") using Form 2. The Answer, if any, shall be accompanied by

any additional documents that the Respondent considers necessary to support its Answer.

2. The Answer and all accompanying documents shall be supplied to the Centre only in electronic form in accordance with Article 11(2) of the Rules. The Centre shall forward the Answer and any accompanying documents to the Claimant and any other Respondent.
3. A Respondent may submit its Answer individually or jointly with one or more other Respondents.
4. An Answer must be received by the Centre within the period it specifies when sending the Claim to each Respondent, which shall not exceed 30 days, save exceptional circumstances. Any Answer received by the Centre after the expiry of the specified period shall be disregarded.
5. If a Respondent does not submit an Answer, the proceedings shall nonetheless continue.

ARTICLE 5

Supplementary information and additional documents

1. The Centre may request a Claimant or Respondent to submit supplementary information or copies of documents that the Centre considers relevant to the rendering of a Decision, whereupon such information or documents shall be submitted using Form 3 (the "Supplement").
2. A Supplement shall be submitted to the Centre within 14 days of its request, in electronic form only. The Centre shall forward the Supplement to each Claimant and Respondent.
3. A Supplement shall be submitted to the Centre only in response to a request from the Centre. Any unsolicited submission made to the Centre by any Claimant or Respondent shall be disregarded. The Centre may, at its discretion, accede to a request from a Claimant or Respondent for permission to make a new or additional submission, whereupon such submission shall be supplied in the form of a Supplement within the period indicated by the Centre.
4. No submission by any person other than a Claimant or Respondent shall be admitted in the proceedings and any such submission received by the Centre shall be disregarded.

ARTICLE 6

Filing and Finality of submissions

1. In addition to the requirements set out in Articles 3(1), 4(1) and 5(1) of the Rules with regard to the form of a Claim, Answer and Supplement, the Centre may require any document to be submitted in hard copy or for the electronic copy to be submitted in a particular electronic form.
2. All fields in the relevant Form shall be completed concisely, in English, and shall contain all necessary information clearly presented.
3. If a document accompanying a Claim, Answer or Supplement contains data not drafted in English, it shall be accompanied by an English translation, unless the Centre agrees otherwise in writing.
4. A Claim, Answer and Supplement shall be considered final as received and may not be amended.

ARTICLE 7

Appointment of Experts

1. The Banking Commission maintains a list of experts (the "List") having experience in, and knowledge of, trade finance transactions. The Chair of the Banking Commission is the repository of the List and can add or remove experts from the List at any time, as need be.
2. The Centre shall transmit a copy of the Claim to the Technical Adviser after verifying the Technical Adviser's independence with respect to the parties referred to in the Claim.
3. The Technical Adviser shall, if requested, offer guidance to the Centre on whether the Claim falls within the scope of the Rules.
4. The Technical Adviser shall also provide guidance on the area(s) of expertise that the Claim requires and that the Appointed Experts should possess. Having regard to this guidance, the Centre shall make the appointments and designate one of the Appointed Experts to act as president (the "President").
5. Each Appointed Expert must be and remain impartial and independent of the parties involved in the dispute.
6. An Appointed Expert shall not act or have acted, nor shall any Claimant or Respondent seek to have an Appointed Expert act, in any judicial, arbitral or similar proceedings relating to the dispute that is or was the subject of proceedings under the Rules, whether as a judge, an arbitrator, an expert or fact witness, or a representative or adviser.

7. Before any appointment, prospective Appointed Experts shall sign a statement of acceptance, availability, impartiality and independence and shall disclose in writing to the Centre any facts or circumstances which might be of such a nature as to call into question their independence in the eyes of any Claimant or Respondent, as well as any circumstances that could give rise to reasonable doubts as to their impartiality. The Centre shall take any such disclosure into account before making the appointment.

8. An Appointed Expert shall immediately disclose in writing to the Centre any facts or circumstances of a similar nature to those referred to in Article 7(7) of the Rules concerning the Appointed Expert's impartiality or independence which may arise during the proceedings.

9. By accepting to serve, an Appointed Expert undertakes to carry out the Appointed Expert's responsibilities in accordance with the Rules.

10. An Appointed Expert who becomes unable to carry out the functions entrusted by the Centre shall so inform the Centre without delay. When the Centre deems that an Appointed Expert is unable to carry out the Appointed Expert's role under the Rules, it shall immediately give notice of termination to such Appointed Expert. The Centre shall inform the other Appointed Experts of such termination and make another appointment from the List.

11. Upon receipt of a notice of termination, an Appointed Expert shall promptly dispose of any documents received from the Centre in an appropriate manner as agreed with the Centre.

ARTICLE 8
The Proceedings

1. Unless the Centre has rejected the Claim pursuant to Article 3(6) of the Rules, the Centre shall transmit the Claim, any Answer and any Supplement(s) to the Appointed Experts.

2. When considered necessary by the Appointed Experts, the President may ask the Centre to request any Claimant or Respondent to submit a Supplement in accordance with Article 5 of the Rules.

3. If the Appointed Experts consider that the Claim is outside the scope of the Rules, they shall so inform the Centre, which shall reject the Claim pursuant to Article 3(6) of the Rules.

4. Notwithstanding any disagreement between the Claimant and Respondent as to whether the Claim falls within the scope of the Rules, the Appointed Experts shall continue with the proceedings and render a Decision to the extent that they consider the Claim to fall within the scope of the Rules.

5. Following deliberations among the Appointed Experts, the President shall prepare and submit to the Centre a draft of the Decision for scrutiny pursuant to Article 9(2) of the Rules. The draft Decision shall be submitted within 30 days of receipt by the Appointed Experts of all information and documents they consider necessary for determining the issues in dispute.

6. In exceptional circumstances, and upon a reasoned request submitted by the President, the Centre may extend the time limit for the Appointed Experts to render their draft Decision.

7. There shall be no oral hearing before the Appointed Experts.

ARTICLE 9
The Decision

1. The Decision shall be drafted in English using Form 4.

2. Upon receipt of the draft Decision from the President, the Centre shall transmit it forthwith to the Technical Adviser for scrutiny. The Technical Adviser may lay down modifications as to the form of the draft Decision and, without affecting the Appointed Experts' liberty of decision, may also draw their attention to points of substance. No Decision shall be rendered by the Appointed Experts until it has been approved by the Technical Adviser as to its form.

3. The Decision may be made unanimously or on a majority basis and shall so indicate.

4. The Decision shall be deemed to have been made on the date stated therein.

5. The Appointed Experts shall render the Decision exclusively on the basis of the Claim, any Answer and any Supplement, the terms and conditions of the trade finance-related instrument, undertaking or agreement, the ICC Banking Rules that may be applicable and international standard practice in trade finance.

6. Once a Decision has been made, the Centre shall make it available to each Claimant and to any Respondent that has submitted an Answer pursuant to Article 4 of the Rules.

ARTICLE 10
Costs

1. The costs of the DOCDEX proceedings shall be the standard fee set out in the Appendix. The standard fee shall be non-refundable, unless the Centre rejects all or part of the Claim pursuant to Article 3(6) of the Rules.

2. An additional fee may be fixed by the Centre, at its discretion, taking into account the facts and documents underlying the dispute and subject to the maximum specified in Article 2 of the Appendix.

3. The Centre shall fix a time limit for the payment of the additional fee. The Centre may instruct the Appointed Experts to suspend their work until the additional fee has been paid.

ARTICLE 11

Notifications or Communications; time limits

1. A hard copy of the Claim shall be sent by the Centre to each Respondent pursuant to Article 3(5) of the Rules. It shall be sent by delivery against receipt, registered post or courier to the address of the Respondent provided by the Claimant in the Claim.

2. Subject to Article 11(1) of the Rules, all notifications or communications to and from the Centre shall be made by email or by any other means of telecommunications, excluding fax, that provides a record of the sending thereof. Such notifications or communications shall be made to the last email or other electronic address of the Claimant or Respondent, or its representative for whom the same are intended, as notified for this purpose by the party in question. If the Respondent fails to notify the Centre of an email or other electronic address, then the Centre may use the address for the Respondent that is provided by the Claimant.

3. A notification or communication shall be deemed to have been made on the day it was received by the Claimant or Respondent itself or by its representative, or would have been received if made in accordance with Article 11(2) of the Rules.

4. Periods of time specified in or fixed under the Rules shall start to run on the day following the date a notification or communication is deemed to have been made in accordance with Article 11(3) of the Rules. When the day following such date is an official holiday or a non-business day in the country where the notification or communication is deemed to have been made, the period of time shall commence on the first following business day. Official holidays and non-business days are included in the calculation of the period of time. If the last day of the relevant period of time granted is an official holiday or a non-business day in the country where the notification or communication is deemed to have been made, the period of time shall expire at the end of the first following business day.

ARTICLE 12

General

1. The Centre may authorize the publication of any Decision, provided that the identities of each Claimant, Respondent and any other person or entity named in the Claim, Answer or any Supplement are not disclosed.

2. Any information or documents given by the Centre to the Technical Adviser or the Appointed Experts in connection with proceedings under the Rules shall be used by the Technical Adviser and the Appointed Experts only for the purpose of such proceedings and shall be treated by them, as well as by the Centre, as confidential.

3. The Centre, the Technical Adviser and the Appointed Experts shall not reveal the identities of the Appointed Experts and the Technical Adviser to any Claimant, Respondent or other person.

4. In all matters not expressly provided for in the Rules, the Technical Adviser, the Appointed Experts and the Centre shall act in the spirit of the Rules.

5. The Technical Adviser, the Appointed Experts, the Centre, the ICC and its employees, and the ICC National Committees and Groups and their employees and representatives shall not be liable to any person for any act or omission in connection with any proceedings or Decision under the Rules, except to the extent such limitation of liability is prohibited by applicable law.

6. The version of the Rules that is applicable at the time of submission of a Claim shall apply to the proceedings, unless otherwise agreed by each Claimant and Respondent.

APPENDIX - FEES AND COSTS

1. **Standard Fee**
   Where the amount in dispute does not exceed US$ 1,000,000, the standard fee is US$ 5,000, which includes the Centre's administrative expenses and the Appointed Experts' fees. For all amounts in dispute exceeding US$ 1,000,000, the standard fee is US$ 10,000.

2. **Additional Fee**
   As indicated in Article 10(2) of the Rules, the Centre may charge an additional fee of up to 50% of the standard fee.

3. **Payment**
   Payment shall be made by bank transfer to the account of the International Chamber of Commerce shown below, carrying the reference "DOCDEX case".

   NATIXIS
   30 avenue Pierre Mendès France
   75013 Paris
   France
   SWIFT code: NATXFRPPXXX
   IBAN: FR76 3000 7999 9927 8288 3000 012

   At the time of payment, an advice in writing should be sent to:

   ICC International Centre for ADR
   33-43 avenue du Président Wilson
   75116 Paris, France
   docdex@iccwbo.org

   stating the following data:

   > DOCDEX case number (if known to the Claimant)
   > Date of Claim
   > Name of Claimant
   > Date and amount of payment
   > Postal address

4. **Currency, VAT and Scope**
   a. All amounts fixed by the Centre or pursuant to the Rules and the Appendix are payable in US dollars except where prohibited by law, in which case the ICC may apply a different scale and fee arrangement in another currency.
   b. Any standard or additional fee may be subject to value added tax (VAT) or charges of a similar nature at the prevailing rate.
   c. The above provisions on the costs of proceedings shall be effective as of 1 May 2015 in respect of all proceedings commenced on or after such date under the present or any previous version of the ICC DOCDEX Rules.

5. **Disclaimer**
   This Appendix is subject to change without notice. Please refer to www.iccdocdex.org for the current version.

FORM 1: **CLAIM**
SPECIMEN ONLY

This Form is available for download at www.iccdocdex.org

Date:	Day: Month: Year:	
To:	Once completed, this interactive Form should be sent by email to docdex@iccwbo.org and in hard copy to International Chamber of Commerce, International Centre for ADR, 33-43 avenue du Président Wilson, 75116 Paris, France. We, the Claimant/Claimants, hereby submit our Claim for a Decision under the ICC DOCDEX Rules. Unless stated otherwise, terms defined in the Rules shall have the same meaning when used in this Claim. We certify that the electronic and hard copies of the Claim and accompanying documents supplied to the Centre pursuant to Article 3(1) of the Rules are identical.	
MANDATORY INFORMATION		
Do ICC Banking Rules apply?	Does the dispute arise out of or in connection with an instrument, undertaking or agreement that provides for the application of ICC Banking Rules?	☐YES ☐NO
	If NO, has the Claimant/have the Claimants sought the agreement of each Respondent that the Claim should be subject to the Rules?	☐YES ☐NO
	The Claimant/Claimants should note that, unless each Respondent confirms its agreement by answering the relevant question in Form 2, the Centre will refuse to administer the Claim under the Rules and reject the Claim.	
Binding Decision:	Has each Claimant and each Respondent agreed that the Decision shall be contractually binding upon them?	☐YES ☐NO
	If YES, provide a copy of the agreement as an attachment to the Claim.	
	If NO, do you propose that the Decision should be contractually binding upon each Claimant and each Respondent?	☐YES ☐NO

17

FORM 1: **CLAIM** (continued)

PART I: PARTIES

Claimant 1:[1]	Name:
	Address:
	For the attention of:[2]
	Email address:
	Capacity:[3]
Counsel to Claimant 1:	Name:
	Address:
	Email address:

Provide details of any additional Claimants and their counsel here. The space will expand as necessary.

Respondent 1:[4]	Name:
	Address:
	For the attention of:[5]
	Email address:
	Capacity:[6]
Counsel to Respondent 1:	Name:
	Address:
	Email address:

Provide details of any additional Respondents and their counsel here. The space will expand as necessary.

PART II: BACKGROUND

Summary of the dispute

Set out chronologically the background and circumstances, supported by any relevant documents. Electronic versions of these documents should accompany the electronic version of the Claim. Start a new line for each event.

Date:	Events:	Attachment No:

PART III: CLAIMANT'S/CLAIMANTS' SUBMISSION

Set out your Claim, referring where necessary to any supporting document(s) provided as electronic attachment(s).

Space will expand to accommodate the amount of information provided.

List of electronic attachments (start a new line for each attachment):

Title of document:	Attachment No:

PART IV: ISSUE(S) FOR A DECISION

Set out concisely the precise issue(s) requiring a Decision.

Space will expand to accommodate the amount of information provided.

1.

FORM 1: **CLAIM** (continued)

PART V: FEE

We confirm that an amount of US$[7]
has been transferred to:
INTERNATIONAL CHAMBER OF COMMERCE
33-43 avenue du Président Wilson
75116 Paris, France

by crediting the following account:

NATIXIS
30 avenue Pierre Mendès France
75013 Paris
France

IBAN: FR76 3000 7999 9927 8288 3000 012
Swift code: NATXFRPPXXX

A bank transfer advice mentioning the name of the party on whose behalf the payment is made and carrying the reference "DOCDEX case" is attached. ☐YES ☐NO

If NO, please forward proof of payment as soon as the transfer has been made.

Please note that due to applicable banking regulations payments must originate from the Claimant/Claimants. In the case of third party payments, please provide a power of attorney expressly indicating that the paying party is authorized to pay on behalf of Claimant/Claimants or a legal document expressly indicating the legal relationship between the paying party and the Claimant/Claimants.

Is the payment made by a third party? ☐YES ☐NO

If YES, is the above-mentioned documentation attached? ☐YES ☐NO

For and on behalf of[8]

Name of the Claimant 1: ____________________

Name and title of signatory: ____________________

Signature: ____________________

Continue with any further Claimants here. The space will expand as necessary.

1. The party or parties bringing the Claim. A Claimant may submit a Claim individually or jointly with one or more other Claimants (see Article 3(2)). If the Claim is submitted jointly, list all Claimants separately, using the extra space available below where necessary.
2. A contact person or the relevant department within the Claimant.
3. Identify the role of the Claimant, e.g. the beneficiary or nominated bank of the documentary credit or the beneficiary or guarantor of the demand guarantee.
4. The other party or parties in the dispute (see Article 4(1)). If there are several Respondents, list them all separately, using the extra space available below where necessary.
5. A contact person or the relevant department within the Respondent.
6. Identify the role of the Respondent, e.g. the issuing or confirming bank of the documentary credit or the counter-guarantor in a counter-guarantee.
7. With respect to the currency of payment, see ICC DOCDEX Rules, Appendix, Article 4(1).
8. To be signed by each Claimant where the Claim is submitted jointly by more than one Claimant.

19

FORM 2: **ANSWER**
SPECIMEN ONLY

This Form is available for download at www.iccdocdex.org

Date:	Day: Month: Year:
To:	Once completed, this interactive Form should be sent by email to the ICC International Centre for ADR at docdex@iccwbo.org. We, the Respondent/Respondents,[1] hereby submit an Answer for a Decision in accordance with the ICC DOCDEX Rules. Unless stated otherwise, terms defined in the Rules shall have the same meaning when used in this Answer.
MANDATORY INFORMATION	
Agreement to submit to the Rules:	If the Claimant has/Claimants have sought your agreement that the dispute to which the Claim relates should be subject to the Rules notwithstanding the fact that the dispute arises out of or in connection with an instrument, undertaking or agreement that does **not** provide for the application of ICC Banking Rules, do you confirm your agreement? ☐YES ☐NO
Binding Decision:	If the Claimant has/Claimants have proposed in the Claim that the Decision should be contractually binding upon each Claimant and each Respondent, do you agree with that proposal? ☐YES ☐NO
PART I: PARTIES	
Claimant 1:[2]	Name:
	Address:
	For the attention of:[3]
	Email address:
	Capacity:[4]
Counsel to Claimant 1:	Name:
	Address:
	Email address:
Provide details of any additional Claimants and their counsel here. The space will expand as necessary.	
Respondent 1:[5]	Name:
	Address:
	For the attention of:[6]
	Email address:
	Capacity:[7]
Counsel to Respondent 1:	Name:
	Address:
	Email address:
Provide details of any additional Respondents and their counsel here. The space will expand as necessary.	

20 ICC Publication 872-1 ENG

FORM 2: **ANSWER** (continued)

PART II: RESPONDENT'S/RESPONDENTS' SUBMISSION
Set out your Answer to the Claim, referring where necessary to any supporting documents provided as electronic attachment(s).

Space will expand to accommodate the amount of information provided.

List of electronic attachments (start a new line for each attachment):

Title of document:	Attachment No:

For and on behalf of[8]

Name of the Respondent 1: ______

Name and title of signatory: ______

Signature: ______

Continue with any further Respondents here. The space will expand as necessary.

1. Where there is more than one Respondent, each Respondent may submit its Answer individually or jointly with one or more other Respondents (see Article 4(3)). If there is more than one Respondent and each Respondent is submitting an individual Answer, indicate whether the Answer is made by Respondent 1, Respondent 2, etc., as indicated on Form 1.
2. The party or parties bringing the Claim. A Claimant may submit a Claim individually or jointly with one or more other Claimants (see Article 3(2)). If the Claim is submitted jointly, list all Claimants separately, using the extra space available below where necessary.
3. A contact person or the relevant department within the Claimant as shown on the Claim.
4. Identify the role of the Claimant, e.g. the beneficiary or nominated bank of the documentary credit or the beneficiary or guarantor of the demand guarantee.
5. The other party or parties in the dispute (see Article 4(1)). If there are several Respondents, list them all separately, using the extra space available below where necessary.
6. A contact person or the relevant department within the Respondent.
7. Identify the role of the Respondent, e.g. the issuing or confirming bank of the documentary credit or the counter-guarantor in a counter-guarantee.
8. To be signed by each Respondent where the Answer is submitted jointly by more than one Respondent.

21

FORM 3: **SUPPLEMENT**
SPECIMEN ONLY

This Form is available for download at www.iccdocdex.org

DOCDEX No:	
Date:	Day: Month: Year:
To:	Once completed, this interactive Form should be sent by email to the ICC International Centre for ADR at docdex@iccwbo.org.
	In response to your request dated ×× ,[1] the Claimant(s)/Respondent(s)[2] hereby provide(s) the following supplementary information in accordance with the ICC DOCDEX Rules.

PART I: NAME OF PARTY SUBMITTING SUPPLEMENT

Name: Claimant/Respondent[3]

Is this Supplement submitted on behalf of more than one party? ☐YES ☐NO

If YES, list the other parties on whose behalf it is submitted:
Space will expand to accommodate the amount of information provided.

PART II: SUPPLEMENTARY DOCUMENT(S)
Response to the request to submit a Supplement
List the information and supporting documents attached, if any.
Space will expand to accommodate the amount of information provided.

1.

List of electronic attachments (start a new line for each attachment):

Title of document: Attachment No:

For and on behalf of

Name of the Claimant/Respondent:[4] ____________

Name and title of signatory: ____________

Signature: ____________

1. Insert date.
2. Select as appropriate.
3. Select as appropriate.
4. Select as appropriate. Specify any other party or parties on whose behalf the Supplement is submitted.

22 ICC Publication 872-1 ENG

Appendix 2

ICC Uniform Customs and Practice for Documentary Credits (UCP 600)

Contents

The Uniform Customs and Practice for Documentary Credits were first published by ICC in 1933. Revised versions were issued in 1951, 1962, 1974, 1983 and 1993.

This revision was adopted by the ICC Executive Board in November 2006 and first published as ICC Publication No. 600 in December 2006.

The English language version of the Uniform Customs and Practice for Documentary Credits provides the official text of the rules. The titles provided for the articles are for reference only.

The official French translation is also published by ICC SERVICES, Publications Department. Translations in other languages and bilingual versions may be available from ICC national committees.

Please visit www.iccwbo.org for a full list of national committees.

Reprinted January 2007

ICC SERVICES
Publications Department
33-43 avenue du Président Wilson
75116 Paris - France

storeiccwbo.org

ICC Publication No. 600
ISBN-10: 92-842-1257-X
ISBN-13: 978-92-842-1257-6

ICC Uniform Customs and Practice for Documentary Credits

ARTICLE 1

Application of UCP

The Uniform Customs and Practice for Documentary Credits, 2007 Revision, ICC Publication No. 600 ("UCP") are rules that apply to any documentary credit ("credit") (including, to the extent to which they may be applicable, any standby letter of credit) when the text of the credit expressly indicates that it is subject to these rules. They are binding on all parties thereto unless expressly modified or excluded by the credit.

ARTICLE 2

Definitions

For the purpose of these rules:

Advising bank means the bank that advises the credit at the request of the issuing bank.

Applicant means the party on whose request the credit is issued.

Banking day means a day on which a bank is regularly open at the place at which an act subject to these rules is to be performed.

Beneficiary means the party in whose favour a credit is issued.

Complying presentation means a presentation that is in accordance with the terms and conditions of the credit, the applicable provisions of these rules and international standard banking practice.

Confirmation means a definite undertaking of the confirming bank, in addition to that of the issuing bank, to honour or negotiate a complying presentation.

Confirming bank means the bank that adds its confirmation to a credit upon the issuing bank's authorization or request.

Credit means any arrangement, however named or described, that is irrevocable and thereby constitutes a definite undertaking of the issuing bank to honour a complying presentation.

Honour means:

a. to pay at sight if the credit is available by sight payment.

b. to incur a deferred payment undertaking and pay at maturity if the credit is available by deferred payment.

c. to accept a bill of exchange ("draft") drawn by the beneficiary and pay at maturity if the credit is available by acceptance.

Issuing bank means the bank that issues a credit at the request of an applicant or on its own behalf.

Negotiation means the purchase by the nominated bank of drafts (drawn on a bank other than the nominated bank) and/or documents under a complying presentation, by advancing or agreeing to advance funds to the beneficiary on or before the banking day on which reimbursement is due to the nominated bank.

Nominated bank means the bank with which the credit is available or any bank in the case of a credit available with any bank.

Presentation means either the delivery of documents under a credit to the issuing bank or nominated bank or the documents so delivered.

Presenter means a beneficiary, bank or other party that makes a presentation.

ARTICLE 3

Interpretations

For the purpose of these rules:

Where applicable, words in the singular include the plural and in the plural include the singular.

A credit is irrevocable even if there is no indication to that effect. A document may be signed by handwriting, facsimile signature,

perforated signature, stamp, symbol or any other mechanical or electronic method of authentication.

A requirement for a document to be legalized, visaed, certified or similar will be satisfied by any signature, mark, stamp or label on the document which appears to satisfy that requirement.

Branches of a bank in different countries are considered to be separate banks.

Terms such as "first class", "well known", "qualified", "independent", "official", "competent" or "local" used to describe the issuer of a document allow any issuer except the beneficiary to issue that document.

Unless required to be used in a document, words such as "prompt", "immediately" or "as soon as possible" will be disregarded.

The expression "on or about" or similar will be interpreted as a østipulation that an event is to occur during a period of five calendar days before until five calendar days after the specified date, both start and end dates included.

The words "to", "until", "till", "from" and "between" when used to determine a period of shipment include the date or dates mentioned, and the words "before" and "after" exclude the date mentioned. The words "from" and "after" when used to determine a maturity date exclude the date mentioned.

The terms "first half " and "second half " of a month shall be construed respectively as the 1st to the 15th and the 16th to the last day of the month, all dates inclusive.

The terms "beginning", "middle" and "end" of a month shall be construed respectively as the 1st to the 10th, the 11th to the 20th and the 21st to the last day of the month, all dates inclusive.

ARTICLE 4

Credits v. Contracts

a. A credit by its nature is a separate transaction from the sale or other contract on which it may be based. Banks are in no way concerned with or bound by such contract, even if any reference whatsoever to it is included in the credit. Consequently, the undertaking of a bank to honour, to negotiate or to fulfil any other obligation under the credit is not subject to claims or defences by the applicant resulting from its relationships with the issuing bank or the beneficiary.

A beneficiary can in no case avail itself of the contractual relationships existing between banks or between the applicant and the issuing bank.

b. An issuing bank should discourage any attempt by the applicant to include, as an integral part of the credit, copies of the underlying contract, proforma invoice and the like.

ARTICLE 5

Documents v. Goods, Services or Performance

Banks deal with documents and not with goods, services or performance to which the documents may relate.

ARTICLE 6

Availability, Expiry Date and Place for

Presentation

a. A credit must state the bank with which it is available or whether it is available with any bank. A credit available with a nominated bank is also available with the issuing bank.

b. A credit must state whether it is available by sight payment, deferred payment, acceptance or negotiation.

c. A credit must not be issued available by a draft drawn on the applicant.

d.

i. A credit must state an expiry date for presentation. An expiry date stated for honour or negotiation will be deemed to be an expiry date for presentation.

ii. The place of the bank with which the credit is available is the place for presentation. The place for presentation under a credit available with any bank is that of any bank. A place for presentation other than that of the issuing bank is in addition to the place of the issuing bank.

e. Except as provided in sub-article 29 (a), a presentation by or on behalf of the beneficiary must be made on or before the expiry date.

ARTICLE 7

Issuing Bank Undertaking

a. Provided that the stipulated documents are presented to the nominated bank or to the issuing bank and that they constitute a complying presentation, the issuing bank must honour if the credit is available by:

i. sight payment, deferred payment or acceptance with the issuing bank;

ii. sight payment with a nominated bank and that nominated bank does not pay;

iii. deferred payment with a nominated bank and that nominated bank does not incur its deferred payment undertaking or, having incurred its deferred payment undertaking, does not pay at maturity;

iv. acceptance with a nominated bank and that nominated bank does not accept a draft drawn on it or, having accepted a draft drawn on it, does not pay at maturity;

v. negotiation with a nominated bank and that nominated bank does not negotiate.

b. An issuing bank is irrevocably bound to honour as of the time it issues the credit.

c. An issuing bank undertakes to reimburse a nominated bank that has honoured or negotiated a complying presentation and forwarded the documents to the issuing bank. Reimbursement for the amount of a complying presentation under a credit available by acceptance or deferred payment is due at maturity, whether or

not the nominated bank prepaid or purchased before maturity. An issuing bank's undertaking to reimburse a nominated bank is independent of the issuing bank's undertaking to the beneficiary.

ARTICLE 8

Confirming Bank Undertaking

a. a. Provided that the stipulated documents are presented to the confirming bank or to any other nominated bank and that they constitute a complying presentation, the confirming bank must:

i. honour, if the credit is available by

a) sight payment, deferred payment or acceptance with the confirming bank;

b) sight payment with another nominated bank and that nominated bank does not pay;

c) deferred payment with another nominated bank and that nominated bank does not incur its deferred payment undertaking or, having incurred its deferred payment undertaking, does not pay at maturity;

d) acceptance with another nominated bank and that nominated bank does not accept a draft drawn on it or, having accepted a draft drawn on it, does not pay at maturity;

e) negotiation with another nominated bank and that nominated bank does not negotiate.

ii. negotiate, without recourse, if the credit is available by negotiation with the confirming bank.

b. A confirming bank is irrevocably bound to honour or negotiate as of the time it adds its confirmation to the credit.

c. A confirming bank undertakes to reimburse another nominated bank that has honoured or negotiated a complying presentation and forwarded the documents to the confirming bank. Reimbursement for the amount of a complying presentation under a credit available by acceptance or deferred payment is due at maturity, whether or not another nominated bank prepaid or purchased before maturity. A confirming bank's undertaking to reimburse another nominated bank is independent of the confirming bank's undertaking to the beneficiary.

d. If a bank is authorized or requested by the issuing bank to confirm a credit but is not prepared to do so, it must inform the issuing bank without delay and may advise the credit without confirmation.

ARTICLE 9

Advising of Credits and Amendments

a. A credit and any amendment may be advised to a beneficiary through an advising bank. An advising bank that is not a confirming bank advises the credit and any amendment without any undertaking to honour or negotiate.

b. By advising the credit or amendment, the advising bank signifies that it has satisfied itself as to the apparent authenticity of the credit or amendment and that the advice accurately reflects the

c. terms and conditions of the credit or amendment received.

d. An advising bank may utilize the services of another bank ("second advising bank") to advise the credit and any amendment to the beneficiary. By advising the credit or amendment, the second advising bank signifies that it has satisfied itself as to the apparent authenticity of the advice it has received and that the advice accurately reflects the terms and conditions of the credit or amendment received.

e. A bank utilizing the services of an advising bank or second advising bank to advise a credit must use the same bank to advise any amendment thereto.

f. If a bank is requested to advise a credit or amendment but elects not to do so, it must so inform, without delay, the bank from which the credit, amendment or advice has been received.

g. If a bank is requested to advise a credit or amendment but cannot satisfy itself as to the apparent authenticity of the credit, the amendment or the advice, it must so inform, without delay, the bank from which the instructions appear to have been received. If the advising bank or second advising bank elects nonetheless to advise the credit or amendment, it must inform the beneficiary or second advising bank that it has not been able to satisfy itself as to the apparent authenticity of the credit, the amendment or the advice.

ARTICLE 10

Amendments

a. Except as otherwise provided by article 38, a credit can neither be amended nor cancelled without the agreement of the issuing bank, the confirming bank, if any, and the beneficiary.

b. An issuing bank is irrevocably bound by an amendment as of the time it issues the amendment. A confirming bank may extend its confirmation to an amendment and will be irrevocably bound as of the time it advises the amendment. A confirming bank may, however, choose to advise an amendment without extending its confirmation and, if so, it must inform the issuing bank without delay and inform the beneficiary in its advice.

c. The terms and conditions of the original credit (or a credit incorporating previously accepted amendments) will remain in force for the beneficiary until the beneficiary communicates its acceptance of the amendment to the bank that advised such amendment. The beneficiary should give notification of acceptance or rejection of an amendment. If the beneficiary fails to give such notification, a presentation that complies with the credit and to any not yet accepted amendment will be deemed to be notification of acceptance by the beneficiary of such amendment. As of that moment the credit will be amended.

d. A bank that advises an amendment should inform the bank from which it received the amendment of any notification of acceptance or rejection.

e. Partial acceptance of an amendment is not allowed and will be deemed to be notification of rejection of the amendment. f. A provision in an amendment to the effect that the amendment shall enter into force unless rejected by the beneficiary within a certain time shall be disregarded.

ARTICLE 11

Teletransmitted and Pre-Advised Credits and Amendments

a. An authenticated teletransmission of a credit or amendment will be deemed to be the operative credit or amendment, and any subsequent mail confirmation shall be disregarded. If a teletransmission states "full details to follow" (or words of similar effect), or states that the mail confirmation is to be the operative credit or amendment, then the teletransmission will not be deemed to be the operative credit or amendment. The issuing bank must then issue the operative credit or amendment without delay in terms not inconsistent with the teletransmission.

b. A preliminary advice of the issuance of a credit or amendment ("pre-advice") shall only be sent if the issuing bank is prepared to issue the operative credit or amendment. An issuing bank that sends a pre-advice is irrevocably committed to issue the operative credit or amendment, without delay, in terms not inconsistent with the pre-advice.

ARTICLE 12

Nomination

a. Unless a nominated bank is the confirming bank, an authorization to honour or negotiate does not impose any obligation on that nominated bank to honour or negotiate, except when expressly agreed to by that nominated bank and so communicated to the beneficiary.

b. By nominating a bank to accept a draft or incur a deferred payment undertaking, an issuing bank authorizes that nominated bank to prepay or purchase a draft accepted or a deferred payment undertaking incurred by that nominated bank.

c. Receipt or examination and forwarding of documents by a nominated bank that is not a confirming bank does not make that nominated bank liable to honour or negotiate, nor does it constitute honour or negotiation.

ARTICLE 13

Bank-to-Bank Reimbursement Arrangements

a. If a credit states that reimbursement is to be obtained by a nominated bank ("claiming bank") claiming on another party ("reimbursing bank"), the credit must state if the reimbursement is subject to the ICC rules for bank-to-bank reimbursements in effect on the date of issuance of the credit.

b. If a credit does not state that reimbursement is subject to the ICC rules for bank-to-bank reimbursements, the following apply:

i. An issuing bank must provide a reimbursing bank with a reimbursement authorization that conforms with the availability stated in the credit. The reimbursement authorization should not be subject to an expiry date.

ii. A claiming bank shall not be required to supply a reimbursing bank with a certificate of compliance with the terms and conditions of the credit.

iii. An issuing bank will be responsible for any loss of interest, together with any expenses incurred, if reimbursement is not provided on first demand by a reimbursing bank in accordance with the terms and conditions of the credit.

iv. A reimbursing bank's charges are for the account of the issuing bank. However, if the charges are for the account of the beneficiary, it is the responsibility of an issuing bank to so indicate in the credit and in the reimbursement authorization. If a reimbursing bank's charges are for the account of the beneficiary, they shall be deducted from the amount due to a claiming bank when reimbursement is made. If no reimbursement is made, the reimbursing bank's charges remain the obligation of the issuing bank.

c. An issuing bank is not relieved of any of its obligations to provide reimbursement if reimbursement is not made by a reimbursing bank on first demand.

ARTICLE 14

Standard for Examination of Documents

a. A nominated bank acting on its nomination, a confirming bank, if any, and the issuing bank must examine a presentation to determine, on the basis of the documents alone, whether or not the documents appear on their face to constitute a complying presentation.

b. A nominated bank acting on its nomination, a confirming bank, if any, and the issuing bank shall each have a maximum of five banking days following the day of presentation to determine if a presentation is complying. This period is not curtailed or otherwise affected by the occurrence on or after the date of presentation of any expiry date or last day for presentation.

c. A presentation including one or more original transport documents subject to articles 19, 20, 21, 22, 23, 24 or 25 must be made by or on behalf of the beneficiary not later than 21 calendar days after the date of shipment as described in these rules, but in any event not later than the expiry date of the credit.

d. Data in a document, when read in context with the credit, the document itself and international standard banking practice, need not be identical to, but must not conflict with, data in that document, any other stipulated document or the credit.

e. In documents other than the commercial invoice, the description of the goods, services or performance, if stated, may be in general terms not conflicting with their description in the credit.

f. If a credit requires presentation of a document other than a transport document, insurance document or commercial invoice, without stipulating by whom the document is to be issued or its data content, banks will accept the document as presented if its content appears to fulfil the function of the required document and otherwise complies with sub-article 14 (d).

g. A document presented but not required by the credit will be disregarded and may be returned to the presenter.

h. h. If a credit contains a condition without stipulating the document to indicate compliance with the condition, banks will deem such condition as not stated and will disregard it.

i. A document may be dated prior to the issuance date of the credit, but must not be dated later than its date of presentation.

j. When the addresses of the beneficiary and the applicant appear in any stipulated document, they need not be the same as those stated in the credit or in any other stipulated document, but must be within the same country as the respective addresses mentioned in the credit. Contact details (telefax, telephone, email and the like) stated as part of the beneficiary's and the applicant's address will be disregarded. However, when the address and contact details of the applicant appear as part of the consignee or notify party details on a transport document subject to articles 19, 20, 21, 22, 23, 24 or 25, they must be as stated in the credit.

k. The shipper or consignor of the goods indicated on any document need not be the beneficiary of the credit.

l. A transport document may be issued by any party other than a carrier, owner, master or charterer provided that the transport document meets the requirements of articles 19, 20, 21, 22, 23 or 24 of these rules.

ARTICLE 15

Complying Presentation

a. When an issuing bank determines that a presentation is complying, it must honour.

b. When a confirming bank determines that a presentation is complying, it must honour or negotiate and forward the documents to the issuing bank.

c. When a nominated bank determines that a presentation is complying and honours or negotiates, it must forward the documents to the confirming bank or issuing bank.

ARTICLE 16

Discrepant Documents, Waiver and Notice

a. When a nominated bank acting on its nomination, a confirming bank, if any, or the issuing bank determines that a presentation does not comply, it may refuse to honour or negotiate.

b. When an issuing bank determines that a presentation does not comply, it may in its sole judgement approach the applicant for a waiver of the discrepancies. This does not, however, extend the period mentioned in sub-article 14 (b).

c. When a nominated bank acting on its nomination, a confirming bank, if any, or the issuing bank decides to refuse to honour or negotiate, it must give a single notice to that effect to the presenter.

The notice must state:

i. that the bank is refusing to honour or negotiate; and

ii. each discrepancy in respect of which the bank refuses to honour or negotiate; and

iii.

a) that the bank is holding the documents pending further instructions from the presenter; or

b) that the issuing bank is holding the documents until it receives a waiver from the applicant and agrees to accept it, or receives further instructions from the presenter prior to agreeing to accept a waiver; or

c) that the bank is returning the documents; or

d) that the bank is acting in accordance with instructions previously received from the presenter.

d. The notice required in sub-article 16 (c) must be given by telecommunication or, if that is not possible, by other expeditious means no later than the close of the fifth banking day following the day of presentation.

e. A nominated bank acting on its nomination, a confirming bank, if any, or the issuing bank may, after providing notice required by sub-article 16 (c) (iii) (a) or (b), return the documents to the presenter at any time.

f. If an issuing bank or a confirming bank fails to act in accordance with the provisions of this article, it shall be precluded from claiming that the documents do not constitute a complying presentation.

g. When an issuing bank refuses to honour or a confirming bank refuses to honour or negotiate and has given notice to that effect in accordance with this article, it shall then be entitled to claim a refund, with interest, of any reimbursement made.

ARTICLE 17

Original Documents and Copies

a. At least one original of each document stipulated in the credit must be presented.

b. A bank shall treat as an original any document bearing an apparently original signature, mark, stamp, or label of the issuer of the document, unless the document itself indicates that it is not an original.

c. Unless a document indicates otherwise, a bank will also accept a document as original if it:

i. appears to be written, typed, perforated or stamped by the document issuer's hand; or

ii. appears to be on the document issuer's original stationery; or

iii. states that it is original, unless the statement appears not to apply to the document presented.

d. If a credit requires presentation of copies of documents, presentation of either originals or copies is permitted.

e. If a credit requires presentation of multiple documents by using terms such as "in duplicate", "in two fold" or "in two copies", this will be satisfied by the presentation of at least one original and the remaining number in copies, except when the document itself indicates otherwise.

ARTICLE 18

Commercial Invoice

a. invoice:

i. must appear to have been issued by the beneficiary (except as provided in article 38);

ii. must be made out in the name of the applicant (except as provided in sub-article 38 (g));

iii. must be made out in the same currency as the credit; and

iv. need not be signed.

b. A nominated bank acting on its nomination, a confirming bank, if any, or the issuing bank may accept a commercial invoice issued for an amount in excess of the amount permitted by the credit, and its decision will be binding upon all parties, provided the bank in question has not honoured or negotiated for an amount in excess of that permitted by the credit.

c. The description of the goods, services or performance in a commercial invoice must correspond with that appearing in the credit.

ARTICLE 19

Transport Document Covering at Least Two Different Modes of Transport

a. a. A transport document covering at least two different modes of transport (multimodal or combined transport document), however named, must appear to:

i. indicate the name of the carrier and be signed by:

a) the carrier or a named agent for or on behalf of the carrier, or

b) the master or a named agent for or on behalf of the master.

Any signature by the carrier, master or agent must be identified as that of the carrier, master or agent.

Any signature by an agent must indicate whether the agent has signed for or on behalf of the carrier or for or on behalf of the master.

ii. indicate that the goods have been dispatched, taken in charge or shipped on board at the place stated in the credit, by:

a) pre-printed wording, or

b) a stamp or notation indicating the date on which the goods have been dispatched, taken in charge or shipped on board.

The date of issuance of the transport document will be deemed to be the date of dispatch, taking in charge or shipped on board, and the date of shipment. However, if the transport document indicates, by stamp or notation, a date of dispatch, taking in charge or shipped on board, this date will be deemed to be the date of shipment.

iii. indicate the place of dispatch, taking in charge or shipment, and the place of final destination stated in the credit, even if:

a) the transport document states, in addition, a different place of dispatch, taking in charge or shipment or place of final destination, or

b) the transport document contains the indication "intended" or similar qualification in relation to the vessel, port of loading or port of discharge.

iv. be the sole original transport document or, if issued in more than one original, be the full set as indicated on the transport document.

v. contain terms and conditions of carriage or make reference to another source containing the terms and conditions of carriage (short form or blank back transport document). Contents of terms and conditions of carriage will not be examined.

vi. contain no indication that it is subject to a charter party.

b. For the purpose of this article, transhipment means unloading from one means of conveyance and reloading to another means of conveyance (whether or not in different modes of transport) during the carriage from the place of dispatch, taking in charge or shipment to the place of final destination stated in the credit.

c.

i. A transport document may indicate that the goods will or may be transhipped provided that the entire carriage is covered by one and the same transport document.

ii. A transport document indicating that transhipment will or may take place is acceptable, even if the credit prohibits transhipment.

ARTICLE 20

Bill of Lading

a. A bill of lading, however named, must appear to:

i. the name of the carrier and be signed by:

a) carrier or a named agent for or on behalf of the carrier, or

b) master or a named agent for or on behalf of the master.

Any signature by the carrier, master or agent must be identified as that of the carrier, master or agent.

Any signature by an agent must indicate whether the agent has signed for or on behalf of the carrier or for or on behalf of the master.

ii. indicate that the goods have been shipped on board a named vessel at the port of loading stated in the credit by:

a) wording, or

b) on board notation indicating the date on which the goods have been shipped on board.

The date of issuance of the bill of lading will be deemed to be the date of shipment unless the bill of lading contains an on board notation indicating the date of shipment, in which case the date stated in the on board notation will be deemed to be the date of shipment.

If the bill of lading contains the indication "intended vessel" or similar qualification in relation to the name of the vessel, an on board notation indicating the date of shipment and the name of the actual vessel is required.

iii. indicate shipment from the port of loading to the port of discharge stated in the credit.

If the bill of lading does not indicate the port of loading stated in the credit as the port of loading, or if it contains the indication "intended" or similar qualification in relation to the port of loading, an on board notation indicating the port of loading as stated in the credit, the date of shipment and the name of the vessel is required. This provision applies even when loading on board or shipment on a named vessel is indicated by pre-printed wording on the bill of lading.

iv. be the sole original bill of lading or, if issued in more than one original, be the full set as indicated on the bill of lading.

v. contain terms and conditions of carriage or make reference to another source containing the terms and conditions of carriage (short form or blank back bill of lading). Contents of terms and conditions of carriage will not be examined.

vi. contain no indication that it is subject to a charter party.

b. For the purpose of this article, transhipment means unloading from one vessel and reloading to another vessel during the carriage from the port of loading to the port of discharge stated in the credit.

c.

i. A bill of lading may indicate that the goods will or may be transhipped provided that the entire carriage is covered by one and the same bill of lading.

ii. A bill of lading indicating that transhipment will or may take place is acceptable, even if the credit prohibits transhipment, if the goods have been shipped in a container, trailer or LASH barge as evidenced by the bill of lading.

d. Clauses in a bill of lading stating that the carrier reserves the right to tranship will be disregarded.

ARTICLE 21

Non-Negotiable Sea Waybill

a. A non-negotiable sea waybill, however named, must appear to:

i. indicate the name of the carrier and be signed by:

a) the carrier or a named agent for or on behalf of the carrier, or

b) the master or a named agent for or on behalf of the master.

Any signature by the carrier, master or agent must be identified as that of the carrier, master or agent.

Any signature by an agent must indicate whether the agent has signed for or on behalf of the carrier or for or on behalf of the master.

ii. indicate that the goods have been shipped on board a named vessel at the port of loading stated in the credit by:

a) pre-printed wording, or

b) an on board notation indicating the date on which the goods have been shipped on board.

The date of issuance of the non-negotiable sea waybill will be deemed to be the date of shipment unless the nonnegotiable sea waybill contains an on board notation indicating the date of shipment, in which case the date stated in the on board notation will be deemed to be the date of shipment.

If the non-negotiable sea waybill contains the indication "intended vessel" or similar qualification in relation to the name of the vessel, an on board notation indicating the date of shipment and the name of the actual vessel is required.

iii. indicate shipment from the port of loading to the port of discharge stated in the credit.

If the non-negotiable sea waybill does not indicate the port of loading stated in the credit as the port of loading, or if it contains the indication "intended" or similar qualification in relation to the port of loading, an on board notation indicating the port of loading as stated in the credit, the date of shipment and the name of the vessel is required. This provision applies even when loading on board or shipment on a named vessel is indicated by pre-printed wording on the non-negotiable sea waybill.

iv. be the sole original non-negotiable sea waybill or, if issued in more than one original, be the full set as indicated on the non-negotiable sea waybill.

v. contain terms and conditions of carriage or make reference to another source containing the terms and conditions of carriage (short form or blank back non-negotiable sea waybill). Contents of terms and conditions of carriage will not be examined.

vi. contain no indication that it is subject to a charter party.

b. For the purpose of this article, transhipment means unloading from one vessel and reloading to another vessel during the carriage from the port of loading to the port of discharge stated in the credit.

c.

i. A non-negotiable sea waybill may indicate that the goods will or may be transhipped provided that the entire carriage is covered by one and the same non-negotiable sea waybill.

ii. A non-negotiable sea waybill indicating that transhipment will or may take place is acceptable, even if the credit prohibits transhipment, if the goods have been shipped in a container, trailer or LASH barge as evidenced by the non-negotiable sea waybill.

d. Clauses in a non-negotiable sea waybill stating that the carrier reserves the right to tranship will be disregarded.

ARTICLE 22

Charter Party Bill of Lading

a. A bill of lading, however named, containing an indication that it is subject to a charter party (charter party bill of lading), must appear to:

i. be signed by:

a) the master or a named agent for or on behalf of the master, or

b) the owner or a named agent for or on behalf of the owner, or

c) the charterer or a named agent for or on behalf of the charterer.

Any signature by the master, owner, charterer or agent must be identified as that of the master, owner, charterer or agent.

Any signature by an agent must indicate whether the agent has signed for or on behalf of the master, owner or charterer.

An agent signing for or on behalf of the owner or charterer must indicate the name of the owner or charterer.

ii. indicate that the goods have been shipped on board a named vessel at the port of loading stated in the credit by:

a) pre-printed wording, or

b) an on board notation indicating the date on which the goods have been shipped on board.

The date of issuance of the charter party bill of lading will be deemed to be the date of shipment unless the charter party bill of lading contains an on board notation indicating the date of shipment, in which case the date stated in the on board notation will be deemed to be the date of shipment.

iii. indicate shipment from the port of loading to the port of discharge stated in the credit. The port of discharge may also be shown as a range of ports or a geographical area, as stated in the credit.

iv. be the sole original charter party bill of lading or, if issued in more than one original, be the full set as indicated on the charter party bill of lading.

b. A bank will not examine charter party contracts, even if they are required to be presented by the terms of the credit.

ARTICLE 23

Air Transport Document

a. An air transport document, however named, must appear to:

i. indicate the name of the carrier and be signed by:

a) the carrier, or

b) a named agent for or on behalf of the carrier.

Any signature by the carrier or agent must be identified as that of the carrier or agent.

Any signature by an agent must indicate that the agent has signed for or on behalf of the carrier.

ii. indicate that the goods have been accepted for carriage.

iii. indicate the date of issuance. This date will be deemed to be the date of shipment unless the air transport document contains a specific notation of the actual date of shipment, in which case the date stated in the notation will be deemed to be the date of shipment.

Any other information appearing on the air transport document relative to the flight number and date will not be considered in determining the date of shipment. iv. indicate the airport of departure and the airport of destination stated in the credit.

iv. be the original for consignor or shipper, even if the credit stipulates a full set of originals.

v. contain terms and conditions of carriage or make reference to another source containing the terms and conditions of carriage. Contents of terms and conditions of carriage will not be examined.

b. For the purpose of this article, transhipment means unloading from one aircraft and reloading to another aircraft during the carriage from the airport of departure to the airport of destination stated in the credit.

c.

i. An air transport document may indicate that the goods will or may be transhipped, provided that the entire carriage is covered by one and the same air transport document.

ii. An air transport document indicating that transhipment will or may take place is acceptable, even if the credit prohibits transhipment.

ARTICLE 24

Road, Rail or Inland Waterway Transport Documents

a. a. A road, rail or inland waterway transport document, however named, must appear to:

i. indicate the name of the carrier and:

a) be signed by the carrier or a named agent for or on behalf of the carrier, or

b) indicate receipt of the goods by signature, stamp or notation by the carrier or a named agent for or on behalf of the carrier. Any signature, stamp or notation of receipt of the goods by the carrier or agent must be identified as that of the carrier or agent.

Any signature, stamp or notation of receipt of the goods by the agent must indicate that the agent has signed or acted for or on behalf of the carrier.

If a rail transport document does not identify the carrier, any signature or stamp of the railway company will be accepted as evidence of the document being signed by the carrier.

ii. indicate the date of shipment or the date the goods have been received for shipment, dispatch or carriage at the place stated in the credit. Unless the transport document contains a dated reception stamp, an indication of the date of receipt or a date of shipment, the date of issuance of the transport document will be deemed to be the date of shipment.

iii. indicate the place of shipment and the place of destination stated in the credit.

b.

   i. A road transport document must appear to be the original for consignor or shipper or bear no marking indicating for whom the document has been prepared.

   ii. A rail transport document marked "duplicate" will be accepted as an original.

   iii. A rail or inland waterway transport document will be accepted as an original whether marked as an original or not.

c. In the absence of an indication on the transport document as to the number of originals issued, the number presented will be deemed to constitute a full set.

d. For the purpose of this article, transhipment means unloading from one means of conveyance and reloading to another means of conveyance, within the same mode of transport, during the carriage from the place of shipment, dispatch or carriage to the place of destination stated in the credit.

a.

   i. A road, rail or inland waterway transport document may indicate that the goods will or may be transhipped provided that the entire carriage is covered by one and the same transport document.

   ii. A road, rail or inland waterway transport document indicating that transhipment will or may take place is acceptable, even if the credit prohibits transhipment.

ARTICLE 25

Courier Receipt, Post Receipt or Certificate of Posting

a. A courier receipt, however named, evidencing receipt of goods for transport, must appear to:

   i. indicate the name of the courier service and be stamped or signed by the named courier service at the place from which the credit states the goods are to be shipped; and ii. indicate a date of pickup or of receipt or wording to this effect. This date will be deemed to be the date of shipment.

b. A requirement that courier charges are to be paid or prepaid may be satisfied by a transport document issued by a courier service evidencing that courier charges are for the account of a party other than the consignee.

c. A post receipt or certificate of posting, however named, evidencing receipt of goods for transport, must appear to be stamped or signed and dated at the place from which the credit states the goods are to be shipped. This date will be deemed to be the date of shipment.

ARTICLE 26

"On Deck", "Shipper's Load and Count", "Said by Shipper to Contain" and Charges Additional to Freight

a. A transport document must not indicate that the goods are or will be loaded on deck. A clause on a transport document stating that the goods may be loaded on deck is acceptable.

b. A transport document bearing a clause such as "shipper's load and count" and "said by shipper to contain" is acceptable.

c. A transport document may bear a reference, by stamp or otherwise, to charges additional to the freight.

ARTICLE 27

Clean Transport Document

A bank will only accept a clean transport document. A clean transport document is one bearing no clause or notation expressly declaring a defective condition of the goods or their packaging. The word "clean" need not appear on a transport document, even if a credit has a requirement for that transport document to be "clean on board".

ARTICLE 28

Insurance Document and Coverage

a. An insurance document, such as an insurance policy, an insurance certificate or a declaration under an open cover, must appear to be issued and signed by an insurance company, an underwriter or their agents or their proxies.

   Any signature by an agent or proxy must indicate whether the agent or proxy has signed for or on behalf of the insurance company or underwriter.

b. When the insurance document indicates that it has been issued in more than one original, all originals must be presented.

c. Cover notes will not be accepted.

d. An insurance policy is acceptable in lieu of an insurance certificate or a declaration under an open cover.

e. The date of the insurance document must be no later than the date of shipment, unless it appears from the insurance document that the cover is effective from a date not later than the date of shipment.

f.

   i. The insurance document must indicate the amount of insurance coverage and be in the same currency as the credit.

   ii. A requirement in the credit for insurance coverage to be for a percentage of the value of the goods, of the invoice value or similar is deemed to be the minimum amount of coverage required.

If there is no indication in the credit of the insurance coverage required, the amount of insurance coverage must be at least 110% of the CIF or CIP value of the goods.

When the CIF or CIP value cannot be determined from the documents, the amount of insurance coverage must be calculated on the basis of the amount for which honour or negotiation is requested or the gross value of the goods as shown on the invoice, whichever is greater.

iii. The insurance document must indicate that risks are covered at least between the place of taking in charge or shipment and the place of discharge or final destination as stated in the credit.

g. A credit should state the type of insurance required and, if any, the additional risks to be covered. An insurance document will be accepted without regard to any risks that are not covered if the credit uses imprecise terms such as "usual risks" or "customary risks".

h. When a credit requires insurance against "all risks" and an insurance document is presented containing any "all risks" notation or clause, whether or not bearing the heading "all risks", the insurance document will be accepted without regard to any risks stated to be excluded.

i. An insurance document may contain reference to any exclusion clause.

j. An insurance document may indicate that the cover is subject to a franchise or excess (deductible).

ARTICLE 29

Extension of Expiry Date or Last Day for Presentation

a. If the expiry date of a credit or the last day for presentation falls on a day when the bank to which presentation is to be made is closed for reasons other than those referred to in article 36, the expiry date or the last day for presentation, as the case may be, will be extended to the first following banking day.

b. If presentation is made on the first following banking day, a nominated bank must provide the issuing bank or confirming bank with a statement on its covering schedule that the presentation was made within the time limits extended in accordance with sub-article 29 (a).

c. The latest date for shipment will not be extended as a result of sub-article 29 (a).

ARTICLE 30

Tolerance in Credit Amount, Quantity and Unit Prices

a. The words "about" or "approximately" used in connection with the amount of the credit or the quantity or the unit price stated in the credit are to be construed as allowing a tolerance not to exceed 10% more or 10% less than the amount, the quantity or the unit price to which they refer.

b. A tolerance not to exceed 5% more or 5% less than the quantity of the goods is allowed, provided the credit does not state the quantity in terms of a stipulated number of packing units or individual items and the total amount of the drawings does not exceed the amount of the credit.

c. Even when partial shipments are not allowed, a tolerance not to exceed 5% less than the amount of the credit is allowed, provided that the quantity of the goods, if stated in the credit, is shipped in full and a unit price, if stated in the credit, is not reduced or that sub-article 30 (b) is not applicable. This tolerance does not apply when the credit stipulates a specific tolerance or uses the expressions referred to in sub-article 30 (a).

ARTICLE 31

Partial Drawings or Shipments

a. Partial drawings or shipments are allowed.

b. A presentation consisting of more than one set of transport documents evidencing shipment commencing on the same means of conveyance and for the same journey, provided they indicate the same destination, will not be regarded as covering a partial shipment, even if they indicate different dates of shipment or different ports of loading, places of taking in charge or dispatch. If the presentation consists of more than one set of transport documents, the latest date of shipment as evidenced on any of the sets of transport documents will be regarded as the date of shipment.

A presentation consisting of one or more sets of transport documents evidencing shipment on more than one means of conveyance within the same mode of transport will be regarded as covering a partial shipment, even if the means of conveyance leave on the same day for the same destination.

c. A presentation consisting of more than one courier receipt, post receipt or certificate of posting will not be regarded as a partial shipment if the courier receipts, post receipts or certificates of posting appear to have been stamped or signed by the same courier or postal service at the same place and date and for the same destination.

ARTICLE 32

Instalment Drawings or Shipments

If a drawing or shipment by instalments within given periods is stipulated in the credit and any instalment is not drawn or shipped within the period allowed for that instalment, the credit ceases to be available for that and any subsequent instalment.

ARTICLE 33
Hours of Presentation

A bank has no obligation to accept a presentation outside of its banking hours.

ARTICLE 34
Disclaimer on Effectiveness of Documents

A bank assumes no liability or responsibility for the form, sufficiency, accuracy, genuineness, falsification or legal effect of any document, or for the general or particular conditions stipulated in a document or superimposed thereon; nor does it assume any liability or responsibility for the description, quantity, weight, quality, condition, packing, delivery, value or existence of the goods, services or other performance represented by any document, or for the good faith or acts or omissions, solvency, performance or standing of the consignor, the carrier, the forwarder, the consignee or the insurer of the goods or any other person.

ARTICLE 35
Disclaimer on Transmission and Translation

A bank assumes no liability or responsibility for the consequences arising out of delay, loss in transit, mutilation or other errors arising in the transmission of any messages or delivery of letters or documents, when such messages, letters or documents are transmitted or sent according to the requirements stated in the credit, or when the bank may have taken the initiative in the choice of the delivery service in the absence of such instructions in the credit.

If a nominated bank determines that a presentation is complying and forwards the documents to the issuing bank or confirming bank, whether or not the nominated bank has honoured or negotiated, an issuing bank or confirming bank must honour or negotiate, or reimburse that nominated bank, even when the documents have been lost in transit between the nominated bank and the issuing bank or confirming bank, or between the confirming bank and the issuing bank.

A bank assumes no liability or responsibility for errors in translation or interpretation of technical terms and may transmit credit terms without translating them.

ARTICLE 36
Force Majeure

A bank assumes no liability or responsibility for the consequences arising out of the interruption of its business by Acts of God, riots, civil commotions, insurrections, wars, acts of terrorism, or by any strikes or lockouts or any other causes beyond its control. A bank will not, upon resumption of its business, honour or negotiate under a credit that expired during such interruption of its business.

ARTICLE 37
Disclaimer for Acts of an Instructed Party

a. A bank utilizing the services of another bank for the purpose of giving effect to the instructions of the applicant does so for the account and at the risk of the applicant.

b. An issuing bank or advising bank assumes no liability or responsibility should the instructions it transmits to another bank not be carried out, even if it has taken the initiative in the choice of that other bank.

c. c. A bank instructing another bank to perform services is liable for any commissions, fees, costs or expenses ("charges") incurred by that bank in connection with its instructions.

If a credit states that charges are for the account of the beneficiary and charges cannot be collected or deducted from proceeds, the issuing bank remains liable for payment of charges.

A credit or amendment should not stipulate that the advising to a beneficiary is conditional upon the receipt by the advising bank or second advising bank of its charges.

d. The applicant shall be bound by and liable to indemnify a bank against all obligations and responsibilities imposed by foreign laws and usages.

ARTICLE 38
Transferable Credits

a. A bank is under no obligation to transfer a credit except to the extent and in the manner expressly consented to by that bank.

b. For the purpose of this article:

Transferable credit means a credit that specifically states it is "transferable". A transferable credit may be made available in whole or in part to another beneficiary ("second beneficiary") at the request of the beneficiary ("first beneficiary").

Transferring bank means a nominated bank that transfers the credit or, in a credit available with any bank, a bank that is specifically authorized by the issuing bank to transfer and that transfers the credit. An issuing bank may be a transferring bank.

Transferred credit means a credit that has been made available by the transferring bank to a second beneficiary.

c. Unless otherwise agreed at the time of transfer, all charges (such as commissions, fees, costs or expenses) incurred in respect of a transfer must be paid by the first beneficiary.

d. A credit may be transferred in part to more than one second beneficiary provided partial drawings or shipments are allowed. A transferred credit cannot be transferred at the request of a second beneficiary to any subsequent beneficiary. The first beneficiary is not considered to be a subsequent beneficiary.

e. Any request for transfer must indicate if and under what conditions amendments may be advised to the second beneficiary. The transferred credit must clearly indicate those conditions.

f. If a credit is transferred to more than one second beneficiary, rejection of an amendment by one or more second beneficiary does not invalidate the acceptance by any other second beneficiary, with respect to which the transferred credit will be amended accordingly. For any second beneficiary that rejected the amendment, the transferred credit will remain unamended.

g. The transferred credit must accurately reflect the terms and conditions of the credit, including confirmation, if any, with the exception of:

› the amount of the credit,

› any unit price stated therein,

› the expiry date,

› the period for presentation, or

› the latest shipment date or given period for shipment,

any or all of which may be reduced or curtailed.

The percentage for which insurance cover must be effected may be increased to provide the amount of cover stipulated in the credit or these articles.

The name of the first beneficiary may be substituted for that of the applicant in the credit.

If the name of the applicant is specifically required by the credit to appear in any document other than the invoice, such requirement must be reflected in the transferred credit.

h. The first beneficiary has the right to substitute its own invoice and draft, if any, for those of a second beneficiary for an amount not in excess of that stipulated in the credit, and upon such substitution the first beneficiary can draw under the credit for the difference, if any, between its invoice and the invoice of a second beneficiary.

i. If the first beneficiary is to present its own invoice and draft, if any, but fails to do so on first demand, or if the invoices presented by the first beneficiary create discrepancies that did not exist in the presentation made by the second beneficiary and the first beneficiary fails to correct them on first demand, the transferring bank has the right to present the documents as received from the second beneficiary to the issuing bank, without further responsibility to the first beneficiary.

j. The first beneficiary may, in its request for transfer, indicate that honour or negotiation is to be effected to a second beneficiary at the place to which the credit has been transferred, up to and including the expiry date of the credit. This is without prejudice to the right of the first beneficiary in accordance with sub-article 38 (h).

k. Presentation of documents by or on behalf of a second beneficiary must be made to the transferring bank.

ARTICLE 39

Assignment of Proceeds

The fact that a credit is not stated to be transferable shall not affect the right of the beneficiary to assign any proceeds to which it may be or may become entitled under the credit, in accordance with the provisions of applicable law. This article relates only to the assignment of proceeds and not to the assignment of the right to perform under the credit.

Supplement for Electronic Presentation Version 1.1

INTRODUCTION

The official name for this publication is "Supplement to the Uniform Customs and Practice for Documentary Credits for Electronic Presentation (Version 1.1)". It uses the acronym "eUCP".

During the course of drafting UCP 600, ICC national committees indicated that, due to the limited usage of eUCP Version 1.0, the eUCP should remain as a supplement to the UCP. Version 1.1 has, therefore, been updated solely to reflect the changes made in UCP with regard to terminology and style of presentation.

The eUCP continues to provide definitions permitting UCP 600 terminology accommodating the electronic presentation of the equivalent of paper documents and providing necessary rules to allow both sets of rules to work together. The eUCP allows for presentation electronically or for a mixture of paper documents and electronic presentation.

It is important for the eUCP reader to understand that many articles of the UCP are not impacted by the presentation of the electronic equivalent of paper documents and do not require any changes to accommodate electronic presentation.

When read together, the UCP and the eUCP provide the necessary rules for electronic presentation and are broad enough to anticipate developing practice in this area. Where specific words or phrases used in the UCP are defined in the eUCP, these definitions, unless otherwise stated, apply wherever the terms appear in the UCP.

eUCP Version 1.1 is specific to UCP 600 and, if necessary, may have to be revised as technologies develop, perhaps prior to the next revision of the UCP. For that purpose, the eUCP is issued in version numbers that will allow for a revision and subsequent version if the need arises.

The eUCP has been specifically drafted to be independent of specific technologies and developing electronic commerce systems, i.e., it does not address specific technologies or systems necessary to facilitate electronic presentation. These technologies are evolving, and it is left to the parties to the credit to agree on the technology or systems to be used for presentation of electronic records in compliance with the requirements of the eUCP.

The eUCP has been created to meet the demands of the market for the presentation of electronic documents. The market has created a higher standard in anticipation of increased processing efficiencies when the electronic equivalents of paper documents are presented. In anticipation of this demand and to meet market expectations, several changes to the standards established by the UCP have been deemed necessary for an electronic presentation. These changes are consistent with current practice and the expectations of the marketplace.

All of the articles of eUCP Version 1.1 are consistent with UCP 600 except as they relate specifically to electronic presentations. Where necessary, changes have been made to address the unique issues related to presentation of the electronic equivalent of paper documents.

In order to avoid confusion between the articles of the UCP and those of the eUCP, the eUCP articles are numbered with an "e" preceding each article number.

Gary Collyer
Corporate Director, ABN AMRO Bank N.V., London, UK
and Technical Adviser to the ICC Commission on Banking Technique and Practice
November 2006

ARTICLE e1

Scope of the eUCP

a. The Supplement to the Uniform Customs and Practice for Documentary Credits for Electronic Presentation ("eUCP") supplements the Uniform Customs and Practice for Documentary Credits (2007 Revision ICC Publication No. 600) ("UCP") in order to accommodate presentation of electronic records alone or in combination with paper documents.

b. The eUCP shall apply as a supplement to the UCP where the credit indicates that it is subject to eUCP.

c. This version is Version 1.1. A credit must indicate the applicable version of the eUCP. If it does not do so, it is subject to the version in effect on the date the credit is issued or, if made subject to eUCP by an amendment accepted by the beneficiary, on the date of that amendment.

ARTICLE e2

Relationship of the eUCP to the UCP

a. A credit subject to the eUCP ("eUCP credit") is also subject to the UCP without express incorporation of the UCP.

b. Where the eUCP applies, its provisions shall prevail to the extent that they would produce a result different from the application of the UCP.

c. If an eUCP credit allows the beneficiary to choose between presentation of paper documents or electronic records and it chooses to present only paper documents, the UCP alone shall apply to that presentation. If only paper documents are permitted under an eUCP credit, the UCP alone shall apply.

ARTICLE e3

Definitions

a. Where the following terms are used in the UCP, for the purposes of applying the UCP to an electronic record presented under an eUCP credit, the term:

- **i.** appear on their face and the like shall apply to examination of the data content of an electronic record.
- **ii.** document shall include an electronic record.
- **iii.** place for presentation of electronic records means an electronic address.
- **iv.** sign and the like shall include an electronic signature.
- **v.** superimposed, notation or stamped means data content whose supplementary character is apparent in an electronic record.

b. The following terms used in the eUCP shall have the following meanings:

- **i.** electronic record means
  - a) data created, generated, sent, communicated, received or stored by electronic means
  - b) that is capable of being authenticated as to the apparent identity of a sender and the apparent source of the data contained in it, and as to whether it has remained complete and unaltered, and
  - c) is capable of being examined for compliance with the terms and conditions of the eUCP credit.
- **ii.** electronic signature means a data process attached to or logically associated with an electronic record and executed or adopted by a person in order to identify that person and to indicate that person's authentication of the electronic record.
- **iii.** format means the data organization in which the electronic record is expressed or to which it refers.
- **iv.** paper document means a document in a traditional paper form.
- **v.** received means the time when an electronic record enters the information system of the applicable recipient in a form capable of being accepted by that system. Any acknowledgement of receipt does not imply acceptance or refusal of the electronic record under an eUCP credit.

ARTICLE e4

Format

An eUCP credit must specify the formats in which electronic records are to be presented. If the format of the electronic record is not so specified, it may be presented in any format.

ARTICLE e5

Presentation

a. An eUCP credit allowing presentation of:

- **i.** electronic records must state a place for presentation of the electronic records.
- **ii.** both electronic records and paper documents must also state a place for presentation of the paper documents.

b. Electronic records may be presented separately and need not be presented at the same time.

c. If an eUCP credit allows for presentation of one or more electronic records, the beneficiary is responsible for providing a notice to the bank to which presentation is made signifying when the presentation is complete. The notice of completeness may be given as an electronic record or paper document and must identify the eUCP credit to which it relates. Presentation is deemed not to have been made if the beneficiary's notice is not received.

d.

- **i.** Each presentation of an electronic record and the presentation of paper documents under an eUCP credit must identify the eUCP credit under which it is presented.
- **ii.** A presentation not so identified may be treated as not received.

e. If the bank to which presentation is to be made is open but its system is unable to receive a transmitted electronic record on the stipulated expiry date and/or the last day of the period of time after the date of shipment for presentation, as the case may be, the bank will be deemed to be closed and the date for presentation and/or the expiry date shall be extended to the first following banking day on which such bank is able to receive an electronic record. If the only electronic record remaining to be presented is the notice of completeness, it may be given by telecommunications or by paper document and will be deemed timely, provided that it is sent before the bank is able to receive an electronic record.

f. An electronic record that cannot be authenticated is deemed not to have been presented.

ARTICLE e6

Examination

a. If an electronic record contains a hyperlink to an external system or a presentation indicates that the electronic record may be examined by reference to an external system, the electronic record at the hyperlink or the referenced system shall be deemed to be the electronic record to be examined. The failure of the indicated system to provide access to the required electronic record at the time of examination shall constitute a discrepancy.

b. The forwarding of electronic records by a nominated bank pursuant to its nomination signifies that it has satisfied itself as to the apparent authenticity of the electronic records.

c. The inability of the issuing bank, or confirming bank, if any, to examine an electronic record in a format required by the eUCP credit or, if no format is required, to examine it in the format presented is not a basis for refusal.

ARTICLE e7

Notice of Refusal

a.

i. The time period for the examination of documents commences on the banking day following the banking day on which the beneficiary's notice of completeness is received.

ii. If the time for presentation of documents or the notice of completeness is extended, the time for the examination of documents commences on the first following banking day on which the bank to which presentation is to be made is able to receive the notice of completeness.

b. If an issuing bank, the confirming bank, if any, or a nominated bank acting on their behalf, provides a notice of refusal of a presentation which includes electronic records and does not receive instructions from the party to which notice of refusal is given within 30 calendar days from the date the notice of refusal is given for the disposition of the electronic records, the bank shall return any paper documents not previously returned to the presenter but may dispose of the electronic records in any manner deemed appropriate without any responsibility.

ARTICLE e8

Originals and Copies

Any requirement of the UCP or an eUCP credit for presentation of one or more originals or copies of an electronic record is satisfied by the presentation of one electronic record.

ARTICLE e9

Date of Issuance

Unless an electronic record contains a specific date of issuance, the date on which it appears to have been sent by the issuer is deemed to be the date of issuance. The date of receipt will be deemed to be the date it was sent if no other date is apparent.

ARTICLE e10

Transport

If an electronic record evidencing transport does not indicate a date of shipment or dispatch, the date of issuance of the electronic record will be deemed to be the date of shipment or dispatch. However, if the electronic record bears a notation that evidences the date of shipment or dispatch, the date of the notation will be deemed to be the date of shipment or dispatch. A notation showing additional data content need not be separately signed or otherwise authenticated.

ARTICLE e11

Corruption of an Electronic Record After Presentation

a. If an electronic record that has been received by the issuing bank, confirming bank, or another nominated bank appears to have been corrupted, the bank may inform the presenter and may request that the electronic record be re-presented.

b. If the bank requests that an electronic record be re-presented:

i. the time for examination is suspended and resumes when the presenter re-presents the electronic record; and

ii. if the nominated bank is not the confirming bank, it must provide the issuing bank and any confirming bank with notice of the request for re-presentation and inform it of the suspension; but

iii. if the same electronic record is not re-presented within thirty (30) calendar days, the bank may treat the electronic record as not presented, and

iv. any deadlines are not extended.

ARTICLE e12

Additional Disclaimer of Liability for Presentation of Electronic Records under eUCP

By satisfying itself as to the apparent authenticity of an electronic record, banks assume no liability for the identity of the sender, source of the information or its complete and unaltered character other than that which is apparent in the electronic record received by the use of a commercially acceptable data process for the receipt, authentication and identification of electronic records.

Appendix 3

International Standard Banking Practice for the Examination of Documents under UCP 600 (ISBP)

Contents

Place of final destination, port of discharge or airport of destination

Original multimodal transport document

Consignee, order party, shipper and endorsement, and notify party

Transhipment, partial shipment and determining the presentation period when multiple sets of multimodal transport documents are presented

Clean multimodal transport document

Goods description

Indication of name and address of delivery agent at destination

Corrections and alterations ("corrections")

Freight and additional costs

Release of goods with more than one multimodal transport document to be surrendered

BILL OF LADING

Application of UCP 600 article 20

Issuance, carrier, identification of the carrier and signing of a bill of lading

On board notation, date of shipment, pre-carriage, place of receipt and port of loading

Port of discharge

Original bill of lading

Consignee, order party, shipper and endorsement, and notify party

Transhipment, partial shipment and determining the presentation period when multiple sets of bills of lading are presented

Clean bill of lading

Goods description

Indication of name and address of delivery agent at port of discharge

Corrections and alterations ("corrections")

Freight and additional costs

Release of goods with more than one bill of lading to be surrendered

NON-NEGOTIABLE SEA WAYBILL

Application of UCP 600 article 21

Issuance, carrier, identification of the carrier and signing of a non-negotiable sea waybill

On board notation, date of shipment, pre-carriage, place of receipt and port of loading

Port of discharge

Original non-negotiable sea waybill

Consignee, order party, shipper, and notify party

Transhipment, partial shipment and determining the presentation period when multiple sets of non-negotiable sea waybills are presented

Clean non-negotiable sea waybill

Goods description

Indication of name and address of delivery agent at port of discharge

Corrections and alterations ("corrections")

Freight and additional costs

CHARTER PARTY BILL OF LADING

Application of UCP 600 article 22

Signing of a charter party bill of lading

On board notation, date of shipment, pre-carriage, place of receipt and port of loading

Port of discharge

Original charter party bill of lading

Consignee, order party, shipper and endorsement, and notify party

AIR TRANSPORT DOCUMENT

ROAD, RAIL OR INLAND WATER-WAY TRANSPORT DOCUMENTS

INSURANCE DOCUMENT AND COVERAGE

CERTIFICATE OF ORIGIN

PACKING LIST, NOTE OR SLIP ("PACKING LIST")

Basic requirement and fulfilling its function

Issuer of a packing list

Content of a packing list

WEIGHT LIST, NOTE OR SLIP ("WEIGHT LIST")

Basic requirement and fulfilling its function

Issuer of a weight list

Content of a weight list

BENEFICIARY'S CERTIFICATE

Basic requirement and fulfilling its function

Signing of a beneficiary's certificate

Content of a beneficiary's certificate

ANALYSIS, INSPECTION, HEALTH, PHYTOSANITARY, QUANTITY, QUALITY AND OTHER CERTIFICATES ("CERTIFICATE")

Basic requirement and fulfilling its function

Issuer of a certificate

Contents of a certificate

General principles

ABBREVIATIONS

A1 Generally accepted abbreviations, such as, but not limited to, "Int'l" instead of "International", "Co." instead of "Company", "kgs" or "kos" instead of "kilograms" or "kilos", "Ind." instead of "Industry", "Ltd" instead of "Limited", "mfr" instead of "manufacturer" or "mt" instead of "metric tons" may be used in documents in substitution for a word or vice versa. A credit that includes an abbreviation in its text allows a document to show the same abbreviation or any other abbreviation that has the same meaning, or to show the complete spelling of the word or vice versa.

A2 **a.** Virgules (i.e., slash marks "/") may result in different meanings and should not be used as a substitute for a word. If, nevertheless, a virgule is used and no context is apparent, this will allow the use of one or more of the options. For example, a condition in a credit stating "Red/Black/Blue" with no further clarification will mean only Red or only Black or only Blue or any combination of them.

b. The use of a comma when indicating a range of data in a credit such as ports of loading or discharge or countries of origin, may result in different meanings and should not be used as a substitute for a word. If, nevertheless, a comma is used and no context is apparent, this will allow the use of one or more of the options. For example, when a credit allows partial shipment and indicates the port of loading information as "Hamburg, Rotterdam, Antwerp" with no further clarification, this will mean only Hamburg or only Rotterdam or only Antwerp or any combination of them.

CERTIFICATES, CERTIFICATIONS, DECLARATIONS AND STATEMENTS

A3 When a certificate, certification, declaration or statement is required by a credit, it is to be signed.

A4 Whether a certificate, certification, declaration or statement needs to be dated will depend on the type of certificate, certification, declaration or statement that has been requested, its required wording and the wording that appears within the document.

For example, when a credit requires the presentation of a certificate issued by the carrier or its agent stating that the vessel is no more than 25 years old, the certificate may evidence compliance by indicating:

a. the date or year the vessel was built, and such date or year is no more than 25 years prior to the date of shipment or the year in which shipment was effected, in which case a date of issuance is not necessary, or

b. the wording as stated in the credit, in which case a date of issuance is required, thereby certifying that as of that date the vessel was not more than 25 years old.

A5 When a certification, declaration or statement is to appear in a document which is to be signed and dated, it does not require a separate signature or date when the certification, declaration or statement appears to have been given by the same entity that issued and signed the document.

COPIES OF TRANSPORT DOCUMENTS COVERED BY UCP 600 ARTICLES 19-25

A6 **a.** When a credit requires the presentation of a copy of a transport document covered by UCP 600 articles 19-25, the relevant article is not applicable, as these articles only apply to original transport documents. A copy of a transport document is to be examined only to the extent expressly stated in the credit, otherwise according to UCP 600 sub-article 14 (f).

b. Any data shown on a copy of a transport document, when read in context with the credit, the document itself and international standard banking practice, need not be identical to, but must not conflict with, data in that document, any other stipulated document or the credit.

c. Copies of transport documents covered by UCP 600 articles 19-25 are not subject to the default presentation period of 21 calendar days stated in UCP 600 sub-article 14 (c) or any presentation period stated in the credit, unless the credit explicitly states the basis for determining such presentation period. Otherwise, a presentation may be made at any time, but in any event no later than the expiry date of the credit.

CORRECTION AND ALTERATION ("CORRECTION")

A7 **a.** **i.** Any correction of data in a document issued by the beneficiary, with the exception of drafts (see paragraph B16), need not be authenticated.

ii. When a document issued by the beneficiary has been legalized, visaed, certified, etc., any correction of data is to be authenticated by at least one of the entities that legalized, visaed or certified, etc., the document. Such authentication is to indicate the name of the entity authenticating the correction either by use of a stamp incorporating its name, or by the addition of the name of the authenticating entity accompanied by its signature or initials.

b i. Any correction of data in a document, other than in a document issued by the beneficiary, is to appear to have been authenticated by the issuer or an entity acting as agent, proxy or for [or on behalf of] the issuer. Such authentication is to indicate the name of the entity authenticating the correction either by use of a stamp incorporating its name, or by the addition of the name of the authenticating entity accompanied by its signature or initials. In the case of authentication by an agent or proxy, the capacity of acting as agent or proxy for [or on behalf of] the issuer is to be stated.

ii. When a document other than one issued by the beneficiary has been legalized, visaed, certified, etc., any correction of data is, in addition to the requirements of paragraph A7 (b) (i), to be authenticated by at least one of the entities that legalized, visaed or certified, etc., the document. Such authentication is to indicate the name of the entity authenticating the correction either by use of a stamp incorporating its name, or by the addition of the name of the authenticating entity accompanied by its signature or initials.

c. Any correction of data in a copy document need not be authenticated.

A8 When a document other than one issued by the beneficiary contains more than one correction, either each correction is to be authenticated separately, or one authentication is to indicate that it applies to all the corrections. For example, when a document issued by XXX shows three corrections numbered 1, 2 and 3, one statement such as "Correction numbers 1, 2 and 3 authenticated by XXX" or similar, together with the signature or initials of XXX, will satisfy the requirement for authentication.

A9 The use of multiple type styles, font sizes or handwriting within the same document does not, by itself, signify a correction.

COURIER RECEIPT, POST RECEIPT AND CERTIFICATE OF POSTING IN RESPECT OF THE SENDING OF DOCUMENTS, NOTICES AND THE LIKE

A10 When a credit requires the presentation of a document as evidence of sending documents, notices and the like to a named or described entity, in the form of a courier receipt, post receipt or certificate of posting, such document is to be examined only to the extent expressly stated in the credit, otherwise according to UCP 600 sub-article 14 (f) and not under UCP 600 article 25.

DATES

A11 a. Even when a credit does not expressly so require:

i. drafts are to indicate a date of issuance;

ii. insurance documents are to indicate a date of issuance or effectiveness of the insurance coverage as reflected in paragraphs K10 (b) and K11; and

iii. original transport documents, subject to examination under UCP 600 articles 19-25, are to indicate a date of issuance, a dated on board notation, a date of shipment, a date of receipt for shipment, a date of dispatch or carriage, a date of taking in charge or a date of pick up or receipt, as applicable.

b. A requirement that a document, other than a draft, insurance document or original transport document, be dated will be satisfied by the indication of a date of issuance or by reference in the document to the date of another document forming part of the same presentation (for example, by the wording "date as per bill of lading number xxx" appearing on a certificate issued by a carrier or its agent) or a date appearing on a stipulated document indicating the occurrence of an event (for example, by the date of inspection being indicated on an inspection certificate that otherwise does not contain a date of issuance).

A12 a. A document, such as, but not limited to, a certificate of analysis, inspection certificate or fumigation certificate, may indicate a date of issuance later than the date of shipment.

b. When a credit requires a document to evidence a pre-shipment event (for example, "pre-shipment inspection certificate"), the document, either by its title, content or date of issuance, is to indicate that the event (for example, inspection) took place on or prior to the date of shipment.

c. When a credit requires a document such as, but not limited to, an "inspection certificate", this does not constitute a requirement that the document is to evidence a pre-shipment event, and it need not be dated prior to the date of shipment.

A13 A document indicating a date of issuance and a later date of signing is deemed to have been issued on the date of signing.

A14 a. When a credit uses phrases to signify time on either side of a date or an event, the following shall apply:

i. "not later than 2 days after (date or event)" means a latest date. If an advice or document is not to be dated prior to a specified date or event, the credit should so state.

ii. "at least 2 days before (date or event)" means that an act or event is to take place not later than 2 days before that date or event. There is no limit as to how early it may take place.

b. i. For the purpose of calculation of a period of time, the term "within" when used in connection with a date or event excludes that date or the event date in the calculation of the period. For example, "within 2 days of (date or event)" means a period of 5 days commencing 2 days prior to that date or event until 2 days after that date or event.

ii. The term "within" when followed by a date or a reference to a determinable date or event includes that date or event date. For example, "presentation to be made within 14 May" or "presentation is to be made within credit validity (or credit expiry)" where the expiry date of the credit is 14 May, means 14 May is the last day upon which presentation is allowed, provided that 14 May is a banking day.

A15 The words "from" and "after" when used to determine a maturity date or period for presentation following the date of shipment, the date of an event or the date of a document, exclude that date in the calculation of the period. For example, 10 days after the date of shipment or 10 days from the date of shipment, where the date of shipment was 4 May, will be 14 May.

A16 Provided that the date intended can be determined from the document or from other documents included in the presentation, dates may be expressed in any format. For example, the 14th of May 2013 could be expressed as 14 May 13, 14.05.2013, 14.05.13, 2013.05.14, 05.14.13, 130514, etc. To avoid any risk of ambiguity, it is recommended that the month be stated in words.

DOCUMENTS AND THE NEED FOR COMPLETION OF A BOX, FIELD OR SPACE

A17 The fact that a document has a box, field or space for data to be inserted does not necessarily mean that such box, field or space is to be completed. For example, data are not required in the box titled "Accounting Information" or "Handling Information" commonly found on an air waybill. Also see paragraph A37 in respect of the requirements for a signature to appear in any box, field or space.

DOCUMENTS FOR WHICH THE UCP 600 TRANSPORT ARTICLES DO NOT APPLY

A18 a. Documents commonly used in relation to the transportation of goods, such as but not limited to, Delivery Note, Delivery Order, Cargo Receipt, Forwarder's Certificate of Receipt, Forwarder's Certificate of Shipment, Forwarder's Certificate of Transport, Forwarder's Cargo Receipt and Mate's Receipt are not transport documents as defined in UCP 600 articles 19-25. These documents are to be examined only to the extent expressly stated in the credit, otherwise according to UCP 600 sub-article 14 (f).

b. i. For documents referred to in paragraph A18 (a), a condition of a credit that presentation is to occur within a certain number of days after the date of shipment will be disregarded, and presentation may be made at any time, but in any event no later than the expiry date of the credit.

ii. The default presentation period of 21 calendar days stated in UCP 600 sub-article 14 (c) only applies to a presentation including one or more original transport documents covered by UCP 600 articles 19-25.

c. For a presentation period to apply to a document referred to in paragraph A18 (a), the credit should specify that presentation is to be made within a certain number of days after the issuance date of the respective document, or a date that is to be mentioned in the document (for example, when a credit requires the presentation of a document titled cargo receipt, "documents to be presented no later than 10 days after the date of the cargo receipt").

EXPRESSIONS NOT DEFINED IN UCP 600

A19 The expressions "shipping documents", "stale documents acceptable", "third party documents acceptable", "third party documents not acceptable", "exporting country", "shipping company" and "documents acceptable as presented" should not be used in a credit, as they are not defined in UCP 600. If, nevertheless, they are used, and their meaning is not defined in the credit, they shall have the following meaning under international standard banking practice:

a. "shipping documents" - all documents required by the credit, except drafts, teletransmission reports and courier receipts, postal receipts or certificates of posting evidencing the sending of documents.

b. "stale documents acceptable" - documents may be presented later than 21 calendar days after the date of shipment as long as they are presented no later than the expiry date of the credit. This will also apply when the credit specifies a period for presentation together with the condition "stale documents acceptable".

c. "third party documents acceptable" - all documents for which the credit or UCP 600 do not indicate an issuer, except drafts, may be issued by a named person or entity other than the beneficiary.

d. "third party documents not acceptable" - has no meaning and is to be disregarded.

e. "exporting country" - one of the following: the country where the beneficiary is domiciled, the country of origin of the goods, the country of receipt by the carrier or the country from which shipment or dispatch is made.

f. "shipping company" - when used in the context of the issuer of a certificate, certification or declaration relating to a transport document - any one of the following: carrier, master or, when a charter party bill of lading is presented, the master, owner or charterer, or any entity identified as an agent of any one of the aforementioned, regardless of whether it issued or signed the presented transport document.

g. "documents acceptable as presented" - a presentation may consist of one or more of the stipulated documents provided they are presented within the expiry date of the credit and the drawing amount is within that which is available under the credit. The documents will not otherwise be examined for compliance under the credit or UCP 600, including whether they are presented in the required number of originals or copies.

ISSUER OF DOCUMENTS

A20 When a credit requires a document to be issued by a named person or entity, this condition is satisfied when the docume appears to be issued by the named person or entity by use of its letterhead, or when there is no letterhead, when the document appears to have been completed or signed by, or for [or on behalf of], the named person or entity.

LANGUAGE

A21 **a.** When a credit stipulates the language of the documents to be presented, the data required by the credit or UCP 600 are to be in that language.

b. When a credit is silent with respect to the language of the documents to be presented, the documents may be issued in any language.

c. **i.** When a credit allows two or more acceptable languages, a confirming bank or a nominated bank acting on its nomination may restrict the number of acceptable languages as a condition of its engagement in the credit, and in such a case the data contained in the documents are only to be in the acceptable language or languages.

ii. When a credit allows a document to contain data in two or more acceptable languages and a confirming bank or a nominated bank acting on its nomination does not restrict the language or the number of acceptable languages as a condition of its engagement in the credit, it is required to examine the data in all of the acceptable languages appearing in the documents.

d. Banks do not examine data that have been inserted in a language that is additional to that required or allowed in the credit.

e. Notwithstanding paragraphs A21 (a) and (d), the name of a person or entity, any stamps, legalization, endorsements or similar, and the pre-printed text shown on a document, such as, but not limited to, field headings, may be in a language other than that required in the credit.

MATHEMATICAL CALCULATIONS

A22 When the presented documents indicate mathematical calculations, banks only determine that the stated total in respect of criteria such as amount, quantity, weight or number of packages, does not conflict with the credit or any other stipulated document.

MISSPELLINGS OR TYPING ERRORS

A23 A misspelling or typing error that does not affect the meaning of a word or the sentence in which it occurs does not make a document discrepant. For example, a description of the goods shown as "mashine" instead of "machine", "fountan pen" instead of "fountain pen" or "modle" instead of "model" would not be regarded as a conflict of data under UCP 600 sub-article 14 (d). However, a description shown as, for example, "model 123" instead of "model 321" will be regarded as a conflict of data under that sub-article.

MULTIPLE PAGES AND ATTACHMENTS OR RIDERS

A24 When a document consists of more than one page, it must be possible to determine that the pages are part of the same document. Unless a document provides otherwise, pages which are physically bound together, sequentially numbered or contain internal cross references, however named or titled, will meet this requirement and are to be examined as one document, even if some of the pages are regarded as an attachment or rider.

A25 When a signature or endorsement is required to be on a document consisting of more than one page, and the credit or the document itself does not indicate where a signature or endorsement is to appear, the signature or endorsement may appear anywhere on that document.

NON-DOCUMENTARY CONDITIONS AND CONFLICT OF DATA

A26 When a credit contains a condition without stipulating a document to indicate compliance therewith ("non-documentary condition"), compliance with such condition need not be evidenced on any stipulated document. However, data contained in a stipulated document are not to be in conflict with the non-documentary condition. For example, when a credit indicates "packing in wooden cases" without indicating that such data is to appear on any stipulated document, a statement in any stipulated document indicating a different type of packing is considered to be a conflict of data.

ORIGINALS AND COPIES

A27 A document bearing an apparently original signature, mark, stamp or label of the issuer will be considered to be an original unless it states that it is a copy. Banks do not determine whether such a signature, mark, stamp or label of the issuer has been applied in a manual or facsimile form and, as such, any document bearing such method of authentication will satisfy the requirements of UCP 600 article 17.

A28 Documents issued in more than one original may be marked "Original", "Duplicate", "Triplicate", "First Original", "Second Original", etc. None of these markings will disqualify a document as an original.

A29 a. The number of originals to be presented is to be at least the number required by the credit or UCP 600.

b. When a transport document or insurance document indicates how many originals have been issued, the number of originals stated on the document is to be presented, except as stated in paragraphs H12 and J7 (c).

c. When a credit requires presentation of less than a full set of original transport documents, (for example, "2/3 original bills of lading"), but does not provide any disposal instructions for the remaining original bill of lading, a presentation may include 3/3 original bills of lading.

d. When a credit requires, for example, presentation of:

i. "Invoice", "One Invoice", "Invoice in 1 copy" or "Invoice - 1 copy", it will be understood to be a requirement for an original invoice.

ii. "Invoice in 4 copies" or "Invoice in 4 fold" will be satisfied by the presentation of at least one original invoice and any remaining number as copies.

iii. "photocopy of invoice" or "copy of invoice" will be satisfied by the presentation of either a photocopy, copy or, when not prohibited, an original invoice.

iv. "photocopy of a signed invoice" will be satisfied by the presentation of either a photocopy or copy of the original invoice that was apparently signed or, when not prohibited, a signed original invoice.

A30 a. When a credit prohibits the presentation of an original document by stating, for example, "photocopy of invoice - original document not acceptable in lieu of photocopy" or the like, only a photocopy of an invoice or an invoice marked copy is to be presented.

b. When a credit requires the presentation of a copy of a transport document and indicates a disposal instruction for all originals of that document, a presentation is not to include any original of such document.

A31 a. Original documents are to be signed when required by the credit, the document itself (except as stated in paragraph A37) or UCP 600.

b. Copies of documents need not be signed nor dated.

SHIPPING MARKS

A32 When a credit specifies the details of a shipping mark, documents mentioning the shipping mark are to show those details. The data in a shipping mark indicated on a document need not be in the same sequence as those shown in the credit or in any other stipulated document.

A33 A shipping mark indicated on a document may show data in excess of what would normally be considered a "shipping mark", or which is specified in the credit as a "shipping mark", by the addition of information such as, but not limited to, the type of goods, warnings concerning the handling of fragile goods or net and gross weight of the goods.

A34 a. Transport documents covering containerized goods often only show a container number, with or without a seal number, under the heading "Shipping mark" or similar. Other documents that show a more detailed marking will not be in conflict for that reason.

b. The fact that some documents show additional information as mentioned in paragraphs A33 and A34 (a), while others do not, will not be regarded as a conflict of data under UCP 600 sub-article 14 (d).

SIGNATURES

A35 a. A signature, as referred to in paragraph A31 (a), need not be handwritten. Documents may also be signed with a facsimile signature (for example, a pre-printed or scanned signature), perforated signature, stamp, symbol (for example, a chop) or any mechanical or electronic method of authentication.

b. A requirement for a document to be "signed and stamped" or a similar requirement is satisfied by a signature in the form described in paragraph A35 (a) and the name of the signing entity typed, stamped, handwritten, pre-printed or scanned on the document, etc.

c. A statement on a document such as "This document has been electronically authenticated" or "This document has been produced by electronic means and requires no signature" or words of similar effect does not, by itself, represent an electronic method of authentication in accordance with the signature requirements of UCP 600 article 3.

d. A statement on a document indicating that authentication may be verified or obtained through a specific reference to a website (URL) constitutes a form of electronic method of authentication in accordance with the signature requirements of UCP 600 article 3. Banks will not access such websites to verify or obtain authentication.

A36 a. A signature on the letterhead paper of a named person or entity is considered to be the signature of that named person or entity unless otherwise stated. The named person or entity need not be repeated next to the signature.

b. When a signatory indicates it is signing for [or on behalf of] a branch of the issuer, the signature will be considered to be that of the issuer.

A37 The fact that a document has a box, field or space for a signature does not in itself mean that such box, field or space is to be completed with a signature. For example, a signature is not required in the space titled "Signature of shipper or their agent" commonly found on an air waybill or "Signature of shipper" on a road transport document. Also see paragraph A17 in respect of the requirements for data to appear in a box, field or space.

A38 When a document includes wording such as "This document is not valid unless countersigned [or signed] by (name of the person or entity)" or words of similar effect, the applicable box, field or space is to contain a signature and the name of the person or entity that is countersigning the document.

TITLE OF DOCUMENTS AND COMBINED DOCUMENTS

A39 Documents may be titled as called for in the credit, bear a similar title or be untitled. The content of a document must appear to fulfil the function of the required document. For example, a requirement for a "Packing List" will be satisfied by a document containing packing details whether it is titled "Packing List", "Packing Note", "Packing and Weight List", etc., or bears no title.

A40 Documents required by a credit are to be presented as separate documents. However, and as an example, a requirement for an original packing list and an original weight list will also be satisfied by the presentation of two original combined packing and weight lists, provided that such documents state both packing and weight details.

A41 A document required by a credit that is to cover more than one function may be presented as a single document or separate documents that appear to fulfil each function. For example, a requirement for a Certificate of Quality and Quantity will be satisfied by the presentation of a single document or by a separate Certificate of Quality and Certificate of Quantity provided that each document appears to fulfil its function and is presented in the number of originals and copies as required by the credit.

Drafts and calculation of maturity date

BASIC REQUIREMENT

B1 **a.** A draft, when required, is to be drawn on the bank stated in the credit.

b. Banks only examine a draft to the extent described in paragraphs B2-B17.

TENOR

B2 **a.** The tenor stated on a draft is to be in accordance with the terms of the credit.

b. When a credit requires a draft to be drawn at a tenor other than sight or a certain period after sight, it must be possible to establish the maturity date from the data in the draft itself.

For example, when a credit calls for drafts at a tenor 60 days after the bill of lading date, and when the date of the bill of lading is 14 May 2013, the tenor is to be indicated on the draft in one of the following ways:

i. "60 days after bill of lading date 14 May 2013", or

ii. "60 days after 14 May 2013", or

iii. "60 days after bill of lading date" and elsewhere on the face of the draft state "bill of lading date 14 May 2013", or

iv. "60 days date" on a draft dated the same day as the date of the bill of lading, or

v. "13 July 2013", i.e., 60 days after the bill of lading date.

c. When the tenor refers to, for example, 60 days after the bill of lading date, the on board date is deemed to be the bill of lading date even when the on board date is prior to or later than the date of issuance of the bill of lading.

d. The words "from" and "after" when used to determine maturity dates of drafts signify that the calculation of the maturity date commences the day following the date of the document, shipment or the date of an event stipulated in the credit, for example, 10 days after or from 4 May is 14 May.

e. **i.** When a credit requires a bill of lading and drafts are to be drawn, for example, at 60 days after or from the bill of lading date and a bill of lading is presented evidencing unloading and reloading of the goods from one vessel to another, and showing more than one dated on board notation and indicating that each shipment was effected from a port within a permitted geographical area or range of ports, the earliest of these dates is to be used for the calculation of the maturity date. For example, a credit requires shipment from any European port, and the bill of lading evidences on board vessel "A" from Dublin on 14 May, with transhipment effected on board vessel "B" from Rotterdam on 16 May. The draft should reflect 60 days after the earliest on board date in a European port, i.e., 14 May.

ii. When a credit requires a bill of lading and drafts are to be drawn, for example, at 60 days after or from the bill of lading date, and a bill of lading is presented evidencing shipment of goods on the same vessel from more than one port within a permitted geographical area or range of ports, and shows more than one dated on board notation, the latest of these dates is to be used for the calculation of the maturity date. For example, a credit requires shipment from any European port, and the bill of lading evidences part of the goods loaded on board vessel "A" from Dublin on 14 May and the remainder on board the same vessel from Rotterdam on 16 May. The draft should reflect 60 days after the latest on board date, i.e., 16 May.

iii. When a credit requires a bill of lading and drafts are to be drawn, for example, at 60 days after or from the bill of lading date, and more than one set of bills of lading is presented under one draft, the on board date of the latest bill of lading will be used for the calculation of the maturity date.

B3 While the examples in paragraphs B2 (e) (i-iii) refer to bill of lading dates, the same principles apply to any basis for determining a maturity date

MATURITY DATE

B4 When a draft states a maturity date by using an actual date, that date is to reflect the terms of the credit.

B5 For drafts drawn, for example, "at 60 days sight", the maturity date is established as follows:

a. in the case of a complying presentation, the maturity date will be 60 days after the day of presentation to the bank on which the draft is drawn, i.e., the issuing bank, confirming bank or a nominated bank that agrees to act on its nomination ("drawee bank").

b. in the case of a non-complying presentation:

   i. when such drawee bank has not provided a notice of refusal, the maturity date will be 60 days after the day of presentation to it;
   ii. when the drawee bank is the issuing bank and it has provided a notice of refusal at the latest 60 days after the date the issuing bank accepts the waiver of the applicant;
   iii. when the drawee bank is a bank other than the issuing bank and it has provided a notice of refusal, at the latest 60 days after the date of the acceptance advice of the issuing bank. When such drawee bank does not agree to act on the acceptance advice of the issuing bank, the undertaking to honour on the due date is that of the issuing bank.

c. The drawee bank is to advise or confirm the maturity date to the presenter.

B6 The method of calculation of tenor and maturity dates, as shown above, also applies to a credit available by deferred payment or, in some cases, negotiation, i.e., when there is no requirement for a draft to be presented by the beneficiary.

BANKING DAYS, GRACE DAYS, DELAYS IN REMITTANCE

B7 Payment is to be made in immediately available funds on the due date at the place where the draft or documents are payable, provided that such due date is a banking day in that place. When the due date is a non-banking day, payment is due on the first banking day following the due date. Delays in the remittance of funds, for example grace days, the time it takes to remit funds, etc., are not to be in addition to the stated or agreed due date as defined by the draft or documents.

DRAWING AND SIGNING

B8 a. A draft is to be drawn and signed by the beneficiary and to indicate a date of issuance.

b. When the beneficiary or second beneficiary has changed its name, and the credit mentions the former name, a draft may be drawn in the name of the new entity provided that it indicates "formerly known as (name of the beneficiary or second beneficiary)" or words of similar effect.

B9 When a credit indicates the drawee of a draft by only stating the SWIFT address of a bank, the draft may show the drawee with the same details or the full name of the bank.

B10 When a credit is available by negotiation with a nominated bank or any bank, the draft is to be drawn on a bank other than the nominated bank.

B11 When a credit is available by acceptance with any bank, the draft is to be drawn on the bank that agrees to accept the draft and is thereby willing to act on its nomination.

B12 When a credit is available by acceptance with:

a. a nominated bank or any bank, and the draft is to be drawn on that nominated bank (which is not a confirming bank), and it decides not to act on its nomination, the beneficiary may choose to:
   i. draw the draft on the confirming bank, if any, or request that the presentation be forwarded to the confirming bank in the form as presented;
   ii. present the documents to another bank that agrees to accept a draft drawn on it and thereby act on its nomination (applicable only when the credit is available with any bank); or
   iii. request that the presentation be forwarded to the issuing bank in the form as presented with or without a draft drawn on the issuing bank.

b. a confirming bank, and the draft is to be drawn on that confirming bank and the presentation is non-complying, and it decides not to reinstate its confirmation, the beneficiary may request that the presentation be forwarded to the issuing bank in the form as presented, with or without a draft drawn on the issuing bank.

AMOUNTS

B13 A draft is to be drawn for the amount demanded under the presentation.

B14 The amount in words is to accurately reflect the amount in figures when both are shown, and indicate the currency as stated in the credit. When the amount in words and figures are in conflict, the amount in words is to be examined as the amount demanded.

ENDORSEMENT

B15 A draft is to be endorsed, if necessary.

CORRECTION AND ALTERATION ("CORRECTION")

B16 Any correction of data on a draft is to appear to have been authenticated with the addition of the signature or initials of the beneficiary.

B17 When no correction of data is allowed in a draft, an issuing bank should have included a suitable stipulation in its credit.

DRAFTS DRAWN ON THE APPLICANT

B18 **a.** A credit must not be issued available by a draft drawn on the applicant.

b. However, when a credit requires the presentation of a draft drawn on the applicant as one of the required documents, it is to be examined only to the extent expressly stated in the credit, otherwise according to UCP 600 sub-article 14 (f).

Invoices

TITLE OF INVOICE

C1 **a.** When a credit requires presentation of an "invoice" without further description, this will be satisfied by the presentation of any type of invoice (commercial invoice, customs invoice, tax invoice, final invoice, consular invoice, etc.). However, an invoice is not to be identified as "provisional", "pro-forma" or the like.

b. When a credit requires presentation of a "commercial invoice", this will also be satisfied by the presentation of a document titled "invoice", even when such document contains a statement that it has been issued for tax purposes.

ISSUER OF AN INVOICE

C2 **a.** An invoice is to appear to have been issued by the beneficiary or, in the case of a transferred credit, the second beneficiary.

b. When the beneficiary or second beneficiary has changed its name and the credit mentions the former name, an invoice may be issued in the name of the new entity provided that it indicates "formerly known as (name of the beneficiary or second beneficiary)" or words of similar effect.

DESCRIPTION OF THE GOODS, SERVICES OR PERFORMANCE AND OTHER GENERAL ISSUES RELATED TO INVOICES

C3 The description of the goods, services or performance shown on the invoice is to correspond with the description shown in the credit. There is no requirement for a mirror image. For example, details of the goods may be stated in a number of areas within the invoice which, when read together, represent a description of the goods corresponding to that in the credit.

C4 The description of goods, services or performance on an invoice is to reflect what has actually been shipped, delivered or provided. For example, when the goods description in the credit indicates a requirement for shipment of "10 trucks and 5 tractors", and only 4 trucks have been shipped, an invoice may indicate shipment of only 4 trucks provided that the credit did not prohibit partial shipment. An invoice indicating what has actually been shipped (4 trucks) may also contain the description of the goods stated in the credit, i.e., 10 trucks and 5 tractors.

C5 An invoice showing a description of the goods, services or performance that corresponds with that in the credit may also indicate additional data in respect of the goods, services or performance provided that they do not appear to refer to a different nature, classification or category of the goods, services or performance.
For example, when a credit requires shipment of "Suede Shoes", but the invoice describes the goods as "Imitation Suede Shoes", or when the credit requires "Hydraulic Drilling Rig", but the invoice describes the goods as "Second Hand Hydraulic Drilling Rig", these descriptions would represent a change in nature, classification or category of the goods.

C6 An invoice is to indicate:

a. the value of the goods shipped or delivered, or services or performance provided.

b. unit price(s), when stated in the credit.

c. the same currency as that shown in the credit.

d. any discount or deduction required by the credit.

C7 An invoice may indicate a deduction covering advance payment, discount, etc., that is not stated in the credit.

C8 When a trade term is stated as part of the goods description in the credit, an invoice is to indicate that trade term, and when the source of the trade term is stated, the same source is to be indicated. For example, a trade term indicated in a credit as "CIF Singapore Incoterms 2010" is not to be indicated on an invoice as "CIF Singapore" or "CIF Singapore Incoterms". However, when a trade term is stated in the credit as "CIF Singapore" or "CIF Singapore Incoterms", it may also be indicated on an invoice as "CIF Singapore Incoterms 2010" or any other revision.

C9 Additional charges and costs, such as those related to documentation, freight or insurance costs, are to be included within the value shown against the stated trade term on the invoice.

C10 An invoice need not be signed or dated

C11 Any total quantity of goods and their weight or measurement shown on the invoice is not to conflict with the same data appearing on other documents

C12 An invoice is not to indicate:

a. over-shipment (except as provided in UCP 600 sub-article 30 (b)), or

b. goods, services or performance not called for in the credit. This applies even when the invoice includes additional quantities of goods, services or performance as required by the credit or samples and advertising material and are stated to be free of charge.

C13 The quantity of goods required in the credit may be indicated on an invoice within a tolerance of +/-5%. A variance of up to +5% in the quantity of the goods does not allow the amount demanded under the presentation to exceed the amount of the credit. The tolerance of +/-5% in the quantity of the goods will not apply when:

a. a credit states that the quantity is not to be exceeded or reduced; or

b. a credit states the quantity in terms of a stipulated number of packing units or individual items.

C14 When no quantity of goods is stated in the credit, and partial shipments are prohibited, an invoice issued for an amount up to 5% less than the credit amount will be considered to cover the full quantity and not a partial shipment.

INSTALMENT DRAWINGS OR SHIPMENTS

C15 **a.** **i.** When a drawing or shipment by instalments within given periods is stipulated in the credit, and any instalment is not drawn or shipped within the period allowed for that instalment, the credit ceases to be available for that and any subsequent instalment. Given periods are a sequence of dates or timelines that determine a start and end date for each instalment. For example, a credit requiring shipment of 100 cars in March and 100 cars in April is an example of two periods of time that start on 1 March and 1 April and end on 31 March and 30 April respectively.

ii. When partial drawings or shipments are allowed, any number of drawings or shipments is permitted within each instalment.

b. When a credit indicates a drawing or shipment schedule by only indicating a number of latest dates, and not given periods (as referred to in paragraph
C15 (a) (i)):

i. this is not an instalment schedule as envisaged by UCP 600, and article 32 will not apply. The presentation is to otherwise comply with any instructions in respect of the drawing or shipment schedule and UCP 600 article 31;

ii. when partial drawings or shipments are allowed, any number of drawings or shipments is permitted on or before each latest date for a drawing or shipment to occur.

Transport document covering at least two different modes of transport ("multimodal or combined transport document")

APPLICATION OF UCP 600 ARTICLE 19

D1 **a.** A requirement in a credit for the presentation of a transport document, however named, covering movement of goods utilizing at least two different modes of transport means that UCP 600 article 19 is to be applied in the examination of that document.

b. **i.** A multimodal or combined transport document is not to indicate that shipment or dispatch has been effected by only one mode of transport, but it may be silent regarding some or all of the modes of transport utilized.

ii. A multimodal or combined transport document is not to contain any indication of a charter party as described in paragraphs G2 (a) and (b).

c. When a credit requires the presentation of a transport document other than a multimodal or combined transport document, and it is clear from the routing of the goods stated in the credit that more than one mode of transport is to be utilized, for example, when an inland place of receipt or final destination are indicated, or the port of loading or discharge field is completed but with a place which is in fact an inland place and not a port, UCP 600 article 19 is to be applied in the examination of that document.

D2 In all places where the term "multimodal transport document" is used within this publication, it also includes the term "combined transport document". The transport document presented need not be titled "Multimodal transport document" or "Combined transport document" or words of similar effect even when the credit so names the required document.

ISSUANCE, CARRIER, IDENTIFICATION OF THE CARRIER AND SIGNING OF A MULTIMODAL TRANSPORT DOCUMENT

D3 **a.** A multimodal transport document may be issued by any entity other than a carrier or master (captain) provided it meets the requirements of UCP 600 article 19.

b. When a credit indicates "Freight Forwarder's Multimodal Transport Document is acceptable" or "House Multimodal Transport Document is acceptable" or words of similar effect, a multimodal transport document may be signed by the issuing entity without it being necessary to indicate the capacity in which it has been signed or the name of the carrier.

D4 A stipulation in a credit that "Freight Forwarder's Multimodal Transport Documents are not acceptable" or "House Multimodal Transport Documents are not acceptable" or words of similar effect has no meaning in the context of the title, format, content or signing of a multimodal transport document unless the credit provides specific requirements detailing how the multimodal transport document is to be issued and signed. In the absence of these requirements, such a stipulation is to be disregarded, and the multimodal transport document presented is to be examined according to the requirements of UCP 600 article 19.

D5 **a.** A multimodal transport document is to be signed in the form described in UCP 600 sub-article 19 (a) (i) and to indicate the name of the carrier, identified as the carrier.

b. When a multimodal transport document is signed by a named branch of the carrier, the signature is considered to have been made by the carrier.

c. When an agent signs a multimodal transport document for [or on behalf of] the carrier, the agent is to be named and, in addition, to indicate that it is signing as "agent for (name), the carrier" or as "agent on behalf of (name), the carrier" or words of similar effect. When the carrier is identified elsewhere in the document as the "carrier", the named agent may sign, for example, as "agent for [or on behalf of] the carrier" without naming the carrier again.

d. When the master (captain) signs a multimodal transport document, the signature of the master (captain) is to be identified as the "master" ("captain"). The name of the master (captain) need not be stated.

e. When an agent signs a multimodal transport document for [or on behalf of] the master (captain), the agent is to be named and, in addition, to indicate that it is signing as "agent for the master (or captain)" or as "agent on behalf of the master (or captain)" or words of similar effect. The name of the master (captain) need not be stated.

ON BOARD NOTATION, DATE OF SHIPMENT, PLACE OF RECEIPT, DISPATCH, TAKING IN CHARGE, PORT OF LOADING OR AIRPORT OF DEPARTURE

D6 The issuance date of a multimodal transport document will be deemed to be the date of receipt, dispatch, taking in charge or shipment on board and the date of shipment, unless it bears a separate dated notation evidencing receipt, dispatch, taking in charge or shipment on board from the place, port or airport stated in the credit. In the latter event, such date will be deemed to be the date of shipment whether that date is before or after the issuance date of the multimodal transport document. A separate dated notation may also be indicated in a designated field or box.

D7 When a credit requires shipment to commence from a port, i.e., when the first leg of the journey, as required by the credit, is by sea, a multimodal transport document is to indicate a dated on board notation, and in this event paragraph E6 (b-d) will also apply.

D8 In a multimodal transport document, when a credit requires shipment to commence from a port, the named port of loading should appear in the port of loading field. However, it may also be stated in the field headed "Place of receipt" or words of similar effect, provided there is a dated on board notation evidencing that the goods were shipped on board a named vessel at the port stated under "Place of receipt" or words of similar effect.

D9 A multimodal transport document is to indicate the place of receipt, dispatch, taking in charge, port of loading or airport of departure stated in the credit. When a credit indicates the place of receipt, dispatch, taking in charge, port of loading or airport of departure by also stating the country in which the place, port or airport is located, the name of the country need not be stated.

D10 When a credit indicates a geographical area or range of places of receipt, dispatch, taking in charge, ports of loading or airports of departure (for example, "Any European Country" or "Hamburg, Rotterdam, Antwerp Port"), a multimodal transport document is to indicate the actual place of receipt, dispatch, taking in charge, port of loading or airport of departure, which is to be within that geographical area or range of places. A multimodal transport document need not indicate the geographical area.

D11 Terms such as "Shipped in apparent good order", "Laden on board", "Clean on board" or other phrases that incorporate "shipped" or "on board" have the same effect as the words "Shipped on board".

PLACE OF FINAL DESTINATION, PORT OF DISCHARGE OR AIRPORT OF DESTINATION

D12 **a.** In a multimodal transport document, when a credit requires shipment to be effected to a port, the named port of discharge should appear in the port of discharge field.

b. However, the named port of discharge may be stated in the field headed "Place of final destination" or words of similar effect provided there is a notation evidencing that the port of discharge is that stated under "Place of final destination" or words of similar effect. For example, when a credit requires shipment to be effected to Felixstowe, but Felixstowe is shown as the place of final destination instead of the port of discharge, this may be evidenced by a notation stating "Port of discharge Felixstowe".

D13 A multimodal transport document is to indicate the place of final destination, port of discharge or airport of destination stated in the credit. When a credit indicates the place of final destination, port of discharge or airport of destination by also stating the country in which the place, port or airport is located, the name of the country need not be stated.

D14 When a credit indicates a geographical area or range of places of final destination, ports of discharge or airports of destination (for example, "Any European Country" or "Hamburg, Rotterdam, Antwerp Port"), a multimodal transport document is to indicate the actual place of final destination, port of discharge or airport of destination, which is to be within that geographical area or range of places. A multimodal transport document need not indicate the geographical area.

ORIGINAL MULTIMODAL TRANSPORT DOCUMENT

D15 **a.** A multimodal transport document is to indicate the number of originals that have been issued.

b. Multimodal transport documents marked "First Original", "Second Original", "Third Original", or "Original", "Duplicate", "Triplicate" or similar expressions are all originals.

CONSIGNEE, ORDER PARTY, SHIPPER AND ENDORSEMENT, AND NOTIFY PARTY

D16 When a credit requires a multimodal transport document to evidence that goods are consigned to a named entity, for example, "consigned to (named entity)" (i.e., a "straight" multimodal transport document or consignment) rather than "to order" or "to order of (named entity)", it is not to contain the expressions "to order" or "to order of" preceding the named entity, or the expression "or order" following the named entity, whether typed or pre-printed.

D17 **a.** When a multimodal transport document is issued "to order" or "to order of the shipper", it is to be endorsed by the shipper. An endorsement may be made by a named entity other than the shipper, provided the endorsement is made for [or on behalf of] the shipper.

b. When a credit requires a multimodal transport document to evidence that goods are consigned "to order of (named entity)", it is not to indicate that the goods are straight consigned to that named entity.

D18 **a.** When a credit stipulates the details of one or more notify parties, a multimodal transport document may also indicate the details of one or more additional notify parties.

b. i. When a credit does not stipulate the details of a notify party, a multimodal transport document may indicate the details of any notify party and in any manner (except as stated in paragraph D18 (b) (ii)).

ii. When a credit does not stipulate the details of a notify party, but the details of the applicant appear as notify party on a multimodal transport document, and these details include the applicant's address and contact details, they are not to conflict with those stated in the credit.

D19 When a credit requires a multimodal transport document to evidence goods consigned to or to the order of "issuing bank" or "applicant" or notify "applicant" or "issuing bank", a multimodal transport document is to indicate the name of the issuing bank or applicant, as applicable, but need not indicate their respective addresses or any contact details that may be stated in the credit.

D20 When the address and contact details of the applicant appear as part of the consignee or notify party details, they are not to conflict with those stated in the credit.

TRANSHIPMENT, PARTIAL SHIPMENT AND DETERMINING THE PRESENTATION PERIOD WHEN MULTIPLE SETS OF MULTIMODAL TRANSPORT DOCUMENTS ARE PRESENTED

D21 In multimodal transport transhipment will occur. Transhipment is the unloading and reloading of goods from one means of conveyance to another means of conveyance (whether or not in different modes of transport) during the carriage of those goods from the place of receipt, dispatch or taking in charge, port of loading or airport of departure to the place of final destination, port of discharge or airport of destination stated in the credit.

D22 Shipment on more than one means of conveyance (more than one truck [lorry], vessel, aircraft, etc.) is a partial shipment, even when such means of conveyance leaves on the same day for the same destination.

D23 a. When a credit prohibits partial shipment, and more than one set of original multimodal transport documents are presented covering receipt, dispatch, taking in charge or shipment from one or more points of origin (as specifically allowed, or within a geographical area or range of places stated in the credit), each set is to indicate that it covers the carriage of goods on the same means of conveyance and same journey and that the goods are destined for the same destination.

b. When a credit prohibits partial shipment, and more than one set of original multimodal transport documents are presented in accordance with paragraph D23 (a) and incorporate different dates of receipt, dispatch, taking in charge, or shipment, the latest of these dates is to be used for the calculation of any presentation period and must fall on or before the latest date of receipt, dispatch, taking in charge or shipment stated in the credit.

c. When partial shipment is allowed, and more than one set of original multimodal transport documents are presented as part of a single presentation made under one covering schedule or letter and incorporate different dates of receipt, dispatch, taking in charge or shipment, on different means of conveyance, the earliest of these dates is to be used for the calculation of any presentation period, and each of these dates must fall on or before the latest date of receipt, dispatch, taking in charge or shipment stated in the credit.

CLEAN MULTIMODAL TRANSPORT DOCUMENT

D24 A multimodal transport document is not to include a clause or clauses that expressly declare a defective condition of the goods or their packaging.
For example:

a. A clause on a multimodal transport document such as "packaging is not sufficient for the sea journey" or words of similar effect is an example of a clause expressly declaring a defective condition of the packaging.

b. A clause on a multimodal transport document such as "packaging may not be sufficient for the sea journey" or words of similar effect does not expressly declare a defective condition of the packaging.

D25 a. It is not necessary for the word "clean" to appear on a multimodal transport document even when the credit requires a multimodal transport document to be marked "clean on board" or "clean".

b. Deletion of the word "clean" on a multimodal transport document does not expressly declare a defective condition of the goods or their packaging.

GOODS DESCRIPTION

D26 A goods description indicated on a multimodal transport document may be in general terms not in conflict with the goods description in the credit.

INDICATION OF NAME AND ADDRESS OF DELIVERY AGENT AT DESTINATION

D27 When a credit requires a multimodal transport document to indicate the name, address and contact details of a delivery agent or words of similar effect, at or for the place of final destination or port of discharge, the address need not be one that is located at the place of final destination or port of discharge or within the same country as that of the place of final destination or port of discharge.

CORRECTIONS AND ALTERATIONS ("CORRECTIONS")

D28 Any correction of data on a multimodal transport document is to be authenticated. Such authentication is to appear to have been made by the carrier, master (captain) or any one of their named agents, who may be different from the agent that may have issued or signed a multimodal transport document, provided they are identified as an agent of the carrier or master (captain).

D29 Non-negotiable copies of a multimodal transport document need not include authentication of any corrections that may have been made on the original.

FREIGHT AND ADDITIONAL COSTS

D30 A statement appearing on a multimodal transport document indicating the payment of freight need not be identical to that stated in the credit, but is not to conflict with data in that document, any other stipulated document or the credit. For example, when a credit requires a multimodal transport document to be marked "freight payable at destination", it may be marked "freight collect".

D31 **a.** When a credit states that costs additional to freight are not acceptable, a multimodal transport document is not to indicate that costs additional to the freight have been or will be incurred.

b. An indication of costs additional to freight may be made by express reference to additional costs or by the use of trade terms which refer to costs associated with the loading or unloading of goods, such as, but not limited to, Free In (FI), Free Out (FO), Free In and Out (FIO) and Free In and Out Stowed (FIOS).

c. Reference in a multimodal transport document to costs which may be levied, for example, as a result of a delay in unloading the goods, or after the goods have been unloaded (demurrage costs) or costs covering the late return of containers (detention costs) is not an indication of costs additional to freight.

RELEASE OF GOODS WITH MORE THAN ONE MULTIMODAL TRANSPORT DOCUMENT TO BE SURRENDERED

D32 A multimodal transport document is not to expressly state that goods covered by that multimodal transport document will only be released upon its surrender together with one or more other multimodal transport documents, unless all of the referenced multimodal transport documents form part of the same presentation under the same credit.
For example, "Container XXXX is covered by B/L No. YYY and ZZZ, and can only be released to a single merchant upon presentation of all multimodal transport documents of that merchant" is considered to be an express statement that one or more other multimodal transport documents, related to the referenced container or packing unit, must be surrendered prior to the goods being released.

Bill of lading

APPLICATION OF UCP 600 ARTICLE 20

E1 **a.** A requirement in a credit for the presentation of a transport document, however named, only covering a port-to-port shipment, i.e., a credit that contains no reference to a place of receipt or taking in charge or place of final destination means that UCP 600 article 20 is to be applied in the examination of that document.

b. A bill of lading is not to contain any indication of a charter party as described in paragraphs G2 (a) and (b).

E2 A bill of lading need not be titled "marine bill of lading", "ocean bill of lading", "port-to-port bill of lading" or words of similar effect even when the credit so names the required document.

ISSUANCE, CARRIER, IDENTIFICATION OF THE CARRIER AND SIGNING OF A BILL OF LADING

E3 **a.** A bill of lading may be issued by any entity other than a carrier or master (captain), provided it meets the requirements of UCP 600 article 20.

b. When a credit indicates "Freight Forwarder's Bill of Lading is acceptable" or "House Bill of Lading is acceptable" or words of similar effect, a bill of lading may be signed by the issuing entity without it being necessary to indicate the capacity in which it has been signed or the name of the carrier.

E4 A stipulation in a credit that "Freight Forwarder's Bills of Lading are not acceptable" or "House Bills of Lading are not acceptable" or words of similar effect has no meaning in the context of the title, format, content or signing of a bill of lading unless the credit provides specific requirements detailing how the bill of lading is to be issued and signed. In the absence of these requirements, such a stipulation is to be disregarded, and the bill of lading presented is to be examined according to the requirements of UCP 600 article 20.

E5 **a.** A bill of lading is to be signed in the form described in UCP 600 sub-article 20 (a) (i) and to indicate the name of the carrier, identified as the carrier.

b. When a bill of lading is signed by a named branch of the carrier, the signature is considered to have been made by the carrier.

c. When an agent signs a bill of lading for [or on behalf of] the carrier, the agent is to be named and, in addition, to indicate that it is signing as "agent for (name), the carrier" or as "agent on behalf of (name), the carrier" or words of similar effect. When the carrier is identified elsewhere in the document as the "carrier", the named agent may sign, for example, as "agent for [or on behalf of] the carrier" without naming the carrier again.

d. When the master (captain) signs a bill of lading, the signature of the master (captain) is to be identified as the "master" ("captain"). The name of the master (captain) need not be stated.

e. When an agent signs a bill of lading for [or on behalf of] the master (captain), the agent is to be named and, in addition, to indicate that it is signing as "agent for the master (or captain)", or as "agent on behalf of the master (or captain)" or words of similar effect. The name of the master (captain) need not be stated.

ON BOARD NOTATION, DATE OF SHIPMENT, PRE-CARRIAGE, PLACE OF RECEIPT AND PORT OF LOADING

E6 **a.** When a pre-printed "Shipped on board" bill of lading is presented, its issuance date will be deemed to be the date of shipment unless it bears a separate dated on board notation. In the latter event, such date will be deemed to be the date of shipment whether that date is before or after the issuance date of the bill of lading. The on board date may also be indicated in a designated field or box.

b. Notwithstanding that a credit may require a bill of lading to evidence a port-to-port shipment:

i. when a bill of lading indicates a place of receipt that is the same as the port of loading, for example, place of receipt Rotterdam CY and the port of loading Rotterdam, and there is no indication of a means of pre-carriage (either in the pre-carriage field or the place of receipt field); or

ii. when a bill of lading indicates a place of receipt different from the port of loading, for example, place of receipt Amsterdam and port of loading Rotterdam, and there is no indication of a means of pre-carriage (either in the pre-carriage field or the place of receipt field), then:

a) when a bill of lading is pre-printed "shipped on board", the date of issue will be deemed to be the date of shipment, and no further on board notation is required.

b) when a bill of lading is pre-printed "received for shipment", a dated on board notation is required, and the date appearing in the notation will be deemed to be the date of shipment. The on board date may also be indicated in a designated field or box.

c. Notwithstanding that a credit may require a bill of lading to evidence a port-to-port shipment, when a bill of lading:

i. indicates a place of receipt different from the port of loading, for example, place of receipt Amsterdam and port of loading Rotterdam, and there is an indication of a means of pre-carriage (either in the pre-carriage field or the place of receipt field), regardless of whether it is pre-printed "shipped on board" or "received for shipment", it is to bear a dated on board notation which also indicates the name of the vessel and the port of loading stated in the credit. Such notation may also appear in a designated field or box. The date appearing in the on board notation or designated field or box will be deemed to be the date of shipment.

ii. indicates a means of pre-carriage (either in the pre-carriage field or the place of receipt field), no matter if no place of receipt is stated or whether it is pre-printed "shipped on board" or "received for shipment", it is to bear a dated on board notation which also indicates the name of the vessel and the port of loading stated in the credit. Such notation may also appear in a designated field or box. The date appearing in the on board notation or designated field or box will be deemed to be the date of shipment.

d. When a bill of lading indicates wording such as "When the place of receipt box has been completed, any notation on this bill of lading of "on board", "loaded on board" or words of similar effect shall be deemed to be on board the means of transportation performing the carriage from the place of receipt to the port of loading" or words of similar effect, and if, in addition, the place of receipt box is completed, a bill of lading is to bear a dated on board notation. The dated on board notation is also to indicate the name of the vessel and the port of loading stated in the credit. Such notation may also appear in a designated field or box. The date appearing in the on board notation or designated field or box will be deemed to be the date of shipment.

e. The named port of loading, as required by the credit, should appear in the port of loading field on a bill of lading. However, it may also be stated in the field headed "Place of receipt" or words of similar effect, provided there is a dated on board notation evidencing that the goods were shipped on board a named vessel at the port stated under "Place of receipt" or words of similar effect.

f. A bill of lading is to indicate the port of loading stated in the credit. When a credit indicates the port of loading by also stating the country in which the port is located, the name of the country need not be stated.

g. When a credit indicates a geographical area or range of ports of loading (for example, "Any European Port" or "Hamburg, Rotterdam, Antwerp Port"), a bill of lading is to indicate the actual port of loading, which is to be within that geographical area or range of ports. A bill of lading need not indicate the geographical area.

h. When a bill of lading indicates more than one port of loading, it is to evidence an on board notation with the relevant on board date for each port of loading, regardless of whether it is pre-printed "received for shipment" or "shipped on board". For example, when a bill of lading indicates that shipment has been effected from Brisbane and Adelaide, a dated on board notation is required for both Brisbane and Adelaide.

E7 Terms such as "Shipped in apparent good order", "Laden on board", "Clean on board" or other phrases that incorporate "shipped" or "on board" have the same effect as the words "Shipped on board".

PORT OF DISCHARGE

E8 **a.** The named port of discharge, as required by the credit, should appear in the port of discharge field within a bill of lading.

b. However, the named port of discharge may be stated in the field headed "Place of final destination" or words of similar effect provided there is a notation evidencing that the port of discharge is that stated under "Place of final destination" or words of similar effect. For example, when a credit requires shipment to be effected to Felixstowe, but Felixstowe is shown as the place of final destination instead of the port of discharge, this may be evidenced by a notation stating "Port of discharge Felixstowe".

E9 A bill of lading is to indicate the port of discharge stated in the credit. When a credit indicates the port of discharge by also stating the country in which the port is located, the name of the country need not be stated.

E10 When a credit indicates a geographical area or range of ports of discharge (for example, "Any European Port" or "Hamburg, Rotterdam, Antwerp Port"), a bill of lading is to indicate the actual port of discharge, which is to be within that geographical area or range of ports. A bill of lading need not indicate the geographical area.

ORIGINAL BILL OF LADING

E11 **a.** A bill of lading is to indicate the number of originals that have been issued.

b. Bills of lading marked "First Original", "Second Original", "Third Original", or "Original", "Duplicate", "Triplicate" or similar expressions are all originals.

CONSIGNEE, ORDER PARTY, SHIPPER AND ENDORSEMENT, AND NOTIFY PARTY

E12 When a credit requires a bill of lading to evidence that goods are consigned to a named entity, for example, "consigned to (named entity)" (i.e., a "straight" bill of lading or consignment) rather than "to order" or "to order of (named entity)", it is not to contain the expressions "to order" or "to order of" preceding the named entity, or the expression "or order" following the named entity, whether typed or pre-printed.

E13 **a.** When a bill of lading is issued "to order" or "to order of the shipper", it is to be endorsed by the shipper. An endorsement may be made by a named entity other than the shipper, provided the endorsement is made for [or on behalf of] the shipper.

b. When a credit requires a bill of lading to evidence that goods are consigned "to order of (named entity)", it is not to indicate that the goods are straight consigned to that named entity.

E14 a. When a credit stipulates the details of one or more notify parties, a bill of lading may also indicate the details of one or more additional notify parties.

b. i. When a credit does not stipulate the details of a notify party, a bill of lading may indicate the details of any notify party and in any manner (except as stated in paragraph E14 (b) (ii)).

ii. When a credit does not stipulate the details of a notify party, but the details of the applicant appear as notify party on a bill of lading, and these details include the applicant's address and contact details, they are not to conflict with those stated in the credit.

E15 When a credit requires a bill of lading to evidence goods consigned to or to the order of "issuing bank" or "applicant" or notify "applicant" or "issuing bank", a bill of lading is to indicate the name of the issuing bank or applicant, as applicable, but need not indicate their respective addresses or any contact details that may be stated in the credit.

E16 When the address and contact details of the applicant appear as part of the consignee or notify party details, they are not to conflict with those stated in the credit.

TRANSHIPMENT, PARTIAL SHIPMENT AND DETERMINING THE PRESENTATION PERIOD WHEN MULTIPLE SETS OF BILLS OF LADING ARE PRESENTED

E17 Transhipment is the unloading and reloading of goods from one vessel to another during the carriage of those goods from the port of loading to the port of discharge stated in the credit. When a bill of lading does not indicate unloading and reloading between these two ports, it is not transhipment in the context of the credit and UCP 600 sub-articles 20 (b) and (c).

E18 Shipment on more than one vessel is a partial shipment, even if each vessel leaves on the same day for the same destination.

E19 a. When a credit prohibits partial shipment, and more than one set of original bills of lading are presented covering shipment from one or more ports of loading (as specifically allowed, or within a geographical area or range of ports stated in the credit), each set is to indicate that it covers the shipment of goods on the same vessel and same journey and that the goods are destined for the same port of discharge.

b. When a credit prohibits partial shipment, and more than one set of original bills of lading are presented in accordance with paragraph E19 (a) and incorporate different dates of shipment, the latest of these dates is to be used for the calculation of any presentation period and must fall on or before the latest shipment date stated in the credit.

c. When partial shipment is allowed, and more than one set of original bills of lading are presented as part of a single presentation made under one covering schedule or letter and incorporate different dates of shipment, on different vessels or the same vessel for a different journey, the earliest of these dates is to be used for the calculation of any presentation period, and each of these dates must fall on or before the latest shipment date stated in the credit.

CLEAN BILL OF LADING

E20 A bill of lading is not to include a clause or clauses that expressly declare a defective condition of the goods or their packaging.
For example:

a. A clause on a bill of lading such as "packaging is not sufficient for the sea journey" or words of similar effect is an example of a clause expressly declaring a defective condition of the packaging.

b. A clause on a bill of lading such as "packaging may not be sufficient for the sea journey" or words of similar effect does not expressly declare a defective condition of the packaging.

E21 a. It is not necessary for the word "clean" to appear on a bill of lading even when the credit requires a bill of lading to be marked "clean on board" or "clean".

b. Deletion of the word "clean" on a bill of lading does not expressly declare a defective condition of the goods or their packaging.

GOODS DESCRIPTION

E22 A goods description indicated on a bill of lading may be in general terms not in conflict with the goods description in the credit.

INDICATION OF NAME AND ADDRESS OF DELIVERY AGENT AT PORT OF DISCHARGE

E23 When a credit requires a bill of lading to indicate the name, address and contact details of a delivery agent or words of similar effect, at or for the port of discharge, the address need not be one that is located at the port of discharge or within the same country as that of the port of discharge.

CORRECTIONS AND ALTERATIONS ("CORRECTIONS")

E24 Any correction of data on a bill of lading is to be authenticated. Such authentication is to appear to have been made by the carrier, master (captain) or any one of their named agents, who may be different from the agent that may have issued or signed a bill of lading, provided they are identified as an agent of the carrier or the master (captain).

E25 Non-negotiable copies of a bill of lading need not include authentication of any corrections that may have been made on the original.

FREIGHT AND ADDITIONAL COSTS

E26 A statement appearing on a bill of lading indicating the payment of freight need not be identical to that stated in the credit, but is not to conflict with data in that document, any other stipulated document or the credit. For example, when a credit requires a bill of lading to be marked "freight payable at destination", it may be marked "freight collect".

E27 **a.** When a credit states that costs additional to freight are not acceptable, a bill of lading is not to indicate that costs additional to the freight have been or will be incurred.

b. An indication of costs additional to freight may be made by express reference to additional costs or by the use of trade terms which refer to costs associated with the loading or unloading of goods, such as, but not limited to, Free In (FI), Free Out (FO), Free In and Out (FIO) and Free In and Out Stowed (FIOS).

c. Reference in a bill of lading to costs which may be levied, for example, as a result of a delay in unloading the goods, or after the goods have been unloaded (demurrage costs) or costs covering the late return of containers (detention costs) is not an indication of costs additional to freight.

RELEASE OF GOODS WITH MORE THAN ONE BILL OF LADING TO BE SURRENDERED

E28 A bill of lading is not to expressly state that goods covered by that bill of lading will only be released upon its surrender together with one or more other bills of lading, unless all of the referenced bills of lading form part of the same presentation under the same credit.
For example, "Container XXXX is covered by B/L No. YYY and ZZZ and can only be released to a single merchant upon presentation of all bills of lading of that merchant" is considered to be an express statement that one or more other bills of lading, related to the referenced container or packing unit, must be surrendered prior to the goods being released.

Non-negotiable sea waybill

APPLICATION OF UCP 600 ARTICLE 21

F1

a. A requirement in a credit for the presentation of a non-negotiable sea waybill, covering a port-to-port shipment only, i.e., a credit that contains no reference to a place of receipt or taking in charge or place of final destination means that UCP 600 article 21 is to be applied in the examination of that document.

b. A non-negotiable sea waybill is not to contain any indication of a charter party as described in paragraphs G2 (a) and (b).

ISSUANCE, CARRIER, IDENTIFICATION OF THE CARRIER AND SIGNING OF A NON-NEGOTIABLE SEA WAYBILL

F2

a. A non-negotiable sea waybill may be issued by any entity other than a carrier or master (captain) provided it meets the requirements of UCP 600 article 21.

b. When a credit indicates "Freight Forwarder's non-negotiable sea waybill is acceptable" or "House non-negotiable sea waybill is acceptable" or words of similar effect, a non-negotiable sea waybill may be signed by the issuing entity without it being necessary to indicate the capacity in which it has been signed or the name of the carrier.

F3 A stipulation in a credit that "Freight Forwarder's non-negotiable sea waybill is not acceptable" or "House non-negotiable sea waybill is not acceptable" or words of similar effect has no meaning in the context of the title, format, content or signing of a non-negotiable sea waybill unless the credit provides specific requirements detailing how the non-negotiable sea waybill is to be issued and signed. In the absence of these requirements, such a stipulation is to be disregarded, and the non-negotiable sea waybill presented is to be examined according to the requirements of UCP 600 article 21.

F4

a. A non-negotiable sea waybill is to be signed in the form described in UCP 600 sub-article 21 (a) (i) and to indicate the name of the carrier, identified as the carrier.

b. When a non-negotiable sea waybill is signed by a named branch of the carrier, the signature is considered to have been made by the carrier.

c. When an agent signs a non-negotiable sea waybill for [or on behalf of] the carrier, the agent is to be named and, in addition, to indicate that it is signing as "agent for (name), the carrier" or as "agent on behalf of (name), the carrier" or words of similar effect. When the carrier is identified elsewhere in the document as the "carrier", the named agent may sign, for example, as "agent for [or on behalf of] the carrier" without naming the carrier again.

d. When the master (captain) signs a non-negotiable sea waybill, the signature of the master (captain) is to be identified as the "master" ("captain"). The name of the master (captain) need not be stated.

e. When an agent signs a non-negotiable sea waybill for [or on behalf of] the master (captain), the agent is to be named and, in addition, to indicate that it is signing as "agent for the master (or captain)", or as "agent on behalf of the master (or captain)" or words of similar effect. The name of the master (captain) need not be stated.

ON BOARD NOTATION, DATE OF SHIPMENT, PRE-CARRIAGE, PLACE OF RECEIPT AND PORT OF LOADING

F5

a. When a pre-printed "Shipped on board" non-negotiable sea waybill is presented, its issuance date will be deemed to be the date of shipment unless it bears a separate dated on board notation. In the latter event, such date will be

b. deemed to be the date of shipment whether that date is before or after the issuance date of the non-negotiable sea waybill. The on board date may also be indicated in a designated field or box.
Notwithstanding that a credit may require a non-negotiable sea waybill to evidence a port-to-port shipment:

i. when a non-negotiable sea waybill indicates a place of receipt that is the same as the port of loading, for example, place of receipt Rotterdam CY and the port of loading Rotterdam, and there is no indication of a means of pre-carriage (either in the pre-carriage field or the place of receipt field); or

ii. when a non-negotiable sea waybill indicates a place of receipt different from the port of loading, for example, place of receipt Amsterdam and port of loading Rotterdam, and there is no indication of a means of pre-carriage (either in the pre-carriage field or the place of receipt field), then:

a) when a non-negotiable sea waybill is pre-printed "shipped on board", the date of issue will be deemed to be the date of shipment, and no further on board notation is required.

b) when a non-negotiable sea waybill is pre-printed "received for shipment", a dated on board notation is required, and the date appearing in the notation will be deemed to be the date of shipment. The on board date may also be indicated in a designated field or box.

c. Notwithstanding that a credit may require a non-negotiable sea waybill to evidence a port-to-port shipment, when a non-negotiable sea waybill:

i. indicates a place of receipt different from the port of loading, for example, place of receipt Amsterdam and port of loading Rotterdam, and there is an indication of a means of pre-carriage (either in the pre-carriage field or the place of receipt field), regardless of whether it is pre-printed "shipped on board" or "received for shipment", it is to bear a dated on board notation which also indicates the name of the vessel and the port of loading stated in the credit. Such notation may also appear in a designated field or box. The date appearing in the on board notation or designated field or box will be deemed to be the date of shipment.

ii. indicates a means of pre-carriage (either in the pre-carriage field or the place of receipt field), no matter if no place of receipt is stated or whether it is pre-printed "shipped on board" or "received for shipment", it is to bear a dated on board notation which also indicates the name of the vessel and the port of loading stated in the credit. Such notation may also appear in a designated field or box. The date appearing in the on board notation or designated field or box will be deemed to be the date of shipment.

d. When a non-negotiable sea waybill indicates wording such as "When the place of receipt box has been completed, any notation on this non-negotiable sea waybill of "on board", "loaded on board" or words of similar effect shall be deemed to be on board the means of transportation performing the carriage from the place of receipt to the port of loading" or words of similar effect, and if, in addition, the place of receipt box is completed, a non-negotiable sea waybill is to bear a dated on board notation. The dated on board notation is also to indicate the name of the vessel and the port of loading stated in the credit. Such notation may also appear in a designated field or box. The date appearing in the on board notation or designated field or box will be deemed to be the date of shipment.

e. The named port of loading, as required by the credit, should appear in the port of loading field on a non-negotiable sea waybill. However, it may also be stated in the field headed "Place of receipt" or words of similar effect, provided there is a dated on board notation evidencing that the goods were shipped on board a named vessel at the port stated under "Place of receipt" or words of similar effect.

f. A non-negotiable sea waybill is to indicate the port of loading stated in the credit. When a credit indicates the port of loading by also stating the country in which the port is located, the name of the country need not be stated.

g. When a credit indicates a geographical area or range of ports of loading (for example, "Any European Port" or "Hamburg, Rotterdam, Antwerp Port"), a non-negotiable sea waybill is to indicate the actual port of loading, which is to be within that geographical area or range of ports. A non-negotiable sea waybill need not indicate the geographical area.

h. When a non-negotiable sea waybill indicates more than one port of loading, it is to evidence an on board notation with the relevant on board date for each port of loading, regardless of whether it is pre-printed "received for shipment" or "shipped on board". For example, when a non-negotiable sea waybill indicates that shipment has been effected from Brisbane and Adelaide, a dated on board notation is required for both Brisbane and Adelaide.

F6 Terms such as "Shipped in apparent good order", "Laden on board", "Clean on board" or other phrases that incorporate "shipped" or "on board" have the same effect as the words "Shipped on board".

PORT OF DISCHARGE

F7 **a.** The named port of discharge, as required by the credit, should appear in the port of discharge field within a non-negotiable sea waybill.

b. However, the named port of discharge may be stated in the field headed "Place of final destination" or words of similar effect provided there is a notation evidencing that the port of discharge is that stated under "Place of final destination" or words of similar effect. For example, when a credit requires shipment to be effected to Felixstowe, but Felixstowe is shown as the place of final destination instead of the port of discharge, this may be evidenced by a notation stating "Port of discharge Felixstowe".

F8 A non-negotiable sea waybill is to indicate the port of discharge stated in the credit. When a credit indicates the port of discharge by also stating the country in which the port is located, the name of the country need not be stated.

F9 When a credit indicates a geographical area or range of ports of discharge (for example "Any European Port" or "Hamburg, Rotterdam, Antwerp Port"), a non-negotiable sea waybill is to indicate the actual port of discharge, which is to be within that geographical area or range of ports. A non-negotiable sea waybill need not indicate the geographical area.

ORIGINAL NON-NEGOTIABLE SEA WAYBILL

F10 **a.** A non-negotiable sea waybill is to indicate the number of originals that have been issued.

b. Non-negotiable sea waybills marked "First Original", "Second Original", "Third Original", or "Original", "Duplicate", "Triplicate" or similar expressions are all originals.

CONSIGNEE, ORDER PARTY, SHIPPER, AND NOTIFY PARTY

F11 **a.** When a credit requires a non-negotiable sea waybill to evidence that goods are consigned to a named entity, for example, "consigned to (named entity)", it is not to contain the expressions "to order" or "to order of" preceding the named entity, or the expression "or order" following the named entity, whether typed or pre-printed.

b. When a credit requires a non-negotiable sea waybill to evidence that goods are consigned "to order of (named entity)", it may indicate that the goods are consigned to that entity, without mentioning "to order of".

c. When a credit requires a non-negotiable sea waybill to evidence that goods are consigned "to order" without naming the entity to whose order the goods are to be consigned, it is to indicate that the goods are consigned to either the issuing bank or the applicant, without the need to mention the words "to order".

F12 a. When a credit stipulates the details of one or more notify parties, a non-negotiable sea waybill may also indicate the details of one or more additional notify parties.

b. i. When a credit does not stipulate the details of a notify party, a non-negotiable sea waybill may indicate the details of any notify party and in any manner (except as stated in paragraph F12 (b) (ii)).

ii. When a credit does not stipulate the details of a notify party, but the details of the applicant appear as notify party on a non-negotiable sea waybill, and these details include the applicant's address and contact details, they are not to conflict with those stated in the credit.

F13 When a credit requires a non-negotiable sea waybill to evidence goods consigned to "issuing bank" or "applicant" or notify "applicant" or "issuing bank", a non-negotiable sea waybill is to indicate the name of the issuing bank or applicant, as applicable, but need not indicate their respective addresses or any contact details that may be stated in the credit.

F14 When the address and contact details of the applicant appear as part of the consignee or notify party details, they are not to conflict with those stated in the credit.

TRANSHIPMENT, PARTIAL SHIPMENT AND DETERMINING THE PRESENTATION PERIOD WHEN MULTIPLE SETS OF NON-NEGOTIABLE SEA WAYBILLS ARE PRESENTED

F15 Transhipment is the unloading and reloading of goods from one vessel to another during the carriage of those goods from the port of loading to the port of discharge stated in the credit. When a non-negotiable sea waybill does not indicate unloading and reloading between these two ports, it is not transhipment in the context of the credit and UCP 600 sub-articles 21 (b) and (c).

F16 Shipment on more than one vessel is a partial shipment, even if each vessel leaves on the same day for the same destination.

F17 a. When a credit prohibits partial shipment, and more than one set of original non-negotiable sea waybills are presented covering shipment from one or more ports of loading (as specifically allowed, or within a geographical area or range of ports stated in the credit), each set is to indicate that it covers the shipment of goods on the same vessel and same journey and that the goods are destined for the same port of discharge.

b. When a credit prohibits partial shipment, and more than one set of original non-negotiable sea waybills are presented in accordance with paragraph F17 (a) and incorporate different dates of shipment, the latest of these dates is to be used for the calculation of any presentation period and must fall on or before the latest shipment date stated in the credit.

c. When partial shipment is allowed, and more than one set of original non-negotiable sea waybills are presented as part of a single presentation made under one covering schedule or letter and incorporate different dates of shipment, on different vessels or the same vessel for a different journey, the earliest of these dates is to be used for the calculation of any presentation period, and each of these dates must fall on or before the latest shipment date stated in the credit.

CLEAN NON-NEGOTIABLE SEA WAYBILL

F18 A non-negotiable sea waybill is not to include a clause or clauses that expressly declare a defective condition of the goods or their packaging.
For example:

a. A clause on a non-negotiable sea waybill such as "packaging is not sufficient for the sea journey" or words of similar effect is an example of a clause expressly declaring a defective condition of the packaging.

b. A clause on a non-negotiable sea waybill such as "packaging may not be sufficient for the sea journey" or words of similar effect does not expressly declare a defective condition of the packaging.

F19 a. It is not necessary for the word "clean" to appear on a non-negotiable sea waybill even when the credit requires a non-negotiable sea waybill to be marked "clean on board" or "clean".

b. Deletion of the word "clean" on a non-negotiable sea waybill does not expressly declare a defective condition of the goods or their packaging.

GOODS DESCRIPTION

F20 A goods description indicated on a non-negotiable sea waybill may be in general terms not in conflict with the goods description in the credit.

INDICATION OF NAME AND ADDRESS OF DELIVERY AGENT AT PORT OF DISCHARGE

F21 When a credit requires a non-negotiable sea waybill to indicate the name, address and contact details of a delivery agent or words of similar effect, at or for the port of discharge, the address need not be one that is located at the port of discharge or within the same country as that of the port of discharge.

CORRECTIONS AND ALTERATIONS ("CORRECTIONS")

F22 Any correction of data on a non-negotiable sea waybill is to be authenticated. Such authentication is to appear to have been made by the carrier, master (captain) or any one of their named agents, who may be different from the agent that may have issued or signed a non-negotiable sea waybill, provided they are identified as an agent of the carrier or the master (captain).

F23 Copies of a non-negotiable sea waybill need not include authentication of any corrections that may have been made on the original.

FREIGHT AND ADDITIONAL COSTS

F24 A statement appearing on a non-negotiable sea waybill indicating the payment of freight need not be identical to that stated in the credit, but is not to conflict with data in that document, any other stipulated document or the credit. For example, when a credit requires a non-negotiable sea waybill to be marked "freight payable at destination", it may be marked "freight collect".

F25 **a.** When a credit states that costs additional to freight are not acceptable, a non-negotiable sea waybill is not to indicate that costs additional to the freight have been or will be incurred.

b. An indication of costs additional to freight may be made by express reference to additional costs or by the use of trade terms which refer to costs associated with the loading or unloading of goods, such as, but not limited to, Free In (FI), Free Out (FO), Free In and Out (FIO) and Free In and Out Stowed (FIOS).

c. Reference in a non-negotiable sea waybill to costs which may be levied, for example, as a result of a delay in unloading the goods, or after the goods have been unloaded (demurrage costs) or costs covering the late return of containers (detention costs) is not an indication of costs additional to freight.

Charter party bill of lading

APPLICATION OF UCP 600 ARTICLE 22

G1 When there is a requirement in a credit for the presentation of a charter party bill of lading, or when a credit allows presentation of a charter party bill of lading and a charter party bill of lading is presented, UCP 600 article 22 is to be applied in the examination of that document.

G2 **a.** A transport document, however named, containing any indication that it is subject to, or any reference to, a charter party is deemed to be a charter party bill of lading.

b. A transport document, however named, indicating expressions such as "freight payable as per charter party dated (with or without mentioning a date)", or "freight payable as per charter party", will be an indication that it is subject to a charter party.

G3 A transport document, however named, containing a code name or form name usually associated with a charter party bill of lading, for example, "Congenbill" or "Tanker Bill of Lading" without any further indication or reference to a charter party, is not by itself an indication of, or reference to, a charter party.

SIGNING OF A CHARTER PARTY BILL OF LADING

G4 **a.** A charter party bill of lading is to be signed in the form described in UCP 600 sub-article 22 (a) (i).

b. When the master (captain), owner or charterer signs a charter party bill of lading, the signature of the master (captain), owner or charterer is to be identified as "master" ("captain"), "owner" or "charterer".

c. When an agent signs a charter party bill of lading for [or on behalf of] the master (captain), owner or charterer, the agent is to be named and, in addition, to indicate that it is signing as agent for [or on behalf of] the master (captain), owner or charterer as the case may be.

- **i.** When a charter party bill of lading is signed by an agent for [or on behalf of] the master (captain), the name of the master (captain) need not be stated.
- **ii.** When a charter party bill of lading is signed by an agent for [or on behalf of] the owner or charterer, the name of the owner or charterer is to be stated.

ON BOARD NOTATION, DATE OF SHIPMENT, PRE-CARRIAGE, PLACE OF RECEIPT AND PORT OF LOADING

G5 **a.** When a pre-printed "Shipped on board" charter party bill of lading is presented, its issuance date will be deemed to be the date of shipment unless it bears a separate dated on board notation. In the latter event, such date will be deemed to be the date of shipment whether that date is before or after the issuance date of the charter party bill of lading. The on board date may also be indicated in a designated field or box.

b. Notwithstanding that a credit may require a charter party bill of lading to evidence a port-to-port shipment:

- **i.** when a charter party bill of lading indicates a place of receipt that is the same as the port of loading, for example, place of receipt Rotterdam CY and the port of loading Rotterdam, and there is no indication of a means of pre-carriage (either in the pre-carriage field or the place of receipt field); or
- **ii.** when a charter party bill of lading indicates a place of receipt different from the port of loading, for example, place of receipt Amsterdam and port of loading Rotterdam, and there is no indication of a means of pre-carriage (either in the pre-carriage field or the place of receipt field), then:
- **a)** when a charter party bill of lading is pre-printed "shipped on board", the date of issue will be deemed to be the date of shipment, and no further on board notation is required.
- **b)** when a charter party bill of lading is pre-printed "received for shipment", a dated on board notation is required, and the date appearing in the notation will be deemed to be the date of shipment. The on board date may also be indicated in a designated field or box.

c. Notwithstanding that a credit may require a charter party bill of lading to evidence a port-to-port shipment, when a charter party bill of lading:

- **i.** indicates a place of receipt different from the port of loading, for example, place of receipt Amsterdam and port of loading Rotterdam, and there is an indication of a means of pre-carriage (either in the pre-carriage field or the place of receipt field), regardless of whether it is pre-printed "shipped on board" or "received for shipment", it is to bear a dated on board notation which also indicates the name of the vessel and the port of loading stated in the credit. Such notation may also appear in a designated field or box. The date appearing in the on board notation or designated field or box will be deemed to be the date of shipment.

ii. indicates a means of pre-carriage (either in the pre-carriage field or the place of receipt field), no matter if no place of receipt is stated, or whether it is pre-printed "shipped on board" or "received for shipment", it is to bear a dated on board notation which also indicates the name of the vessel and the port of loading stated in the credit. Such notation may also appear in a designated field or box. The date appearing in the on board notation or designated field or box will be deemed to be the date of shipment.

d. When a charter party bill of lading shows wording such as "When the place of receipt box has been completed, any notation on this charter party bill of lading of "on board", "loaded on board" or words of similar effect shall be deemed to be on board the means of transportation performing the carriage from the place of receipt to the port of loading" or words of similar effect, and if, in addition, the place of receipt box is completed, a charter party bill of lading is to bear a dated on board notation. The dated on board notation is also to indicate the name of the vessel and the port of loading stated in the credit. Such notation may also appear in a designated field or box. The date appearing in the on board notation or designated field or box will be deemed to be the date of shipment.

e. The named port of loading, as required by the credit, should appear in the port of loading field on a charter party bill of lading. However, it may also be stated in the field headed "Place of receipt" or words of similar effect, provided there is a dated on board notation evidencing that the goods were shipped on board a named vessel at the port stated under "Place of receipt" or words of similar effect.

f. A charter party bill of lading is to indicate the port of loading stated in the credit. When a credit indicates the port of loading by also stating the country in which the port is located, the name of the country need not be stated.

g. When a credit indicates a geographical area or range of ports of loading (for example, "Any European Port" or "Hamburg, Rotterdam, Antwerp Port"), a charter party bill of lading is to indicate the actual port or ports of loading, which are to be within that geographical area or range of ports. A charter party bill of lading need not indicate the geographical area.

h. When a charter party bill of lading indicates more than one port of loading, it is to evidence an on board notation with the relevant on board date for each port of loading, regardless of whether it is pre-printed "received for shipment" or "shipped on board". For example, when a charter party bill of lading indicates that shipment has been effected from Brisbane and Adelaide, a dated on board notation is required for both Brisbane and Adelaide.

G6 Terms such as "Shipped in apparent good order", "Laden on board", "Clean on board" or other phrases that incorporate "shipped" or "on board" have the same effect as the words "Shipped on board".

PORT OF DISCHARGE

G7 **a.** The named port of discharge, as required by the credit, should appear in the port of discharge field within a charter party bill of lading.

b. However, the named port of discharge may be stated in the field headed "Place of final destination" or words of similar effect provided there is a notation evidencing that the port of discharge is that stated under "Place of final destination" or words of similar effect. For example, when a credit requires shipment to be effected to Felixstowe, but Felixstowe is shown as the place of final destination instead of the port of discharge, this may be evidenced by a notation stating "Port of discharge Felixstowe".

G8 A charter party bill of lading is to indicate the port of discharge stated in the credit. When a credit indicates the port of discharge by also stating the country in which the port is located, the name of the country need not be stated.

G9 When a credit indicates a geographical area or range of ports of discharge (for example, "Any European Port" or "Hamburg, Rotterdam, Antwerp Port"), a charter party bill of lading may indicate the actual port of discharge, which is to be within that geographical area or range of ports, or it may show the geographical area or range of ports as the port of discharge.

ORIGINAL CHARTER PARTY BILL OF LADING

G10 **a.** A charter party bill of lading is to indicate the number of originals that have been issued.

b. Charter party bills of lading marked "First Original", "Second Original", "Third Original", or "Original", "Duplicate", "Triplicate" or similar expressions are all originals.

CONSIGNEE, ORDER PARTY, SHIPPER AND ENDORSEMENT, AND NOTIFY PARTY

G11 When a credit requires a charter party bill of lading to evidence that goods are consigned to a named entity, for example, "consigned to (named entity)" (i.e., a "straight" charter party bill of lading or consignment) rather than "to order" or "to order of (named entity)", it is not to contain the expressions "to order" or "to order of" preceding the named entity or the expression "or order" following the named entity, whether typed or pre-printed.

G12 **a.** When a charter party bill of lading is issued "to order" or "to order of the shipper", it is to be endorsed by the shipper. An endorsement may be made by a named entity other than the shipper, provided the endorsement is made for [or on behalf of] the shipper.

b. When a credit requires a charter party bill of lading to evidence that goods are consigned "to order of (named entity)", it is not to indicate that the goods are straight consigned to that named entity.

G13 **a.** When a credit stipulates the details of one or more notify parties, a charter party bill of lading may also indicate the details of one or more additional notify parties.

b. **i.** When a credit does not stipulate the details of a notify party, a charter party bill of lading may indicate the details of any notify party and in any manner (except as stated in paragraph G13 (b) (ii)).

ii. When a credit does not stipulate the details of a notify party, but the details of the applicant appear as notify party on a charter party bill of lading, and these details include the applicant's address and contact details, they are not to conflict with those stated in the credit.

G14 When a credit requires a charter party bill of lading to evidence goods consigned to or to the order of "issuing bank" or "applicant" or notify "applicant" or "issuing bank", a charter party bill of lading is to indicate the name of the issuing bank or applicant, as applicable, but need not indicate their respective addresses or contact details that may be stated in the credit.

G15 When the address and contact details of the applicant appear as part of the consignee or notify party details, they are not to conflict with those stated in the credit.

PARTIAL SHIPMENT AND DETERMINING THE PRESENTATION PERIOD WHEN MULTIPLE SETS OF CHARTER PARTY BILLS OF LADING ARE PRESENTED

G16 Shipment on more than one vessel is a partial shipment, even if each vessel leaves on the same day for the same destination.

G17 **a.** When a credit prohibits partial shipment, and more than one set of original charter party bills of lading are presented covering shipment from one or more ports of loading (as specifically allowed, or within a geographical area or range of ports stated in the credit), each set is to indicate that it covers the shipment of goods on the same vessel and same journey and that the goods are destined for the same port of discharge, geographical area or range of ports.

b. When a credit prohibits partial shipment, and more than one set of original charter party bills of lading are presented in accordance with paragraph G17 (a) and incorporate different dates of shipment, or one set of original charter party bills of lading is presented indicating different dates of shipment, the latest of these dates is to be used for the calculation of any presentation period and must fall on or before the latest shipment date stated in the credit.

c. When partial shipment is allowed, and more than one set of original charter party bills of lading are presented as part of a single presentation made under one covering schedule or letter and incorporate different dates of shipment, on different vessels or the same vessel for a different journey, the earliest of these dates is to be used for the calculation of any presentation period, and each of these dates must fall on or before the latest shipment date stated in the credit.

CLEAN CHARTER PARTY BILL OF LADING

G18 A charter party bill of lading is not to include a clause or clauses that expressly declare a defective condition of the goods or their packaging.
For example:

a. A clause on a charter party bill of lading such as "packaging is not sufficient for the sea journey" or words of similar effect is an example of a clause expressly declaring a defective condition of the packaging.

b. A clause on a charter party bill of lading such as "packaging may not be sufficient for the sea journey" or words of similar effect does not expressly declare a defective condition of the packaging.

G19 **a.** It is not necessary for the word "clean" to appear on a charter party bill of lading even when the credit requires a charter party bill of lading to be marked "clean on board" or "clean".

b. Deletion of the word "clean" on a charter party bill of lading does not expressly declare a defective condition of the goods or their packaging.

GOODS DESCRIPTION

G20 A goods description indicated on a charter party bill of lading may be in general terms not in conflict with the goods description in the credit.

G21 A charter party bill of lading may indicate that the goods are part of a larger consignment loaded onto the named vessel by reference to "without segregation", "commingled" or words of similar effect.

CORRECTIONS AND ALTERATIONS ("CORRECTIONS")

G22 Any correction of data on a charter party bill of lading is to be authenticated. Such authentication is to appear to have been made by the master (captain), owner, charterer or any one of their named agents, who may be different from the agent that may have issued or signed a charter party bill of lading, provided they are identified as an agent of the master (captain), owner or charterer.

G23 Non-negotiable copies of a charter party bill of lading need not include authentication of any corrections that may have been made on the original.

FREIGHT AND ADDITIONAL COSTS

G24 A statement appearing on a charter party bill of lading indicating the payment of freight need not be identical to that stated in the credit but is not to conflict with data in that document, any other stipulated document or the credit. For example, when a credit requires a charter party bill of lading to be marked "freight payable at destination", it may be marked "freight collect".

G25
a. When a credit states that costs additional to freight are not acceptable, a charter party bill of lading is not to indicate that costs additional to the freight have been or will be incurred.

b. An indication of costs additional to freight may be made by express reference to additional costs or by the use of trade terms which refer to costs associated with the loading or unloading of goods, such as, but not limited to, Free In (FI), Free Out (FO), Free In and Out (FIO) and Free In and Out Stowed (FIOS).

c. Reference in a charter party bill of lading to costs which may be levied, for example, as a result of a delay in unloading the goods or after the goods have been unloaded (demurrage costs) is not an indication of costs additional to freight.

RELEASE OF GOODS WITH MORE THAN ONE CHARTER PARTY BILL OF LADING TO BE SURRENDERED

G26 A charter party bill of lading is not to expressly state that goods covered by that charter party bill of lading will only be released upon its surrender together with one or more other charter party bills of lading, unless all of the referenced charter party bills of lading form part of the same presentation under the same credit.
For example, "[Cargo] is covered by B/L No. YYY and ZZZ, and can only be released to a single merchant upon presentation of all charter party bills of lading of that merchant" is considered to be an express statement that one or more other charter party bills of lading, related to the referenced cargo, must be surrendered prior to the goods being released.

CHARTER PARTY CONTRACTS

G27 Unless UCP 600 sub-article 22 (b) is specifically excluded and the credit specifically indicates the data that are to be examined and to what extent, banks do not examine any content of a charter party contract, even when such contract is required as a stipulated document under the credit.

Air transport document

APPLICATION OF UCP 600 ARTICLE 23

H1 A requirement in a credit for the presentation of an air transport document, however named, covering an airport-to-airport shipment means that UCP 600 article 23 is to be applied in the examination of that document.

H2 An air transport document need not be titled "air waybill", "air consignment note" or words of similar effect even when the credit so names the required document.

ISSUANCE, CARRIER, IDENTIFICATION OF THE CARRIER AND SIGNING OF AN AIR TRANSPORT DOCUMENT

H3 **a.** An air transport document may be issued by any entity other than a carrier provided it meets the requirements of UCP 600 article 23.

b. When a credit indicates "Freight Forwarder's air waybill is acceptable" or "House air waybill is acceptable" or words of similar effect, an air transport document may be signed by the issuing entity without it being necessary to indicate the capacity in which it has been signed or the name of the carrier.

H4 A stipulation in a credit that "Freight Forwarder's air waybill is not acceptable" or "House air waybill is not acceptable" or words of similar effect has no meaning in the context of the title, format, content or signing of an air transport document unless the credit provides specific requirements detailing how the air transport document is to be issued and signed. In the absence of these requirements, such a stipulation is to be disregarded, and the air transport document presented is to be examined according to the requirements of UCP 600 article 23.

H5 **a.** An air transport document is to be signed in the form described in UCP 600 sub-article 23 (a) (i) and to indicate the name of the carrier, identified as the carrier.

b. When an air transport document is signed by a named branch of the carrier, the signature is considered to have been made by the carrier.

c. The carrier is to be identified by its name instead of an IATA airline code, for example, British Airways instead of BA, Lufthansa instead of LH.

H6 When an agent signs an air transport document "for [or on behalf of] the carrier", the agent is to be named and, in addition, to indicate that it is signing as "agent for (name), the carrier" or as "agent on behalf of (name), the carrier" or words of similar effect. When the carrier is identified elsewhere in the document as the "carrier", the named agent may sign, for example, as "agent for [or on behalf of] the carrier" without naming the carrier again.

GOODS ACCEPTED FOR CARRIAGE, DATE OF SHIPMENT AND REQUIREMENT FOR AN ACTUAL DATE OF SHIPMENT

H7 An air transport document is to indicate that the goods have been accepted for carriage or words of similar effect.

H8 **a.** An air transport document is to indicate a date of issuance. This date will be deemed to be the date of shipment unless an air transport document contains a specific notation of the actual date of shipment. In the latter event, the date stated in the notation will be deemed to be the date of shipment whether that date is before or after the issuance date of the air transport document.

b. In the absence of a specific notation containing the actual date of shipment, any other information appearing on an air transport document relative to this information (including, for example, in a box labeled "For Carrier Use Only", "Required Flight Date" or "Routing and Destination") is to be disregarded in the determination of the date of shipment.

AIRPORTS OF DEPARTURE AND DESTINATION

H9 An air transport document is to indicate the airport of departure and airport of destination stated in the credit. When a credit indicates either of these airports by also stating the country in which the airport is located, the name of the country need not be stated.

H10 The airport of departure and airport of destination may also be indicated by the use of IATA codes instead of evidencing the airport name in full (for example, LAX instead of Los Angeles).

H11 When a credit indicates a geographical area or range
of airports of departure or destination (for example, "Any Chinese Airport" or "Shanghai, Beijing, Guangzhou airport"), an air transport document is to indicate the actual airport of departure or destination, which is to be within that geographical area or range of airports.
An air transport document need not indicate the geographical area.

ORIGINAL OF AN AIR TRANSPORT DOCUMENT

H12 An air transport document is to appear to be the original for consignor or shipper. When a credit requires a full set of originals, this is satisfied by the presentation of an air transport document indicating that it is the original for consignor or shipper.

CONSIGNEE, ORDER PARTY AND NOTIFY PARTY

H13 **a.** When a credit requires an air transport document to evidence that goods are consigned "to order of (named entity)", it may indicate that the goods are consigned to that entity, without mentioning "to order of".

b. When a credit requires an air transport document to evidence that goods are consigned "to order" without naming the entity to whose order the goods are to be consigned, it is to indicate that the goods are consigned to either the issuing bank or the applicant, without the need to mention the words "to order".

H14 **a.** When a credit stipulates the details of one or more notify parties, an air transport document may also indicate the details of one or more additional notify parties.

b. **i.** When a credit does not stipulate the details of a notify party, an air transport document may indicate the details of any notify party and in any manner (except as stated in paragraph H14 (b) (ii)).

ii. When a credit does not stipulate the details of a notify party, but the details of the applicant appear as notify party on an air transport document, and these details include the applicant's address and contact details, they are not to conflict with those stated in the credit.

H15 When a credit requires an air transport document to evidence goods consigned to "issuing bank" or "applicant" or notify "applicant" or "issuing bank", an air transport document is to indicate the name of the issuing bank or applicant, as applicable, but need not indicate their respective addresses or any contact details that may be stated in the credit.

H16 When the address and contact details of the applicant appear as part of the consignee or notify party details, they are not to conflict with those stated in the credit.

TRANSHIPMENT, PARTIAL SHIPMENT AND DETERMINING THE PRESENTATION PERIOD WHEN MULTIPLE AIR TRANSPORT DOCUMENTS ARE PRESENTED

H17 Transhipment is the unloading and reloading of goods from one aircraft to another during the carriage of those goods from the airport of departure to the airport of destination stated in the credit. When an air transport document does not indicate unloading and reloading between these two airports, it is not transhipment in the context of the credit and UCP 600 sub-articles 23 (b) and (c).

H18 Dispatch on more than one aircraft is a partial shipment, even if each aircraft leaves on the same day for the same destination.

H19 **a.** When a credit prohibits partial shipment, and more than one air transport documents are presented covering dispatch from one or more airports of departure (as specifically allowed, or within a geographical area or range of airports stated in the credit), each air transport document is to indicate that it covers the dispatch of goods on the same aircraft and same flight and that the goods are destined for the same airport of destination.

b. When a credit prohibits partial shipment, and more than one air transport documents are presented in accordance with paragraph H19 (a) and incorporate different dates of dispatch, the latest of these dates is to be used for the calculation of any presentation period and must fall on or before the latest shipment date stated in the credit.

c. When partial shipment is allowed, and more than one air transport documents are presented as part of a single presentation made under one covering schedule or letter and incorporate different dates of dispatch or different flights, the earliest of these dates is to be used for the calculation of any presentation period, and each of these dates must fall on or before the latest shipment date stated in the credit.

CLEAN AIR TRANSPORT DOCUMENT

H20 An air transport document is not to include a clause or clauses that expressly declare a defective condition of the goods or their packaging.
For example:

a. A clause on an air transport document such as "packaging is not sufficient for the air journey" or words of similar effect is an example of a clause expressly declaring a defective condition of the packaging.

b. A clause on an air transport document such as "packaging may not be sufficient for the air journey" or words of similar effect does not expressly declare a defective condition of the packaging.

H21 **a.** It is not necessary for the word "clean" to appear on an air transport document even when the credit requires an air transport document to be marked "clean".

b. Deletion of the word "clean" on an air transport document does not expressly declare a defective condition of the goods or their packaging.

GOODS DESCRIPTION

H22 A goods description indicated on an air transport document may be in general terms not in conflict with the goods description in the credit.

CORRECTIONS AND ALTERATIONS ("CORRECTIONS")

H23 Any correction of data on an air transport document is to be authenticated. Such authentication is to appear to have been made by the carrier or any one of its named agents, who may be different from the agent that may have issued or signed the air transport document, provided they are identified as an agent of the carrier.

H24 Copies of an air transport document need not include authentication of any corrections that may have been made on the original.

FREIGHT AND ADDITIONAL COSTS

H25 A statement appearing on an air transport document indicating the payment of freight need not be identical to that stated in the credit, but is not to conflict with data in that document, any other stipulated document or the credit. For example, when a credit requires an air transport document to be marked "freight collect", it may be marked "freight payable at destination".

H26 An air transport document may contain separate boxes, which by their pre-printed headings indicate that they are for freight charges "prepaid" and for freight charges "collect".

a. When a credit requires an air transport document to show that freight has been prepaid, this will also be fulfilled by an indication of the freight charges under the heading "Freight Charges Prepaid" or words of similar effect.

b. When a credit requires an air transport document to show that freight is to be collected or paid at destination, this will also be fulfilled by an indication of the freight charges under the heading "Freight Charges Collect" or words of similar effect.

H27 **a.** When a credit states that costs additional to freight are not acceptable, an air transport document is not to indicate that costs additional to the freight have been or will be incurred.

b. Reference in an air transport document to costs which may be levied, for example, as a result of a delay in unloading the goods or after the goods have been unloaded, is not an indication of costs additional to freight.

Road, Rail or Inland Waterway transport documents

APPLICATION OF UCP 600 ARTICLE 24

J1 A requirement in a credit for the presentation of a transport document covering movement of goods by either road or rail or inland waterway means that UCP 600 article 24 is to be applied in the examination of that document.

CARRIER, IDENTIFICATION OF THE CARRIER AND SIGNING OF A ROAD, RAIL OR INLAND WATERWAY TRANSPORT DOCUMENT

J2 **a.** A road, rail or inland waterway transport document is to be signed in the form described in UCP 600 sub-article 24 (a) (i) and to indicate the name of the carrier, identified as the carrier (except as stated in paragraph J4 (b)).

b. When a road, rail or inland waterway transport document is signed by a named branch of the carrier, the signature is considered to have been made by
the carrier.

c. The term "carrier" includes terms such as "issuing carrier", "actual carrier", "succeeding carrier" and "contracting carrier".

J3 Any signature, stamp or notation of receipt of the goods is to appear to indicate that it has been made by:

a. the carrier, identified as the carrier; or

b. a named agent acting or signing for [or on behalf of] the carrier and indicating the name of the carrier, identified as the carrier, on whose behalf that agent is acting or signing; or

c. a railway company or railway station of departure.

J4 **a.** The term "carrier" need not appear on the signature line provided the transport document appears to be signed by the carrier or a named agent for [or on behalf of] the carrier, and the carrier is otherwise identified elsewhere in the transport document as the "carrier".

b. A rail transport document may bear a date stamp by the railway company or railway station of departure without indicating the name of the carrier or a named agent signing for [or on behalf of] the carrier.

PLACE OF SHIPMENT AND PLACE OF DESTINATION

J5 A road, rail or inland waterway transport document is to indicate the place of shipment and place of destination stated in the credit. When a credit indicates either of these places by also stating the country in which the place is located, the name of the country need not be stated.

J6 When a credit indicates a geographical area or range of places of shipment or destination (for example, "China" or "Shanghai, Beijing or Guangzhou"), a road, rail or inland waterway transport document is to indicate the actual place of shipment or destination, which is to be within that geographical area or range of places. A road, rail or inland waterway transport document need not indicate the geographical area.

ORIGINAL AND DUPLICATE OF A ROAD, RAIL OR INLAND WATERWAY TRANSPORT DOCUMENT

J7 **a.** A rail or inland waterway transport document is to be considered as an original whether or not it is so marked.

b. A road transport document is to indicate that it is the original for consignor or shipper (copy for sender) or bear no marking indicating for whom the document has been prepared.

c. Presentation of the original for consignor or shipper (copy for sender) of a road transport document or duplicate rail transport document shall suffice even when the credit requires presentation of a full set of the relevant transport documents.

d. A duplicate (often a carbon copy) of a rail transport document, authenticated by the signature or stamp of the railway company or the railway station of departure, is considered to be an original.

CONSIGNEE, ORDER PARTY AND NOTIFY PARTY

J8 **a.** When a credit requires a road or rail transport document to evidence that goods are consigned "to order of (named entity)", it may indicate that the goods are consigned to that entity, without mentioning "to order of".

b. When a credit requires a road or rail transport document to evidence that goods are consigned "to order" without naming the entity to whose order the goods are to be consigned, it is to indicate that the goods are consigned either to the issuing bank or the applicant, without the need to mention the words "to order".

c. When a credit requires an inland waterway transport document, paragraphs J8 (a) and (b) will apply except when the document is issued in the form of a bill of lading. In such event, the consignee field is to be completed according to the requirements of the credit.

J9 a. When a credit stipulates the details of one or more notify parties, a road, rail or inland waterway transport document may also indicate the details of one or more additional notify parties.

b. i. When a credit does not stipulate the details of a notify party, a road, rail or inland waterway transport document may indicate the details of any notify party and in any manner (except as stated in paragraph J9 (b) (ii)).

ii. When a credit does not stipulate the details of a notify party, but the details of the applicant appear as notify party on a road, rail or inland waterway transport document, and these details include the applicant's address and contact details, they are not to conflict with those stated in the credit.

J10 When a credit requires a road, rail or inland waterway transport document to evidence goods consigned to or to the order of "issuing bank" or "applicant" or notify "applicant" or "issuing bank", a road, rail or inland waterway transport document is to indicate the name of the issuing bank or applicant, as applicable, but need not indicate their respective addresses or any contact details that may be stated in the credit. A road or rail transport document need not also indicate "to order of", as stated in paragraph J8 (a).

J11 When the address and contact details of the applicant appear as part of the consignee or notify party details, they are not to conflict with those stated in the credit.

TRANSHIPMENT, PARTIAL SHIPMENT AND DETERMINING THE PRESENTATION PERIOD WHEN MULTIPLE ROAD, RAIL OR INLAND WATERWAY TRANSPORT DOCUMENTS ARE PRESENTED

J12 Transhipment is the unloading and reloading of goods from one means of conveyance to another within the same mode of transport (truck [lorry], train, barge, etc.,) during the carriage of those goods from the place of shipment, dispatch or carriage to the place of destination stated in the credit. When a road, rail or inland waterway transport document does not indicate unloading and reloading between these two places, it is not transhipment in the context of the credit and UCP 600 sub-articles 24 (d) and (e).

J13 Shipment on more than one means of conveyance (more than one truck [lorry], train, barge, etc.,) is a partial shipment, even when such means of conveyance leaves on the same day for the same destination.

J14 a. When a credit prohibits partial shipment, and more than one road, rail or inland waterway transport documents are presented covering shipment from one or more places of shipment, dispatch or carriage (as specifically allowed, or within a geographical area or range of places stated in the credit), each road, rail or inland waterway transport document is to indicate that it covers the shipment, dispatch or carriage of goods on the same means of conveyance and same journey and that the goods are destined for the same place of destination.

b. When a credit prohibits partial shipment, and more than one road, rail or inland waterway transport documents are presented in accordance with paragraph J14 (a) and incorporate different dates of shipment, the latest of these dates is to be used for the calculation of any presentation period, and must fall on or before the latest shipment date stated in the credit.

c. When partial shipment is allowed, and more than one road, rail or inland waterway transport documents are presented as part of a single presentation made under one covering schedule or letter and incorporate different dates of shipment, on different means of conveyance or the same means of conveyance for a different journey, the earliest of these dates is to be used for the calculation of any presentation period and each of these dates must fall on or before the latest shipment date stated in the credit.

CLEAN ROAD, RAIL OR INLAND WATERWAY TRANSPORT DOCUMENT

J15 A road, rail or inland waterway transport document is not to include a clause or clauses that expressly declare a defective condition of the goods or their packaging.
For example:

a. A clause on a road, rail or inland waterway transport document such as "packaging is not sufficient for the journey" or words of similar effect is an example of a clause expressly declaring a defective condition of the packaging.

b. A clause on a road, rail or inland waterway transport document such as "packaging may not be sufficient for the journey" or words of similar effect does not expressly declare a defective condition of the packaging.

J16 a. It is not necessary for the word "clean" to appear on a road, rail or inland waterway transport document even when the credit requires a road, rail or inland waterway transport document to be marked "clean" or "clean on board".

b. Deletion of the word "clean" on a road, rail or inland waterway transport document does not expressly declare a defective condition of the goods or their packaging.

GOODS DESCRIPTION

J17 A goods description indicated on a road, rail or inland waterway transport document may be in general terms not in conflict with the goods description in the credit.

CORRECTIONS AND ALTERATIONS ("CORRECTIONS")

J18 Any correction of data on a road, rail or inland waterway transport document is to be authenticated. Such authentication is to appear to have been made by the carrier or any one of its named agents, who may be different from the agent that may have issued or signed the transport document, provided they are identified as an agent of the carrier.

J19 Copies of a road, rail or inland waterway transport document need not include any authentication of any corrections that may have been made on the original.

FREIGHT

J20 **a.** A statement appearing on a road, rail or inland waterway transport document indicating the payment of freight need not be identical to that stated in the credit, but is not to conflict with data in that document, any other stipulated document or the credit. For example, when a credit requires a road, rail or inland waterway transport document to be marked "freight collect", it may be marked "freight payable at destination".

b. When a credit requires a road, rail or inland waterway transport document to indicate that freight has been prepaid or freight is to be collected at destination, this will also be fulfilled by the completion of boxes marked "Franco" (freight prepaid) or "Non-Franco" (freight to be collected).

Insurance document and coverage

APPLICATION OF UCP 600 ARTICLE 28

K1 A requirement in a credit for the presentation of an insurance document, such as an insurance policy, insurance certificate or declaration under an open cover, means that UCP 600 article 28 is to be applied in the examination of that document.

ISSUER, SIGNING AND ORIGINAL OF AN INSURANCE DOCUMENT

K2
a. An insurance document is to appear to have been issued and signed by an insurance company or underwriter or their agent or proxy. For example, an insurance document issued and signed by "AA Insurance Ltd" appears to have been issued by an insurance company.

b. When an issuer is identified as "insurer", the insurance document need not indicate that it is an insurance company or underwriter.

K3 An insurance document may also be issued on an insurance broker's stationery, provided the insurance document has been signed by an insurance company or underwriter or their agent or proxy. An insurance broker may sign an insurance document as agent or proxy for [or on behalf of] a named insurance company or named underwriter.

K4 An insurance document signed by an agent or proxy is to indicate the name of the insurance company or underwriter for [or on behalf of] which the agent or proxy is signing, unless the insurance company or underwriter name has been identified elsewhere in the document. For example, when "AA Insurance Ltd" has been identified as the insurer, the document may be signed "John Doe (by proxy) on behalf of the insurer" or "John Doe (by proxy) on behalf of AA Insurance Ltd".

K5 When an insurance document requires a countersignature by the issuer, the assured or a named entity, it must be countersigned.

K6 An insurance document may show only the trading name of the insurance company in the signing field, provided it is identified as the insurance company elsewhere on the document, for example, when an insurance document is issued and signed "AA" in the signing field but shows "AA Insurance Ltd" and its address and contact information elsewhere in the document.

K7
a. An insurance document that indicates that cover is provided by more than one insurer may be signed by a single agent or proxy on behalf of all insurers or be signed by an insurer for [or on behalf of] all co-insurers. An example of the latter will be when an insurance document is issued and signed "AA Insurance Ltd, leading insurer for [or on behalf of] the co-insurers".

b. Notwithstanding the provisions in paragraphs K2, K3 and K4, an insurance document which indicates that cover is provided by more than one insurer need not show the names of each insurer or the percentage of cover of each insurer.

K8 When a credit requires the insurance document to be issued in more than one original, or when the insurance document indicates that it has been issued in more than one original, all originals are to be presented and are to appear to have been signed.

DATES

K9 An insurance document is not to indicate an expiry date for the presentation of any claims thereunder.

K10
a. An insurance document is not to indicate that cover is effective from a date later than the date of shipment.

b. When an insurance document indicates a date of issuance later than the date of shipment (as defined in UCP 600 articles 19-25), it is to clearly indicate by addition or note that coverage is effective from a date not later than the date of shipment.

c. An insurance document that indicates coverage has been effected from "warehouse-to-warehouse" or words of similar effect, and is dated after the date of shipment, does not indicate that coverage was effective from a date not later than the date of shipment.

K11 In the absence of any other date stated to be the issuance date or effective date of insurance coverage, a countersignature date will be deemed to be evidence of the effective date of the insurance coverage.

AMOUNT OF COVER AND PERCENTAGE

K12 When a credit does not indicate an amount to be insured, an insurance document is to be issued in the currency of the credit and, as a minimum, for the amount indicated under UCP 600 sub-article 28 (f) (ii). There is no maximum percentage of insurance coverage.

K13 There is no requirement for insurance coverage to be calculated to more than two decimal places.

K14 An insurance document may indicate that cover is subject to a franchise or excess (deductible). However, when a credit requires the insurance cover to be irrespective of percentage, the insurance document is not to contain a clause stating that the insurance cover is subject to a franchise or an excess (deductible). An insurance document need not state "irrespective of percentage".

K15 When it is apparent from the credit or from the presentation that the amount demanded only represents a certain part of the gross value of the goods (for example, due to discounts, pre-payments or the like, or because part of the value of the goods is to be paid at a later date), the calculation of insurance cover is to be based on the full gross value of the goods as shown on the invoice or the credit and subject to the requirements of UCP 600 sub-article 28 (f) (ii).

K16 Insurance covering the same risk for the same shipment is to be covered under one document unless more than one insurance document is presented indicating partial cover, and each document clearly reflects, by percentage or otherwise:

a. the value of each insurer's cover;

b. that each insurer will bear its share of the liability severally and without pre-conditions relating to any other insurance cover that may have been effected for that shipment; and

c. the respective coverage of the documents, when totalled, equals at least the insured amount required by the credit or UCP 600 sub-article 28 (f) (ii).

RISKS TO BE COVERED

K17 **a.** An insurance document is to cover the risks required by the credit.

b. Even though a credit may be explicit with regard to risks to be covered, there may be a reference to exclusion clauses in the insurance document.

K18 When a credit requires "all risks" coverage, this is satisfied by the presentation of an insurance document evidencing any "all risks" clause or notation, whether or not it bears the heading "all risks", even when it is indicated that certain risks are excluded. An insurance document indicating that it covers Institute Cargo Clauses (A) or Institute Cargo Clauses (Air), when dispatch is effected by air, satisfies a condition in a credit calling for an "all risks" clause or notation.

INSURED PARTY AND ENDORSEMENT

K19 An insurance document is to be in the form required by the credit and, where necessary, be endorsed by the entity to whose order or in whose favour claims are payable.

K20 **a.** A credit should not require an insurance document to be issued "to bearer", or "to order". A credit should indicate the name of an insured party.

b. When a credit requires an insurance document to be issued "to order of (named entity)" the document need not indicate "to order" provided that the named entity is shown as the insured party or claims are payable to it, and assignment by endorsement is not expressly prohibited.

K21 **a.** When a credit is silent as to the insured party, an insurance document is not to evidence that claims are payable to the order of, or in favour of, the beneficiary or any entity other than the issuing bank or applicant, unless it is endorsed by the beneficiary or that entity in blank or in favour of the issuing bank or applicant.

b. An insurance document is to be issued or endorsed so that the right to receive payment under it passes upon, or prior to, the release of the documents.

GENERAL TERMS AND CONDITIONS OF AN INSURANCE DOCUMENT

K22 Banks do not examine general terms and conditions in an insurance document.

INSURANCE PREMIUM

K23 Any indication on an insurance document regarding payment of an insurance premium is to be disregarded unless the insurance document indicates that it is not valid unless the premium has been paid and there is an indication that the premium has not been paid.

Certificate of origin

BASIC REQUIREMENT AND FULFILLING ITS FUNCTION

L1 When a credit requires the presentation of a certificate of origin, this will be satisfied by the presentation of a signed document that appears to relate to the invoiced goods and certifies their origin.

L2 When a credit requires the presentation of a specific form of certificate of origin such as a GSP Form A, only a document in that specific form is to be presented.

ISSUER OF A CERTIFICATE OF ORIGIN

L3 **a.** A certificate of origin is to be issued by the entity stated in the credit.

b. When a credit does not indicate the name of an issuer, any entity may issue a certificate of origin.

c. **i.** When a credit requires the presentation of a certificate of origin issued by the beneficiary, the exporter or the manufacturer, this condition will also be satisfied by the presentation of a certificate of origin issued by a Chamber of Commerce or the like, such as, but not limited to, Chamber of Industry, Association of Industry, Economic Chamber, Customs Authorities and Department of Trade or the like, provided it indicates the beneficiary, the exporter or the manufacturer as the case may be.

ii. When a credit requires the presentation of a certificate of origin issued by a Chamber of Commerce, this condition will also be satisfied by the presentation of a certificate of origin issued by a Chamber of Industry, Association of Industry, Economic Chamber, Customs Authorities and Department of Trade or the like.

CONTENT OF A CERTIFICATE OF ORIGIN

L4 A certificate of origin is to appear to relate to the invoiced goods, for example, by:

a. a goods description that corresponds to that in the credit or a description shown in general terms not in conflict with the goods description in the credit; or

b. referring to a goods description appearing in another stipulated document or in a document that is attached to, and forming an integral part of, the certificate of origin.

L5 Consignee information, when shown, is not to conflict with the consignee information in the transport document. However, when a credit requires a transport document to be issued "to order", "to the order of shipper", "to order of issuing bank", "to order of nominated bank (or negotiating bank)" or "consigned to issuing bank", a certificate of origin may show the consignee as any entity named in the credit except the beneficiary. When a credit has been transferred, the first beneficiary may be stated to be the consignee.

L6 A certificate of origin may indicate as the consignor or exporter an entity other than the beneficiary of the credit or the shipper as shown on any other stipulated document.

L7 When a credit indicates the origin of the goods without stipulating a requirement for the presentation of a certificate of origin, any reference to the origin on a stipulated document is not to conflict with the stated origin. For example, when a credit indicates "origin of the goods: Germany" without requiring the presentation of a certificate of origin, a statement on any stipulated document indicating a different origin of the goods is to be considered a conflict of data.

L8 A certificate of origin may indicate a different invoice number, invoice date and shipment routing to that indicated on one or more other stipulated documents, provided the exporter or consignor shown on the certificate of origin is not the beneficiary.

Packing list, note or slip ("packing list")

BASIC REQUIREMENT AND FULFILLING ITS FUNCTION

M1 When a credit requires the presentation of a packing list, this will be satisfied by the presentation of a document titled as called for in the credit, or bearing a similar title or untitled, that fulfils its function by containing any in formation as to the packing of the goods.

ISSUER OF A PACKING LIST

M2 A packing list is to be issued by the entity stated in the credit.

M3 When a credit does not indicate the name of an issuer, any entity may issue a packing list.

CONTENT OF A PACKING LIST

M4 When a credit indicates specific packing requirements, without stipulating the document to indicate compliance with these requirements, any data regarding the packing of the goods mentioned on a packing list, if presented, are not to conflict with those requirements.

M5 A packing list may indicate a different invoice number, invoice date and shipment routing to that indicated on one or more other stipulated documents, provided the issuer of the packing list is not the beneficiary.

M6 Banks only examine total values, including, but not limited to, total quantities, total weights, total measurements or total packages, to ensure that the applicable total does not conflict with a total shown in the credit and on any other stipulated document.

Weight list, note or slip ("weight list")

BASIC REQUIREMENT AND FULFILLING ITS FUNCTION

N1 When a credit requires the presentation of a weight list, this will be satisfied by the presentation of a document titled as called for in the credit, or bearing a similar title or untitled, that fulfils its function by containing any information as to the weight of the goods.

ISSUER OF A WEIGHT LIST

N2 A weight list is to be issued by the entity stated in the credit.

N3 When a credit does not indicate the name of an issuer, any entity may issue a weight list.

CONTENT OF A WEIGHT LIST

N4 When a credit indicates specific weight requirements, without stipulating the document to indicate compliance with these requirements, any data regarding the weight of the goods mentioned on a weight list, if presented, are not to conflict with those requirements.

N5 A weight list may indicate a different invoice number, invoice date and shipment routing to that indicated on one or more other stipulated documents, provided the issuer of the weight list is not the beneficiary.

N6 Banks only examine total values, including, but not limited to, total quantities, total weights, total measurements or total packages, to ensure that the applicable total does not conflict with a total shown in the credit and on any other stipulated document.

Beneficiary's certificate

BASIC REQUIREMENT AND FULFILLING ITS FUNCTION

P1 When a credit requires the presentation of a beneficiary's certificate, this will be satisfied by the presentation of a signed document titled as called for in the credit, or bearing a title reflecting the type of certification that has been requested or untitled, that fulfils its function by containing the data and certification required by the credit.

SIGNING OF A BENEFICIARY'S CERTIFICATE

P2 A beneficiary's certificate is to be signed by, or for [or on behalf of], the beneficiary.

CONTENT OF A BENEFICIARY'S CERTIFICATE

P3 Data mentioned on a beneficiary's certificate are not to conflict with the requirements of the credit.

P4 The data or certification mentioned on a beneficiary's certificate:

a. need not be identical to that required by the credit, but are to clearly indicate that the requirement prescribed by the credit has been fulfilled;

b. need not include a goods description or any other reference to the credit or another stipulated document.

Analysis, Inspection, Health, Phytosanitary, Quantity, Quality and other certificates ("certificate")

BASIC REQUIREMENT AND FULFILLING ITS FUNCTION

Q1 When a credit requires the presentation of such a certificate, this will be satisfied by the presentation of a signed document titled as called for in the credit, or bearing a similar title or untitled, that fulfils its function by certifying the outcome of the required action, for example, the results of the analysis, inspection, health, phytosanitary, quantity or quality assessment.

Q2 When a credit requires the presentation of a certificate that relates to an action required to take place on or prior to the date of shipment, the certificate is to indicate:

a. an issuance date that is no later than the date of shipment; or

b. wording to the effect that the action took place prior to, or on the date of, shipment, in which event, when an issuance date is also indicated, it may be subsequent to the shipment date but no later than the date of presentation of the certificate; or

c. a title indicating the event, for example, "Pre-shipment Inspection Certificate".

ISSUER OF A CERTIFICATE

Q3 A certificate is to be issued by the entity stated in the credit.

Q4 When a credit does not indicate the name of an issuer, any entity including the beneficiary may issue a certificate.

Q5 When a credit makes reference to an issuer of a certificate in the context of its being "independent", "official", "qualified" or words of similar effect, a certificate may be issued by any entity except the beneficiary.

CONTENTS OF A CERTIFICATE

Q6 A certificate may indicate:

a. that only a sample of the required goods has been tested, analyzed or inspected;

b. a quantity that is greater than that stated in the credit or on any other stipulated document; or

c. more hold, compartment or tank numbers than that stated on the bill of lading or charter party bill of lading.

Q7 When a credit indicates specific requirements with respect to analysis, inspection, health, phytosanitary, quantity or quality assessment or the like, with or without stipulating the document to indicate compliance with these requirements, the data regarding the analysis, inspection, health, phytosanitary, quantity or quality assessment or the like mentioned on the certificate or any other stipulated document are not to conflict with those requirements.

Q8 When a credit is silent as to the specific content to appear on a certificate, including, but not limited to, any required standard for determining the results of the analysis, inspection or quality assessment, the certificate may include statements such as "not fit for human consumption", "chemical composition may not meet required needs" or words of similar effect, provided such statements do not conflict with the credit, any other stipulated document or UCP 600.

Q9 Consignee information, when shown, is not to conflict with the consignee information in the transport document. However, when a credit requires a transport document to be issued "to order", "to the order of shipper", "to order of issuing bank", "to order of nominated bank (or negotiating bank)" or "consigned to issuing bank", a certificate may show the consignee as any entity named in the credit except the beneficiary. When a credit has been transferred, the first beneficiary may be stated to be the consignee.

Q10 A certificate may indicate as the consignor or exporter an entity other than the beneficiary of the credit or the shipper as shown on any other stipulated document.

Q11 A certificate may indicate a different invoice number, invoice date and shipment routing to that indicated on one or more other stipulated documents, provided the exporter or consignor shown on the certificate is not the beneficiary.

Trade Finance Publications

ICC Uniform Rules for Demand Guarantees — URDG 758

ICC Pub. No. 758E, €20
Check www.storeiccwbo.org for translations in your language.

The *ICC Uniform Rules for Demand Guarantees* (URDG) reflect international standard practice in the use of demand guarantees and balance the legitimate interests of all parties. The current edition, URDG 758, was officially endorsed by the UN Commission on International Trade Law (UNCITRAL) in July 2011.

Guide to ICC Uniform Rules for Demand Guarantees

By Dr. Georges Affaki & Sir Roy Goode
ICC Pub. No. 702E, €119

This *Guide* is a vital tool to help you efficiently use ICC's Uniform Rules for Demand Guarantees — indispensable for issuers and users of guarantees and their advisors. The authors have put the essence of their experience in research and teaching the law and practice of demand guarantees over a period of twenty years.

Uniform Rules for Bank Payment Obligations

ICC Pub. No. 750E, €20

Bank Payment Obligations enable banks to mitigate the risks associated with international trade to the benefit of both buyers and sellers. They enable flexible financing propositions across the supply chain, from pre-shipment to post-shipment. The world's first rules on BPOs will help harmonize Supply Chain Finance practices and foster a better understanding of those innovative practices.

The ICC Guide to the Uniform Rules for Bank Payment Obligations

By David J. Hennah
ICC Pub. No. 751E, €65

This manual will guide practitioners in their interpretation of the Uniform Rules for Bank Payment Obligations and provide substance to the practical application of the URBPO in the context of real life business scenarios. Vital reading for any trade finance practitioner.

Banking Regulation, 2nd Edition

ICC Pub. No. 979E, €220

Regulation has become so important to the way financial markets operate. This publication offers a comprehensive overview of Banking Regulation across 25 jurisdictions. Key information and highlights of all major aspects of banking regulation facilitates the understanding of the bank regulatory framework in each jurisdiction.

ICC Uniform Rules for Forfaiting — URF 800

Including Model Agreements
By the ICC Banking Commission and the International Forfaiting Association (IFA)
ICC Pub. No. 800E, €20

Check www.storeiccwbo.org for translations in your language.

The value of the forfaiting market is estimated at more than US$300 billion annually. The use of global rules and standards helps avoid misunderstandings, harmonizes best practice around the globe and facilitates dispute settlement. For the first time, ICC's URF now provide a standard set of forfaiting rules that reflect a broad consensus among bankers, users and all members of the forfaiting community worldwide. Created by experts for experts, ICC URF is a must-have for anyone involved in international trade finance transactions.

Bank Guarantees in International Trade

Edited by Roeland F. Bertrams, 4th edition
ICC Pub. No. 975E, €220

This collection is a comprehensive study of the legal and practical aspects of bank guarantees and standby letters of credit. Using new developments in legal writing from various countries, it builds an analysis of how the practical applications of guarantees have established a new pattern of law. This series can be used in both civil and common law jurisdictions and has been cited as an authoritative source of law in several jurisdictions from each system.

2016 Annual Review of International Banking Law & Practice

By the Institute of International Banking Law and Practice
ICC Pub. No. 983E, €99, USB stick

This volume is a practical must-have for anyone working in trade finance and brings you all latest developments in the field on a handy and fully searchable USB stick.

ICC Banking Commission Opinions 2009–2011

New Opinions on UCP 600, ISBP 681, UCP 500, URC 522 and URDG 758
ICC Pub. No. 732E, €69

The *Opinions* series represents the Commission's official interpretations of how ICC's rules are to be used in specific situations. For decades they have provided unrivalled guidance to practitioners and been referred to by judges worldwide. Essential reading for any trade finance practitioner, this volume includes the very first decisions on the new URDG 758.

Collected DOCDEX Decisions 2009–2012

Decisions by ICC experts on documentary credits, collections and demand guarantees
ICC Pub. No. 739E, €65 (e-book)

This volume contains decisions about the most controversial provisions of the latest revision of ICC's universally used rules on letters of credit, UCP 600. The collection also contains cases dealing with UCP 500, URDG 458, and URC 522.

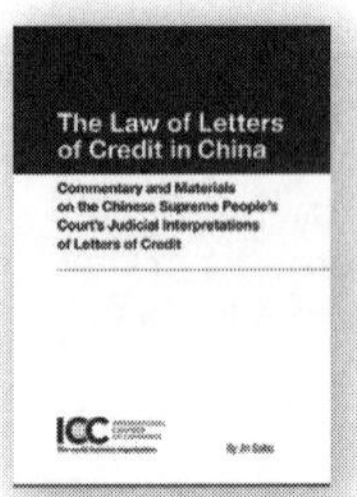

The Law of Letters of Credit in China

Commentary and Materials on the Chinese Supreme People's Court's Judicial Interpretations of Letters of Credit
By Jin Saibo
ICC Pub. No. 736E, €59

This book is indispensable for anyone doing export/import transactions with China. Detailed comments, in-depth explanations and critical analyses enable trade finance practitioners to better understand the L/C system and related judicial interpretations in China.

ICC at a glance

ICC is the world business organization, a representative body that speaks with authority on behalf of enterprises from all sectors in every part of the world.

The mission of ICC is to promote open international trade and investment and help business meet the challenges and opportunities of an increasingly integrated global economy. Its conviction that trade is a powerful force for peace and prosperity dates from the organization's origins early in the 20th century. The small group of far-sighted business leaders who founded ICC called themselves "the merchants of peace".

ICC has three main activities: rule setting, dispute resolution, and policy advocacy. Because its member companies and associations are themselves engaged in international business, ICC has unrivalled authority in making rules that govern the conduct of business across borders. Although these rules are voluntary, they are observed in countless thousands of transactions every day and have become part of the fabric of international trade.

ICC also provides essential services, foremost among them the ICC International Court of Arbitration, the world's leading arbitral institution. Another service is the World Chambers Federation, ICC's worldwide network of chambers of commerce, fostering interaction and exchange of chamber best practice. ICC also offers specialized training and seminars and is an industry-leading publisher of practical and educational reference tools for international business, banking and arbitration.

Business leaders and experts drawn from the ICC membership establish the business stance on broad issues of trade and investment policy as well as on relevant technical subjects. These include: banking, commercial law and practice, competition policy, corporate responsibility and anti-corruption, customs and trade facilitation, the digital economy, environment and energy, intellectual property, marketing and advertising, taxation, and trade and investment policy.

ICC works closely with the United Nations, the World Trade Organization and intergovernmental forums including the G20.

ICC was founded in 1919. Today its global network comprises over 6 million companies, chambers of commerce and business associations in more than 130 countries. National committees work with ICC members in their countries to address their concerns and convey to their governments the business views formulated by ICC.

ICC INTERNATIONAL CHAMBER OF COMMERCE

The world business organization